目 录

绪 论 …………………………………………………………… 1

第一章 乱世中的孤独守望：1900—1949 ………………… 9
第一节 通史框架下的理学研究 ……………………………… 11
第二节 断代史的宋明理学研究 ……………………………… 33
第三节 专人专题类宋明理学研究 …………………………… 49

第二章 思想改造中的文化嫁接：1950—1965 ………… 65
第一节 张岱年的宋明理学研究 ……………………………… 69
第二节 侯外庐的宋明理学研究 ……………………………… 73
第三节 任继愈的宋明理学研究 ……………………………… 81

第三章 十年浩劫中的畸形思辨：1966—1976 ………… 89
第一节 任继愈的宋明理学研究 ……………………………… 92
第二节 杨荣国及其《简明中国哲学史》 …………………… 97

第四章　正本清源中的碰撞与冲突：1977—1984 ……………… 105

第一节　张立文及其《朱熹思想研究》……………………… 107
第二节　孙叔平及其《中国哲学史稿》……………………… 113
第三节　萧萐父、李锦全及其《中国哲学史》……………… 115
第四节　张锡勤及其《陆王心学初探》……………………… 119
第五节　蒙培元及其《理学的演变——从朱熹到王夫之戴震》…… 121
第六节　其他诸家的宋明理学研究…………………………… 125

第五章　研究路向的多元转变：1985—1990 ………………… 129

第一节　宋明理学概论………………………………………… 131
第二节　二程洛学研究………………………………………… 153
第三节　朱熹与陆、王思想研究……………………………… 159
第四节　其他诸家的综合研究………………………………… 166

第六章　五彩缤纷的文化盛宴：1991—1999 ………………… 175

第一节　朱子学研究…………………………………………… 177
第二节　陆王心学研究………………………………………… 194
第三节　赖永海等其他诸家的宋明理学研究………………… 213

第七章　拳拳赤子的中国心：20世纪下半叶港台地区的宋明理学研究 …………………………………………………… 225

第一节　牟宗三的心学研究…………………………………… 227
第二节　钱穆的朱子学研究…………………………………… 231
第三节　蔡仁厚的宋明理学研究……………………………… 236
第四节　刘述先的朱子学研究………………………………… 238
第五节　罗光、徐复观、余英时、唐君毅等其他诸家的理学研究 … 242

20世纪宋明理学研究史

高建立 著

教育部人文社会科学研究项目成果
商丘师范学院中国史重点学科支持项目
商丘师范学院历史学国家一流本科专业建设点重点支持项目

河南大学出版社
HENAN UNIVERSITY PRESS
·郑州·

图书在版编目（CIP）数据

20世纪宋明理学研究史 / 高建立著. -- 郑州 : 河南大学出版社，2023.12

ISBN 978-7-5649-5464-2

Ⅰ．①2… Ⅱ．①高… Ⅲ．①理学－思想史－研究－中国－宋代②理学－思想史－研究－中国－明代 Ⅳ．① B244.05 ② B248.05

中国国家版本馆 CIP 数据核字（2023）第243888号

20 SHIJI SONG-MING LIXUE YANJIU SHI
20 世纪宋明理学研究史

策 划 人	孔令刚
项目统筹	谌洪波
责任编辑	任湘蕊
责任校对	陈　炜
装帧设计	高枫叶

出版发行	河南大学出版社
	地址：郑州市郑东新区商务外环中华大厦2401号
	邮编：450046
	电话：0371-86059701（营销部）
	网址：hupress.henu.edu.cn
排　版	河南大学出版社设计排版中心
印　刷	郑州市今日文教印制有限公司
版　次	2023年12月第1版
印　次	2023年12月第1次印刷
开　本	710 mm×1000 mm　1/16
印　张	23
字　数	375 千字
定　价	68.00 元

（本书如有印装质量问题，请与河南大学出版社联系调换。）

第八章 多元文化视角下的仁智之见：20世纪亚洲和欧美国家的宋明理学研究 ……247

第一节 日本的宋明理学研究…… 250
第二节 美国的宋明理学研究…… 258
第三节 海外其他宋明理学研究学者…… 272

附录 20世纪宋明理学研究文献目录 ……275

后 记 ……359

绪论

宋明理学是唐末五代到宋初儒释道三教相互融汇而成的哲学形态，在南宋理宗时成为官方意识形态。自20世纪初中国哲学这一学科产生以来，宋明理学研究一直是中国哲学史研究中的重点，这不仅是因为宋明理学作为封建社会官方正统哲学，在政治社会和思想文化领域统治长达700年，直至封建社会消亡，而且宋明理学在封建社会终结之后，又由20世纪新儒家薪火传承，一直在学术文化领域有重要影响。

　　正是由于宋明理学的影响和地位，在20世纪，宋明理学研究达到较为成熟的高度，无论是中国大陆、港台地区还是海外，宋明理学研究都取得了可喜成就，涌现出了丰硕的研究成果。进入21世纪，回眸中国社会发生沧桑巨变的20世纪，检视这一时期宋明理学研究的成就，无疑对于新世纪中国学术领域和思想文化领域都具有重要意义，同时也是学人所应该肩负的历史使命。2002年，中国人民大学哲学系王心竹在《哲学动态》第1期发表了《20世纪中国大陆程朱理学研究综述》，首次对20世纪程朱理学研究史进行了初步梳理；2003年，中国社会科学院哲学所彭国翔在《哲学动态》第4、5两期连续发表了《20世纪宋明理学研究的回顾与前瞻》，对宋明理学研究史展开了概括性的总结分析；之后还有朱昌荣的《20世纪中国大陆清初程朱理学研究回顾》等研究成果相继发表。这些成果的问世，一方面对百年来宋明理学研究进行了初步梳理，粗略勾勒出了宋明理学研究内在的发展演变规律；另一方面也在一定意义和一定程度上彰显了20世纪宋明理学研究在学术界的地位和影响。但是，这些研究成果还存在诸多不足之处，如对20世纪宋明理学研究发展和演变规律的分析过于简单，仅用几篇综述性的文章是很难全面准确概述百年理学研究所取得的成就的，也难以客观评价20世纪宋明理学研究所取得的丰硕成果，同时也因其局限性而不能够达到对20世纪宋明理学研究的综合准确把握。另外，关于20世纪宋明理学研究史的研究，目前还存在相当多的局限性，这方面的综述文章多把视角瞄准中国大陆地区的研究，对于与大陆文化一脉相传的港台地区的研究成果乏例可陈。其实，大陆"文革"期间宋明理学研究的停滞时期，正是港台学界对宋明理学研究的卓有成效时期，缺乏港台地区的研究成果，20世纪的宋明理学研究历史是残缺不全的。不但如此，由于中国对外文化交流的不断拓展，以及宋明理学历史上的影响，日本、韩国、东南亚国家和地区以及一些欧美国家对宋明理学的研究也取得了不菲的成就，尤其是日本和美国在宋明理学的研究方面取得了较为丰硕的研究成果，对于完善20世纪宋明理学研究发展的历史具有重要的弥补作用。

从以上可见，关于20世纪宋明理学研究史的研究存在着诸多不足，不但大陆研究史有待完善，成果数量和研究力度不够，还需要进一步下大力气进行条分缕析和深入整理，而且对港台地区和海外关于宋明理学的研究也需要下功夫去搜集整理，挖掘开发，以期达到对20世纪宋明理学研究有全面、系统的总结和把握，为新世纪学术史研究奠定坚实的基础，以利于儒家文化在世界的传播，扩大中国文化在世界文化发展史上的积极影响，讲好中国文化故事，树立中国文化的国际形象。

关于20世纪的宋明理学研究状况，笔者将之分为这样几个阶段进行分析。一是1900—1949年大陆的宋明理学研究情况，如中国哲学全史框架下的理学研究，代表人物和著作有谢无量的《中国哲学史》、冯友兰的《中国哲学史》、张岱年的《中国哲学大纲》、范寿康的《中国哲学史通论》等；断代史方面的宋明理学研究，代表人物和著作有陈钟凡的《两宋思想述评》、蒋维乔和杨大膺的《宋明理学纲要》、谭丕模的《宋元明思想史纲》、容肇祖的《明代思想史》、嵇文甫的《晚明思想史论》等；专人专题类宋明理学研究，代表人物和著作有谢无量的《朱子学派》《阳明学派》、徐敬修的《理学常识》、嵇文甫的《左派王学》等。二是1950—1965年大陆宋明理学研究情况，代表人物和著作有张岱年的《张载——十一世纪中国唯物主义哲学家》《宋元明清哲学史纲》、侯外庐等的《中国思想通史》、任继愈的《中国哲学史》等。三是1966—1976年"文革"十年间的宋明理学研究情况，代表人物和著作有任继愈的《中国哲学史简编》、杨荣国的《简明中国哲学史》等。四是1977—1984年大陆宋明理学研究情况，代表人物和著作有张立文的《朱熹思想研究》、孙叔平的《中国哲学史稿》、萧萐父等的《中国哲学史》、张锡勤的《陆王心学初探》、蒙培元的《理学的演变——从朱熹到王夫之戴震》、沈善洪的《中国哲学史概要》、方克立的《中国哲学史上的知行观》、姜国柱的《张载的哲学思想》等。五是1985—1990年大陆宋明理学研究情况，代表人物和著作有张立文的《宋明理学研究》、侯外庐等的《宋明理学史》、徐远和的《洛学源流》、潘富恩等的《程颢程颐理学思想研究》、李之鉴的《陆九渊哲学思想研究》、邓艾民的《朱熹王守仁哲学研究》、杨国荣的《王学通论——从王阳明到熊十力》等。六是1991—1999年大陆宋明理学研究情况，代表人物和著作有陈来的《朱熹哲学研究》《有无之境——王阳明哲学的精神》、潘立勇的《朱子理学美学》、蔡方鹿的《朱熹与中国文化》、张立文的《走向心学之路——陆象山思想的足迹》、衷尔钜的《蕺山学派哲学思想》、杨国荣的《心学之思——王阳明哲学的阐释》、刘宗贤的《陆王心学研究》、赖永海的《佛学与儒学》、徐洪兴的《思想的转型——理学发生过程研究》、冯达文的《宋明新儒学略论》等。七是20世纪下半叶香港和台湾的宋明理学研究情况，主要代表人物和著作有牟宗三的《心体与性体》《从陆象山到刘蕺山》、钱穆的《朱子新学案》、蔡仁厚的《王阳明哲学》、刘述先的《朱子哲学思想的发展与完成》、罗光的《中国哲学思想史》、韦政通的《中国思想史》、徐复观的《中国思想史论集》、劳思光的《新编中国哲学史》等。八是20世纪海外的宋明理学研究状况，主要以日本和美国为代表，代表人物和著作有日本学者荒木见悟的《佛教与儒教》《佛教和阳明学》《阳明学的开展与佛教》、岛田虔次的《中国近代思维的挫折》《朱子学与阳明学》、楠本正继的《宋明时代儒学思想之研究》、冈田武彦的《胡五峰论》《王阳明与明末儒学》《宋明哲学序说》、酒井忠夫的《朱子与道教》。美国学者如美籍华人陈荣捷的《朱子门人》《朱学论集》《新儒学词释：〈北溪字义〉》《朱熹的生活和思想》《朱子新探索》《朱子新研究》《朱熹》《近思录详注集评》、张君劢的《新儒家思想史》、余英时的《方以智晚节考》《中国近世宗教伦理与商人精神》，美国本土学者狄百瑞的《道学与心学》《中国的自由传统》《朱熹新儒学的精神性》《儒家的困境》、田浩的《功利主义儒家——陈亮对朱熹的挑战》。另外还有成中英、梅贻宝、秦家懿、杜维明等，都对推动宋明理学在欧美地区的研究作出了贡献。

概括起来，20世纪宋明理学研究有以下特点。

首先，1900—1949年可以看作宋明理学研究的开创期。这一时期的研究主要贡献是：一是为宋明理学定名。民国时期学界研究宋代思想多用"理学"一词，此后这一称谓基本成为宋明儒学的固定称谓；二是大体理清了宋明理学勃兴的因缘；三是探讨了宋明理学的演进理路；四是对宋明理学的流派进行了划分；五是对宋明理学的代表人物进行了深入研究；六是在宋明理学研究的方法论上有新的自觉。可以说，20世纪上半叶的宋明理学研究初步确定了后来长时间内宋明理学研究的规模、问题，特别是这一时期的研究开创了把西方哲学方法与传统考据、注疏等方法相结合来研究中国传统哲学的先例，这在宋明理学研究史上意义非凡。

其次，新中国成立到70年代，可以看作中国大陆宋明理学研究的曲折期。这一时期的研究立足于社会存在来解释社会意识，在"哲学基本问题"意识的观照下，把哲学的基本问题研究贯穿宋明理学研究的全过程，同时还将传统的流派划分纳入唯物与唯心对立的框架来考察，从而导致了这一时期的宋明理学研究在某些方面走了弯路。

最后，20世纪后20年，可以看作宋明理学研究的深化、发展期。这一时期的宋明理学研究展现出新特点：一是实现了以多元的方法来探讨宋明理学本身，特别是进入1990年代以后，不但研究方法多元化，而且还有用文献学、文化学、思想史等方法来对宋明理学进行分析、阐释和研究的。二是研究态度上的转变。从1980年代开始，对宋明理学的研究注重理学的本来意蕴，并在此基础上对理学做一些辩证肯定。1990年代以后，由于受港台及海外新儒家研究的影响以及东亚儒家文化圈诸国家经济繁荣的启迪，研究者开始把宋明理学理解成一个活的传统，发现其可与现代接轨的理论内涵和对现代文明的积极价值。1990年代后期，更是基于民族文化主体性的焦虑，形成了正面理解理学以重塑传统文化精神的新的研究方向。三是研究角度的多样化，如注重考察宋明理学的内在演变，对理学家思想进行比较研究，探索理学与佛教、道教之关系，探索理学与文化背景之关系，等等。四是理学研究范围不断扩大，深度不断增加。如对理学代表人物进行专题研究，对一些被以往研究忽略的人物和流派进行深度发掘。尤为值得肯定的是，还有对区域理学流派的研究，特别是对湖湘学派和徽学的研究等，都产生了较大影响。

20世纪港台的宋明理学研究主要集中在20世纪后半叶。在这一时期，港台地区的文化价值观念和主流意识形态深受西方价值观的影响。港台地区尤其是随国民党政权转迁到台湾地区的一些知识分子，基于对中国传统文化的根缘意识，掀起了保护传统文化并对传统文化进行研究、改造以发展弘扬的义化运动，宋明理学研究成果不断涌现。特别是1980年代之后，港台地区的宋明理学研究达到高峰，取得的成就也较为突出。以唐君毅、徐复观、牟宗三、张君劢为代表的第二代新儒家，继承了第一代新儒家的治学方法和人文气象，在研究中国传统文化时，大胆引进了黑格尔的精神现象学和康德的道德哲学，构建起了以"良知"价值主体为核心的道德形上学的心性学说，这一学说对港台地区的学术界和思想文化界产生了广泛而深远的影响。以杜维明、刘述先为代表的第三代新儒家，继承第二代新儒家的衣钵，利用现代西方哲学的新概念、新思维，研究诠释中国传统哲学和文化，力图谋求人文价值与科技成果的平衡。正是这种价值观念和思想文化的转变，使得20世纪后半叶港台地区的中国传统文化呈现出多彩的局面，多元文化共生，也引发了这一时期宋明理学研究多样化发展之势。

20世纪，中国大陆和港台地区的宋明理学研究取得了突出成就，同时海外的宋明理学研究也取得了较大进展，成绩可喜。特别是日本和美国的宋明理学研究成绩斐然。在日本，研究宋明理学的历史已有八百年左右。江户时代，关于宋明理学的研究以及理学相关著作的出版发行已很盛行。1924年，九州大学文学部开设中国哲学史讲座，当时的主讲人楠本正继教授是宇野哲人博士的高徒。从那时起，九州大学就成了日本宋明理学研究的中心之一。

1945年以前，日本学界研究中国的宋明理学，主要参照西方哲学研究的基本框架，把研究内容划分为认识论、本体论等。第二次世界大战以后，由于日本社会状况的急剧变化，学术界的研究也随之变化，重新展开了对中国文化思想的研究，特别是在宋明理学研究方面取得了显著成绩，出现了著名的宋明理学研究学者如荒木见悟、岛田虔次、楠本正继、冈田武彦、山井涌、酒井忠夫等，他们为宋明理学研究作出了突出贡献。而美国的宋明理学研究则始于20世纪六七十年代。第二次世界大战结束后，美国开始对中国进行研究，从而形成了中国学。美国中国学的研究队伍既包括美国本土学者，也包括这一时期滞留美国的中国学者，其中中国学者发挥着很大的作用，对于中国文化和哲学在美国的传播起到了重要的促进作用，特别是20世纪60年代之后，中国学者因其在美国学术界的地位和影响，促成了美国中国学研究方式和范围的转向。与此同时，中国哲学研究包括宋明理学研究也随之进入快速发展时期，代表人物有美籍华人陈荣捷、张君劢、余英时、成中英、梅贻宝、杜维明等以及美国本土学者狄百瑞、田浩等，他们在宋明理学研究领域都付出了积极努力，取得了不菲的成就。

第一章

乱世中的孤独守望：1900—1949

中国有五千年文明史,在历史的长河中,深深印下了中华民族创造灿烂文明的足迹。当历史的车轮碾入20世纪,伴随着新世纪曙光的出现,华夏大地注定要发生天翻地覆的变化,两千多年的封建帝制,正是在新世纪钟声里走到了它的尽头。正如新生儿降生前的阵痛一样,新世纪的历史变化也随着时局的动荡,在不安和焦躁中临盆。特别是20世纪上半叶,中国在风雨飘摇中踽踽着自己的步履,沿着新世纪布满荆棘的道路艰难跋涉着。1912年,南京临时政府成立,揭开了中华民族发展的历史新篇章,但由于革命的不彻底性,新成立的中华民国成为北洋政府政治统治的序幕。1928年,南京国民政府形式上统一了全国,长达16年的北洋政府统治宣告结束。但这并没有使中国进入历史发展的快车道,连年内战和抗日战争,以及解放战争,定格了20世纪前50年动荡不安的历史镜像。

与政治上的不安动荡相依伴,社会思想文化也处于剧烈变化之中,封建帝制的结束,西方新思想的传入,特别是俄国十月革命后送来的马克思主义,使得20世纪初期中国的思想界出现了前所未有的激烈冲撞,新与旧、中与西,成为这一时期思想界的关键词。如何保持国粹,如何借鉴西学,如何融汇中西,如何创造新文化,成为学界的关注焦点,中国固有的传统文化发展走到了历史的十字路口。

虽然历史的车轮驶入了20世纪,但中国知识分子毕竟是从旧的体制中脱胎而来,传统文人继承发展传统文化的使命感和历史责任感并没有在新世纪的曙光中虚化而去,知识分子的文化责任和担当意识依然在20世纪初期的一部分知识分子中间发挥着强大作用。他们用心审视中国传统文化的价值,以游离于政治之外的心态，苦心经营着中国传统文明的营垒，并试图在新世纪里找到传统文化的现代化发展之路。20世纪上半叶中国知识分子正是带着这种复杂的心态，在乱世中筚路蓝缕，营筑着中国传统文化的栖息地，孤独守望着自己的精神家园。

第一节　通史框架下的理学研究

一、谢无量及其《中国哲学史》

（一）谢无量简介

谢无量（1884—1964），四川乐至人，原名蒙，后改名为沉，字无量，是我国近代著名学者、诗人和书法家。谢无量生于书香门第，父亲谢凤岗在中国传统文化方面有深厚学养，谢无量自幼受到了良好的传统文化教育。1901年，谢无量和李叔同（弘一法师）、黄炎培等入上海南洋公学学习。在校期间，他与马一浮等共同创办翻译会社，编辑出版《翻译世界》杂志，并积极为章士钊主笔的《苏报》撰稿。由于《苏报》公开发表具有民主主义色彩的文章，并支持学生爱国运动和革命活动，1903年7月被清政府查封。之后，谢无量便辗转去日本学习，1904年秋回国，先后在镇江、杭州等地的学校任教。1907年，到北京任《京报》主笔。1909年，被聘为四川存古学堂监督，同年10月，与张澜等参加立宪运动。1914年，到上海中华书局编书，出版了《中国大文学史》《中国哲学史》《中国妇女文学史》等著作。

五四爱国运动爆发后，谢无量多次在《新青年》杂志发表诗歌，并以白话文形式为商务印书馆编写国学小册子，积极支持新文化运动。1923年，谢无量受聘到广东大学任教，不久任孙中山大本营参议，同年秋受孙中山派遣，与孙科等到沈阳会见张作霖，达成讨伐直系军阀的协议。1924年11月，随孙中山北上。1926年7月，受聘南京东南大学历史系主任，翌年秋转入上海中国公学。1930年，出任南京国民政府监察委员。九一八事变后，到上海创办《国难月刊》，呼吁抗日救亡。1936年初参与沈钧儒等组织的救国联合会活动。七七事变后，抗日战争全面爆发，谢无量先到武汉，第二年去香港，1940年回到重庆，随后又辗转到成都。1946年，在四川大学城内部先修班任教。1947年当选国民大会代表，但很少参会。1949年初回到重庆，担任中国公学文学院院长。

新中国成立后，谢无量历任川西文物管理委员会委员、川西博物馆馆长、四川文史研究馆馆员、四川省政协委员等。1956年1月，作为特邀代表出席全国政协会议，同年8月，调入中国人民大学。1960年，任中央文史研究馆副馆长。1964年12月病逝于北京，终年80岁。

谢无量学识渊博，研究范围覆盖了文、史、哲、经等多个领域，特别是在文史研究领域成绩卓著。谢无量一生出版有多部著作，语言文学方面主要有《中国大文学史》《中国六大文豪》《平民文学之两大文豪》《中国妇女文学史》《国文教本评注》等，哲学思想史方面有《中国哲学史》《佛学大纲》《伦理学精义》《孔子》《韩非》《王充哲学》《朱子学派》《阳明学派》《古代政治思想研究》《妇女修养谈》等。

（二）谢无量《中国哲学史》中的宋明理学研究

谢无量一生研究不辍，取得了丰硕的成果，其《中国哲学史》在哲学思想领域具有重要影响，是中国现代学术史上第一部以中国哲学史命名的学术著作。"谢无量的《中国哲学史》是现代中国哲学史学科早期的代表性成果之一。谢著问世以后，人们积累现代中国哲学史研究方法，逐步建构起具备现代学术性质的中国哲学史学科。因此，在中国哲学史由古典形态向现代形态的历史性转折中，谢著《中国哲学史》，对现代中国哲学史学科的形成不无贡献；其在中国哲学史学科史上的历史地位和重要价值既不宜抹杀，也无可替代。"[1]

谢无量之所以撰写《中国哲学史》，是有时代原因和个人认识原因的。

---

[1] 田文军、杨姿芳：《谢无量与中国哲学史》，《江海学刊》2007年第5期。

谢无量认为，由于时代的局限，历史上尽管有学术史著作，如朱熹的《伊洛渊源录》、黄宗羲的《宋元学案》《明儒学案》等，但都属于断代史性质的，尚缺乏通史性的著作。因此，他要撰写一部中国哲学的通史以补阙如，旨在帮助人们"通观古今学术之变迁"。他在该书绪论中说："兹编所录，起自上古，暨于近代，凡哲人巨子，树风声于当时，标新义于后来者，皆摄其学说之要，用今世哲学分类之法述之，以其条纪贯串，便易观省也。约其精蕴，故无取繁词；求其会通，故并存异学。"[1]

谢无量的《中国哲学史》共分三编。第一编为上古哲学史，探讨了哲学的渊源，但主要讲先秦哲学，以诸子学为主。第二编是中古哲学史，主要讲两汉、魏晋、六朝以及隋唐时期的哲学。第三编讲近世哲学史，涉及宋元明清哲学思想，理学是其核心内容。第三编分上下两部分，上部分讲宋元哲学，对道学渊源进行了分析，并对北宋五子、程门诸子、张南轩、朱熹及其门人、陆象山及其门人、浙东永嘉之学、元代程朱学派、陆学派和朱陆调和派等进行了研究；下部分讲明清哲学，探讨了吴康斋、薛敬轩、曹月川、胡敬斋、陈白沙、湛甘泉、罗整庵、王阳明和王门诸子的哲学思想。

关于宋代理学，谢无量有自己的认识和见解，他说："中国哲学，当以宋代为极盛。盖古之儒者，讲修齐治平之道，或详于人事，而略于宇宙之本原，宋儒始明人性与宇宙之关系，立理气心性之说，不仅教人以实践，且进而推求其原理，故有以立其大本，而教义益密，至是乃有性理之学，然亦时势有以致之。"[2]谢无量认为，中国哲学的发展到宋代达到高峰，特别是宋儒深入探讨了人性问题，提出理为万物之本，以性理之学取代了原来的政治伦理之学，形成了新的儒学体系，进一步发展了元典儒学，这是宋儒对儒学发展的新贡献。

---

[1] 谢无量：《中国哲学史》，载《谢无量文集》第2卷，中国人民大学出版社，2011，第5页。谢著《中国哲学史》最早出版于1913年，此外还有1928年版和台湾商务印书馆1976年版，本著所引皆来自人民大学出版社2011年版。

[2] 谢无量：《中国哲学史》，载《谢无量文集》第2卷，中国人民大学出版社，2011，第340页。

同时，谢无量还对宋代新儒学的形成进行了分析，认为"唐以来，佛之为教益备，大德迭出，禅宗所谓以心传心，不立文字，直指心性，见性成佛者，尤能导人从事心性之源，而厌章句碎屑之陋。宋之大儒，多与禅门往还，其讨论性命之说，故宜有相契发者"[1]，认为宋儒在与禅门的交流过程中，吸收了佛性之说，充实了理学心性思想。

关于道教对新儒学之影响，谢无量认为，五代时期的陈抟对新儒学的理本论有重要影响，是新儒学发展的根据，如说："五代陈抟，亦究性命之理，太极图、先天图有谓皆出于抟者。盖古时阴阳五行之说，常存于方外，至是传于儒者，为宋学之根据焉。"[2]谢无量还专门设立专章讨论道学渊源问题，认为宋初三先生为新儒学之开启者，具有开山之功，特立小传进行介绍和学术评价，并说："孙明复、石徂徕、胡安定三先生，其学说虽未尽纯，然以躬行实践为主，则在圣贤道义之大本，而一变词章训诂之风，故不得不谓之道学之先导也。"[3]

至明代，宋明理学开始由以程朱为主转向以陆王为主，心学在南宋陆九渊之后，到明代由王阳明继承发明，影响极大。谢无量认为："阳明之于陆学，厥功尤伟，殆所谓青出于蓝而胜于蓝也。"[4]谢无量评价明代心学甚高，并勾画了明代理学的发展理路，他说："至阳明倡良知之说，即心是理，即知是行，即工夫是本体，直探本原，最为简截。前此诸儒学朱而才不逮朱，终不出其范围，阳明嗣陆而才高于陆，几与紫阳并立，自是程朱与陆王分为二大学派。当时若邹东廓主戒惧，聂双江主归寂，罗念庵主无欲，最称新建功臣；即湛甘泉之体认，李见罗之止修，亦足互相表里；逮于蕺山提清诚意，约归慎独，

---

[1] 谢无量：《中国哲学史》，载《谢无量文集》第2卷，中国人民大学出版社，2011，第340页。

[2] 谢无量：《中国哲学史》，载《谢无量文集》第2卷，中国人民大学出版社，2011，第340页。

[3] 谢无量：《中国哲学史》，载《谢无量文集》第2卷，中国人民大学出版社，2011，第343页。说明一点：宋代理学，又称道学、宋学、新儒学，三者实一。

[4] 谢无量：《中国哲学史》，载《谢无量文集》第2卷，中国人民大学出版社，2011，第438页。

而良知之学，益臻实地。清初王学，多承蕺山之传。此有明一代理学思想变迁之大略也……"[1]谢著对于明代心学变迁的勾勒是清晰的，且有自己的见解。

谢著《中国哲学史》之所以影响重大，不仅在于其是中国哲学史通史类著作的开山之作，为现代中国哲学史学科的创设与形成作出了历史性贡献，而且就学术价值而言，其立著框架和内容研究具有自身特色，能够客观叙述和评价各家各派哲学思想，将在哲学上有成就、有新意者均收入其中，并进行评价。就第三编关于宋明理学的研究来说，前一部分主讲宋元时期的哲学思想，所析内容除了濂洛关闽各派代表人物以及邵雍、张栻、陆九渊、魏了翁等人的思想，还专门讨论了程门诸子、永嘉学派以及元代的朱陆学派等；后一部分主讲明清哲学，以明代王学为主要对象进行研究，探讨了王阳明、陈献章、湛若水、罗整庵、刘宗周、薛瑄等人的哲学思想。整编内容分合有序，前呼后应，较为详尽地阐述了宋明理学的渊源、发展、内容和特点，且在论述中加以现代哲学史的研究方法，对中国哲学的人物、概念进行具体辨析，可以说这是谢无量给后来者提供的一个非常有借鉴意义的研究方法。此外，谢著还十分注意本体论探索，他在讲到张载的宇宙论时指出："横渠宇宙论，实自树一宗，故非老子有生于无之说，又非释氏为执无而不知有。当时诸家论宇宙，如周子之言太极，邵子之言先天，程子之言理气，横渠并不取之，独由虚空即气之作用，以解释宇宙之本体及现象，故今名之曰气一元论。"[2]并认为程颐的宇宙论为理气二元论，陆象山和王阳明之说同为心学，鹤山哲学亦是绝对唯心论。可以说，这对中国哲学史研究来说是别开生面、颇具特色的。

作为第一部"中国哲学史"，谢著《中国哲学史》也存在着一些不足，比如把中国的哲学等同于儒学、道学、理学、佛学，表明其对于哲学的理解

---

[1] 谢无量：《中国哲学史》，载《谢无量文集》第2卷，中国人民大学出版社，2011，第439页。

[2] 谢无量：《中国哲学史》，载《谢无量文集》第2卷，中国人民大学出版社，2011，第359页。

尚停留于对哲学表层特征的把握，距离真正理解哲学的学科内涵和本质特征尚有一定距离。同时，作为一部通史性中国哲学史著作，对于宋明这一中国重要时期的理学发展研究有些过于简单，这也是谢著不足之处。但毕竟谢著是中国哲学史通史类著作的开山之作，加之时代原因和历史局限，缺点在所难免，我们应该理性客观对待。

二、冯友兰及其《中国哲学史》

（一）冯友兰简介

冯友兰（1895—1990），河南唐河人，中国哲学家、哲学史家。冯友兰出身当地望族，父亲冯台异，是清光绪二十四年（1898）进士，曾任唐河崇实书院山长。冯氏极为重视家庭教育，冯友兰亦勤奋好学，6岁入私塾，17岁即入上海中国公学大学预科班，1915年入北京大学文科中国哲学门，开始接受较为系统的哲学训练。1919年赴美留学，1923年获哥伦比亚大学哲学博士学位。同年回国后，先后任中州大学、广东大学、燕京大学等校教授和清华大学文学院院长兼哲学系主任。全面抗战爆发后，任昆明西南联合大学哲学系教授兼文学院院长。1946年西南联合大学解散，清华大学又返回北平，冯友兰应美国宾夕法尼亚大学邀请，赴美任该校客座教授。1948年回国，担任清华大学教授、哲学系主任和文学院院长以及校务会议主席等职。1952年后一直任北京大学哲学系教授。1990年11月，冯友兰在北京逝世，享年95岁。

冯友兰一生笔耕不辍，著述颇丰，早在1923年夏，就完成了《人生理想之比较研究》（又名《天人损益论》），顺利通过美国哥伦比亚大学博士毕业答辩，获哲学博士学位。1923年秋回国后，完成《一种人生观》。分别于1931年、1934年完成的《中国哲学史》上、下册，后作为大学教材，为中国哲学史的学科建设作出了重大贡献。从1939年到1946年，冯友兰连续出版了六本书，称为"贞元六书"，即《新理学》（1939年）、《新世训》（1940年）、《新事论》（1940年）、《新原人》（1943年）、《新原道》（1945年）、《新知言》（1946年）。通过"贞元六书"，冯友兰创立了新理学思想体系，成为中国当时影响最大的哲学家。

《中国哲学简史》是冯友兰在美国宾夕法尼亚大学任教时所著。此书被译为10多种语言，销售量达数百万册，是西方大学里中国哲学史课程必备的参考书，也是西方了解中国哲学的最佳入门途径，在西方社会影响很大。

20世纪五六十年代是冯友兰学术思想的转型期。冯友兰放弃其新理学体系，开始以马克思主义为指导研究中国哲学史，先后出版了《中国哲学史论文集》《中国哲学史论文二集》《中国哲学史新编》。

（二）冯友兰《中国哲学史》中的宋明理学研究

冯友兰的《中国哲学史》是继胡适《中国哲学史大纲》之后又一部具有广泛影响的中国哲学史著作，也是第一部以西方哲学概念完成的中国哲学史著作。其中许多观点如今已成为定论，堪称中国哲学史的奠基之作，代表了20世纪30年代中国哲学史研究的最高水平。此书后来还被冯友兰的美国学生卜德译成英文，成为现今西方人系统了解中国哲学为数不多的著作之一。这部书的出版在当时引起了较大反响，胡适将书中的主要观点归结为"正统派"，而冯友兰则自称为"释古派"以与胡适的"疑古派"相区别。冯友兰在书中着力论证了儒家哲学在中国哲学史上的正统地位，这为他后来创立新理学思想体系积累了丰富的思想材料，奠定了必要的理论基础。

冯友兰对宋明理学的研究主要集中在1934年出版的《中国哲学史》下册，下册从两汉经学始，到清代今文经学止，其中用四章的篇幅对宋明理学进行了专门研究。

在"周濂溪、邵康节"一章，冯友兰对理学奠基人周敦颐的《太极图说》以及《太极图说》与《通书》的关系问题进行了探讨，并对邵雍的太极与八卦、先天图、人与圣人的关系、政治哲学等问题进行了研究。

冯友兰认为，周敦颐的《太极图说》对宋明理学的形成影响很大，特别是宋明理学的本体论问题，多脱胎于周敦颐的《太极图说》，如说："周濂溪取道士所用以讲修炼之太极图，而与之以新解释，新意义。其解释此图之《太极图说》为宋明道学家中有系统著作之一。宋明道学家讲宇宙发生论者，多就其说推衍。"[1]冯友兰认为,周敦颐的《通书》本名《易通》,系讲《易》之作,所以他将《太极图说》与《通书》放在一起进行讨论。

在冯友兰看来,周敦颐的太极图,是象学而无数学,邵雍则兼有象学和数学。他认为,邵雍重太极,其图都是用以表示事物生长进行的公式。冯友兰还分析了邵雍先天图和其他图、人与圣人之关系等,对于后来者研究理学本体论起源问题有重要参考价值。

在"张横渠及二程"一章,冯友兰对张载和程颢、程颐兄弟的思想进行了分析。对于张载,冯友兰认为,《正蒙》是张载一生思想的结晶,张载思想也是从《易》推衍而来,气是张载思想中的主要概念,气聚而生物,并遵循一定的规律,是唯物主义的宇宙观。冯友兰还针对张载的性说、天人合一思想等进行了分析,解释了张载思想的唯物主义性质。

对于程颢、程颐兄弟,冯友兰认为,他们的思想对宋明道学的确立起了关键作用,也可以说宋明道学理论体系的建立是自二程始。如冯友兰说:"濂溪、康节、横渠,虽俱为道学家中之有力分子,然宋明道学之确定成立,则当断自程氏兄弟。"[2]"明道、伊川兄弟二人,俱以濂溪为师,以康节为友,又与横渠为戚属。兄弟二人之学说,旧日多视为一家之学,故《二程遗书》中所载二人语录,有一部分俱未注明为二人中何人之语。但二人之学,开此后宋明道学中所谓程朱陆王之二派,亦可称为理学心学之二派。程伊川为程朱,即理学,一派之先驱,而程明道则陆王,即心学一派之先驱也。"[3]冯友兰讨论了二程与周敦颐、邵雍和张载之关系,以及二程对于宋明理学的奠基之功,为后世研究奠定了基调。此外,冯友兰还就二程的天理、气、性等概念,以及二程的伦理思想、修养方法等进行了探讨。

在"朱子"一章,冯友兰对朱熹哲学安排专章进行研究,之所以如此,

---

[1] 冯友兰:《中国哲学史》下册,华东师范大学出版社,2000,第211页。说明:华东师范大学出版社再版的《中国哲学史》,是根据冯友兰20世纪30年代出版的原版进行再版的,蔡仲德之"校勘后记"中有说明。

[2] 冯友兰:《中国哲学史》下册,华东师范大学出版社,2000,第237页。

[3] 冯友兰:《中国哲学史》下册,华东师范大学出版社,2000,第238页。

是因为他认为朱熹对于后世影响较之二程更为深远。冯友兰在本章开篇即说："道学家中，集周邵张程之大成，作理学一派之完成者为朱子。"[1]此说作为对朱子思想的总评价，一直沿袭至今。关于朱子学说，冯友兰从理和太极、气、天地人物之生成、人物之性、道德及修养之方、政治哲学和对于佛家之评论等七个方面进行了阐释，指出朱子的形上学是"以周濂溪之《太极图说》为骨干，而以康节所讲之数，横渠所说之气，及程氏弟兄所说形上形下及理气之分融合之"[2]，并且点出了佛教华严宗对朱熹天理说的影响和朱熹对佛教的认识与看法。

在"陆象山、王阳明及明代之心学"一章，冯友兰着力对陆王心学进行研究，对以陆象山、杨慈湖为代表的南宋心学进行了分析，探讨了朱陆之异同和朱子之后的理学。对于明代心学发展如陈白沙、湛甘泉、王阳明、王龙溪及王心斋等人的思想进行探讨，特别着力于王阳明心学思想研究，详细分析了《大学问》、知行合一说、朱熹王阳明之异同、王阳明对佛道之批判以及王阳明的爱之差等、恶之起源和动静合一说。

通过对冯友兰《中国哲学史》中宋明理学的研究进行分析，我们可以看出冯友兰研究中国哲学史的方法及特点。

一是从方法论角度明确了把钻研西方哲学作为研究中国哲学史的方法。"在冯友兰看来，中国哲学没有形式上的系统，如果不研究、了解西方哲学，则我们整理、诠解中国哲学，便无所取法；中国过去也没有近代意义上的成文的中国哲学史，如果不研究、了解西方哲学史，则我们著述中国哲学史，也无所矜式。"[3]冯友兰正是把西方哲学史的形式上的系统，看作整理中国哲学的范式，并以钻研西方哲学作为研究中国哲学史的最基础的方法。陈寅恪在审查冯著《中国哲学史》时，对冯友兰以西方哲学研究方法对新儒学的阐释给予了充分肯定，他说："此书于朱子之学多所发明……今此书作者取西

---

[1] 冯友兰：《中国哲学史》下册，华东师范大学出版社，2000，第254页。
[2] 冯友兰：《中国哲学史》下册，华东师范大学出版社，2000，第254页。
[3] 高秀昌：《试论30年代冯友兰的中国哲学史方法论》，《南开学报》（哲学社会科学版）2003年第4期。

洋哲学观念,以阐明紫阳之学,宜其成系统而多新鲜。"

二是注重对哲学史料的搜集。冯友兰认为,中国哲学史就是中国哲学和中国史学交叉贯通的产物,研究中国哲学史就要以搜集整理中国历史上关于哲学研究的历史资料为前提,并通过对哲学史料的浏览、遴选、辨伪、会通等步骤,对哲学史料做深入整理、分析和研究,以达到对中国哲学的深度认识。

三是采取分期、明域和别派的方法进行研究。冯友兰在研究中把分期的标准定为哲学思潮起伏的段落或者是历史的类型,明域是对中国哲学史进行空间划分和定位,别派是师承关系和思想类似。

四是评述哲人之哲。在冯友兰看来,评述哲人之哲这一方法非常重要。研究中国哲学史的目的,就是要辨别清楚中国哲学之源流,找出中国哲学的得失,否则就失去了研究中国哲学的价值。冯友兰还认为,评述中国历史上哲学家的哲学成就,应成为研究中国哲学史的首要方法。

以上四种方法都在冯友兰《中国哲学史》对宋明理学的研究中有不同程度的表现,也基本代表了冯友兰在20世纪30年代整理研究中国哲学的基本方法。同时,对这些研究方法的提出和总结,也是冯友兰对中国哲学史研究的重大贡献。

冯友兰的《中国哲学史》出版后,张岱年于1935年发表了题为《冯著〈中国哲学史〉的内容和读法》的书评[1],对冯著《中国哲学史》给予了高度评价,他说:"这实在是一本最好的中国哲学史,在许多方面,都有独到的精彩,为别的中国哲学史所不能及。如说这本书在中国哲学史书中是空前的,实非过甚其词。这实在是近年来出版的一本极有价值的巨著,的确能对于中国哲学思想之发展演变,作一个最清楚的最精审的最有系统最有条理的叙述。读了这本书便可以对于中国哲学思想之发展演变,有一种整个的明确的了解。"张岱年还就该书优点进行了总结,认为优点有六条,其中第三条为"此书最

---

[1] 此篇书评发表于上海商务印书馆《出版周刊》1935年4月27日和5月4日的《读书指导》栏目中。

能客观，且最能深观。此书善能写出各家哲学之本来面目，能领会各家思想之精微幽隐之处而以明白透澈的文字表述出之。这实在大非易事。许多哲学史，常失之肤浅；更有依一个观点写成的，结果为此观点所蔽，常不能领会古哲学家思想之隐微处……此书则不然，可以说，此书写某一家时即以某一家的观点为观点；如写儒家哲学是以儒家的观点来写的……写宋明道学，则又依道学的观点。然而本书并非四分五裂，本书仍有其一贯的观点，这即是客观。惟其如此，故本书对于各家，皆能通其隐微，会其幽深，能窥透各家之本来面目，尽如实摹状之能事。对于一种哲学，可以说有内观与外观之不同。内观即以同情的态度观察之，外观则只观其表面。对于一个哲学，不以同情的态度来观察之，是绝不能了解其精髓的。此书则的确能以同情的态度观察各家哲学而无所偏倚"。

三、张岱年及其《中国哲学大纲》

（一）张岱年简介

张岱年（1909—2004），字季同，河北献县人，中国哲学家、哲学史家。张岱年出身书香门第，自幼受到良好家教，长兄张申府是著名哲学家，对张岱年的学术道路产生了直接影响。1933年张岱年从北平师范大学毕业后，因发表论文多篇，学术成绩突出，被聘为清华大学助教。1937年全面抗战爆发后，清华大学南迁，他没有随迁，而是留在北京闭门读书，进行学术研究。1943年张岱年受聘为私立中国大学哲学讲师。1946年清华大学迁回北京，张岱年又重回清华大学哲学系任教。1952年全国高等院校大调整，张岱年从清华大学调任北京大学，在哲学系任教授，从事中国哲学的教学和研究工作。1979年，中国哲学史学会成立，他被推举为会长。2004年4月，张岱年病逝于北京，享年95岁。

张岱年一生笔耕不辍，积极从事哲学和中国传统文化研究，取得了丰硕的学术研究成果。其代表性著作有《中国哲学大纲》《中国唯物主义思想简史》《张载——十一世纪中国唯物主义哲学家》《中国伦理思想发展规律的初步研究》《中国哲学发微》《中国哲学史史料学》《中国哲学史方法论发凡》《求真集》《玄儒评林》《真与善的探索》《中国伦理思想研究》等。

（二）张岱年的《中国哲学大纲》

《中国哲学大纲》完成于1937年，经冯友兰等推荐给商务印书馆出版，但因抗战全面爆发，未能印行。1943年私立中国大学将之印成讲义。1948年商务印书馆准备再次印行时，又因战事未能及时付梓。1958年，由于历史原因，该书署名"宇同"出版。直到1982年，该书才署以"张岱年"之名由中国社会科学出版社出版。可以说该书命运多舛，但好事多磨，毕竟这本书的价值终得世人认可，并在学界产生了巨大影响，其学术生命力亦长盛不衰。该书是继胡适《中国哲学史大纲》和冯友兰《中国哲学史》之后的又一部中国哲学的奠基性著作，对于中国哲学研究和中国哲学史学科的建设和发展产生了深远影响。

《中国哲学大纲》有别于胡著和冯著中国哲学史之最鲜明的特点是写法上的重大区别，正如汤一介所说："这本书和胡适的《中国哲学史大纲》、冯友兰的《中国哲学史》不同，它是以问题为纲要把中国哲学的方方面面都清清楚楚地展现在读者面前，这样使得读者能对中国哲学的内容及其特点有一个全面的把握。"[1]汤一介所说的"以问题为纲要"，就是张岱年在1957年为《中国哲学大纲》写的新序中所谈到的"本书写作的原意是想对于中国古典哲学作一种分析的研究，将中国哲学中所讨论的基本问题探寻出来，加以分类与综合，然后叙述关于每一个问题的思想学说的演变过程"，这也是张著区别于胡著和冯著之处，体现了张岱年问题解析法的撰写特点。可以说，该书"开创了以中国哲学基本问题为纲、以中国哲学固有观念范畴为基本单位，全面、系统研究中国哲学的先河"[2]。方克立将该书特点总结为三点：一是"着重探索和表彰中国哲学中的唯物论和辩证法思想传统，为新唯物论哲学在中国'寻根'"，二是"将逻辑分析方法运用于中国哲学史研究，力求做到概念

---

[1] 汤一介：《张岱年先生和〈中国哲学大纲〉》，《群言》2004年第7期。

[2] 牟宗艳：《张岱年先生的〈中国哲学大纲〉》，《文史哲》2002年第3期。

清晰，命辞意谓准确，条理系统严整",三是"重视中国传统人生哲学中的理想主义思想资源，'人生论'占全书一半以上篇幅"。[1] 曹聚仁评价其"成就不在冯友兰之下"[2]。

张岱年的《中国哲学大纲》分"宇宙论""人生论""致知论"三个部分对中国哲学史进行论述，其中宋明理学思想研究占有重要篇幅。在第一部分"宇宙论"中，分"本根论"和"大化论"两篇。"本根论"的气论中主要阐述了宋明理学中的代表人物张载、罗钦顺、王廷相等人的思想，并且首次提出了宋明思想中有三个主要潮流，即程朱之学、陆王之学和唯气潮流，这些观点为后来的学者所接受。

在第二部分"人生论"中，张岱年指出，"人生论是中国哲学之中心部分"，所以这一部分占了全书极大的篇幅，分四篇分别讨论了天人关系论、人性论、人生理想论和人生问题论。其中有关宋明理学家就天人关系的看法、人性论思想、人生理想和人生问题的论述是重点内容，毕竟宋明理学在封建社会后期占统治地位达700多年，所以自然着墨较多。

在第三部分"致知论"中，张岱年分别对知识论和方法论进行探讨，批评了那种认为中国哲学完全没有知识论和方法论的错误认识，认为致知方法与德行涵养的相依不离是中国哲学的重要特点之一。

在结论中，张岱年以马克思历史唯物主义的观点，对程朱、陆王之学进行了评价，认为"程、朱理学的长处，在于宣扬即物穷理，由以达到人生最高境界。对于知识与人生之关系，实是有所见。但理学的理气二元的宇宙论，恐是必需改造的；而天理人欲之辨，就更不能照旧维持了"，"陆、王心学的特点，在于提出一个简易直截的内心修养法。但在今日复杂的社会生活，此法已不适切了"。[3]

按照牟宗艳的研究，张岱年《中国哲学大纲》具有以下几个特点：一是

---

[1] 方克立：《张岱年在20世纪中国哲学史中应有之地位》，《学术探索》2005年第3期。
[2] 曹聚仁：《中国学术思想史随笔》，生活·读书·新知三联书店，1986，第201页。
[3] 张岱年：《中国哲学大纲》，江苏教育出版社，2005，第533页。

开创了问题解析式的研究新方法；二是第一次对中国哲学进行了条理化、系统化研究阐述；三是以"辩识中国哲学之基本倾向"为指导思想，从整体上反映了中国哲学的特征；四是比较全面地提出了中国哲学固有的范畴体系，可以说是"第一部中国哲学范畴的发展史"。[1]

四、范寿康及其《中国哲学史通论》

（一）范寿康简介

范寿康（1896—1983），字允藏，浙江上虞（今绍兴市上虞区）人，教育理论家、哲学家。1913年留学日本，先后就读于东京第一高等学校、东京帝国大学文学部。1923年获教育与哲学硕士学位。同年回国后，任商务印书馆编译所编辑。1926年任中山大学教授兼秘书长。1927年任春晖中学校长。1932年任安徽大学文学院院长。1933—1938年，任国立武汉大学人文学院哲学系教授兼系主任，主讲现代哲学、中国哲学史、哲学概论、希腊哲学研究等课程，以通俗严谨的教学风格深得学生们的喜爱。在此期间，他还兼任武汉大学《文哲季刊》主编、教授会主席等职。

抗日战争爆发后，范寿康积极投身抗战，并应郭沫若的邀请，出任国民政府军事委员会政治部第三厅副厅长兼第七处处长，协助郭沫若领导抗日宣传和统战工作。后又改任文化工作委员会国际研究室主任、政治部设计委员、行政院参议。

抗日战争胜利后，范寿康赴台湾参加接收工作，任台湾省行政长官公署教育处处长，主持台湾光复后的教育重建，为弘扬祖国传统文化、普及国语，作出过许多贡献。1947年，行政长官公署改组，范寿康退出政界，再度回到大学校园，任台湾大学哲学系教授兼图书馆馆长。1970年退休。1982年4月18日以86岁高龄从台湾经美国辗转回北京定居，积极致力于祖国统一大业，受到邓小平、邓颖超、廖承志、胡愈之、杨静仁等的亲切会见。同年12月被

---

[1] 牟宗艳：《张岱年先生的〈中国哲学大纲〉》，《文史哲》2002年第3期。

增补为中国人民政治协商会议第五届全国委员会委员、常务委员。1983年2月27日因病逝世,享年87岁。

范寿康勤于著述,出版著作近30部,如《个性教育》《教育哲学大纲》《各科教学法》等教育学专著,其中《范寿康教育文集》是其主要作品的汇集,至今仍有出版;作为我国早期的启蒙思想家,他还编著了《哲学通论》《美学概论》《艺术之本质》《朱子及其哲学》《中国哲学史通论》等一系列哲学教材,并编译了《柏拉图》《亚里士多德》《康德》《认识论》等小册子。

(二)范寿康《中国哲学史通论》中的宋明理学研究

《中国哲学史通论》是范寿康的代表作之一,1937年由上海开明书店出版,1983年三联书店重印,2008年武汉大学出版社将该书列入"武汉大学百年名典"再版。武汉大学李维武教授在该书再版前言中,对范著《中国哲学史通论》给予了高度评价,认为它是"武汉大学哲学系'中国哲学史'课程的第一部教材,也是中国哲学史上第一部在马克思主义唯物史观指导下写作的中国哲学通史"。李维武教授在另一篇文章中认为:"《中国哲学史通论》是马克思主义哲学中国化运动在20世纪30年代的重要成果之一,也为我们今天深入开展马克思主义指导下的中国哲学史研究,进一步推进马克思主义哲学中国化运动,提供了一种学习的榜样。"[1]中国社会科学院徐素华研究员在其《马克思主义哲学在中国》一书中评价范著《中国哲学史通论》时指出,该书"是继胡适的《中国哲学史大纲》(上卷)、冯友兰的《中国哲学史》(上、下篇)之后,中国人写出的第三部中国哲学史。前两部中国哲学史的基本指导思想和方法主要来自西方资产阶级,而范寿康的《中国哲学史通论》则是第一部在西方无产阶级哲学,即马克思主义哲学指导下写出的中国哲学史著作"[2]。

---

[1] 李维武:《武汉大学与20世纪30年代中国哲学——范寿康与〈中国哲学史通论〉》,《武汉大学学报》(人文科学版)2008年第5期。

[2] 徐素华:《马克思主义哲学在中国:传播、应用、形态、前景》,北京出版社,2002,第329页。

范寿康的《中国哲学史通论》共六编，其中宋明理学研究在"宋明的哲学（经学）"一编，该编分为"概说""宋明儒家思想的概要""佛教教宗的衰落与禅宗的隆盛""道教宗派的分裂与教理的革新"等四章对理学进行论述。

在"概说"一章中，范寿康对我国古代经学发展概况进行了描述，指出经学发展经历了汉学、宋学和清学三大变化过程，"汉学长于训诂，宋学长于义理，清学则长于考证"。若就内容区分，经学可分为汉学与宋学：汉学为汉代之学，从广义上讲，以汉唐训诂之学为主的都是汉学；宋学为宋代之学，从广义上讲，以宋明义理之学为主的都是宋学。范寿康认为，"宋学决不是入宋以后突然产生的学问，却是由来久远，经过一步一步的准备方告成立。而这一种发展，自内面看，固然为儒学本身当然的历程，但自外面看，由于老庄思想的影响与佛教教理的刺戟者也决非浅鲜"[1]。范寿康认为，宋学的产生与形成不是偶然的、突然的，而是儒学长期发展并积极吸收其他诸家思想的产物，这可以说是对宋明理学形成原因的真知灼见。范寿康还对宋学吸收别家思想的情况进行了梗概式的说明，如说"宋儒之太极图源出道教，尽人皆知。老庄言天道，宋儒亦言天道。佛教重禅定，宋儒殆无一不主静坐；华严言理法，宋儒殆无一不言理气"[2]。此段文字较为清晰地勾勒了宋学源出的大致脉络，20世纪宋明理学研究中，对于宋明理学的来源研究无出其右者。

在本章中，范寿康还勾勒了宋初学术界发展的概况，并特别讨论了以范仲淹为中心的包括宋初三先生胡瑗、孙复、石介等一派学者对周敦颐和程颢、程颐思想形成的先导作用，简要点明了宋代理学形成的基本过程。

在"宋明儒家思想的概要"一章中，范寿康以人物专题形式探讨了北宋时期的周敦颐、邵雍、张载、程颢和程颐兄弟及程门诸子的思想状况和特点；探讨了南宋时期理学代表人物朱熹的理学思想和朱熹门人的概况，以及心学代表人物陆九渊的思想；探讨了明代陈献章、王阳明及阳明门人的思想概况

---

[1] 范寿康：《中国哲学史通论》，武汉大学出版社，2008，第256页。

[2] 范寿康：《中国哲学史通论》，武汉大学出版社，2008，第256-257页。

和发展脉络。本章尤其对朱熹和王阳明思想研究用力最多。范寿康评价朱熹说："朱子的学说大体是以程伊川的见解为经，以周濂溪、张横渠、程明道及程门诸子的见解为纬，再参以孔、《易经》、《大学》、《中庸》的思想结合而成的。他把自来的学说加以综合，加以扩充，树立了一个有体系的理气二元论。他对于宇宙、心性、伦理、知识、教育、政治诸问题，都给与了一贯的说明。他的研究的范围实包括有哲学、文学、史学各方面。他本着批评的精神，运用缜密的方法，匡正了自来许多学问家的谬见，解决了不少自来聚讼的问题。他这种精神与方法不但对于后来义理之学有莫大的影响，即于清代考证之学也是极有关系的。固然，他的学说之中，难免也有矛盾与错误的地方，可是他博学多识，著述宏富，在我国过去学术界中确有宏大的贡献。总括说，他是一个集自来学问的大成的学问家，也是一个承先启后的思想家，日本有人把他比做希腊的 Aristotle 与德国的 Kant，以为他是中国在孔子以后的第一个大学问家，这话也是不无一理的。"[1]

从上面这段话可以看出，范寿康对于朱熹理学思想是非常推崇的，充分肯定了朱熹在理学发展史上的重要地位和所作出的重大贡献。但范寿康认为朱熹理学"树立了一个有体系的理气二元论"，这似乎不够妥帖，因为朱熹理学是以"理"名学，其思想体系是以"理"提纲挈领的，是理一元论者。作为学理问题，此处不多做探讨。

关于王阳明，范寿康在深入分析其心学思想后，对其进行了综合评价，他说："我们如可以说程伊川开理学的端绪，朱熹集理学的大成，那么，同样，我们也可以说陆象山开心学的端绪，王阳明集心学的大成。"[2] 此段话无论是对于程朱理学还是陆王心学，评价都是客观且公允的。范寿康认为，阳明心学是对程朱理学的一种反动，王阳明勇于"揭举心学的大纛，唱导'心即理'，'知行合一'，'致良知'等的学说，引起了一个革新思想的大运动，好像晴空里掷了一个霹雳一样"，高度评价了阳明心学对于明代晚期及之后中国思

---

[1] 范寿康：《中国哲学史通论》，武汉大学出版社，2008，第279-280页。
[2] 范寿康：《中国哲学史通论》，武汉大学出版社，2008，第291页。

想变革的启蒙作用，认为阳明心学中的"知行合一说确是对于一般专尚空论不切实际的人提供了一服良剂"。[1]

在"佛教教宗的衰落与禅宗的隆盛"和"道教宗派的分裂与教理的革新"两章中，范寿康对佛教的传入、融合、宗派发展和道教的产生、形成及教理的革新等问题，进行了概括性分析，探讨了佛道二教在发展过程中相互融合会通以及宋明时期儒佛道三教融合的特点，指出了三教融合会通对于宋明理学形成的作用，对于深入研究新儒学发展有重要参考价值。尽管分析略欠详尽，但作为早期宋明理学研究之成果，能达到如此认识分析程度，已经难能可贵了。

范寿康以一编四章的篇幅梳理了宋明理学发展状况，尽管篇幅不是很长，但对于宋明理学的主要问题和主要思想家都有论述，从中可以了解理学发展之大略。

从以上关于范寿康所论宋明理学的分析，我们可以看出其研究中国哲学史的基本特点。一是在研究宋明理学或中国哲学史的过程中，引入了唯物史观来说明中国哲学的历史开展，其五个阶段的划分，包括在分析理学发展阶段时，都体现了唯物史观的认识特点。二是重视发掘和凸显中国哲学思维的具体特点。范寿康力求用中国哲学自身的概念，如子学、经学、玄学等标示中国哲学发展的历史主线，并对各阶段哲学思想发展的特点进行历史主义的说明，为新中国成立后对传统思想文化的研究提供了镜鉴。三是具有鲜明的通史意识，以对中国哲学不同历史发展阶段的分析，揭示中国哲学发展的丰富内涵和内在张力。[2] 范寿康研究中国哲学史的方法，在今天依然具有重要的启迪意义，正如李维武教授指出的，范寿康的"《中国哲学史通论》不仅在武汉大学学术史乃至20世纪中国学术史上有其重要的位置，而且对于今天的

---

[1] 范寿康：《中国哲学史通论》，武汉大学出版社，2008，第291-292页。
[2] 李维武：《武汉大学与20世纪30年代中国哲学——范寿康与〈中国哲学史通论〉》，《武汉大学学报》（人文科学版）2008年第5期。

中国哲学研究仍有宝贵的启示"[1]，这一评价是极其公允且富有见地的。

五、蔡元培及其《中国伦理学史》

（一）蔡元培简介

蔡元培（1868—1940），字鹤卿，号子民，浙江绍兴人。少年时曾在绍兴古越藏书楼校书，得以博览群书。光绪十五年（1889）中举人，光绪十八年（1892）补殿试，为进士，授翰林院庶吉士，两年后补翰林院编修。

蔡元培于光绪二十四年（1898）九月返绍兴，任绍兴中西学堂监督，提倡新学。光绪二十七年（1901）七月奔赴上海，出任南洋公学教习。光绪二十八年（1902）与蒋观云等发起组织中国教育会，任事务长。同年夏赴日本，同年秋回国，在上海创设爱国女校及爱国学社，任总理，并以《晨报》为阵地，提倡民权，宣传排满革命。光绪三十年（1904）冬与陶成章等在上海建立光复会，被推为会长，次年加入同盟会。

1912年中华民国成立，蔡元培任南京临时政府教育总长，主张采用西方教育制度，废止祀孔读经，实行男女同校等改革措施，确立起我国资产阶级民主教育体制。二次革命失败后，留学法国并创办留法勤工俭学会。1917年任北京大学校长，支持新文化运动，提倡"思想自由""兼容并包"的办学方针，实行教授治校。1919年五四运动爆发后被迫辞职。1926年参加国民革命军北伐工作。1927年后担任国民党政府大学院院长、中央研究院院长等职。

九一八事变后，蔡元培与宋庆龄、鲁迅、杨杏佛等发起组织中国民权保障同盟，任副主席，积极开展抗日爱国运动，拥护国共合作。1936年在上海创办世界学校，实行教育和科学救国。1937年末去香港。1938年被推举为国际反侵略大会中国分会名誉会长。1940年3月5日在香港病逝，享年73岁。

蔡元培是20世纪初中国资本主义教育制度的创立者，是著名教育家。他

---

[1] 李维武:《武汉大学与20世纪30年代中国哲学——范寿康与〈中国哲学史通论〉》,《武汉大学学报》（人文科学版）2008年第5期。

明确提出废止封建教育宗旨，倡导以军国民教育、实利教育为急务，以道德教育为中心，以世界观教育为终极目的，以美育为桥梁的资产阶级民主主义的教育方针，初步建立了资产阶级的新教育体制。

蔡元培的教育实践多在高等教育方面。他任北京大学校长时，积极提倡学术自由、科学民主，主张学与术分校、文与理通科，将"学年制"改为"学分制"，实行"选科制"，积极改进教学方法，精简课程，力主自学，校内实行学生自治，教授治校。他的这些主张和措施在北京大学推行之后，影响全国。

（二）蔡元培的《中国伦理学史》

蔡元培的《中国伦理学史》成书于1910年，系蔡元培在德国留学时所撰写，是我国近代第一部伦理学史，"开创了现代意义上的中国伦理史研究"[1]。

蔡元培之所以撰写《中国伦理学史》，是迫于当时学术思想界之压力和时代之需要。在他看来，当时学界尚缺乏这方面的系统研究，为了保存民族伦理思想并将其进一步发扬光大，以抵御外来伦理思想的影响，所以写作此书。他在该书的序例中作了较为详尽的说明，如说："学无涯也，而人之知有涯。积无量数之有涯者，以与彼无涯者相逐，而后此有涯者亦庶几与之为无涯，此即学术界不能不有学术史之原理也。苟无学术史，则凡前人之知，无以为后学之凭借，以益求进步。而后学所穷力尽气以求得之者，或即前人之所得焉，或即前人之前已得而复舍者焉。……故学术史甚重要。一切现象，无不随时代而有迁流，有孳乳。而精神界之现象，迁流之速，孳乳之繁，尤不知若干倍蓰于自然界。而吾人所凭借以为知者，又不能有外于此迁流、孳乳之系统。故精神科学史尤重要。吾国夙重伦理学，而至今顾尚无伦理学史。迩际伦理界怀疑时代之托始，异方学说之分道而输入者，如椠如烛，几有互相冲突之势。苟不得吾族固有之思想系统以相为衡准，则益将旁皇于歧路。盖此事之亟如此。"[2]《中国伦理学史》对中国历史上的伦理思想分三期进行研究，前两期为先秦创始时代和汉唐继承时代，第三期为宋明理学时代。在

---

[1] 陈瑛：《关于中国伦理学史的研究》，《哲学研究》2002年第3期。
[2] 蔡元培：《中国伦理学史》，商务印书馆，1999，第1页。

宋明理学时代这一划分期中，蔡元培用十二章篇幅，详述了宋明理学之起源、朱陆之异同、动机论之成立、功利论之别出、儒教之形成，并对理学代表人物如邵雍、张载、二程、朱熹、陆九渊、杨简、王阳明等的生平进行了简单介绍，分析了他们的伦理思想特征。

《中国伦理学史》的鲜明特点是写法上的重大突破。它与当时著书的传统体例有明显区别，在体裁和形式上开辟了一条治学新路。主要表现在蔡元培将中国伦理学史以三期形式进行分叙，这在当时学术界是鲜见的。其目的是让人们对中国伦理学发展脉络一目了然，并且在当时学界也的确起到了预期的作用。王伟凯博士评价该书"开创的写作体例和手法确实给当时中国学界引进了一股春风，使许多学者开始接受现代学术研究的思路和模式，进而推动了我国学术研究发展的历史脚步"[1]。

六、贾丰臻的《中国理学史》

贾丰臻所著《中国理学史》，1936年由商务印书馆出版。

理学，就目前学界最通行的理解，主要是指宋明理学，又称道学、宋学、新儒学，发生发展并繁盛于宋明时期。贾丰臻所著《中国理学史》，从书名看，给读者的印象该是关于宋明理学思想的研究。其实不然，贾丰臻在该书"绪言"开篇即说："什么叫做理学？就是从古至今一般人说的性理之学。汉人治经，专讲训诂，无所谓理学；到了两宋时代，方才疏明其道理，然后有理学的名称；但以历史的眼光观察，应当从上古时代说起……"[2] 贾丰臻认为，以历史的眼光考察，理学应源于上古，故在其著作中将中国理学史分为上古、中古和近世三个发展阶段。

上古理学史的研究内容为三代以前的理学、夏商周三代的理学、儒道墨和其他诸家所包含的理学思想特质。中古理学史的研究内容为两汉理学，如

---

[1] 王伟凯：《蔡元培之〈中国伦理学史〉成书考辨》，《前沿》2007年第12期。
[2] 贾丰臻：《中国理学史》，商务印书馆，1936，第1页。

训诂学、词章学，董仲舒的天人合一说、性说，刘安的性道说、反仁义说，扬雄的玄说、性说，以及东汉魏晋南北朝隋唐学术的经过，并深入讨论了唐代韩愈的正老佛说、道说、性说以及李翱的思想。近世理学史的研究内容为宋元明清时期的理学。

在论述宋代理学时，贾丰臻以理学代表人物为线索进行讨论，如研究了周敦颐的太极图说、道德说和政治说，邵雍的先天学、经世论和性说，张载的太虚论和性说，二程的宇宙论和性说以及二程后学谢良佐、杨时、吕大临、胡宏、李侗、张栻等人的思想，朱熹的哲理说、心性说和修为说，朱熹门人蔡元定、蔡沈、黄榦、陈淳等人的思想，陆九渊的性理说和修为说，陆九渊门人杨简、袁燮、舒璘等人的思想，浙东学派吕祖谦、陈亮、叶适等人的思想，朱学后继者魏了翁、真德秀的思想。就元代理学讲，贾丰臻讨论了许衡、刘因、吴澄、赵偕、郑玉等人的思想。在论述明代理学时，贾丰臻讨论了吴与弼、薛瑄、胡居仁、陈献章等人的思想，重点讨论了王阳明心即理说、知行合一说、致良知说和格物致知说以及湛若水和罗钦顺的思想学说，以及王学门人徐爱、王艮、王畿、钱德洪、邹守益、薛侃、聂豹、魏良器、张元冲、胡翰、刘邦采、杨东明和刘宗周等人的思想。

从以上内容可以看出，贾丰臻对于理学发展的基本脉络把握比较清楚，涉及的理学人物和思想亦较为全面。不足之处在于对思想挖掘的深度不够，特别是在理学代表人物如二程、朱熹、王阳明等人的思想体系方面，所论显得简略，没有能够将其哲学思想概貌展示出来。当然，作为20世纪30年代的理学研究成果，能以如此清晰脉络进行宏观反映，已算难能可贵了。

第二节　断代史的宋明理学研究

一、陈钟凡及其《两宋思想述评》

（一）陈钟凡简介

陈钟凡（1888—1982），后易名中凡，江苏盐城人。自幼接受家学教育，熟读四书五经，1909年考入南京两江师范学堂（今南京大学前身）。其间，常到金陵刻经处听讲佛学，遂对哲学产生了兴趣，并于1913年考入北京大学哲学系，拜刘师培为师，专攻经史。1917年从北京大学毕业后任预科补习班国文教员，1918年任北京大学附设的国史编纂处纂辑员，兼任北京女子高等师范学校国文专修科教员。1921年，赴南京任国立东南大学国文系教授兼系主任，主编《国学丛刊》，提倡用科学方法整理国故。1924年夏，应西北大学邀请，与鲁迅等到西安讲学。同年底，到广州任广东大学文科学长兼教授。1925年到苏州东吴大学任教。1928年任暨南大学国文系主任，次年任文学院院长。1930年曾赴日本考察。1934年任广州中山大学教授。1935年任金陵女子文理学院和金陵大学中国文学系教授。1937年抗战全面爆发后，随金陵女子文理学院迁往成都，抗战胜利后随校返回南京。1949年新中国成立后，任金陵大学中文系教授兼文学院院长。1952年院系调整后，任南京大学中文系教授，主讲宋元明清文学史。1982年7月因病逝世，享年94岁。

陈钟凡曾当选全国政协委员、民盟中央委员、江苏省人大代表，担任民盟江苏省委员会主任委员、江苏省政协副主席、江苏省文史馆代馆长、江苏省民间文学工作者协会名誉主席等职务，是国内外著名的教育家和文史专家。他博学洽闻，研究广泛，著作宏富，在哲学、文学、历史学、古文字学、教育学、艺术史等方面取得了突出成就。其所著《中国文学批评史》于1927年由中华书局出版，是我国第一部文学批评史专著。另出版有《古书读校法》

《中国韵文通论》《两宋思想述评》《汉魏六朝文学》等，发表论文百余篇。

（二）陈钟凡的《两宋思想述评》

陈钟凡所著《两宋思想述评》于1933年由商务印书馆出版，1996年东方出版社将其列入"民国学术经典文库"再版。该书被认为是中国思想史研究领域中的学术名著，在学术界受到很高的评价。

《两宋思想述评》全书共分十六章。在第一章"近代思想之趋势"中，陈钟凡说："兹言近代，自赵宋始，下迄清季，（公历960—1912）凡九百五十余年；索群言之旨归，汇众流于一脉，参互考验，其原委可得而述焉。"[1] 陈钟凡说，撰写近代思想之趋势，旨在通过对自北宋以来近千年的中国思想进行大致梳理，以滤清群言旨归，达到参互考验、缕清原委的目的。陈钟凡认为，中国学术系统自南北朝至唐，一直以释老为主，儒学日渐衰微；宋初诸儒以及周敦颐、邵雍等开启近代思想启蒙，到北宋二程及程门诸弟子成为北宋思潮的中坚力量；宋室南渡后，朱熹集诸家之大成，进一步发展程朱理学。陈钟凡指出，程张朱陆，都是阐发性与天道，为宋代理学的主要思潮。同时在本章中，陈钟凡还略述了金元思潮和明代思潮，分析了阳明思想及王学末流蜕变情况。

在第二章"两宋学术复兴之原因"中，陈钟凡本着"一代学术之勃兴，必有其特殊的背景及其他关系"的认识，重点探讨了两宋学术复兴的历史原因，认为主要有四点：一是这一时期儒学的革新，二是道家学说的再起，三是佛教与儒家思想的调和，四是西方宗教的传入与渗透。对两宋思想的发生分析得入理透彻。

在第三章"宋学发生之近因"中，陈钟凡指出，宋学之所以发生，其近因则归于书院的勃兴。认为书院发生造端于南唐，繁盛于北宋庆历之世，并出现了戚同文、孙复、石介、胡瑗等名儒。学校分公办和私立两种，其办学宗旨、所设学科教学教法、学习风气、人格陶冶等，造成了一代学风，成为宋代学术的重要成因。

---

[1] 陈钟凡：《两宋思想述评》，东方出版社，1996，第1页。

在第四章"宋代思想家之论证法"中，陈钟凡首先对宋代学派状况进行了大略陈述，认为"有宋一代，学派繁兴，其荦荦大者，莫不穷理致知，推寻宇宙真理，与夫人生究竟，为其最大之鹄的；而仁知之见，众说放纷，致矜气相陵，愤情党伐者，则以各家所持论证之根据，彼此乖违，故各引一端，崇其所尚，或见于畸，或见于齐，徒锐偏解，莫能折衷一是也"[1]。正是由于"莫能折衷一是"，所以陈钟凡对宋代思想家之论证法进行归拢，分为三期：第一期是各家对于《周易》多所发明，提出万物发生根源问题；第二期是二程修正旧说，独辟新解，发展理学；第三期是朱熹在继承二程等前人基础上，形成有系统的新的方法论，从注重宇宙论转向注重穷理之方法。总之，陈钟凡认为，"北宋之初，其思想家之论证法率根据《易传》，参以《中庸》；至南宋乃根据《大学》；其转移之枢纽实在二程。此有宋一代学术思想变迁之大势"[2]。这一分析和评价是有见地的。

从第五章"周敦颐之图书学说"到第十三章"朱氏学派"，陈钟凡用九章篇幅，对程朱理学进行了分析。在第五章中，他较为细致地探讨了周敦颐著述、学统、宇宙论、人生论和政治论，认为周敦颐之学，是由道教而返归于道家，并形成了道家化之儒学。

在第六章"邵雍之数理学说"中，陈钟凡分析了邵雍的宇宙论、人生论，认为"邵雍之说，盖欲继扬雄之后，以数理的关系，说明天人性命之际者也"[3]，但邵雍立说互歧，矛盾显然，其弊不小。

在第七章"张载之二元论"中，陈钟凡探讨了张载生平著述，分析了张载的宇宙论、自然观、心理学说和人生论，认为张载"以宇宙为一气之变化，本纯粹之惟气论"[4]，尽管其对自然现象的解释具有科学的思想，但却不知运用科学的方法，所以其"虽坚守惟物之说，终不能成科学专家"[5]，其"与周

---

[1] 陈钟凡：《两宋思想述评》，东方出版社，1996，第17页。
[2] 陈钟凡：《两宋思想述评》，东方出版社，1996，第27页。
[3] 陈钟凡：《两宋思想述评》，东方出版社，1996，第59页。
[4] 陈钟凡：《两宋思想述评》，东方出版社，1996，第66页。
[5] 陈钟凡：《两宋思想述评》，东方出版社，1996，第69页。

邵之谈虚说极者有别，已属难能而可贵矣"[1]。

在第八章"程颢之一元学说"中，陈钟凡探讨了程颢的宇宙论、心性论、人生论和政治论，认为程颢主张精神物质同出一体的一元说，在心性论上，认为人性有善恶之分，是因为气禀之不同所致；在人生论上，程颢主张识仁、存仁。

在第九章"程颐之理气二元论"中，陈钟凡讨论了程颐的理一气殊、主敬集义、格物致知、气质之性、性情关系、节欲致中等思想，并分析了程颐对佛道的批评。同时，就程颢、程颐兄弟思想特点进行了比较分析，认为"二程同受学于濂溪，同以昌明儒学自任"，二人学说"大体从同。然终以两人资质有高明笃实之异，致彼此造诣悬殊"[2]，但"由北宋思潮，而开南宋思潮，两先生实开其先路。此宋代思想变迁之一大关键"[3]。

在第十章"程氏学派"中，陈钟凡对程门四弟子谢良佐的仁说、杨时的唯气一元论、游酢的心性说、吕大临的心性论进行了分析，并附以王苹、胡宏、张九成、李侗、张栻等人之简介，以利于读者系统了解程门后学。

在第十一章"江西学派"中，陈钟凡将江西籍的欧阳修、李觏、王安石等归为江西学派，分析了欧阳修的怀疑学说、李觏的礼制学说和王安石的政治学说，认为该派"舍天道而谈人事，笃实研究礼乐刑政诸端，别立于玄学思想系统之外"[4]。

在第十二章"朱熹之综合学说"中，陈钟凡深入探讨了朱熹师承及其学派，并对其理气说、太极说、心性论、政治学说等进行别类分析，认为朱熹"以太极统理气二元，心统性情二事，欲建立具体二元论，终谓太极即理，性即理，而有惟理论之倾向。虽其说多本诸前人，要能加以组织，自成系统，实集近代思想之大成者也。或病其兼容并包，庞杂纷纭，不免时露歧异；且与儒家旧说，多不相蒙，未免援释入儒之讥。然吾观其大体，则以横渠、伊

---

[1] 陈钟凡：《两宋思想述评》，东方出版社，1996，第73页。

[2] 陈钟凡：《两宋思想述评》，东方出版社，1996，第129页。

[3] 陈钟凡：《两宋思想述评》，东方出版社，1996，第130页。

[4] 陈钟凡：《两宋思想述评》，东方出版社，1996，第157页。

川为宗，而旁通于濂溪、明道，更上酌斟乎孟荀之辨，旁参稽乎释老之言，折衷至当，确定新儒家之学说者也。……朱熹综合北宋群言，参以两氏精义，儒家之说，至是乃确立一不拔之新基，浸成人间最有威权之一宗教焉，则熹之力也"[1]，给予朱熹对新儒学形成的贡献以高度认可和评价。

在第十三章"朱氏学派"中，陈钟凡对朱熹后学蔡元定、蔡沈、黄榦、陈淳等进行了简略探讨，给读者提供了朱子后学的概况。

在第十四章"陆九渊之惟理学说"中，陈钟凡分析了南宋心学家陆九渊的唯理一元论。陆九渊认为理是宇宙构成的唯一原则，理又是人心的根本原则，宇宙与人心同属于理的表现，因此心即理，这是陆九渊学说的根据。陈钟凡认为，"九渊之学，以一心为宇宙人生之主宰，近纯粹惟心之主张。且此心即在于我，非由外铄，亦后代自我思想之萌芽"。并认为陆九渊的思想"启明代陈献章、王守仁自我主义之先声，实近代思想之一大转捩也"。[2]同时，陈钟凡还分析了朱熹陆九渊学说之异同，指出"两家之学，一主惟理，一综理气二元；一贵循序渐进，一求顿悟；一以德性为先，一以学问为要。经验直觉，乃各趋一途，屹立并峙于南宋时期，而成当代之两大学派焉"[3]。

在第十五章"陆氏学派"中，陈钟凡讨论了陆九渊后学杨简、袁燮、舒璘、沈焕等人的学说。

在第十六章"金华及永嘉永康诸学派"中，陈钟凡分析了陈亮的功利学说、叶适的经世学说、吕祖谦的致用学说。他认为金华学派以吕祖谦为大师，永嘉学派以薛季宣、陈傅良、叶适为巨擘；吕祖谦以关洛为宗，永嘉学派得统于二程，永康学派亦与二程相近。

总而言之，陈钟凡对于两宋思想变化及两宋学者的评论与分析，材料丰富，语言简洁，分析精准，赢得了学术界一致好评。

---

[1] 陈钟凡：《两宋思想述评》，东方出版社，1996，第247页。
[2] 陈钟凡：《两宋思想述评》，东方出版社，1996，第262页。
[3] 陈钟凡：《两宋思想述评》，东方出版社，1996，第269页。

二、蒋维乔、杨大膺及其《宋明理学纲要》

（一）蒋维乔、杨大膺简介

蒋维乔（1873—1958），字竹庄，号因是子，江苏武进（今常州）人。7岁入私塾读经书。15岁左右因病辍学。20岁中秀才，入江阴南菁书院、常州致用精舍攻读6年。1903年应蔡元培之聘，赴上海加入蔡元培创办的中国教育会。1912年应蔡元培邀请，参加民国教育部的筹建，任秘书长。1917年和黄炎培等组成教育团赴日本、菲律宾考察。1921年出任江苏省教育厅厅长。1925年出任东南大学校长。1929年受聘为上海光华大学哲学系教授、中文系主任、教务长、文学院院长。中华人民共和国成立后，任上海文史研究馆副馆长。1958年在上海病逝，享年85岁。

蒋维乔是教育家、哲学家、佛学家，佛教居士。一生致力于哲学研究和教育实践，出版多部著作，如《中国近三百年哲学史》《佛学概论》《佛学纲要》等，并与杨大膺合著《中国哲学史纲要》《宋明理学纲要》等学术著作，产生了广泛影响。

杨大膺（1903—1977），江西上饶人，民国时期著名学者。一生勤于著述，成果丰硕，著有《荀子学说研究》《孔子哲学研究》《孟子学说研究》等，并与蒋维乔合作撰有《中国哲学史纲要》《宋明理学纲要》等著作。

（二）蒋维乔、杨大膺的《宋明理学纲要》

蒋维乔与杨大膺合著有《中国哲学史纲要》和《宋明理学纲要》两部中国哲学史著作，在民国学术史上占有一定地位，特别是《中国哲学史纲要》采用以哲学思想为经、以哲学家为纬的新的哲学史编写体例，具有独特的眼光，是对中国哲学史研究的一个重要贡献。

关于两部著作中的宋明理学研究问题，蒋、杨在《宋明理学纲要》"凡例"中有明确表述："本书应和拙著《中国哲学史纲要》中间的理性章参看，因二书的材料是相同的；但编制方法不一。《中国哲学史纲要》是拿哲学史的体例编制的，所以偏重问题的发生及其变化的说明。本书是拿一种概论的体例编制的,所以偏重问题的各端的叙述。"[1] 很明显,《宋明理学纲要》是在《中国哲学史纲要》之后出版的,并且二书的材料是相同的,只是编制方法不一。可以说,《宋明理学纲要》从理学研究的角度讲,是对《中国哲学史纲要》相关内容的修订,因此,不再设专节对《中国哲学史纲要》中的宋明理学研究内容进行分析。我们完全有理由相信,《宋明理学纲要》可以代表蒋、杨的宋明理学研究成就。

《宋明理学纲要》一书,顾名思义,是叙述宋明理学的大纲。蒋、杨撰写此书时是根据理学家所划分的纲目来进行的,将之"拿来做一种参考,根据他们的标准去讨论"。这里的理学家主要指朱熹、张栻,因为二者编订《近思录》和《二程粹言》时,都对理学所讨论的对象进行了详细分类,如朱熹编《近思录》分十四类,而张栻编《二程粹言》分十类,无论是朱熹相对详细的分类,还是张栻相对简括的分类,都基本上概括了理学本身的内容,所以,蒋、杨取朱熹以理学本身为中枢的分类方法作为体例依据编制《宋明理学纲要》,其特点鲜明自见。

《宋明理学纲要》将宋明理学分四纲进行分析。

第一纲为"论道体",对理学中的太极、太和、理、气、生、阴阳、心性、鬼神、人物等分类进行研究。之所以如此,是"因为这样可以保存理学的本来面目",并且"这纲所有的节目,在朱子《近思录》里本来是没有;但因这几点,非常重要,并且为叙述便利及阅者一目了然起见,所以把它们分开叙述"。[2]

第二纲为"论为学",对理学中的为学、格物穷理和教与学的方法进行论述,主要讨论教育哲学,分析了教育的目的、意义和研究对象、方法等。

第三纲为"论存养",讨论的主要是修养方面的问题,包括涵养、改过迁善、克己复礼、出处进退辞受之义、改过及人心疵病等,属于理学中的人生哲学问题。

---

[1] 蒋维乔、杨大膺:《宋明理学纲要》,岳麓书社,2010,第3页。
[2] 蒋维乔、杨大膺:《宋明理学纲要》,岳麓书社,2010,第10页。

第四纲为"论政治",主要研究的是理学中的政治哲学问题,包括治国平天下之道、政治制度原理、齐家之道、处事之方等。

另外,《宋明理学纲要》还以绪论形式,对与宋明理学有关系的几种前人思想进行了概略分析,指出了孟子性善说、《大学》《中庸》的天道性命思想和《易经》等先秦元典哲学思想对于宋明理学的影响,特别是佛道思想对宋代儒学新生的重要意义。全书以纲要形式对宋明理学进行研究,确实做到了"穷源竟委,令读者明了"[1]。

三、谭丕模及其《宋元明思想史纲》

(一)谭丕模简介

谭丕模(1899—1958),即谭丕谟,著名文史学家,湖南永州人。1919年就读于零陵第六联合中学,积极响应五四运动。1924年入北京师范大学学习。1928年担任《晨报》编辑和副刊主编。1935年参与组建北京自由职业大同盟,并担任组织部长。1937年抗日战争全面爆发后,回长沙宣传抗日救亡,并主编《中苏文化》杂志,同年12月加入中国共产党,任中共湖南省委宣传部长。1938年任湖南邵阳塘田战时讲学院董事和教授,并广泛宣传抗日救亡运动。抗战胜利后,到桂林师范学院任教,积极宣传新民主主义文化。1949年春返回长沙,到湖南大学任教,任国文系主任。1953年回北京师范大学任教,任中国文学教研室主任。1958年10与郑振铎等出访阿富汗、阿拉伯联合共和国,途中因飞机失事不幸遇难,终年59岁。

谭丕模一生取得了丰硕的研究成果,著有《新兴文学概论》《文艺思潮之演进》《中国文学史纲》《宋元明思想史纲》《清代思想史纲》等。

(二)谭丕模的《宋元明思想史纲》

谭丕模所著《宋元明思想史纲》于1936年由上海开明书店出版,2011年上海书店出版社将《宋元明思想史纲》和《清代思想史纲》合并,定名《宋

---

[1] 蒋维乔、杨大膺:《宋明理学纲要》,岳麓书社,2010,第2页。

元明清思想史纲》出版。

《宋元明思想史纲》分七个部分对宋元明思想进行史纲式分析。

在第一部分"绪论"中，谭丕模对宋元明时代思潮的总趋势进行了分析，认为该时代之所以能够产生对后世影响力极大的理学，是时代发展的必然结果。这一时代，理学在学术范畴里获得支配地位，研究宇宙，研究心性，以主观的体验为治学的唯一门津。谭丕模运用阶级分析的方法，对宋元明时代各种不同的哲学政治思想进行流派划分，指出周敦颐、张载、程颢、陆九渊、王阳明等，代表大地主阶层的哲学思想；李觏、王安石、叶适、陈亮等，代表小地主阶层的政治思想；朱熹代表大小地主阶层的中间调和派；李贽代表农民诋毁名教的一派；等等。同时，在"绪论"中，谭丕模还就宋元明时代思潮的进展进行了分析。

在第二部分"'北宋'时代哲学思想的各流派"中，谭丕模以北宋为研究时段，对此时期的社会矛盾进行了分析，在研究周敦颐的《太极图说》、张载的气一元论和复古的政治论、邵雍的历史论、二程的心一元论、司马光的复古主义等的基础上，分析了理学思想体系的形成，并对李觏、王安石的小地主阶层的哲学思想流派进行了梳理。其中，谭丕模将程颐哲学归结为心一元论并不确当，此不赘述。

在第三部分"'南宋'时代哲学思想的各流派"中，谭丕模对南宋时代的社会阶级矛盾进行了深入分析，并对朱熹的格物论、陆九渊的主观观念论、叶适的功利说、陈亮的义利王霸说进行了探讨。

在第四部分"'元'代哲学思想的各流派"中，谭丕模分析了元代社会的各种矛盾，探讨了作为两宋理学承袭的许衡的行汉法说和吴澄的道统论。

在第五部分"'明'代哲学思想的各流派"中，谭丕模分析了明代社会存在的各种矛盾，探讨了代表大地主哲学思想的陈献章的名教说、王阳明的良知说与知行合一论以及王畿的政教合一说，指出王阳明在哲学上的最大贡献即他所提出的致良知说和知行合一说。

在第六部分"适应于明末社会之哲学思想各流派"中，谭丕模探讨了明代商业资本发展给社会带来的巨大影响，并就李贽的农民的哲学、刘宗周的地主阶级的哲学和徐光启代表的初期市民阶级的哲学进行了分析。

最后，谭丕模对宋元明思想进行了整体评价，认为李觏、王安石的"哲学、政治学比较适合乎社会进化的要求"，而"周敦颐、张载、邵雍、二程、司马光的哲学、政治学，或在避免现实极端地向'形而上学'发展，或从拟古以求大地主政权之延续与夺取，或作恢复典型的封建社会的幻想，以图安慰没落阶级的魂魄，而阻碍社会进化的航程……叶适、陈亮站在较进步的小地主阶层的立场上，一方面揭破儒家所追求的唐虞三代政治理想之失而建设'因时制法'的政治原则，一方面打破'腐儒'的道德性命之说而注重人类日常生活所需要的'智''能'的获得，自然也适合社会进化的要求"，而"朱陆的哲学、政治学悉沉醉于玄妙的深渊中，想把历史开'倒车'，而自身也只有作历史双轮下的惨死鬼"。对于李贽的反名教思想，谭著称赞有加，认为"李贽之反纲常名教，积极地破坏封建文化，甚至连樵夫农人也来加入讲学之群，使士大夫一向尊严之阶级堡垒，一天一天的废弛，这在反封建文化的功绩上，他实在是谭嗣同吴虞之前驱者"。[1]

从以上阐述可以深切感受到，《宋元明思想史纲》带有非常明显的阶级分析痕迹，应该说，这在20世纪30年代有关中国哲学思想史的研究著作中是不多见的。李达在1935年为《宋元明思想史纲》所作的序言中，对该书的特征作了以下总结："一、从严正的科学的立场，就宋元明时代漫无条理的思想、范畴及流派，重新作科学的划分，理出一个整然的体系。二、根据'思想是实际生活反映'的原则，探求宋元明时代思想之最后根源——经济生活，阐明思想所以产生的必然性。三、从哲学的观点，指出宋元明时代思想家的哲学的派别，如周敦颐之观念论，李觏之实用主义，朱熹之二元论等等。四、从阶段的立场，说明王安石变法和司马光反对变法的两大政治运动，重新估评这两大运动的历史意义。"[2]李达对该书特征的总结，揭示了谭丕模阶级分析的立场观点和写作方法，应该说是十分确当的。中国近现代著名经学家、

---

[1] 谭丕模：《宋元明清思想史纲》，上海书店出版社，2011，第143-144页。

[2] 谭丕模：《宋元明清思想史纲》，上海书店出版社，2011，第3页。

教育家吴承仕也评价该书"能够用哲学的立场、历史的方法，去发现它的真实：是一种有意义的尝试和有效能的创作"[1]。

四、容肇祖及其《明代思想史》

（一）容肇祖简介

容肇祖（1897—1994），字元胎，广东东莞人，我国著名民间文艺学家、哲学史家。生于书香门第，自幼受到良好家教。父亲去世后，家境困难，曾随母亲去广州读小学，后回家自修。1913年春，入东莞中学读书。1917年考进广东高等师范英语部学习。1919年五四运动爆发，积极参加爱国学生运动，宣传爱国思想。1922年，考入北京大学哲学系。1923—1924年，积极参加顾颉刚带领的民俗调查活动，开中国民俗运动之先河。1926年从北京大学毕业后，任厦门大学国文系讲师兼国学研究院编辑，1927年任中山大学预科国文教员及哲学系中国哲学史讲师。1928年担任《民俗周刊》主编。1930—1933年，任中山大学、岭南大学副教授。1934年任辅仁大学国文、历史、哲学三系副教授兼北京大学哲学系讲师。

1937年抗战全面爆发后，容肇祖辗转来到昆明，任教于西南联大。1940年到当时已迁往香港的岭南大学国文系任教。1942年香港沦陷，第三次入中山大学任教。抗战胜利后，于1946年秋受聘北京大学哲学系，其间积极参加爱国运动。中华人民共和国成立后，于1952年调到北京市文教委员会文物组，从事文物古迹的整理和鉴定工作。1956年到中国社会科学院哲学研究所工作，并先后担任中国社会科学院哲学研究所学术委员会委员、中国民俗学会副理事长、中国民间文艺研究会顾问、国务院古籍整理出版规划小组顾问等职务。1994年1月在北京病逝，享年97岁。

容肇祖一生勤于著述，成果丰硕，对中国民俗学的发展以及中国传统哲学的研究工作，都作出了突出贡献。其主要著作有《迷信与传说》《中国文

---

[1] 谭丕模：《宋元明清思想史纲》，上海书店出版社，2011，第4页。

学史大纲》《魏晋的自然主义》《韩非子考证》《李卓吾评传》《明代思想史》《李贽年谱》《王安石老子注辑本》等。

（二）容肇祖的《明代思想史》

容肇祖所著《明代思想史》于1941年由开明书店出版，1992年齐鲁书社再版。

该书以《明代思想史》为名，其研究的内容实际是明代理学思想史。全书分十章进行阐述。在第一章"明代理学的思想的来源"中，容肇祖对明代理学的背景、来源以及二程朱陆的思想进行了简略分析。

在第二章"明初的朱学"中，容肇祖指出，宋濂、王祎和宋濂门人方孝孺都是明初的博学者，是朱学的传人。容肇祖大略分析了他们的思想特点，并把他们归结为博学或致知派；而将薛瑄、吴与弼归为朱学中的涵养或躬行派；同时还分析了明初朱学之秀胡居仁的思想，认为胡居仁是明初诸儒中坚守朱熹哲学之最醇者。

在第三章"陆学的复活与陈献章学派"中，容肇祖对陆学复活情况进行了分析，认为自宋末以后，朱学成为儒家的正统派，而陆学因其重"心"，问津者较少。到明初，依然尊朱学。但随着朱学派日渐走入烦琐，陆学发展开始转变，明代思想界由朱学向陆学转变始自陈献章而成于王阳明。容肇祖还对陈献章的思想进行了分析，并探讨了陈献章弟子林光、湛若水的思想，指出了他们在明初对陆学兴盛的贡献。

在第四章"王学的特起——王守仁"中，容肇祖对王阳明进行了较为全面的研究，首先探讨了王阳明的生平及其学说的关系，其次就王阳明的格物说、良知说、心体说、明德亲民说、知行合一说和教育思想进行了较为细致的分析，指出了王阳明的思想"是朱学的反动，有得于陆九渊，而直接则受有陈献章的思想的影响"[1]。

在第五章"王门的派分"中，容肇祖分别对王门学派的王畿、邹守益、聂豹、罗洪先、王艮、黄绾等人的思想进行了分析，探讨了王门后学的发展

---

[1] 容肇祖：《明代思想史》，齐鲁书社，1992，第73页。

状况。

在第六章"朱学的后劲"中,容肇祖探讨了罗钦顺和陈建的思想及特点。

在第七章"王门的再传及其流派"中,容肇祖分析了胡直、何心隐、李贽和焦竑的思想特点。

在其他章节中,容肇祖还对东林学派的顾宪成、高攀龙以及明末两大儒黄道周、刘宗周的思想进行了分析研究。

总而言之,容肇祖的《明代思想史》是对明代思想进行较为系统梳理的一部重要学术著作。容肇祖在自序中指出了其研究明代思想史的一个重要的基本的原则,即对明代学术思想的评价不能简单地以二百多年前黄宗羲《名儒学案》的评价为标准。正是基于此原则,容肇祖遍求当时北平各大图书馆的古旧藏书,甚至是各个古旧书铺,搜集了大量资料,从中发掘出了一些久被淹没而又有自己独特贡献的思想家,如林光、黄绾、陈建等人,为明代理学研究拓宽了领域,这也是容肇祖对明代思想研究的一大贡献。

容肇祖是海内外学术界公认的明代思想史研究的大家。他的《明代思想史》具有很高的学术水平和学术价值,是海内外学者研究明代思想史所必不可少的参考文献。日本当代研究中国哲学史的著名学者、京都大学名誉教授岛田虔次,于1981年在北京大学参加学术会议时,曾当面向容肇祖先生拜谢,声称自己深受其20世纪40年代出版的《明代思想史》的影响。

除了《明代思想史》外,容肇祖对理学研究的贡献还在于他对明代"异端"思想家李贽的研究。李贽一生反对礼教,猛烈抨击程朱学派,他信奉王阳明的良知说,主张人的思想解放。在明代,李贽的书被列为禁书,黄宗羲的《明儒学案》亦不见有李贽的任何资料。容肇祖于1937年出版的《李卓吾评传》摆脱了历来对李贽的偏见,对李贽思想进行了认真梳理和研究,对其学术观点作了客观、公正的评述。

1957年容肇祖还出版了《李贽年谱》,通过丰富的史料,澄清了许多历史问题,客观上还李贽以本来面目。此外,容肇祖还努力发掘明代思想家何心隐和吴廷翰等人的资料。如1936年开始搜集、抄录何心隐著作及其他资料,至1960年出版了《何心隐集》;1962年,容肇祖还首先发掘了王廷相思想的传人吴廷翰的有关资料，1965年撰写《吴廷翰的哲学思想概述》的论文，1984年点校出版了《吴廷翰集》。这都为后人的研究铺平了道路。

五、嵇文甫及其《晚明思想史论》

（一）嵇文甫简介

嵇文甫（1895—1963），本名嵇明，字文甫，河南汲县（今卫辉）人，著名哲学家、教育家。6岁入私塾读书，后入卫辉李氏私立小学。1910年入卫辉中学。1913年中学毕业后考入北京大学预科，后因家庭供给困难，被迫辍学回到故乡从事小学教育。1915年考入北京大学哲学系，与冯友兰同班。1918年毕业后，执教于河南省立第一师范学校。五四运动爆发后，积极支持学生爱国进步运动。1926年加入中国共产党，后赴莫斯科中山大学学习。1928年春回国后，先后执教于清华大学、北京大学、燕京大学、中国大学、北平女子师范，讲授宋代哲学、17世纪思想史和中国经济史等课程。1933年回开封，任河南大学教授兼文史系主任。1937年全面抗战爆发后，与范文澜等创办《风雨》周刊，从事抗日救亡运动。1941年10月被捕，次年3月获释。

新中国成立后，他积极从事马克思主义历史学科的建设，是运用历史唯物主义观点建设新史学的先驱者和奠基者之一。1950年任河南大学校长，1956年任新成立的郑州大学校长，并且历任河南省人民政府副主席、副省长，中南军政委员会委员，全国政协常委，全国人大代表，中国科学院学部委员，河南省文教委员会主任委员等。

嵇文甫学识渊博，勤于研究，在文史哲等各个领域都有建树，尤其对中国思想史的研究造诣颇深，著有《先秦诸子政治社会思想述要》《船山哲学》《晚明思想史论》《王船山史论选评》《王船山学术论丛》等。

（二）嵇文甫的《晚明思想史论》

嵇文甫所著《晚明思想史论》出版于1944年，1996年东方出版社将其纳入"民国学术经典文库"再版，2008年河南大学出版社将其纳入"百年河大国学旧著新刊"再版。

《晚明思想史论》是嵇文甫研究明代思想的力作，也是明代思想史研究方面的典范性著作。嵇文甫之所以将晚明思想作为专门研究课题，是有其独到认识的。嵇文甫认为，晚明短短数十年，作为一个历史阶段有其独到的发展特点。这一时期不仅是宋明道学转向清代朴学的枢纽，也是中西方文化接触的开端，况且似乎还没人把这一段思想史写出来。所以嵇文甫专以晚明作为时段，对这一时期的思想进行研究，既有学术的意义，亦有时代的意义。

《晚明思想史论》共分九章，其专门讨论理学者占有四章之多。

在第一章"从王阳明说起"中，嵇文甫分析了明朝中叶以后"朱学独占的局面"，以及朱学的流弊，指出陈献章、王阳明举起道学革命的旗帜，"一扫二百余年蹈常袭故的积习，而另换一种清新自然的空气，打倒时文化八股化的道学，而另倡一种鞭辟近里的新道学"。[1]特别是王阳明的致良知与知行合一说，处处体现了自由解放的精神，"他一方面大刀阔斧，摧毁传统思想的权威，替新时代做一种扫除工作；同时他又提出许多天才的启示，替新时代做一种指导工作"[2]。

在第二章"王学的分化"中，嵇文甫讨论了阳明后学的分化问题。他在开篇即说："在思想史上，一个大师的门下往往是'学焉各得其性之所近，源远而末益分'……形成许多小派别，而向各方面分途发展。孔子门下如此，程子门下如此，康德门下如此，黑格尔门下如此，阳明门下亦如此。"[3]黄宗羲的《明儒学案》是按照地域来划分王门后学的，但嵇文甫并不认同，认为这种划分方法不能尽显各家思想主张。在嵇文甫看来，阳明学作为朱子学的反动，其后学发生左右分化，以阳明弟子王畿为首的浙中学派和以王艮为首的泰州学派是为阳明左派，强调自然主义和自我中心主义，启蒙了晚明时期的思想解放运动。而以聂豹、罗念庵等为王门右派，他们继承阳明学精神，不是简单地把致良知的"致"当作依照良知去做，而是当作一种收摄凝聚的

---

[1] 嵇文甫：《晚明思想史论》，河南大学出版社，2008，第3页。
[2] 嵇文甫：《晚明思想史论》，河南大学出版社，2008，第13页。
[3] 嵇文甫：《晚明思想史论》，河南大学出版社，2008，第14页。

功夫，从静中培养，放下一切，然后才能使良知的真面目炯然显露。

在第三章"所谓狂禅派"中，嵇文甫分析道："当万历以后，有一种似儒非儒似禅非禅的'狂禅'运动风靡一时。这个运动以李卓吾为中心，上溯至泰州派下的颜何一系，而其流波及于明末的一班文人。他们的特色是'狂'，旁人骂他们'狂'，而他们也以'狂'自居。"[1]嵇文甫认为，从《传习录》中的文字可以看出，王阳明就曾自命为"狂者"，只不过阳明之"狂"还不甚"狂"，其后分化出的王门左派则专从"狂"发展下去，如王门早期的王畿不但大赞"狂者"，其本人亦有"狂者"之风。左派发展到颜何一派，则已经真正成为"狂者"。如颜山农"将传统、道理格套尽与扫除，即戒慎恐惧工夫亦抛置一旁，勇往直前，放手做去，触世纲，犯众怒，其张皇气象，游侠精神，已显然非名教所能羁绊了"[2]；何心隐从学于颜山农，其"机权变诈，纵横无碍，为目的不择手段，绝不类普通儒者的面目"[3]；此外，邓豁渠和管东溟亦如"狂者"，到李卓吾则达到极端，他极力推崇泰州学派的"狂者"，自己思想亦最狂放，常发惊人议论，放言名教累人，贬斥儒家而推崇诸子，爱好自由，敢于冲决名教束缚，表现出了极端的自由主义和发展个性主义，对于明末社会思想变迁起了巨大的推波助澜作用。

在第五章"东林派与王学修正运动"中，嵇文甫对东林学派的思想进行了考察，指出王门后学特别是王门左派流于狂禅，致使阳明学流于荒疏，失其本意，东林一派为恢复王学面目，纠正王学末流之弊而出。代表人物为顾宪成和高攀龙，他们主张名教，有返回朱学倾向，但学风有异于朱学，和王学右派较相近。嵇文甫将他们归为王学修正派，刘宗周作为明代最后一位儒学大师、心学的殿军，思想亦是如此。

另外，在《晚明思想史论》的第七章"古学复兴的曙光"和第九章"余论"中，多少涉及了明代理学的问题，但不以之为主，故不再赘述。

---

[1] 嵇文甫：《晚明思想史论》，河南大学出版社，2008，第46页。
[2] 嵇文甫：《晚明思想史论》，河南大学出版社，2008，第49页。
[3] 嵇文甫：《晚明思想史论》，河南大学出版社，2008，第50页。

第三节　专人专题类宋明理学研究

一、谢无量的《朱子学派》和《阳明学派》

（一）谢无量的《朱子学派》

谢无量的《朱子学派》于1916年由上海中华书局出版，2011年中国人民大学出版社将其收入新出版的《谢无量文集》第三卷。

谢无量《朱子学派》一书与其《中国哲学史》同年出版。《中国哲学史》是对整个中国哲学从远古唐虞哲学到清代哲学的综合研究，而《朱子学派》则是就宋明理学的专门研究，可以说代表了谢无量研究宋明理学特别是程朱理学的重要成就。

该书分两编，分别为"序论"和"本论"。

在"序论"中，谢无量分三章研究朱熹。在第一章"朱子传略"中，谢无量对朱熹生平事迹进行了考述，详细列举了朱熹一生的著述。应该说在20世纪初，这是对朱熹生平研究得比较详细的资料。在第二章"朱子学术之渊源"中，谢无量分异学时代和程学继承时代讨论朱熹之学的渊源。异学时代是指朱熹30岁之前，所学主要包括诗文杂学、禅学等，谢无量认为朱熹早年出入佛老，颇受禅学思想影响。程学继承时代是指朱熹自31岁再见李延平后，尽弃异学，倾心二程之学。李延平是二程三传弟子，朱熹师从李延平，故朱熹为二程四传弟子。谢无量认为，"宋儒之学，所以能见其大，迥然与汉以来诸儒不同者，即在善论'圣贤气象'"，而讨论圣贤气象，则必探究《中庸》"已发""未发"之说。当时关于"已发""未发"之说的解释有三派，如吕与叔、苏季明为一派，杨时、罗从彦、李侗为一派，另外还有湖南学派。朱熹吸收三派思想特别是杨时、罗从彦、李侗一派，而集成"已发""未发"之说，所以"朱子之学，又本诸程子，故备论之，以见其渊源所自"。[1]在第三章"关于朱子之评论"中，谢无量搜集了朱子门人黄榦、李果斋、陈淳等以及南宋朱熹思想的推崇者魏了翁、真德秀等对朱熹及其思想的评价，对于后世认识朱熹及其学术思想具有重要意义。

在第二编"本论"中，谢无量用三章的篇幅讨论了朱熹的哲学思想、伦理学思想和教育思想。在朱熹哲学思想中，重点讨论了朱熹的理气二元论、宇宙发生论、鬼神论等；在朱熹的伦理学说中，重点讨论了性说、心意作用论、仁说、致知与力行、德之修养等；在朱熹的教育思想中，重点讨论了为学之方、小学、读书法等。

此外，在该著中，谢无量还讨论了朱熹对于古今学术思想的评论，并附录了朱子门人及宋以来朱子学略述，对朱子门人的情况和宋元明清朱子学派进行了简要勾勒和分析。

（二）谢无量的《阳明学派》

谢无量所著《阳明学派》最早于1915年由上海中华书局出版，2011年中国人民大学出版社将其收入新出版的《谢无量文集》第三卷。

《阳明学派》是谢无量研究心学特别是阳明心学的学术专著。全书分四编展开研究，篇幅和内容要重于《朱子学派》。

在第一编"序论"中，谢无量分两章讨论了王阳明生平传略以及王阳明与南宋心学家陆九渊的关系。特别是陆王关系，谢无量进行了较为深入的研究，他在第二章"阳明与陆象山之关系"中，开篇即说："学者皆以'陆王'并称，盖自宋以来之理学，程朱为一派，陆王为一派。阳明之学，实出于象山，而益扩充之。读象山之书，可以知阳明学之渊源；读阳明之书，可以知象山学之发展。故陆王二家之关系，最为密切。"[2]谢无量认为，阳明学源于南宋

---

[1] 谢无量：《朱子学派》，载《谢无量文集》第3卷，中国人民大学出版社，2011，第32页。

[2] 谢无量：《阳明哲学》，载《谢无量文集》第3卷，中国人民大学出版社，2011，第197页。

陆学，但这种渊源亦非直接，而是有曲折和过渡的，因为阳明在醉心陆学之前，曾就学于私塾，17岁时还慕神仙之道，18岁时又转习儒业，至30岁之间，"阳明之于学，或探诸佛老，或求诸宋学，或志于文辞，或讲论经世，殆无有定向……至阳明三十一以后，乃愈悟仙释二氏之非，以圣学为己任"[1]。于此，谢无量勾画了阳明归于陆学之前的思想变迁脉络。阳明生活的时代距离象山生活的时代已400年，在明代中期，象山之学并不为学者所重，因为明初以来，意识形态领域盛行的是程朱之学。阳明不喜朱学，认为象山之学"简易直截，真有以接孟子之传"，所以阳明奋起推崇陆学，成为明代最著名的陆学继承者和心学集大成者。

在第二编"阳明之哲学"中，谢著讨论了王阳明的宇宙观、人生观和天地万物一体观。谢无量认为，陆王思想一体，但二者皆重实践伦理，而疏于对宇宙问题的考索。陆九渊认为，宇宙间只有一理，且心同理同；阳明则由象山之说，主张理气合一论，但又认为"天地无人的良知，亦不可为天地"，"良知是造化的精灵。这些精灵，生天生地，成鬼成帝，皆从此出，真是与物无对"，显然是心本论之宇宙观。

在人生观上，"阳明承象山之学，益以至诚为维持天地之道，而人生之所不可不勉者"[2]。谢无量认为，阳明重"诚"，诚为天然自具之德性，天之道即诚。"阳明之人生观，虽略同于象山，而其论诚尤切至，皆本于子思。盖以诚为宇宙之原则，又为伦理之原则"，"立诚，以全人道，以合天地之德，是为最终之正鹄"，[3]谢无量将阳明之人生观赞为"至正确切当之人生观"[4]。

在天地万物一体观方面，谢无量认为，象山主张天地万物一体，阳明继

---

[1] 谢无量：《阳明哲学》，载《谢无量文集》第3卷，中国人民大学出版社，2011，第198页。

[2] 谢无量：《阳明哲学》，载《谢无量文集》第3卷，中国人民大学出版社，2011，第209页。

[3] 谢无量：《阳明哲学》，载《谢无量文集》第3卷，中国人民大学出版社，2011，第209-210页。

[4] 谢无量：《阳明哲学》，载《谢无量文集》第3卷，中国人民大学出版社，2011，第210页。

承了象山这一认识,认为"夫人者天地之心。天地万物,本吾一体者也"。既然人人都具有天地万物一体之心,为何有种种差别?阳明认为,"夫圣人之心,以天地万物为一体。其视天下之人,无外内远近……天下之人心,其始亦非有异于圣人也。特其间于有我之私,隔于物欲之弊",正是由于有人有私心,才导致了圣人与一般人的差别,所以应该"推其天地万物一体之仁,以教天下,使之皆有以克其私去其弊,以复其心体之同然",而心体同然者即心之灵明,也就是良知,所以致良知即可达到天地万物一体之观。

在第三编"阳明之伦理学"中,谢无量用九章篇幅讨论了阳明伦理学思想。

在第一章"性说"中,谢无量对王阳明"性"的认识和理解进行了分析,指出:"象山固主绝对之性善论,而其议论不多见,仅可由平日论学宗旨,推知之而已。惟阳明书中,关涉人性者,不一而足。或评古今性说,或演绎先哲之语,或自述论性之旨。言语既繁,学者每滋异解。"[1]谢无量认为,阳明论性内容多且繁杂,容易引起后人误解。误解之处是认为阳明性说似乎近于告子、佛家、胡宏、司马光等之性说。谢无量在分析了以上诸家的性说后,认为阳明主张性善说,这也是其立良知说之本,认为"陆王言性善,皆远取孟子,而近宗明道者也"[2]。

在第二章"心即理说"中,谢无量讨论了阳明心即理说的渊源、意义,并就心即理与即物穷理的差异探讨了阳明学和朱子学的歧异,认为"阳明与朱子之异,亦如西洋哲学中理性论者与经验论者之异","朱子求理于外,阳明求理于内"。[3]谢无量同时指出阳明的心即理说,与其知行合一说、致良知说为阳明学的三纲领。

---

[1] 谢无量:《阳明哲学》,载《谢无量文集》第3卷,中国人民大学出版社,2011,第218页。

[2] 谢无量:《阳明哲学》,载《谢无量文集》第3卷,中国人民大学出版社,2011,第228页。

[3] 谢无量:《阳明哲学》,载《谢无量文集》第3卷,中国人民大学出版社,2011,第234-235页。

在第三章"知行合一论"中，谢无量认为，阳明知行合一说不尽渊源于陆象山，多出于阳明自己的见解。谢无量还就阳明知行合一说的要旨、门人关于知行合一说的问难、阳明知行合一说与程颐知行合一说的关系、阳明之论知行与朱熹的关系等进行了分析。

在第四章"良知"中，谢无量讨论了阳明以良知立教的渊源，认为阳明将良知之说视为千载圣学不传之秘，并就阳明的良知固有论、良知标准论、致良知程度论、致良知功夫论、良知与行为的关系等诸方面进行了细致分析。

此外，谢无量还设专章讨论了王阳明自身学说之间的关系、阳明的天理人欲论、四句教、立志说和非功利论。

在第四编"阳明关于古今学术之评论"中，谢无量分六章对阳明关于古今学术的评论进行了分析。关于儒释道三教，阳明早年喜佛道，30多岁后则弃佛道而归于儒教。在他看来，道教主张的养生求寿并非可靠途径，"长生在求仁，金丹非外待"，仁是修行的根本；而佛教过重养心，逃避世间，却不可以治天下，唯有儒学能"从容处之以正道"。[1] 关于朱子晚年定论，阳明之所以讨论，是欲托朱子之言，以证诚意者。此外，谢无量还讨论了阳明的《五经臆说》、程朱与陆王格物致知说的差异、王学末流简况等。著末还附有陆象山学略、王门诸子略述。可以说，谢著《阳明学派》用功甚力，是20世纪初期一部关于阳明思想研究的宏伟之作，奠定了之后阳明学研究的基本格局。

二、徐敬修的《理学常识》

徐敬修所著《理学常识》是其20世纪20年代所编写的"国学常识"十种之一，1925年由上海大东书局出版。

《理学常识》是关于理学一般知识的小册子，也可作为研究学习理学的工具书，深受读者好评，故该书多次再版。

---

[1] 谢无量：《阳明哲学》，载《谢无量文集》第3卷，中国人民大学出版社，2011，第295页。

该书分四章对理学进行介绍。

在第一章"总说"中,徐敬修分析了理学的意义、渊源和范围,认为"理学之名,始于宋代;盖古之儒者,讲修身治平之道,徒详于人事,而于宇宙之本原,则略而未讲;迨宋儒出,始明人性与宇宙之关系,立理气心性之说,不仅教人以实践,且进而推求其原理,更有以立其本"[1],明确指出了宋儒以后,建立起了理气心性学说,并且教人以实践。关于理学渊源,徐敬修认为,一是宋儒务求六经大义而归于纯理;二是佛教心性思想和道教太极阴阳之说的影响;三是宋初三先生以师道自任,讲明正学的思想和实践行为的先导作用,之后有濂溪之学、张载《西铭》之论、二程性理发明及至南宋朱熹推究格物致知和明善诚身,使理学灿然大明。徐敬修还就理学范围进行了分析,认为理学范围未脱六经窠臼,包含有太极、阴阳、天地、五行、性情、理气、道心人心、鬼神、五伦、五典以及尊德性、道问学、格物致知等。

在第二章"理学之派别"中,徐敬修对宋代理学派别、元代理学派别、明代理学派别等进行了论述,此不赘述。

在第三章"理学家之学说"中,徐敬修对宋代周程邵张朱陆之学说、浙东永嘉派之学说,元代程朱学派之学说、朱陆调和派之学说、陆学派之学说,明代河东派之学说、崇仁学说、白沙学说、姚江派之学说、蕺山学说等进行了简单而全面的分析。同时还对清代理学家之学说进行了介绍。

在第四章"研究理学之方法"中,徐敬修认为,"研究理学,为研究中国哲学最初步之手续,惟不可拘泥过甚,否则恐入于高谈心性之病,而成为空谈耳"[2]。为避免陷于空谈之病,徐敬修提出了研究理学的六种方法:一是要通训诂,二是要了解今古人情风俗的变化,三是要清楚前代理学家的优缺点,四是要弄清楚东西哲学之关系,五是应采用科学方法,六是要有选择性地阅读理学相关书籍。而且,徐敬修还在本章中,就理学入门书籍进行了较

---

[1] 徐敬修:《理学常识》,上海大东书局,1925,第1页。
[2] 徐敬修:《理学常识》,上海大东书局,1925,第111页。

为详尽的分析讨论，为理学学习者和研究者提供了入门的帮助。

三、吕思勉及其《理学纲要》

（一）吕思勉简介

吕思勉（1884—1957），字诚之，江苏武进（今常州）人，中国历史学家。自幼入私塾读书，15岁考入阳湖县学。1905年开始从事文史教育和研究工作，并先后在苏州东吴大学、常州府中学堂、南通国文专修科、上海私立甲种商业学校等任教，并任中华书局、商务印书馆编辑。1926年起在上海光华大学国文系任教，后任历史系教授兼系主任。1951年起任华东师范大学历史系教授。1957年病逝于上海华东医院，享年74岁。

吕思勉是史学界公认的读书最多的学者，一生严于治学，著作宏富，主要著作有《白话本国史》《中国通史》《先秦史》《秦汉史》《两晋南北朝史》《隋唐五代史》《历史研究法》《中国民族史》《经子解题》《先秦学术概论》《理学纲要》《宋代文学》《中国制度史》《吕思勉读史札记》等。

（二）吕思勉的《理学纲要》

《理学纲要》是吕思勉于1926年在上海沪江大学讲中国哲学史时编的讲义，后略加修改，于1931年由商务印书馆出版，1988年上海书店影印出版，1996年东方出版社新版重印。

出版此书的初衷，吕思勉在序言中进行了明确说明："理学行世几千年，与国人之思想关系甚深；然其书率多零碎乏条理，又质而不文，读者倦焉。虽有学案之作，人犹病其繁重，卒不能得其要领也。"吕思勉出版该书的初衷是因为理学丰富但缺乏有条理之整理，不利于人们理解，所以以纲要的方式出版该书，以利于读者对理学有大致的理解。他说："是书举理学家重要学说，及其与前此学术思想之关联，后此社会风俗之影响，一一挈其大要，卷帙虽少，纲领略具，读此一编，于理学之为如何学问可以知其大概矣。"[1]

---

[1] 吕思勉：《理学纲要》，东方出版社，1996，"序"第1页。

正是由于这种设想，所以吕思勉将此书命名为《理学纲要》，试图以提纲挈领式的研究，向世人展示一个通俗明了的理学发展史。

《理学纲要》全书共分十五篇，提纲挈领式地论述了宋明理学的发生发展和主要代表人物的理论观点。

在第一篇"绪论"中，吕思勉简要概括了中国哲学三个变化发展阶段，指出了宋明理学发展的真相及其与其他时代思想之不同特点，并就理学发生问题进行了研究。可谓言简意赅。

在第二篇"理学之原"中，吕思勉分六步对中国古代哲学基本原理问题进行梳理，并分析了中国哲学与印度哲学之异同，探讨了佛教哲学思想与中国古代哲学思想的差异性和互补性，认为中国古代哲学是形成宋明理学的材料，佛教哲学则补充了儒学不足而成就了新儒学即理学。所以，吕思勉说："理学者，佛学之反动，而亦兼采佛学之长，以调和中国之旧哲学与佛学者也……宋学兴，乃即以是为凭藉，以与佛学相抗焉。故不知佛学之大要，不可以言宋学。不知中国古代哲学之大要，亦不可以言宋学也。"[1]本篇立论亦据此。

在第三篇"理学源流派别"中，吕思勉开篇即说出了探究源流派别的原因："自宋以来，以理学名家者甚多。一一讲之，势将不可胜讲。诸家有自有发明者，亦有仅守前人成说者。"[2]所以，吕思勉提出先对理学源流派别进行简要分析，以利读者明了理学基本状况。如肯定了宋初三先生开宋学先河之功、北宋五子的奠基之功、朱熹闽学的形成和对理学集大成的贡献，介绍了金华学派、浙东学派、东林学派的基本情况等。

自第四篇开始，吕思勉对宋明时期十余位"确有见地不与众同者"理学名家如北宋的周敦颐、邵雍、张载、程颢、程颐，南宋的朱熹、陆九渊，明代的王阳明等进行了专门分析讨论，探讨了他们思想学说的概貌和基本特点，对于总体把握宋明理学极为有益。如探讨周敦颐学说，认为周敦颐

---

[1] 吕思勉：《理学纲要》，东方出版社，1996，第3-4页。

[2] 吕思勉：《理学纲要》，东方出版社，1996，第24页。

的无极太极之说，开启了宋学之门。论及邵雍之学，认为邵雍的思想"偏于言数"，似为道家之说，但其于哲理发明较多，数术并非其真正所重者。论及张载之学，认为张载提出气一元论极为有益，其学"合天地万物为一体，而归结于仁……是真能以民胞物与为怀者"[1]。论及二程之学，认为"二程之性质，虽宽严不同，（二程之异，朱子'明道弘大，伊川亲切'一语，足以尽之。大抵明道说话较浑融，伊川则于躬行之法较切实。朱子喜切实，故宗伊川。象山天资高，故近明道也）然其学问宗旨，则无不同也"[2]，所以吕思勉将二程合为一篇进行讨论，认为二程思想继承了周敦颐和张载学说，提出了"涵养须用敬，进学在致知"的新论，可以说是对周、张思想的发展。由于二程学说性质有别，所以后世朱熹继承程颐思想为多，而成理学一派；陆九渊继承程颢思想为多，而成心学一派。谈及朱熹之学，认为"宋学家为后人所尊者，莫如朱子。朱子于学，最宗濂溪及二程。然于其余诸家，亦皆加以研究评论。至其哲学思想，则未有出于周、张、二程之外者。不过研究更为入细，发挥更为透辟耳。故朱子非宋学之创造家，而宋学之集成者也"[3]，可谓一语道破朱学特点，简约而精辟。关于象山之学，吕思勉认为，南宋时期能与朱学对峙者唯有陆学。陆学主张心即理，而朱学主张性即理，此为二者根本之区别。陆学重心，"其于外务必较疏，自省之功则较切；其能发觉心之病痛，亦较常人为深；故其言多足发人深省"[4]。论及阳明之学，认为"阳明之学，盖远承象山之绪。而其广大精微，又非象山所及……虽不能离乎宋儒，而别为一学，然以佛教譬之，固卓然立乎程朱之外，而自成一宗者矣"[5]。吕思勉还就阳明和程朱的宇宙观、人生观等进行比较，探讨了阳明学基于心即理而提出的致良知说和知行合一论。关于王门诸子，吕思勉主要探讨了钱德洪、王畿的思想，因为阳明学

---

[1] 吕思勉：《理学纲要》，东方出版社，1996，第65页。
[2] 吕思勉：《理学纲要》，东方出版社，1996，第78页。
[3] 吕思勉：《理学纲要》，东方出版社，1996，第94页。
[4] 吕思勉：《理学纲要》，东方出版社，1996，第118页。
[5] 吕思勉：《理学纲要》，东方出版社，1996，第154页。

首传浙中，钱德洪和王畿是阳明门下重要的门生，所以吕思勉论述二者着墨为多。同时也讨论了江右王门聂豹、邹东廓、罗念庵和泰州学派的代表人物及其思想。关于有明诸儒，吕思勉主要讨论了陈献章、湛若水、刘宗周、李见罗以及东林派的顾宪成和高攀龙等人的思想，认为"明代理学，当以阳明为中心。前乎阳明者，如白沙，则阳明之先河。与阳明并时者，如甘泉，则与阳明相出入。后乎阳明者，如蕺山，如见罗，则与阳明小异其趣者也"[1]。

此外，吕思勉还将浙学单独列出进行讨论，原因在于理学"谈心说性，初不切于实际，而其徒自视甚高。世之言学问者，苟其所言，与理学家小有出入，则理学家必斥为俗学，与之斤斤争辩"[2]。正因为理学家多尚空谈而不切于实务，"理学家之行事，不求其有近功，而必求其根柢上无丝毫破绽"[3]。所以理学家多贵王贱霸，而浙学中的永嘉、永康两派与当时的理学家不同，讲求霸业和实务，所以吕思勉将浙学列专篇讨论，较为详尽地分析了浙学派实用功利之说，展示了大异于重心性理学思想的功利思想的独特本质。

四、嵇文甫的《左派王学》

《左派王学》是嵇文甫在北京大学教书时所编《明清思想史讲义》的一部分，上海开明书店于1934年将其单独出版，1985年河南人民出版社出版《嵇文甫文集》时，将之收录到文集上卷。

《左派王学》可以说是20世纪上半叶中国关于王学的稀世之作。嵇文甫认为，王学是靠了左派而发扬光大的，所以特别看重王门左派的发展，立专著对王学左派进行研究。在该书序言中，嵇文甫对单独出版《左派王学》的原因分三层意思进行了说明："其一，龙溪、心斋是阳明门下最杰出的人才。

---

[1] 吕思勉：《理学纲要》，东方出版社，1996，第189页。
[2] 吕思勉：《理学纲要》，东方出版社，1996，第127页。
[3] 吕思勉：《理学纲要》，东方出版社，1996，第128页。

他们对于师说，深信笃好，以使徒般的精神，热烈宣传。王学之发皇光大，风靡一世，得力于他们的最多。他们诚然都不免于'狂'，但'狂'正是王学的特色……讲王学而不讲龙溪、心斋领导下的左倾一派，王学的精神至少失掉一半……对于左派，每用'狂禅'二字一笔抹杀，其实左派内容究竟如何，他们并没有用心考察过。直到现在，许多很有鉴别力的学者尚不免因袭这种成见。为洗剥王学真骨髓起见，对于左派王学是有特别表章之必要的。其二，……明中叶以后，整个思想界走上一个新阶段，自由解放的色彩从各方面表现出来。前有白沙，后有阳明，都打出道学革新的旗帜，到王学左派而这种潮流发展到极端了，道学界的王学左派，和文学界的公安派竟陵派，是同一时代精神的表现。综合看来，弥觉其富有历史意义，这是研究明代思想史者所决不容忽略的。其三，……明代中叶以后，由商业资本扩大而深入的结果一方面形成南方都市的繁荣，另一方面形成农村剥削的加剧。社会繁荣则眼界广而思想开放，剥削加剧则冲突烈，而人心动摇。于是一方面不断的发生农民变乱，一方面演成思想革新的潮流。所有当时的政治运动，社会运动，思想运动，都是那种偾张跃动的时代心理所形成；而这种时代心理却是由那外繁荣而内纷乱的社会生活刺激起来的。我们从白沙、阳明，尤其是王学左派诸子的言论行动上，很容易感到一种偾张跃动的气息，而他们的言论行动恰成为时代的脉搏。"[1]这对于后来者深入理解王学发展具有非常重要的意义。

《左派王学》分五个部分对王学左派的有关问题进行了探讨。

在第一部分"王阳明的道学革新运动"中，嵇文甫肯定了阳明革新道学的重要性，称赞阳明为"中国近古思想史上一位极有光辉的大人物"[2]。在嵇文甫看来，阳明所领导的道学革新运动，其实就是反朱学运动，因为朱子集理学大成，致使从南宋末年到明朝中叶，学界都是朱学独霸。但朱子讲学过

---

[1] 嵇文甫：《左派王学》，载《嵇文甫文集》上卷，河南人民出版社，1985，第399-400页。

[2] 嵇文甫：《左派王学》，载《嵇文甫文集》上卷，河南人民出版社，1985，第401页。

于烦琐，把许多道理支分节解，门人和后世多蹈常袭故，陈陈相因。陈献章和王阳明为扫学界沉闷空气，勇敢举起道学革新旗帜，反对文化八股化的朱熹旧道学，而倡导鞭辟近里的新道学，主要表现为王阳明提出的致良知说和知行合一说，这两种思想主张既是阳明心学的精粹，同时也体现了王学的革新精神，充满着自由解放思想的特质。阳明本身并不反对读书、稽古、讲习、讨论等为学功夫，但他认为，这种种功夫需隶属于致良知之下，体现了阳明不拘格套的革新精神。而这种精神正为其身后的王门左派所继承并深度发挥，以至于形成了狂禅派。

在第二部分"王龙溪与王心斋"中，嵇文甫讨论了这两位王学左派的领袖人物。黄宗羲说："阳明先生之学，有泰州龙溪而风行天下，亦因泰州龙溪而渐失其传。泰州龙溪时时不满其师说，益启瞿昙之秘而归之师，盖跻阳明而为禅矣。"嵇文甫亦赞同黄宗羲观点，认为王畿、王艮越过师说而向狂者一路发展的确是真实的，并由此形成王门左派，在王学中占有重要地位。嵇文甫就王畿的讲学热情、狂狷乡愿、现成良知、煎销磨炼、天泉证道以及王艮的乐学主义、淮南格物说等进行了分析，使我们对左派王学中这两位领袖人物有一个比较概括的了解。

在第三部分"泰州派下的几个要人"中，嵇文甫开篇指出："泰州学派是王学的极左派。王学的自由解放精神，王学的狂者精神，到泰州学派才发挥尽致。这个学派由王心斋发其端，中经徐波石、颜山农、何心隐、罗近溪、周海门、陶石篑等等，发皇光大，一代胜似一代。"[1]但是，这些学者的著作多已散佚，所以嵇文甫就《明儒学案》中提出的几位极为特异人物进行论述，如王东崖、颜山农、何心隐、管东溟、罗近溪、周海门等，分析了他们的思想主旨。

在第四部分"李卓吾与左派王学"中，嵇文甫专门讨论了李贽与王学左派的关系。嵇文甫认为，尽管李卓吾非正式王学左派，但他和王学左派关系极为密切，特别是其思想行动最能表现王学左派的精神。嵇文甫用了大量篇

---

[1] 嵇文甫：《左派王学》，载《嵇文甫文集》上卷，河南人民出版社，1985，第429页。

幅介绍李贽生平事迹，探讨李贽的叛逆思想。嵇文甫认为李贽的这种叛逆精神最可以表现左派王学的思想特色，并充分肯定了李贽对晚明思想启蒙所作的贡献。

在最后一部分"左派王学的历史评价"中，嵇文甫肯定了左派王学思想的历史性贡献，认为"大抵左派王学的历史地位，颇有些象欧洲宗教改革时代的许多'异端'。他们都受下层社会的影响，都富于自由思想，富于反抗精神，却也都不免有些怪诞，而又都只是替后来新统治者作驱除，旋被镇压下去"[1]，但左派王学的发展也的确推动了明代思想解放运动发展到极端，其功不可泯灭。

五、容肇祖的《李卓吾评传》

容肇祖所著《李卓吾评传》于1937年由商务印书馆出版。

李贽反对封建礼教，猛烈抨击程朱理学，反对以孔子之是非为是非，鼓吹王阳明的良知说，推崇人的思想解放，从而大大冲击和颠覆了传统的礼教人伦秩序，为当权者所不容，不仅遭到逮捕死于狱中，而且其学说亦被禁，著作被列为禁书，即使黄宗羲的《明儒学案》中也没有关于李贽的任何资料。所以容肇祖撰写《李卓吾评传》的资料非常短缺，困难很大。但容肇祖还是克服困难，广泛搜求各种资料，去伪存真，认真分析，撰写出了当时唯一的关于李贽生平思想的著作，对明代思想史研究是一个重要贡献。

该书分三部分进行研究，一为李贽年谱，二为李贽的思想，三为李贽的文学见解。在该书中，容肇祖依据搜集到的历史资料，对李卓吾的生平活动进行了较为详细的勾勒，认真探讨了李贽的反道学思想以及其思想对于晚明人文思潮发展的巨大推动作用，肯定了他在王门左派泰州学派中的宗师地位，并对其学术观点作了较为客观、公正的评述。

---

[1] 嵇文甫：《左派王学》，载《嵇文甫文集》上卷，河南人民出版社，1985，第465页。

六、蒋伯潜、蒋祖怡及其《诸子与理学》

（一）蒋伯潜、蒋祖怡简介

蒋伯潜（1892—1956），名起龙，又名尹耕，浙江富阳人。1907年考入府中学堂。毕业后，先后在阆苑小学、美新小学任教。1915年，考入北京高等师范国文系，师从钱玄同、胡适、鲁迅等名师。五四运动中，积极参加游行示威活动，并在《新青年》《东方杂志》等刊物上发表文章，支持新文化运动。从北京高等师范毕业后，先后在浙江省立嘉兴第二中学和省立杭州第一中学、第一师范、女子中学等校任职。1926年秋，参与策动浙江省省长夏超起义，响应国民革命军。1927年，任《三五日报》主笔，积极抨击时政。抗日战争时期，应邀到上海大夏大学、无锡国学专修学校任教，同时兼任世界书局特约编审。上海沦陷后，回家乡富阳从事著述，一度在富阳县立中学任教。抗日战争胜利后，赴上海任上海市立师范专科学校中文系主任。1948年，出任杭州师范学校校长。新中国成立后，蒋伯潜任浙江省图书馆研究部主任。1955年秋，调任浙江省文史馆研究员。

蒋伯潜对经学、文学均有很深造诣，其主要著作有《十三经概论》《经学纂要》《诸子通考》《诸子学纂要》等。

蒋祖怡（1913—1992），蒋伯潜之子。自幼受到家学熏陶。早年毕业于无锡国学专修学校。抗日战争时期，一度任教于浙西三中、富阳简师。1948年8月，受聘于浙江大学中文系。1952年2月，转任浙江师范学院中文系。1958年8月，就职杭州大学中文系副主任。

蒋祖怡长期从事文艺理论和中国文学批评史的研究与教学，尤其对于王充的《论衡》、刘勰的《文心雕龙》和钟嵘的《诗品》多有研究，造诣甚深，出版专著十余种，其中《论衡选》《文心雕龙论丛》等，在海内外学术界产生了较大影响。

（二）《诸子与理学》的主要内容

蒋伯潜父子的《诸子与理学》，于1941年由世界书局出版。全书共二十二章，第一至十五章主要探讨了先秦诸子的思想，并就先秦诸子学的兴起和衰落进行了分析；第十六、十七章对诸子学的余波——魏晋时期的思想进行了研究；第十八至二十二章探讨了宋至明清的理学问题，尤其是第十九至二十一章，用三章篇幅探讨了北宋理学、南宋理学和明代理学问题，有自己的认识和观点。

第二章
思想改造中的文化嫁接：1950—1965

1949年10月1日，毛泽东主席在北京天安门城楼庄严宣告中华人民共和国成立，伟人洪亮的声音划破长空，驱散了百年来笼罩在中华民族头顶的阴霾，从此"长夜难明赤县天"的日子一去不复返了，共和国的艳阳温暖而和煦，熨帖着古老民族灾难后的创痛。劳动人民成为新生共和国的主人，马克思主义理论成为党和国家的根本指导思想，建设富强、文明、民主的新中国成为全党和全国人民的共同任务。

　　时代的巨变也给思想文化领域带来了新的挑战，因为毕竟新中国是从旧时代脱胎而来，彻底清除消极落后的思想文化痕迹不可能是一朝一夕之事。针对建国初期党风中的不良倾向，中共中央于1950年及时发出了《关于整党的指示》和《关于发展和巩固党的组织的指示》，深入开展了以党性和党风教育为主要内容的整党整风运动，及时挽救了大批党员，提高了广大党员的政治思想觉悟和理论水平。与此同时，思想文化领域的革故鼎新运动也轰轰烈烈开展起来，思想文化的转型不可逆转。民族的科学的大众的文化构成了新中国文化转型和重建的第一个层面，而马克思主义作为新文化建设的唯一指导思想则构成了文化建设与转型的第二个层面。正如马克思所说的，批判的武器决不能代替武器的批判。新中国成立之初的清理旧文化建设新文化，就必须用马克思主义这个批判的武器对旧文化进行武器的批判，这也是无产阶级领导权在思想文化领域的必然延伸。[1]

　　五四运动以后，随着新文化革命的开展，文艺一直矗立于革命文化运动

---

[1] 杨凤城：《新中国建立初期的文化转型研究》，《党史研究与教学》2008年第2期。

第二章　思想改造中的文化嫁接：1950—1965

的潮头。新中国成立后，文艺更是成为政治气候的风向标。在新中国成立前夕召开的全国文学艺术工作者第一次代表大会上，中国共产党就确立了文艺为人民服务的方向。而这一方向的确立，就要求在破除旧文化、建设新文化中，对文化创造和传播的主体知识分子进行思想观念上的更新。因此，学习马克思主义和党的各项基本政策成为新中国成立初期知识分子的重要任务，特别是马克思主义理论的学习被提到了政治任务的高度。1951年初，中共中央发出《关于健全各级宣传机构和加强党的宣传教育工作的指示》，明确提出各级党委宣传部门的职责之一，就是领导或推广马克思主义、毛泽东思想的宣传，同时批判各种非马克思主义思想。刘少奇在同年5月召开的中国共产党第一次全国宣传工作会议上也明确指出："用马列主义的思想原则在全国范围内和全体规模上教育人民，是我们党的一项最基本的政治任务。"也就是在这一年的5月，毛泽东发动了对电影《武训传》的批判，"其深层意义在于提出了用马克思主义观点重新研究和评价一些历史人物、用马克思主义指导文艺创作和进行文学批评的问题。批判昭示了新的文化评价标准和文化发展趋向"[1]。同年10月，随着马克思主义和毛泽东思想在全国迅速宣传和普及，中共中央随即发动了一场影响深远的对知识分子进行改造的运动。

1953年，中共中央确定了党在过渡时期的总路线，总路线的根本任务是逐步实现社会主义的工业化和党对农业、手工业以及资本主义工商业的社会主义改造。这一阔步迈向社会主义建设的重大决策，也对当时的思想文化界产生了直接的影响。因为在毛泽东和中国共产党人看来，要想使所有制的社会主义改造顺利完成，需要思想文化等方面的积极配合。因而大规模清理和批判资产阶级思想运动蓬勃展开，连续发动了对俞平伯《红楼梦》研究的批判、对胡适唯心主义思想的批判等。在批判的同时，中共中央于1955年1月和3月分别发出了《关于在干部和知识分子中组织宣传唯物主义思想批判资产阶级唯心主义思想的演讲工作的通知》和《关于宣传唯物主义思想批判资产阶级唯心主义思想的指示》，进一步推动了宣传和普及马克思主义思想运

---

[1]　杨凤城：《新中国建立初期的文化转型研究》，《党史研究与教学》2008年第2期。

动走向高潮。

在宣传和普及马克思主义思想理论的运动中，一些研究马克思主义学说的专业人员和思想理论工作者发挥了重要作用，如著名哲学家艾思奇、李达、杨献珍等，历史学家郭沫若、范文澜、翦伯赞、吕振羽等，他们在这一运动中积极撰写文章，大力宣传，使得建国初期思想文化战线的马克思主义阵地得到进一步巩固，文化转型也得到健康发展，活跃于思想文化和文学艺术界的知识分子也得到了思想上的巨大转变，开始抛弃为学术而学术的单纯学术研究路线。特别是党对知识分子的改造运动，使知识分子走上了学术研究与马克思主义理论指导相结合的道路。

但是，在大规模宣传和普及马克思主义理论的过程中，也出现了诸如阐述和运用马克思主义教条化、机械化、简单化的倾向，致使一些知识分子分不清学术艺术问题和政治问题的界限，以至于从政治角度看待学术问题，或者是把学术问题政治化，一定程度上影响了正常的学术研究和文艺创作。但这是时代发展的局限，毕竟在旧社会基础上刚刚建立起来的新中国，旧有的尘垢还没有扫除干净，一些反动的思想意识随时有可能卷土重来，会威胁新政权的稳固，因此在当时强化马克思主义理论的宣传和指导作用是十分必要的。到1956年，非马克思主义的思想体系得到了较为系统的批判和清理，马克思主义在思想文化战线和文学艺术领域的指导地位得到牢固确立，思想文化从旧时代向新时代的过渡和转型宣告完成，为新中国的政治经济文化建设事业和发展提供了坚实的政治思想保障。

正是由于这一时代背景，建国十七年的学术研究也被深深烙上了时代鲜明的印记，在文学艺术繁荣的同时，传统思想文化研究尽管不是主流，但也出现了新的学术研究成果，张岱年、任继愈和侯外庐的传统文化研究就体现了当时学术界思想文化转型后的学术特色，这从其理学研究成果可见一斑。

第一节 张岱年的宋明理学研究

一、张岱年的《张载——十一世纪中国唯物主义哲学家》

新中国成立之初，实现思想文化的转型以及牢固确立马克思主义在新中国意识形态领域中的根本指导性地位是共产党作为执政党建设发展的必然要求，也是新中国各项事业发展的急需。为此，中国共产党采取了一系列有力措施，到1956年完成了思想文化的转型和马克思主义指导地位的确立。这一时期中国学术领域的一个重要成果是张岱年撰写的《张载——十一世纪中国唯物主义哲学家》，是配合当时思想文化领域中的唯物主义宣传工作的。张岱年在该书"后记"中有明确的说明："这本介绍张横渠的生平及其主要思想的小册子是应湖北人民出版社之约而写的。"应该说湖北人民出版社专门约请张岱年撰写研究张载唯物主义思想的书，也是适应当时社会环境要求的。张岱年曾在《哲学研究》1955年第1期发表《张横渠的哲学》一文，本书可以说是在该文的基础上进行的调整与补充，书中明确了唯物主义与唯心主义两条路线的区别，带有鲜明的时代印记。

《张载——十一世纪中国唯物主义哲学家》于1956年由湖北人民出版社出版，1996年河北人民出版社出版《张岱年全集》，将该书收录于第三卷。

《张载——十一世纪中国唯物主义哲学家》共分八个部分对张载思想进行论述。

在第一部分"张载的生平和他的时代"中，开篇即对张载进行了评价，认为"张载是宋代伟大的唯物论哲学家、无神论者，他的哲学思想在中国古典唯物论的发展史上占有重要的地位，同时他对于中国的古典哲学中辩证观念的发展，也有卓越的贡献"。可以说，张岱年对于张载气一元论的唯物主义思想是充分肯定的。在论述张载生平时，以丰富的历史资料考察了张载生活的时代背景和张载的人生履历，指出了其思想中"自然而不可免地，也包含了许多落后性的糟粕"。[1]

在第二部分"张载反对佛教唯心论的斗争"中,张岱年认为"张载的唯物论哲学体系是与佛教唯心论进行斗争中建立起来的",其特点是"直接从唯物论与唯心论的基本对立来立论,指出佛家思想的最大谬误就在于其'一切惟心'、'万法唯识'的唯心论"。他认为张载已经在反对佛教唯心论的斗争中"明确地肯定了物质世界的独立存在,明确地肯定了物质的第一性与精神的第二性"。[2]

在第三部分"张载唯物论宇宙观的主要内容"中,张岱年较为详细地探讨了张载关于世界的物质性的学说、关于物质的自己运动的学说以及关于物质运动变化的规律性的学说等,指出张载唯物论宇宙观的最基本命题是一切存在、一切现象都是气,也就是认为一切存在都是由气构成的物质存在,也就是认为世界是物质性的。同时张载也认识到作为物质的气是处于经常的运动变化之中的,并提出了"性""能""机""神"等观念以说明物质是自己运动和变化的,且有其运动变化的内在根源和规律性。当然,张岱年也分析了张载唯物论的不彻底性,认为其"夹杂着许多的唯心论残余"[3]。

在第四部分"张载的辩证观念"中,张岱年讨论了张载思想体系中的辩证法,认为张载思想中的辩证法体现于认为事物都是非孤立存在的,事物的发展变化具有"著"与"渐"两种形式,变化的根源是事物双方的矛盾对立,并且认为对立的双方最终会归于和解。张岱年认为,"张载对于中国古典哲学中辩证观念的发展有重要的贡献。他提出了变化两种形式的观点,他指出对立的相互作用是变化的根源,这些都是天才的推测",但同时"他的辩证观念也有很多缺陷。他虽然讲运动、变化,但又认为有所谓至静的情况;他

---

[1] 张岱年:《张载——十一世纪中国唯物主义哲学家》,载《张岱年全集》第3卷,河北人民出版社,1996,第231页。
[2] 张岱年:《张载——十一世纪中国唯物主义哲学家》,载《张岱年全集》第3卷,河北人民出版社,1996,第241-242页。
[3] 张岱年:《张载——十一世纪中国唯物主义哲学家》,载《张岱年全集》第3卷,河北人民出版社,1996,第251页。

虽然看到斗争的事实，却认为一切斗争最后必归于调和。这是他的辩证观念不透彻不完备的地方"。[1]

在第五部分"张载的认识论"中，张岱年指出，张载的认识论学说既有唯物成分，也有唯心成分；他承认世界是可以认识的，人的知识以外在世界为基础，体现了唯物论成分，而把人的认识分为依赖于感性的"见闻之知"和不依赖于见闻的"德性之知"，则又陷入了唯心论。

在第六部分"张载的伦理学说"中，张岱年认为，在伦理学方面，张载已完全陷入唯心论，因为他提出了一种神秘的人性论学说，把人性分为两层，即天地之性和气质之性，气质之性受后天环境的影响而发生变化，天地之性则是生来自有的，是万物的根本，是永恒的，具有一种神秘性。所以张岱年认为，张载的人性论具有明显的阶级局限性。但张载的伦理思想中也有比较进步的一面，如他提倡平等博爱思想，特别是其"民胞物与"思想，在封建社会是有积极意义的。此外，张载还区别了天理人欲，强调了义与利的统一问题，说明他是重视人民的物质利益的，具有进步性。

在第七部分"张载的政治思想"中，张岱年指出："张载发展了唯物论哲学，并不是偶然的，这主要是由于他站在当时统治阶级中的进步阶层的立场。一方面，他不是站在农民的立场，他不想推翻封建制度；另一方面，他也不是站在贵族大地主的立场，他反对贵族大地主对于农民的漫无限制的剥削。他要求统治集团对于农民有所让步，以缓和当时的社会危机。这是中小地主阶级的立场。"[2] 点明张载是站在中小地主阶级的立场。张载所提出的君主是天之长子的思想、井田思想和求变思想都是其中小地主阶级立场的体现。

最后，张岱年以独立篇幅讨论了张载思想对后世的影响，指出张载唯物主义思想的历史贡献是在中国哲学史上第一次提出了属于中国唯物论基本范畴的"气"，并由此论证了世界的物质性特点；提出了关于事物变化的基本

---

[1] 张岱年：《张载——十一世纪中国唯物主义哲学家》，载《张岱年全集》第3卷，河北人民出版社，1996，第257-258页。

[2] 张岱年：《张载——十一世纪中国唯物主义哲学家》，载《张岱年全集》第3卷，河北人民出版社，1996，第270页。

规律的学说，发展了辩证法思想；提出了"民胞物与"的博爱思想，一定程度上反映了人民的观点。并指出，张载唯物论思想直接影响了明清时代的唯物论的发展，决定了明清时代唯物论发展的方向。认为"张载、王廷相、王夫之、戴震都是光辉地论证了气是第一性的哲学家，他们的思想形成了唯物论的潮流与传统。在这个唯物论的传统中，张载居于奠基者的地位"[1]。

二、张岱年的《宋元明清哲学史提纲》

张岱年的《宋元明清哲学史提纲》，系新中国成立后第一部关于宋元明清哲学史的论著。该书的编写源于1954年北京大学哲学系重开中国哲学史课程，该课由冯友兰和张岱年讲授，冯友兰讲先秦至汉初，张岱年讲汉到明清。因讲课之需，张岱年编写了《宋元明清哲学史提纲》，并于1957—1958年在《新建设》杂志公开发表，是建国初期用马克思主义观点分析宋元明清哲学的重要著作。1996年河北人民出版社出版《张岱年全集》，该著被收录于第三卷。

张岱年从青年时代起，走的就是一条学术救国的道路，并且于20世纪二三十年代就自觉接受了辩证唯物论的基本观点，一直到生命的最后一刻。特别是新中国成立初期，在当时思想文化大转型和高度重视马克思主义理论宣传的时代背景下，张岱年更是站在新时代思想的潮头，积极宣传马克思主义理论，并且以学术的笔触解析马克思主义哲学的中国化问题。《宋元明清哲学史提纲》就是张岱年在50年代用马克思主义的立场观点剖析中国传统文化的重要著作之一。

《宋元明清哲学史提纲》分四章对这一重要历史时期的哲学思想进行研究探讨。

在第一章"北宋时代中央集权制度加强时期唯物主义与唯心主义的斗争"中，张岱年运用马克思主义的立场观点分析了宋代哲学思想发展的社会

---

[1] 张岱年：《张载——十一世纪中国唯物主义哲学家》，载《张岱年全集》第3卷，河北人民出版社，1996，第277页。

历史背景，宋初三先生的尊王、排佛思想，周敦颐的太极与万物、诚与主静思想，邵雍的客观唯心主义学说，张载气一元论的唯物主义思想，北宋中期功利思想与反功利思想的斗争，以及程颢、程颐理本论的唯心主义思想特征。

在第二章"南宋至元末民族矛盾激化、中央集权继续加强时期唯物主义与唯心主义的斗争"中，张岱年分析了南宋理学家、理学思想集大成者朱熹的客观唯心主义思想，陆九渊与杨简的主观唯心主义思想，浙东学派陈亮、叶适的反映商人阶级要求的功利主义思想，以及宋元之际与元代的哲学思想。

在第三章"明代中央集权进一步加强时期唯物主义与唯心主义的斗争"中，张岱年分析了明代哲学思想发展的社会历史背景，探讨了明代前期的哲学思想以及罗钦顺、王廷相的唯物主义思想，王阳明的主观唯心主义思想，以及王艮、李贽的思想与明末的思想斗争。

在第四章"明清之际至清代中期封建制度没落时期唯物主义的发展及其反对唯心主义的斗争"中，也有部分论述涉及了宋明理学的思想内容。

从以上介绍可以看出，该著具有鲜明的运用马克思主义立场观点分析问题的特点，特别是阶级分析方法被广泛运用，的确迎合了当时政治社会思想文化发展的需要。张岱年在1984年重阅后所写的后记中亦说"提纲对于唯物主义与唯心主义的对立斗争注意较多"[1]。

第二节　侯外庐的宋明理学研究

一、侯外庐简介

侯外庐（1903—1987），中国历史学家、中国思想史家和教育家，中国现代思想史学科奠基人。1903年出生于山西平遥的书香门第。青少年时代，

---

[1] 张岱年：《张载——十一世纪中国唯物主义哲学家》，载《张岱年全集》第3卷，河北人民出版社，1996，第446页。

积极参加学生运动,1923年从山西汾河中学毕业后,考入北京政法大学和北京师范大学,学习法律和历史。1927年赴法留学,1928年在巴黎加入了中国共产党。1930年经莫斯科回国,先后在哈尔滨法政大学、北平大学、北平师范大学任教。1936年翻译出版了中国最早的《资本论》第一卷全译本。1938年完成了该书第二、三卷的大部分译稿工作。抗日战争时期,他从山西辗转来到重庆,主编《中苏文化》。1946年到上海,主编《文汇报》副刊《新思潮》。1947年任香港达德学院教授。1948年进入东北解放区。1949年到北平参加新政协筹备工作和新政协会议,任政务院文教委员会委员、北京师范大学历史系主任。1950年任西北大学校长。1954年后任中国科学院哲学社会科学部学部委员、中国社会科学院历史研究所所长、中国史学会理事、中国哲学史学会名誉会长等职。曾当选为第一、二、三、五届全国人大代表,第六届全国政协委员、常委等。1987年病逝于北京,享年85岁。

侯外庐一生投身教育和学术研究,成就卓著,其主要著作有《中国古代社会与老子》《中国古代思想学说史》《中国近世思想学说史》《中国哲学史略》《中国近代哲学史》《中国思想史纲》《宋明理学史》等。

二、侯外庐主持编写的《中国思想通史》

侯外庐是中国思想史学科的开创者,20世纪40—60年代主持编写了五卷本《中国思想通史》。《中国思想通史》第四卷主要讨论了宋明理学,该卷分上下册,分别于1959年、1960年出版。

关于侯外庐的中国哲学史研究,方光华和袁志伟曾作出如下评述:"侯外庐以唯物史观和辩证法整理中国传统的学术史料,较早地对中国哲学史作出了贯通性的系统研究,初步建立了马克思主义中国哲学史的研究范式。他的研究方法在建国后的相当长时间里成为中国哲学史研究的主流方法和范式。他之后的许多马克思主义中国哲学史研究者,从不同角度借鉴和发展了侯外庐中国哲学史的研究成果和方法。"[1]可见侯外庐主编的《中国思想通史》之影响。

---

[1] 方光华、袁志伟:《侯外庐的中国哲学史研究》,《中国哲学史》2010年第1期。

侯外庐在中国哲学史研究方法上有以下特点。

首先，他十分注重对史料的占有与辨析，认为"马克思主义的治史要求，在乎详细地占有史料从客观的史实出发，应用历史唯物主义的基本原理和方法，认真地分析研究史料，解决疑难问题，从而得出正确的结论，还历史以本来面目"[1]。

其次，他重视对哲学范畴进行辩证的逻辑分析和发掘、研究中国古代哲学中的辩证法思想，并注重同时代思想家之间的横向联系，如说："思想史上各种学派的产生及其融合和批判、吸收和排斥的复杂过程，一方面展现出人类思想在其自身矛盾运动中的丰富多样性，另一方面又反映出一定历史时代的社会矛盾和社会思潮的某些特点。因此，研究思想史不能不研究学派。"[2]

最后，他注重对世界观属性的考察。侯外庐认为："世界观之为唯物主义或为唯心主义，直接规定着一家思想的认识方法与认识内容。所以各派的思想体系，均以其世界观为理论根源。"[3] 侯外庐认为，世界观的首要问题是思维与存在的关系问题，存在决定思维的是唯物主义，反之是唯心主义，这也是判断某一哲学体系性质的主要标准。侯外庐认为，"只有坚持这样一种划分，才能在五光十色的人类认识史上清理出不同的哲学党派和不同的认识路线"。但是，他又强调，"绝不能简单地给每一种哲学体系贴上'唯物论'或'唯心论'的标签"。[4] 不能简单地套用马克思主义的基本原理，而要在全面考察一个思想家的哲学体系的基础上，判断其哲学的基本倾向。《中国思想通史》第四卷关于宋明理学的研究内容，也贯彻了侯外庐以上的基本思想和方法。

---

[1] 侯外庐：《韧的追求》，读书·生活·新知三联书店，1985，第292页。

[2] 侯外庐：《侯外庐史学论文选集·自序》，载中国社会科学院历史研究所中国思想史研究室编《侯外庐史学论文选集》上册，人民出版社，1987，第13页。

[3] 侯外庐、赵纪彬、杜国庠：《中国思想通史》第1卷，人民出版社，1957，第447页。

[4] 侯外庐：《侯外庐史学论文选集·自序》，载中国社会科学院历史研究所中国思想史研究室编《侯外庐史学论文选集》上册，人民出版社，1987，第15页。

《中国思想通史》第四卷由于内容较多,侯外庐先生将之分为上下两册出版。上册一共十二章,前七章讨论了隋唐时期的社会状况和各种思潮,分析了唐代佛教和道教思想发展对宋代理学形成的贡献,此不过多论述。

第八、九两章,主要讨论了李觏和王安石的思想,如李觏的平均土地思想以及礼论和易论,王安石新学的学术地位、政治学说和唯物主义世界观与认识论。

第十章"北宋唯心主义道学的形成",重点讨论了北宋道学产生的社会根源、司马光的天命论及其唯心主义哲学思想体系、邵雍的唯心主义与退化的历史观以及周敦颐的唯心主义思想。侯外庐认为,"司马光、邵雍、周敦颐,他们在不同程度上都运用着象数的形式。互相比较,司马光更多地继承了扬雄《太玄》中的唯心主义成分,邵雍、周敦颐则多本于《易》纬。司马光、周敦颐、邵雍都保留了天命论,但邵雍则更狡猾地运用形而上学的命题"。另外,侯外庐还认为,"邵雍、周敦颐的思想与王安石新学的对立不如司马光的尖锐而明显,这是由于他们在政治上不象司马光那样与王安石面对面地斗争"[1]。

在第十一章"关学学风与张载的哲学思想"中,讨论了关学学风与张载哲学形成的社会根源,分析了张载"气""两"思想及其思想的积极一面、张载的二元论思想及其陷入唯心主义的途径,并较为细致地讨论了以张载为代表的关学和以二程为代表的洛学两种学术异同问题。侯外庐认为,"关学的二元论的动摇性是其哲学的致命伤"[2],其气一元论思想具有不彻底性。

在第十二章"洛学蜀学及其唯心主义思想"中,讨论了二程洛学的唯心主义特征,认为二程洛学为三教合一新思潮——道学思想体系的完成铺平了道路,奠定了坚实基础,指出"二程的理学是'接着'禅学、华严宗的唯心主义,并且进一步把封建的法律虚构提高到哲学体系中来,因而和他们的政治立场相应,是极端反动的。这就再一次证明了哲学是有党性的,是一定阶

---

[1] 侯外庐主编《中国思想通史》第4卷 上,人民出版社,1959,第544页。
[2] 侯外庐主编《中国思想通史》第4卷 上,人民出版社,1959,第570页。

级利益通过政治法律的折射"[1]。另外，侯外庐还讨论了以苏轼、苏辙为代表的蜀学学风以及苏氏的唯心主义思想，认为蜀学更多地接受了佛教思想的影响，提出"道之大全"名词用以说明万物的生成，体现了其唯心主义的世界观。

《中国思想通史》第四卷下册于1960年由人民出版社出版。下册紧接上册第十二章，从第十三章到第二十六章，用了十四章的篇幅讨论了南宋到明末的理学发展问题。

在第十三章"朱熹的思辨哲学及其反动的正宗性质"中，分析了朱熹的思辨结构与客观唯心主义世界观、自然观、社会秩序论、品类存在说、人性论和格物致知说，认为"朱熹的哲学是彻头彻尾唯心主义，不是理气二元论，更不是'企图调和当时的唯心论和唯物论'"[2]，"封建等级性是贯彻在朱熹哲学中的一条黑线，不管是他的自然观还是社会观，道德论还是人性论，其最后归宿都是要证明这种'等级差别'，在他的整个体系的每一部分上都满打着封建统治阶级的烙印"[3]，"朱熹所谓'格物致知'是'无人身的理性'本身的复归，'物'既非客观事物，'知'也不是对客观事物的认识，其体系是一种狡猾的僧侣哲学"[4]。

在第十四章"陆象山的唯心主义'心学'"中，首先探析了陆象山的家族身世、社会思想及其社会根源，分析了陆象山唯心主义的世界观、直觉主义的方法论，认为"陆象山的主观唯心主义'心学'，把'心'作为客观世界的根源，认为客观世界是从主观意识或'心'派生出来的。从禅宗'性中万法皆见，一切法自在性'（法海集记《六祖施法坛经》）而来的'宇宙便是吾心，吾心即是宇宙'的命题，是陆象山哲学思想的出发点。陆象山把禅宗思想跟儒家思孟学派的主观唯心主义结合起来，硬凑成所谓'心学'的思想体系"[5]，"对应于陆象山的主观唯心主义世界观，在认识论、方法论方面，

---

[1] 侯外庐主编《中国思想通史》第4卷 上，人民出版社，1959，第584页。
[2] 侯外庐主编《中国思想通史》第4卷 下，人民出版社，1960，第609页。
[3] 侯外庐主编《中国思想通史》第4卷 下，人民出版社，1960，第624页。
[4] 侯外庐主编《中国思想通史》第4卷 下，人民出版社，1960，第647页。
[5] 侯外庐主编《中国思想通史》第4卷 下，人民出版社，1960，第670页。

他提出'存心'、'养心'、'求放心'等诉之于直觉的主张。这种主张，与禅宗所尚的顿悟，'豁然还得本心'（《六祖施法坛经》），并无不同"[1]。另外，本章还探讨了朱熹和陆象山的哲学争论，认为朱陆之争"是唯心主义阵营内部的争论，是唯心主义的这一流派与唯心主义的那一流派之间的争论"，其目的是"在道统里争正宗的教主地位"[2]。

在第十五章"陈亮思想及其反对思辨哲学的战斗性格"中，分析了陈亮思想的学派性，指出陈亮思想是学无师承的功利主义思想。陈亮思想的根本倾向是唯物主义的，这在他与朱熹的理论斗争中表现得尤为明显。

在第十六章"叶适的唯物主义思想及其对哲学遗产的批判"中，讨论了以叶适为代表的永嘉学派从道学反对派到异端的转化以及叶适哲学的唯物主义实质及其对哲学遗产批判的意义，认为叶适"对哲学史的批判，处处从反对道学正统派的斗争任务出发，处处以唯物主义为取舍是非的标准……是他反对道学正统派思想斗争的主要方面"[3]。

第十七章主要讨论封建社会后期道教的传统及其僧侣主义的问题，此处不予多述。

在第十八章"宋元之际黄震和邓牧的进步思想"中，讨论了黄震的思想主张，认为黄震既赞同叶适的主张，又未能摆脱程朱的影响，其思想特色是对道学思想的修正和对唯物主义思想的同情。认为邓牧是中国中世纪的"异端"思想家，他对理想社会的设想带有明显的空想性质，不可能在现实社会中找到实现的途径。

第十九章"元代马端临进步的史学思想"基本不属于理学范围，在此略而不述。

在第二十章"王阳明的唯心主义思想"中，分析了王阳明的生平和政治活动，探讨了王阳明的唯心主义哲学思想，认为从历史传统的渊源考察，王

---

[1] 侯外庐主编《中国思想通史》第4卷 下，人民出版社，1960，第684页。

[2] 侯外庐主编《中国思想通史》第4卷 下，人民出版社，1960，第690-691页。

[3] 侯外庐主编《中国思想通史》第4卷 下，人民出版社，1960，第782页。

第二章　思想改造中的文化嫁接：1950—1965

阳明"近则接踵陆象山、陈献章，远则继承了曾子——子思——孟子的主观唯心主义传统"[1]，揭示了王阳明致良知说和知行合一说的唯心主义性质，认为王阳明在良知上下功夫，"以期消解社会矛盾而统一于心灵的'无对'，则起着一种反个性斗争的麻痹人们头脑而甘于妥协的奴婢作用"[2]。"王阳明和朱熹的哲学思想并无本质的不同"，"王阳明对朱熹哲学思想某些方面的批评，那只是唯心主义内部的争取正宗的问题"。[3] 当然，由于时代原因，侯外庐对于王阳明思想的评价和当时社会现实紧密结合，使得评价具有鲜明的时代特征，如把蒋介石和王阳明联系起来进行批判，把批判梁漱溟与贺麟联系起来，等等。

在第二十一章"王廷相、黄绾、吕坤的反道学思想"中，讨论了王廷相的"元气"唯物主义思想，肯定了他对邵雍的唯心主义象数学和神学的五行灾异说、鬼神风水等迷信的批判精神。关于黄绾，书中认为，其思想"经历了两次转变，一次是由相信宋儒到信仰王守仁，再一次是他晚年背叛王学而对'致良知'说展开批判"[4]。关于吕坤，书中讨论了吕坤对道学的批判，肯定了吕坤气一元论的唯物主义世界观，认为吕坤是中世纪唯物主义传统的重要一环，但也批判了吕坤在认识论上的动摇，认为其二天说不免陷入神秘主义。

在第二十二章"泰州学派的思想及其阶级性与人民性"中，阐述了泰州学派创始人王艮的生平著述，分析了王艮思想的进步性和人民性，认为王艮的思想代表了下层劳动者的利益，是"翻天覆地"的学说；王艮所提出的良知说，是对王阳明的良知说的根本修正，具有鲜明的人民性和进步性。该章还就泰州学派的传统进行了分析。

在第二十三章"泰州学派继承者何心隐的乌托邦社会思想"中，讨论了何心隐的生平和反封建的"叛逆"思想，认为其叛逆思想具有反封建的战斗

---

[1]　侯外庐主编《中国思想通史》第4卷 下，人民出版社，1960，第883页。
[2]　侯外庐主编《中国思想通史》第4卷 下，人民出版社，1960，第905页。
[3]　侯外庐主编《中国思想通史》第4卷 下，人民出版社，1960，第907-908页。
[4]　侯外庐主编《中国思想通史》第4卷 下，人民出版社，1960，第929-930页。

意义。此外，还就何心隐的政治思想以及人道主义的社会空想进行了分析。

在第二十四章"李贽战斗的性格及其革命性的思想"中，阐述了李贽生平的战斗历程和著述，以热情的笔调讴歌了李贽勇于同封建名教斗争的战斗性格。同时还探讨了李贽思想的承传关系和社会根源，李贽的人道主义平等观和个性说，李贽的反圣教、反道学的战斗思想，认为李贽"敢于得出人的私心是'自然之理'的命题，敢于提出'天必因材'和'强者弱之归、众者寡之附'是天道的命题；他从人性论到认识论以至真理论，有一系列进步的论点；他勇敢地向世俗宣战，拆散了封建统治阶级的神学宝座，战斗一生，最后被封建势力所诬陷而死。同时，我们也要指出，他在揭露矛盾、批判现实时，也暴露出他自己的理论体系的矛盾，而当他离开了他所大倡的人伦日用的自然的俗界时，他始终受着那个时代的统治阶级思想的影响，在黑暗的深夜里幻想着玄妙的'彼岸'，以求所谓心理上的超脱或解救，这就堕入了禅学的唯心主义"[1]。

在第二十五章"东林党争的历史意义及其社会思想"中，对东林党人文化斗争形式进行了分析，探讨了东林党人的社会思想，认为东林党人在哲学思想方面具有落后性，更不具有唯物主义的世界观，"我们不应当过高估计东林党所具有的封建的伦常观念与封建的气节，而对于东林党人的活动及其社会政治思想应就其当时的进步意义，予以历史主义的评价"[2]。

在第二十六章"方以智战斗的社会思想和唯物主义哲学体系"中，讨论了方以智著作的历史意义，分析了方以智社会实践的悲剧性、社会思想的人民性以及方以智的唯物主义和自然科学、无神论及唯物主义一元论、认识论思想，同时也探讨了方以智哲学思想的局限性。

从以上可以看出，《中国思想通史》第四卷在研究分析宋明理学思想时，在分析方法上完全是以马克思主义作为研究的指导性理论，并利用阶级分析的方法，将历史人物和思想放到"对子论"（即唯物主义和唯心主义的对立）

---

[1] 侯外庐主编《中国思想通史》第4卷下，人民出版社，1960，第1092-1093页。
[2] 侯外庐主编《中国思想通史》第4卷下，人民出版社，1960，第1120页。

中进行探讨。正如侯外庐本人所说的，世界观的首要问题是思维和存在的关系问题，存在决定思维的是唯物主义，反之是唯心主义，这也应作为判断某一哲学思想体系性质的主要标准。这的确也是《中国思想通史》所坚持的判断哲学思想体系性质的主要标准，也是该著的一个显著的写作特点。

第三节　任继愈的宋明理学研究

一、任继愈简介

任继愈（1916—2009），字又之，山东平原人，我国著名哲学史家、宗教学家。由于家庭条件较好，少时就被送入北平大学附属高中读书，1934年考入北京大学哲学系，师从汤用彤、熊十力、贺麟、钱穆等著名学者。抗战全面爆发后，北京大学南迁，任继愈随学校辗转至云南昆明。1938年大学毕业，接着考取西南联合大学北大文科研究所第一批研究生，1941年毕业留北京大学任教，讲授中国哲学史、宋明理学、华严宗研究、佛教著作选读等课程，并在北京师范大学讲授中国哲学史课程。1956年晋升为教授，并兼任中国科学院哲学研究所研究员，同年加入中国共产党。1964年受命组建中国社会科学院世界宗教研究所，并任首任所长。"文革"期间，被下放到河南信阳劳动。"文革"结束后回到北京。1978年中国无神论学会成立，任继愈当选为首任会长。同年起，任继愈担任中国社会科学院研究生院教授、国务院学位委员会学科评议组成员和哲学组召集人、国家古籍出版规划小组委员、中国哲学史学会会长、国家社科基金宗教组召集人、中国社会科学院世界宗教研究所名誉所长。1987年任国家图书馆馆长，并且一直兼任北京大学教授、中国社会科学院研究生院博士生导师。1999年当选为国际欧亚科学院院士。系第四、五、六、七、八届全国人大代表。2005年卸任国家图书馆馆长，改任名誉馆长。2009年7月逝世于北京，享年93岁。

任继愈一生致力于用唯物史观研究中国佛教史和中国哲学史。在用马克思主义总结中国古代哲学的工作中，他是做得最好的一位。任继愈勤于治学，取得了丰硕的研究成果。其代表著作有《老子今译》《汉唐佛教思想论集》《老子新译》《中国哲学史论》《任继愈学术论著自选集》《老子全译》《墨子与墨家》等。主编有《中国哲学史》《中国哲学发展史》《中国佛教史》《中国道教史》《宗教大辞典》等。

二、任继愈主编的《中国哲学史》

任继愈是较早接受马克思主义并坚持以马克思主义为指导研究中国哲学史的当代著名哲学家，他自新中国成立之初就开始了以马克思主义为指导对中国哲学史进行研究，也是20世纪五六十年代以"对子论"作为研究中国哲学史指导原则的主要代表人物之一。1963—1964年出版的《中国哲学史》，集中体现了任继愈这一时期的学术观点，是这一时期任继愈学术的代表性成果。《中国哲学史》涉及宋明理学的内容主要在第三册，于1964年由人民出版社出版。该册第六篇"封建国家中央集权加强和巩固时期（宋元明）的哲学思想"，主要讨论的就是宋明理学问题。

全篇分十四章，在第一章"宋元明时期的政治、经济状况和思想斗争"中，讨论了宋元明时期的政治经济状况和阶级斗争、民族矛盾复杂化、深刻化的条件下，宋明理学唯物主义与唯心主义的斗争情况，指出"理学是地主阶级的哲学。理学的不同学派（唯心主义、唯物主义）分别代表着地主阶级中不同的政治集团，不同的阶层的世界观"[1]。

在第二章"李觏和王安石的唯物主义思想"中，首先讨论了李觏的唯物主义思想、功利主义的社会历史观，在肯定李觏唯物主义思想进步性的同时，也指出："李觏力图从人们的生活要求解释一切社会制度的起源和发展，对于反对天命论和道德论的历史观，有其积极的进步意义，但是'顺人之性欲'这一观点本身，仍是从意识领域说明人类社会和历史，他也和过去的许多唯

---

[1] 任继愈主编《中国哲学史》第3册，人民出版社，1964，第159页。

心史观一样，认为历史的主要创造者是'圣人'，这种历史观仍是唯心主义的。"[1] 关于王安石，本章讨论了其唯物主义自然观和认识论，认为王安石在《老子注》中继承了老子朴素唯物主义和辩证法思想，并把"道"作为其唯物主义哲学的最高范畴，而王安石又认为作为自然物质的"道"是不断运动变化的，并提出了"两"和"耦"的概念，即对立面的存在，并认为对立物是相反相成的。本章认为，王安石作为地主阶级革新派的代表，其辩证法具有不彻底性，这"是和他的改良主义的政治主张相适应的。他主张变法革新，但他的思想没有超出地主阶级的界限，他在哲学理论上得出的任务和结论，也就只能是地主阶级的物质利益和社会地位在实际生活中引导他们得出的任务和结论"[2]。

在第三章"周敦颐、邵雍、司马光的唯心主义哲学思想"中，重点讨论了周敦颐《太极图说》的客观唯心主义实质，揭示了周敦颐基于唯心主义思想基础上的"诚"和"主静"说，认为周敦颐的唯心主义哲学是隋唐以来佛教、道教以及韩愈、李翱等人的唯心主义体系的进一步综合和概括。讨论了邵雍唯心主义象数学的宇宙发生论以及退化论的历史观，指出邵雍的哲学思想是在道教影响下所创立的一种系统的唯心主义象数体系。在政治上邵雍接近司马光等保守派，反对改革，与其退化的历史观相一致。关于司马光，本章认为，司马光相信天是自然和社会的主宰，主张天命论思想，目的在于"麻痹当时受剥削受压迫的人民群众，使他们安于自己贫穷困苦的现状，不敢反抗"[3]，其强化封建礼制的道德决定论亦是为巩固封建专制统治服务的唯心主义道德决定论。

在第四章"张载的唯物主义哲学思想"中，分析了张载以"太虚"即气为万物之本的唯物主义自然观，认为张载在对佛教唯心主义批判的基础上所建立的以气为本的元气本体论，否认了魏晋以来以无为本或以心为本的唯心

---

[1] 任继愈主编《中国哲学史》第3册，人民出版社，1964，第170页。
[2] 任继愈主编《中国哲学史》第3册，人民出版社，1964，第177页。
[3] 任继愈主编《中国哲学史》第3册，人民出版社，1964，第191页。

主义本体论，具有积极的进步意义。同时，其关于事物运动变化发展的见解，闪耀着辩证法的光芒。当然，任继愈也指出了张载唯物主义思想的不彻底性和人性论、伦理观的唯心主义和神秘主义色彩，并将之归结为剥削阶级的偏见。

在第五章"程颢、程颐的客观唯心主义哲学"中，讨论了二程的唯心主义哲学的最高范畴——理，指出理的实质"在于用精神世界支配物质世界，更重要的是把自然世界道德化"[1]，还认为二程的天人合一论具有神秘主义性质，二程的格物致知的认识论是唯心主义的认识论，二程的人性论是宣扬僧侣主义，他们兄弟所提出的天理与人欲的对立，是直接为地主阶级服务的。

在第六章"朱熹的客观唯心主义哲学体系"中，指出朱熹哲学思想体系中的基本范畴是理，是基于二程的客观唯心主义体系而来，同时也吸收了张载的气论和周敦颐的太极思想，并将理的全体称作太极，建立了一个庞大的客观唯心主义思想体系，其格物致知的认识论，知先行后的知行学说，天命之性和气质之性的人性论，人心与道心、天理与人欲对立的伦理学说以及天理史观等，都体现了其思想体系的唯心主义特点。但本章也对朱熹给予了很高的评价，认为"他的哲学思想不但直接继承了二程的客观唯心主义体系，而且也吸收和综合了中国先秦以来各种唯心主义哲学的重要观点，包括他所批评的佛教唯心主义哲学在内。因此，他是中国古代唯心主义哲学集大成的人物"[2]，"由于朱熹的哲学体系集中国古代唯心主义哲学的大成，对各种自然现象和社会现象的解释比过去严密和完整，更适合豪族地主阶级加强专制统治的需要，因此，从宋代晚期一直到清末为止的近七百年中，始终是代表封建统治阶级的官方御用哲学，占有不可动摇的权威地位"[3]。

在第七章"陆九渊的主观唯心主义哲学思想"中，讨论了陆九渊心即是理的主观唯心主义宇宙观和自存本心的方法论，分析了朱熹、陆九渊分别作

---

[1] 任继愈主编《中国哲学史》第3册，人民出版社，1964，第219页。
[2] 任继愈主编《中国哲学史》第3册，人民出版社，1964，第253页。
[3] 任继愈主编《中国哲学史》第3册，人民出版社，1964，第255页。

为客观唯心主义和主观唯心主义代表人物,他们思想的异同之处,特别就朱陆鹅湖之争进行了分析,指出"朱熹的客观唯心主义与陆九渊的主观唯心主义,并不是真正势不两立,而是争论哪一种哲学更能维持封建社会秩序的安定,更能麻痹人民的反抗意志。他们共同反对的是那些主张改变现状的进步思想"[1]。

在第八章"陈亮、叶适的唯物主义思想"中,分析了陈亮的唯物主义世界观和进步的历史观,叶适的唯物主义自然观、认识论和功利主义思想,认为无论是以陈亮为代表的永康学派,还是以叶适为代表的永嘉学派,"这两个学派都提倡功利,反对空谈性命。他们是南宋时期的唯物主义理学家,与唯心主义的理学家朱熹等人处在完全对立的地位"[2],但"陈亮和叶适的功利主义思想不是提倡人民大众的功利,并远在近代资产阶级功利主义出现以前,他们的封建的功利主义与欧洲资产阶级的功利主义是有区别的。但是他们在批判朱熹等人用反功利主义思想以掩饰其为贵族地主阶级利益服务的思想,值得后人借鉴"[3]。

在第九章"黄震的哲学思想和邓牧的爱国主义思想"中,讨论了宋明理学研究中少有人涉及的宋末元初的黄震和邓牧的思想,认为黄震在继承朱熹思想体系的基础上,对朱熹思想进行了修正,指出道并非"超出于人事之外",而是在于人事之中,并强调了"躬行"道德实践的重要性。任继愈评价黄震"是一个具有民族气节坚持不在元朝贵族专制统治下屈服的进步思想家"[4]。另外,任继愈还讨论了邓牧的反元思想,认为邓牧关于理想社会的设想和对元朝贵族统治的攻击,表现出了爱国主义的热情。本章对黄震思想的分析以及对邓牧反元的赞誉,都体现了20世纪60年代特有的时代特点。

在第十章"王守仁的主观唯心主义哲学思想"中,分析了王守仁的生平

---

[1] 任继愈主编《中国哲学史》第3册,人民出版社,1964,第268页。
[2] 任继愈主编《中国哲学史》第3册,人民出版社,1964,第269页。
[3] 任继愈主编《中国哲学史》第3册,人民出版社,1964,第288页。
[4] 任继愈主编《中国哲学史》第3册,人民出版社,1964,第289页。

及政治活动、"心外无理""心外无物"的主观唯心主义宇宙观、致良知的主观唯心主义格物说、以知代行的知行合一说,认为王守仁是宋明时期主观唯心主义的集大成者,是他把陆九渊初步建立起来的主观唯心主义哲学体系发展得更为细致和完备,其思想曾一度成为我国封建社会的支配思想,特别是"王守仁对于封建道德的'致良知'的信仰主义主张,也为后来的反动统治者用来作为毒化人民的工具。像国民党反动派所提倡的'力行哲学',就是抄袭了王守仁的哲学思想,把法西斯主义与封建主义思想结合在一起,提倡反理性主义,用来控制人民的思想"[1]。

在第十一章"罗钦顺的唯物主义哲学思想"中,讨论了罗钦顺的"理一分殊"的唯物主义本体论以及由此推衍出的先天道德观和人性论,肯定了其对王守仁等唯心主义思想批判的战斗性,但同时也指出了罗钦顺由于阶级立场的局限,其思想中有自相矛盾之处。

在第十二章"王廷相的唯物主义哲学思想"中,讨论了王廷相的生平和社会活动、"理在气中"的唯物主义元气本体论、以行为主的唯物主义认识论、以形气为基础的人性论和进步的历史观,指出了其唯物主义思想富有战斗批判的精神,同时也分析了其认识论所具有的夸大理性认识的倾向和抽象地谈论人性问题的不足。

在第十三章"王艮和泰州学派的唯心主义反动实质"中,对王艮的唯心主义格物说、"不假安排"的主观唯心主义思想方法以及以其为代表的泰州学派发展情况进行了探讨,指出"以王艮为首的泰州学派,把王守仁的主观唯心主义哲学进行了更广泛的传播,从知识分子到劳动者都有泰州学派的门徒。泰州学派沿着王守仁的主观唯心主义哲学向更彻底的方向发展。有人以为这一学派是王守仁学派的'左派'。其实它把王守仁的学说更向右发展了,它的社会作用也是消极的"[2]。

在第十四章"李贽的进步的社会观和唯心主义哲学思想"中,分析了李

---

[1] 任继愈主编《中国哲学史》第3册,人民出版社,1964,第311-312页。

[2] 任继愈主编《中国哲学史》第3册,人民出版社,1964,第342页。

贽反权威思想的社会根源和阶级根源、封建的功利主义和抽象的人性论、对道在事外的客观唯心主义的批判以及反权威的相对主义真理观,指出李贽的唯心主义思想属于王守仁的心学派,但与王守仁维护封建正统思想不同的是,李贽坚决反对封建地主阶级的正统思想,反对名教的束缚,猛烈抨击封建社会道德的虚伪性,主张自由思想解放,有力地推动了晚明社会人的思想解放。但是"在封建势力还处在极为强大的社会历史条件下,李贽既不能做到与封建势力彻底决裂的地步,他这种思想就注定要落入悲剧的结局"[1]。

从以上分析可以看出,任继愈主编的《中国哲学史》中关于宋明理学的研究,始终贯穿着唯物主义与唯心主义斗争的主线,而这正体现了20世纪60年代中国思想文化领域的基本特点。《中国哲学史》是当时国家有关部门组织编写的大学哲学系中国哲学史教科书。在组织编写前,组织者就明确要求"要以马克思列宁主义、毛泽东思想为指导;注意中外古今不可偏废;力求简明生动,要有科学的论证,要求分析和比较,既能使学生发生兴趣,又让教师有补充发挥的余地;总之,要求既要注意政治性和革命性,又要注意知识性和科学性,并使两方面较好地结合起来"[2]。任继愈在主编该书时,提出了"中国哲学史的总命题是:贯穿中国哲学史的基本规律是唯物主义和唯心主义的矛盾斗争,因此中国哲学史上各个哲学家及其流派的发展历史就是这一矛盾斗争的具体表现"[3],并对中国哲学史的分期、主线、内容、方法和原则都提出了自己的见解,既体现了任继愈的学术思想和哲学史观,也代表了当时中国哲学史研究领域的主流观点。

蒋玉智、陈红兵撰文指出,"该著将各家哲学分世界观、认识论、方法论、社会历史观四个部分论述。全书坚持了三个原则,即坚持阶级性,党性,斗争性,深入分析各派哲学的阶级属性,坚持哲学的党性,坚定站在唯物主义一边,对唯心主义进行揭露和斗争",并认为该著取得了多方面成就,

---

[1] 任继愈主编《中国哲学史》第3册,人民出版社,1964,第365页。
[2] 蒋玉智、陈红兵:《马克思主义指导研究中国哲学的经验与启示——任继愈的中国哲学史研究成就》,《学术界》2010年第11期。
[3] 袁志伟:《任继愈的中国哲学史研究》,《孔子研究》2011年第1期。

如"力求用一种崭新的世界观和方法论——马克思主义哲学为指导研究中国哲学史,突破了此前影响很大的胡适以实用主义为指导的研究与冯友兰以新实在论为指导的研究,使本学科呈现出全新的面貌","注重哲学与社会的经济、政治、科学发展的联系,特别注重从社会经济关系中寻找哲学产生的根源","不囿于历史成说,不照搬前人,对原始材料进行认真研究和分析,得出自己的结论","在马克思主义哲学逐渐普及的情况下,用马克思主义哲学的概念和术语解读了中国哲学史,这对于人们能初步读懂中国哲学,对中国哲学产生兴趣,起了很大的作用"。[1]

当然,该著也有其时代的局限性,如历史背景叙述所占篇幅较大,叙述和分析集中于阶级关系,而忽略了其他社会内容;把社会存在决定社会意识等作为公式来套用,没有对社会关系和哲学的真实联系进行深入细致的分析;有些论述缺乏对历史上学者的思想做整体、深入的探讨。当然,这与任继愈所处的时代背景是密不可分的。历史毕竟是历史,我们不能以现在的眼光为标尺去测量历史中人的思想,结合所处时代,去分析时代的人物和思想才是符合唯物辩证法的。

---

[1] 蒋玉智、陈红兵:《马克思主义指导研究中国哲学的经验与启示——任继愈的中国哲学史研究成就》,《学术界》2010年第11期。

第三章 | 十年浩劫中的畸形思辨：1966—1976

新中国成立后十七年间，各项事业在党的领导下大踏步前进着，人们以昂扬的姿态，积极投身于社会主义改造和建设的宏伟事业中，新中国的面貌在人民改天换地的雄伟豪情与冲天干劲中，发生着前所未有的巨变。尽管其间也出现了"大跃进"等曲折，但社会主义事业前进的脚步却始终没有停止过。然而，天有不测风云，在之后的十年里，新中国遭受了"文革"浩劫。

1966年5月至1976年10月，是十年的"文化大革命"时期，在这一时期，中国出现了社会动乱、经济停滞状况，党和人民的事业遭受严重破坏，思想文化领域出现了大挫折、大混乱。

其实，早在"文革"爆发之前，思想文化领域中的批判活动已经愈演愈烈，而正是这种大批判成为"文化大革命"的诱因。1962年秋，在党的八届十中全会上，毛泽东发出了"重提阶级斗争"的号召。之后，毛泽东对文艺界等做过多次语气很重的批评，这些批评被康生、江青等人利用，并以之打击文艺界人士，将文艺界一般文艺理论的争论视为文艺战线上的社会主义道路同资本主义道路的斗争，视为无产阶级的社会主义的文艺路线同资产阶级的反社会主义的文艺路线的斗争。文艺批判发展的极端，就是江青于1966年初炮制的"文艺黑线专政论"。特别是姚文元的《评新编历史剧〈海瑞罢官〉》成为"文化大革命"的直接导火索。另外，在学术界，一些正常的学术争论，也很快演变为政治性批判运动，如翦伯赞等人关于历史主义和阶级斗争问题的不同意见，关于对历史遗产、思想文化遗产和道德遗产究竟存在不存在抽象继承问题，中央党校副校长杨献珍关于"合二而一"的认识问题，等等，本来属于思想文化领域的学术论争，却被康生、江青等阴谋利用，导演了一场貌似学术争论实为政治围攻的闹剧。

1966年"五一六通知"之后,随着中央文革小组的成立,"文化大革命"全面爆发。党的八届十一中全会后,红卫兵运动迅猛发展,掀起了清理旧思想、旧文化、旧风俗、旧习惯的破"四旧"运动,无数优秀的文化典籍被付之一炬,大量国家文物遭受洗劫,知识分子和民主党派人士遭到批斗。1969年党的九大之后,"斗、批、改"运动在全国展开。党的十大之后,于1974年在全国开展"批林批孔"运动,使得思想文艺界和学术领域更加混乱,大批优秀知识分子靠边站,很多人都被关进牛棚,意识形态领域的斗争更加复杂多变。1974年《红旗》杂志第1期发表了一篇题为《抓好意识形态领域的阶级斗争》的文章,从中我们可以看出"文革"期间意识形态领域的斗争概况。文章认为,在整个社会主义社会的历史阶段,剥削阶级旧思想旧文化同社会主义新思想新文化的斗争是长期的、曲折的,有时是很激烈的,"旧思想旧文化也如同其他反动势力一样,你不打,它就不倒,它决不会自动退出历史舞台"。文章还认为,新中国成立以来大家所熟知的《清宫秘史》《武训传》《红楼梦研究》《海瑞罢官》等,都是旧思想旧文化的顽强表演,"如果我们看不到这条战线的严重斗争,看不到这场斗争的阶级实质和政治性质,那就会犯错误",认为1974年在全国开展的"批林批孔"运动是"我们党领导无产阶级和革命人民在意识形态领域的一场革命斗争"。正是这种错误认识,使得"文革"时期的传统文化遭到极大破坏,从事传统文化研究的大批知识分子遭到批判和斗争,真正文化意义上的继承创新湮灭殆尽。传统文化的生存空间被彻底挤压,文学思想艺术界的空气凝固至冰点。如同其他思想文化一样,作为儒家学说的宋明理学研究在批孔声浪中亦归于沉寂,即使有所谓中国传统文化的面世,也被深深烙上了意识形态领域阶级斗争和两条路线斗争的印痕。

第一节 任继愈的宋明理学研究

一、"文革"时期的任继愈

任继愈是用马克思主义的立场观点研究中国哲学史的学术大家,早在新中国成立之初,他就开始研究马克思主义唯物史观,并试图以此重新建立中国哲学史的论述体系,被毛泽东评价为"凤毛麟角"。20世纪60年代任继愈出版的《中国哲学史》就是当时时代的产物,对推动以马克思主义为指导研究中国哲学和传统文化发挥了重要作用。

1963年毛泽东指示,要研究宗教问题以适应时代所需。根据这个指示精神,1964年由任继愈牵头负责组建中国社会科学院世界宗教研究所,宗教问题研究成为一项政治任务。关于宗教研究,任继愈曾说,他在研究中国哲学史时,研究到汉魏以后就研究不下去了,因为遇到了障碍,就是佛教,可是宋明理学家都是搞佛教的,所以决定开始研究佛教。[1]但他研究宗教问题从来都坚持马克思主义的指导地位,并且终生都没有动摇过。也许正是这种对马克思主义的坚持,加之毛泽东的那句"凤毛麟角"的评价,使得任继愈在十年"文革"中受到极左思潮的干扰和冲击相对少一些。尽管如此,任继愈依然未能避免如火如荼的各种运动的裹挟,于1970年被下放到河南信阳"五七"干校劳动,接受再教育。在信阳劳动期间,任继愈白天劳动,夜晚休息,说话很少,在沉闷中打发着岁月。由于他为人谦和,所以劳动期间很少有人刻意去为难他,也使他有更多的时间去思考。

任继愈被认为是用马克思主义思想研究中国哲学和宗教的开拓者,并且这种做法完全是出于自发,出于对马克思主义的真心信仰。但人是社会的人,其所从事的一切活动都会受到时代发展的影响,十年"文革"的极左路线,

---

[1] 何南:《一代大师任继愈》,时代文艺出版社,2010,第85-86页。

也深深影响了任继愈的研究活动和研究视野，其1973年出版的《中国哲学史简编》，也在动荡岁月的淘洗中留下了时代印痕。

二、任继愈主编的《中国哲学史简编》

《中国哲学史简编》是在任继愈主编的《中国哲学史》教科书基础上改写的，是适应"文革"时期教育需要的产物，于1973年由人民出版社出版。

《中国哲学史简编》出版于"文革"期间，带有明显的"文革体"特点。"绪论"中在谈到学习中国哲学史的目的和意义时说："我们学习哲学史，是为了适应当前两个阶级、两条路线斗争的需要，提高识别真假马克思主义的能力，彻底认清林彪反党集团的反革命真面目，提高阶级斗争和路线斗争的觉悟。"[1] 很显然，这里点出了当时出版《中国哲学史简编》就是为了适应两个阶级、两条路线斗争的需要，为了提高辨别能力和阶级斗争、路线斗争的觉悟。"绪论"还提到，"全部哲学史就是唯物主义和唯心主义、辩证法和形而上学的斗争史。哲学上的两军对战，归根到底反映着社会上各个敌对阶级之间的利害冲突"[2]。这样就把意识形态领域的学术争论冠以斗争哲学的帽子，并以之作为阶级斗争实践的哲学反映。认为学习哲学史的目的"就是要弄清楚在各个历史时代哲学和阶级斗争的相互作用，了解哲学怎样为阶级斗争服务"[3]，"我们学习和研究哲学史，当然不是'为历史而历史'，而首先是为现实斗争服务的。只要我们坚持理论联系实际，把历史的斗争和现实的斗争结合起来，力求'古为今用'，使'古'为'今'服务，就可以从哲学史中总结出许多有益的经验教训，应用于当前的路线斗争和阶级斗争"[4]。并且指出，认为学习哲学史与现实斗争无关完全是错误的看法，也是完全没有根据的，明确阐明了学习哲学史的目的是为阶级斗争服务。在研究方法上，"绪

---

[1] 任继愈主编《中国哲学史简编》，人民出版社，1973，第1页。
[2] 任继愈主编《中国哲学史简编》，人民出版社，1973，第3页。
[3] 任继愈主编《中国哲学史简编》，人民出版社，1973，第5页。
[4] 任继愈主编《中国哲学史简编》，人民出版社，1973，第7页。

论"中指明在哲学史的研究中坚持阶级分析方法,也就是贯彻历史唯物主义,认为迄今为止一切有文字可考的历史,都是阶级斗争的历史,全部人类历史都是通过阶级斗争而向前发展的。纵览《中国哲学史简编》,的确可以深切感受到该书鲜明的"文革"时代气息。

《中国哲学史简编》的第六章主要讨论宋元明哲学,也就是宋明理学问题。该书在"绪论"中就宋明理学的特征从阶级斗争和两条路线斗争出发进行了概括性阐述:"宋、明的唯心主义继承孔、孟哲学和魏晋以来的唯心主义哲学,吸收和改造了佛教唯心主义的有关成分,提出'理'、'道'、'太极'等作为世界万物的本体,并与整个封建伦常道德密切联系起来,用它来囊括整个自然和社会,为封建社会的四条绳索(政权、族权、神权、夫权)提供了哲学依据,比魏晋玄学和佛教等唯心主义本体论具有更为现实的世俗特征。这样,也就把唯心主义本体论发展到了极致,成为中国封建地主阶级最完备、最系统也最反动的哲学唯心主义的体系。它统治中国封建社会近千年之久,给中国人民加上了沉重的精神镣铐,成为剥削人民、镇压农民起义的极为重要的反动工具。明、清统治者把朱熹请入孔庙,叩头礼拜,正好说明了这种哲学鲜明的反动党性,而朱熹正是唯心主义本体论集大成的人物。"[1]

该章分六节对宋明理学问题进行阐述。第一节"宋元明时期的阶级斗争和思想斗争",主要分析了宋元明时期社会发展的阶级矛盾和斗争,指出这一时期哲学思想上存在两条路线的斗争,即唯物主义与唯心主义的斗争,认为唯心主义理学,无论是客观唯心主义还是主观唯心主义,都是宣传的一种变相的僧侣主义和禁欲主义。

第二节"王安石的唯物主义哲学思想",在探讨王安石生平和政治立场的基础上,分析了王安石哲学的唯物主义自然观,肯定了王安石从分别天人的唯物主义思想出发对灾异迷信的批判,体现了一种大无畏的无神论精神。同时还分析了王安石唯物主义的认识论和朴素的辩证法思想,认为其辩证法思想作为其改革的指导思想具有积极的进步意义。

---

[1] 任继愈主编《中国哲学史简编》,人民出版社,1973,第24-25页。

第三节"张载的唯物主义哲学思想",分析了张载"太虚即气"的唯物主义自然观,认为其"太虚即气"说是唯物主义发展史上的一大进步;讨论了"一物两体"的朴素辩证法思想,认为"张载的重要贡献在于朴素地说明了事物的变化不由外因而由内力,是气的阴阳两体的矛盾对立形成了事物运动变化的原动力"[1]。但同时也指出了张载辩证法思想的不彻底性,认为其所提出的"仇必和而解"是矛盾调和论,是不正确的认识,是与他的地主阶级改良主义立场相一致的。同时,该节还就张载对佛教唯心主义的批判、认识论的唯心主义倾向、唯心主义的人性论和神秘主义的伦理观进行了分析,认为其之所以在后来被唯心主义理学家奉为圣贤,与其《西铭》中唯心主义伦理观具有密切联系。

第四节"二程朱熹的客观唯心主义哲学"中,关于二程,对其唯心主义的最高范畴"理"进行了解析,认为"理"是二程唯心主义的最后范畴。同时还解析了二程格物致知的认识论,指出了其典型的唯心主义先验论特征。关于朱熹,主要讨论了朱熹唯心主义的根本范畴"理"与"太极"概念,认为"理"是继承了二程之"理",并且吸收了张载的"气"论,但"理"是第一性的,"气"是第二性的,"理"的最高境界是"太极",它们都是天地万物的本原。另外,还分析了朱熹格物致知、知先行后的唯心主义认识论,人性论和禁欲主义的伦理说,指出"朱熹的唯心主义代表了官僚地主阶级的哲学。把人欲看成罪恶,正是养尊处优的大官僚地主阶级提出来麻痹人民,压制人民求生存和反抗压迫的反动哲学"[2],"他宣扬唯心主义先验论,目的在于论证封建主义的合理性"[3],认为"必须彻底批判,从根本上加以肃清"[4]。

第五节"陈亮、叶适的唯物主义思想"中,指出陈亮、叶适的唯物主义思想继承了北宋王安石、张载等人的唯物主义路线,是在与朱熹、陆九渊思

---

[1] 任继愈主编《中国哲学史简编》,人民出版社,1973,第336页。
[2] 任继愈主编《中国哲学史简编》,人民出版社,1973,第365页。
[3] 任继愈主编《中国哲学史简编》,人民出版社,1973,第366页。
[4] 任继愈主编《中国哲学史简编》,人民出版社,1973,第368页。

想为代表的唯心主义哲学斗争中成长起来的哲学，肯定了陈亮同朱熹论战的进步意义，高度评价了叶适的唯物主义自然观和认识论，深入分析了叶适的功利主义思想及其对各派哲学思想的批判，认为"陈亮、叶适的唯物主义思想是在和唯心主义理学作斗争中成长起来的。他们所指出的唯心主义理学在理论上的错误和在实践中的危害性，为后来王夫之的唯物主义思想提供了有益的理论启发"，其功利主义思想"在一定程度上反映了当时广大人民的利益，是有其历史的进步意义的。他们对朱熹等人借口反功利主义的伪善思想的批判，也足以借鉴"。[1]

第六节"王守仁的主观唯心主义哲学思想"中，分析了王守仁"心外无理""心外无物"的唯心主义世界观，认为"王守仁是我国宋、明时期主观唯心主义的集大成者。南宋陆九渊初步提出主观唯心主义的哲学体系，到了王守仁则把这个体系发展得更加完备细致了"[2]。认为王守仁提出的唯心主义良知说，目的是"把世界纳入封建的伦理规范之中，从而消除人民反抗腐朽统治的斗争，达到其所谓'破心中贼'的反革命目的"[3]。另外，王守仁还把知行合一作为其致良知的方法，实质上是取消了客观实践。其学说被门人王艮等创立的泰州学派所继承并进一步世俗化，"在晚明时期阶级斗争大搏斗的浪潮中，起到了瓦解人民斗志的极其反动的作用"[4]。

总而言之，在学术沦为政治的仆人的年代，任继愈主编的《中国哲学史简编》，作为高校教材，很难脱离时代的影响，肯定会烙上鲜明的时代印记。尽管任继愈一生追随马克思主义，始终以马克思主义作为中国哲学史研究的指导思想，但在当时思想大混乱、大动荡的岁月里，马克思主义已经成为教条，作为教条的马克思主义指导下的高校教材，也只能体现教条化特色，只能沿着两个阶级、两条路线的斗争哲学去诠释中国哲学史，这是当时意识形态发展的要求，是时代使然。

---

[1] 任继愈主编《中国哲学史简编》，人民出版社，1973，第380-381页。
[2] 任继愈主编《中国哲学史简编》，人民出版社，1973，第383页。
[3] 任继愈主编《中国哲学史简编》，人民出版社，1973，第387页。
[4] 任继愈主编《中国哲学史简编》，人民出版社，1973，第396页。

第二节　杨荣国及其《简明中国哲学史》

一、杨荣国简介

杨荣国（1907—1978），湖南长沙人。7岁丧父，13岁入中学读书，后考入上海群治大学。1929年大学毕业后回到长沙，从事中学教育工作。1937年抗日战争全面爆发后，积极投身救亡活动。1938年加入中国共产党。1939年到桂林从事进步报刊编辑工作，并从事学术研究。1941年秋流亡到重庆，在翦伯赞等进步学者的帮助下，开始接受马克思主义，并运用马克思主义观点和方法研究中国思想史和社会问题。1944年任东北大学教授，讲授历史学、哲学等课程。抗战胜利后，受聘桂林师范学院教授，讲授中国古代思想史课程。1946年加入中国民主同盟。同年7月被捕入狱。

新中国成立后，杨荣国被任命为湖南大学文学院院长兼历史系主任，同时被任命为湖南省人民政府委员，并当选民盟中央委员。1953年全国高校院系调整，杨荣国随湖南大学历史系调入中山大学历史系，任历史系中国古代史教研室主任。1956年6月，杨荣国当选为中山大学第一届党委委员，公开了其党籍身份。1956年任历史系主任。1960年复办哲学系，任哲学系主任。1966年"文化大革命"爆发，前期被审查和下放到"五七"干校劳动，1973年他的批孔文章受到毛泽东称赞，开始受到重用，并于1974年起担任中山大学党委常委、革委会副主任，广东省委理论小组副组长，并当选为第四届全国人大常委会委员。1978年8月病逝于广州，终年71岁。

杨荣国的主要著作有《中国古代唯物论研究》《中国十七世纪思想史》《孔墨的思想》《中国古代思想史》《谭嗣同哲学思想》《简明中国哲学史》《反动阶级的"圣人"——孔子》等。

二、"文革"中的杨荣国

杨荣国于1953年到中山大学任教,直至1978年病逝。"文革"时期,由于被"四人帮"利用,杨荣国为学者所诟病。但如果我们从时代环境和历史原因去作客观分析,杨荣国则是"文革"酿生的悲剧人物。1982年6月,中共广东省纪委对杨荣国做出政治结论:"杨荣国同志在'批林批孔'期间,为迎合'四人帮'所谓'儒法斗争'的需要,不惜歪曲事实,散布了不少错误观点。但未发现杨荣国同志与'四人帮'有组织上的联系。考虑到当时特定的历史条件,同意不给处分。"[1]

杨荣国是一个学者,也是一位马列主义的忠实维护者。抗战时期加入中国共产党,到1956年公开党员身份,他一直都是坚定的马克思主义者。杨荣国一直主张学术为现实政治服务,在历次批判斗争中,总是站在斗争的前列。如批判胡适、梁漱溟等,写有《胡适的反动观点和他对中国古代哲学的歪曲》《梁漱溟的"乡村建设运动"如何为国民党反动统治服务》等;在"拔白旗"运动中批判中山大学的学者刘节,并写有《批判刘节先生的〈中国史学史〉讲话》等。

"文化大革命"爆发后,杨荣国与其他知识分子一样,被当作"牛鬼蛇神"受到批判,不但被隔离审查,而且还遭到抄家、毒打、扣发工资、下放劳动改造等,其妻子也受到株连并致精神失常,最后溺水而亡。

1971年"林彪叛逃事件"后,全国开展了批林运动,由于毛泽东提出要把批判林彪与中国历史上的孔子和儒家联系起来,所以,《人民日报》高级编辑汪子嵩约请杨荣国写篇这方面的文章。杨荣国遂在《红旗》杂志1972年第12期发表了《春秋战国时期思想领域内两条路线的斗争》,堪称"文化大革命"中"批孔"的第一篇文章。1973年8月7日,杨荣国又在《人民日报》发表了《孔子——顽固地维护奴隶制的思想家》,批判孔子是奴隶主阶级的

---

[1] 散木:《"批林批孔"运动中的"红人"——杨荣国》,《百年潮》2007年第10期。

代表，认为其思想主张是反潮流的，是保守、落后、反动的。这篇文章被全国各大报刊转载，电台多次进行广播，并且受到毛泽东的赞扬。1973年9月8日至11日，国务院教科组召开教育战线批判孔子座谈会，杨荣国应邀在会上作了题为《儒法两家的斗争和孔子反动思想的影响》的报告。9月17日，杨荣国又在《南方日报》发表了《林彪贩卖孔孟哲学"天才论"的反动实质》一文，正迎合了当时的"评法批儒"运动，受到热捧，成为各地组织学习的典范之作。杨荣国也多次应邀在中共中央政治局、中央文革小组和各省讲学，受到隆重欢迎。出于对毛泽东的个人崇拜，按照形势的要求，杨荣国又对其主编的《简明中国哲学史》进行了修订，由人民出版社于1973年7月出版。同年12月，人民出版社又出版了他的《反动阶级的"圣人"——孔子》一书。1974年1月，全国掀起"批林批孔"运动，杨荣国又相继发表了《桑弘羊的哲学思想》《林彪、孔丘都是开倒车的反动派》《先秦儒法两家思想是根本对立的》，并应邀到各地巡回演讲。由于四处奔波，杨荣国体力不支病倒，于1975年底住进北京协和医院治疗，1976年6月出院，9月18日参加了毛泽东追悼大会，这是杨荣国"文革"时期的最后辉煌。

关于杨荣国在"文革"期间的作为，其弟子李锦全在《杨荣国文集》的前言中评论道："杨荣国在学术上取得一些成就，主要是在这个年代通过艰苦奋斗得来的。他曾经说过，自己不是出身于名牌大学哲学系，亦没有受过名师指点，学的是教育，做过几年中学教师，参加革命后做的是抗日救亡宣传工作。对研究中国历史和中国思想史，是他自学马克思主义作为指导，通过学术争鸣形成自己的观点。如对孔子思想的评价和郭沫若不同，他认为孔子说的'复礼'和'吾从周'，从社会发展的观点来看，这是主张历史的倒退。'文革'时期'四人帮'胡说什么'批林、批孔、批周公'，这是别有用心来影射攻击周总理。而杨荣国所以批评孔子说的'吾从周'，并非反对周公本人，更与影射周总理无关。他认为春秋时代的孔子，却主张'复礼'、'从周'，即恢复到西周社会，那是开历史的倒车，所以提出批评。由于他对中国古代社会性质和古史分期的看法，认为殷周是种族奴隶制社会，到春秋战国才转向封建制。他在'文革'时写的批孔文章：《孔子——顽固地维护奴隶制的思想家》，这不过是他在《孔墨的思想》一书中原有学术观点的发挥。但由于'四人帮'的利用和歪曲附会，把批孔说成是批判'刘邓复辟资本主义的反动路线'，后来又说可以反击'邓小平的右倾翻案风'，这完全是政治上的附会，并非是杨荣国本来批孔的原意。"[1]

三、杨荣国主编的《简明中国哲学史》

杨荣国主编的《简明中国哲学史》是由1962年中国青年出版社出版的《简明中国思想史》一书修改而成，于1973年由人民出版社出版。该著是杨荣国按照当时形势发展的要求进行修改，并加入了关于儒法斗争的内容。1973年出版后，两年内两次再版，影响很大。

杨荣国的《简明中国哲学史》虽然对于中国哲学史的理解有政治上的投机之嫌，但从总体上讲，还是以史学研究为基础，按照马克思主义哲学思想脉络构架起中国哲学史的理论体系，并以马克思主义哲学史的方法对中国的学术思想进行总结，这是不可辩驳的。

《简明中国哲学史》全书共十二章，其中涉及宋明理学的内容为第六章和第七章。

在第六章，第一，杨荣国分析了唐末农民革命战争对宋代社会经济繁荣和科学技术发展的推动作用，对理学的形成和发展做了简要概述。第二，探讨了代表封建统治官方思想的两宋理学的开创者周敦颐"无极而太极"的客观唯心主义和邵雍"心为太极"的主观唯心主义，认为"周敦颐的宇宙生成说，哲学上是宣扬客观唯心主义，政治上是维护当时强化了的中央集权，就是要把中央集权的封建统治说成是先验的永恒的存在，是绝对精神的体现"[2]，要天下百姓俯首听命于封建专制统治是周敦颐宣扬理学的反动目的。关于邵雍，杨荣国认为，其观点是主张人心为宇宙的本体，其象数学是宣扬

---

[1] 李锦全、杨淡以编《杨荣国文集》，中山大学出版社，2004，"前言"第5页。
[2] 杨荣国主编《简明中国哲学史》，人民出版社，1973，第168页。

第三章 十年浩劫中的畸形思辨：1966—1976

历史的神秘主义和命定论，主张安分听命，"伏伏贴贴服从封建统治"[1]。第三，讨论了两宋理学的奠基者程颢"天即理即心"的主观唯心主义和程颐"理先气后"的客观唯心主义，认为二程是政治上的守旧派、思想上的唯心派。程颢宣扬理是心，天理就在人的心中，认识事物无须外求，而其所谓的天理就是指的封建伦理纲常，旨在维护封建地主阶级的根本利益。而程颐的思想与程颢略有区别，他主张理与客体精神的天命是直接相通的，天理与人欲处于对立状态，天下百姓只有服从天命，服从封建统治，才是明天理；如果起来反抗则为违背天理，要受到天的惩罚。第四，分析了唯物主义思想家张载的思想，认为张载主张气一元论，是唯物主义的，但他又将人性分为天地之性和气质之性，从而陷入唯心主义。特别是其在《西铭》中所宣扬的安命思想，也和二程一样，都是要求人们心甘情愿成为封建统治者的奴隶。杨荣国认为，这是典型的"奴才哲学"。第五，讨论了王安石新学思想及其对二程唯心主义理学的斗争，认为王安石新学具有唯物论性质，但其认识论和辩证法也有不足之处，他同二程唯心主义思想的斗争体现了其思想的历史进步性。第六，讨论了南宋理学家朱熹的"理在气先"的客观唯心主义思想，认为朱熹是理学的集大成者，他把封建的三纲五常说成是先验、永恒、固定不变的"理"，主张以天理克制人欲，以道心主宰人心；其格物致知论也是认识封建伦理纲常的"知"，根本目的都是为维护封建统治服务。杨荣国认为，"朱熹哲学，整个思想体系是反动的，是完全适合封建统治阶级的需要，为强化中央集权封建统治服务的"[2]，并指出，朱熹"一再受到吹捧，从元初到清康熙，从曾国藩到蒋介石，都以朱熹的正宗理学作为涂饰'圣光'的油漆。这充分说明朱熹哲学的反动作用"[3]。第七，探讨了南宋陆九渊"心即理"的主观唯心主义，认为陆九渊的宇宙观是以心为本体的宇宙观，"心即理"的基本命题的提出就决定了其所谓的格物实乃格心，格心就要发明本心，而本

---

[1] 杨荣国主编《简明中国哲学史》，人民出版社，1973，第171页。
[2] 杨荣国主编《简明中国哲学史》，人民出版社，1973，第198页。
[3] 杨荣国主编《简明中国哲学史》，人民出版社，1973，第191页。

心就是封建道德思想和纲常伦理。他还提出所谓"先立乎其大","大"即是封建道德纲常,目的是要人们"不要忘记维护封建道德纲常是做人的根本。只要把握住这个根本,从内心即从思想上做到服从封建统治,其他就好办了。这就是陆九渊宣扬'心学'的反动实质"[1]。第八,讨论了南宋陈亮、叶适的唯物主义和功利主义思想,认为陈亮、叶适所代表的是工商者的利益,是两宋理学的反对派。陈亮、叶适都主张事功,是抗金的主战派,他们反对理学家的空谈义理,这是陈、叶唯物主义哲学观点在政治上的反映和具体运用。杨荣国认为,陈、叶主张功利主义,反映了工商业者的利益,有其符合人民利益的一面,但陈、叶也是剥削者,亦有和广大人民相对立的地方,所以,杨荣国认为"评价他们的思想时,我们亦要注意划清剥削者和劳动人民之间的思想界限"[2]。

在第七章,第一,杨荣国分析了元末农民革命战争对社会发展的推动作用,探讨了明代工商业的发展、封建中央集权的强化以及农民反剥削压迫的斗争等情况。第二,分析了心学集大成者王阳明的致良知和知行合一的主观唯心主义思想,认为王阳明的这一思想"就是要把封建伦理道德——程、朱所说的'理'说成是人心所固有的东西,借以从人心深处压制人们的所谓'邪念',使之纯化,以巩固中央集权的封建统治"[3]。第三,讨论了罗钦顺、王廷相的唯物主义思想。罗、王皆认为气是世界的本原,是气的运动变化产生了自然和社会现象,他们在反对朱、陆所强调的存天理灭人欲思想的同时,驳斥了王阳明唯心论、先验论观点。杨荣国认为,"罗钦顺、王廷相虽然对程、朱、陆、王的观点有所批判,但主要是在自然观方面,即主张气是第一性,理是第二性。至于对理学的核心——三纲五常封建伦理道德,则他们并不反对,并且无宁说还要加以维护。如王廷相讲'仁、义、礼、乐,维世之纲',就是想以此来维系封建统治……他们归根到底还是站在地主阶级的立场,这

---

[1] 杨荣国主编《简明中国哲学史》,人民出版社,1973,第202-203页。
[2] 杨荣国主编《简明中国哲学史》,人民出版社,1973,第211页。
[3] 杨荣国主编《简明中国哲学史》,人民出版社,1973,第221-222页。

就决定他们唯物主义思想的不彻底性"[1]。第四，讨论了王艮的"百姓日用即道"思想和李贽的反传统思想。认为王艮提出的"百姓日用即道"具有人民性，老百姓的日常生活即是道，反映了其唯物主义思想命题。杨荣国认为，"王艮思想有接近劳动人民的一面，能反映出广大农民和小生产者的若干愿望和利益。但是有严重弱点，就是对统治阶级仍然存在幻想，宣扬阶级调和论的观点"[2]。李贽虽然对宇宙生成问题缺乏系统论述，但他反对理学家把理讲成是造化天地万物的主宰，认为百姓日常的穿衣吃饭即是人伦物理，所以他对理学家提出的存天理灭人欲的说教，表示激烈反对。李贽还反对以孔子之是非为是非，敢于挑战孔子和儒家思想，具有反封建的进步作用。但杨荣国也看到了李贽"异端"思想中的消极因素，如李贽把自私心、势利心、富贵心和追求物质享乐都说成是人类本性，这些都是十分错误的，所以他主张对于李贽的评价绝不能流于简单化。

从以上可以看出，出版于"文革"期间的杨荣国主编的《简明中国哲学史》，在讨论宋明理学思想时，具有鲜明的时代特色，阶级分析的观点十分突出，唯物主义和唯心主义、辩证法和形而上学的斗争充斥其间。该书已经不是单纯的学术著作，而是作为政治运动的教材面世的，是配合当时政治运动的产物。正是由于这一特点，《简明中国哲学史》在"文革"结束前后，学界评判迥然有别。有人给予了较高评价，认为杨著抓住了中国历史中儒法斗争和阶级斗争的主线，"有助于我们加深对当前两个阶级、两条路线斗争的理解"[3]；但也有人斥责该著是"迎合'四人帮'的反革命政治需要"[4]的产物，是对历史唯物主义的篡改。

---

[1] 杨荣国主编《简明中国哲学史》，人民出版社，1973，第239页。

[2] 杨荣国主编《简明中国哲学史》，人民出版社，1973，第243页。

[3] 李思：《哲学斗争和阶级斗争——读杨荣国主编〈简编中国哲学史（修订本）〉》，《人民日报》1976年4月23日第3版。

[4] 张春波、马振铎：《评〈简明中国哲学史〉（修订本）》，《哲学研究》1978年第5期。

第四章

正本清源中的碰撞与冲突：1977—1984

1976年10月,"四人帮"被粉碎,十年动乱结束,中国社会开始步入一个新的历史时期。在这一时期,"拨乱反正"成为社会政治生活中的关键词,"解放思想,实事求是""实践是检验真理的唯一标准"的提出,使得人们开始逐渐抛弃"文革"时期的思想和观念,主流意识形态也开始进行反思。1978年3月,全国科学大会在北京隆重召开。随着邓小平"科学技术是生产力"(后来他又进一步指出,科学技术是第一生产力)等著名论断的提出,被长期扭曲的"科学"终于回归本来面目,科技工作的正确指导思想最终得以确立。经历十年的冰天雪地,"科学"终于迎来了久违的春天。

春风送暖,万物复苏。在党中央的领导下,"第一生产力"被逐渐摆到"第一"的位置,科技生产力开始得到解放。更令人振奋并极大促进人们思想观念解放的是1978年党的十一届三中全会的召开。这次会议不但结束了粉碎"四人帮"之后两年中党的工作在徘徊中前进的局面,而且实现了新中国成立以来党的历史的伟大转折。全会恢复了党的民主集中制的传统,作出了实行改革开放的新决策,启动了农村改革的新进程,开始了系统清理重大历史是非的拨乱反正,冲破了党的指导思想上存在的教条主义和个人崇拜,批评了"两个凡是"的方针,高度评价了关于真理标准问题的讨论,指出"实践是检验真理的唯一标准"是党的思想路线的根本原则,从而重新确立了马克思主义的实事求是的思想路线,实现了思想路线的拨乱反正。

全国科学大会和党的十一届三中全会的胜利召开,不但拉开了影响中国历史深远的改革开放的序幕,也使得全国思想文化战线春风浩荡,久被束缚和禁锢的思想被打开,知识分子的地位和价值重新得到认可,他们从冰天雪地走来，精神焕发地步入时代的春天。"文革"时期被扭曲批判的传统文化，又一次进入知识分子的视野，他们开始在传统文化的沃野上耕耘、浇灌，力图迎着时代的春风，在文化的领域内培植出崭新的硕果。

第一节　张立文及其《朱熹思想研究》

一、张立文简介

张立文（1935—），浙江温州人，我国著名的哲学史家。1960年毕业于中国人民大学历史系，毕业后留在哲学系中国哲学史教研室任教。1984年因其卓越成就被特批为教授，享受政府特殊津贴。曾任中国人民大学哲学院一级教授、哲学院博士生导师，中国人民大学孔子研究院院长、学术委员会主席，中国传统文化研究中心主任。兼任中国周易研究会副会长、国际儒学联合会顾问、国际易学联合会理事、国际退溪学会理事、日本东京大学客座研究员、中国炎黄文化研究会理事、中国文化书院导师等。

在数十年的中国哲学、中国文化的教学研究中，张立文建构了中国哲学逻辑结构论、传统学、新人学的理论思维体系，尤其是率先建构了化解人类所共同面临的五大冲突（人与自然、社会、人际、心灵、文明）和危机（生态、社会、道德、精神、价值）的和合学哲学思想体系。

张立文勤于学问，笔耕不辍，著述丰富，发表学术论文100余篇，出版学术著作30余部，其20世纪出版的著作主要有《周易思想研究》《朱熹思想研究》《宋明理学研究》《传统学引论》《走向心学之路——陆象山思想的足迹》《帛书周易注译》《宋明理学逻辑结构的演化》《道》《李退溪思想研究》《朱熹评传》《中外儒学比较研究》等。

二、张立文的《朱熹思想研究》

张立文的《朱熹思想研究》于1981年由中国社会科学出版社出版，2001年再版。之所以再版，原因正如作者所说，"是为读者的热情所感动，本书初版印了一万三千册，可谓不少，没料到很快脱售，以致好友索书，无以奉送求教。台湾谷风出版社于1986年以繁体字出版，据说亦很快售完。可见读者对本书还有兴趣"[1]。

（一）《朱熹思想研究》内容简述

《朱熹思想研究》全书共分十二章。在第一章"理学的产生和形成"中，分四个部分分别探讨了何谓理学、理学产生的社会根源、理学的思想来源和理学的形成问题。张立文认为，理学是北宋出现的一种新的社会思潮，是时代精神的体现。其原旨是对于汉唐以来章句注疏之学和笃守师说的反动，是对于以疑经为背道、以"破注"为非法的冲击，并将理学的性质和内容概括为以探讨道体为核心、以穷理为精髓、以"存天理，去人欲"为存养工夫、以齐家治国平天下为实质、以为圣为目的。就理学产生的社会根源问题，张立文认为，"唐末农民大起义，特别是黄巢农民起义，推倒了唐王朝，打垮了旧的世家豪族势力……摧毁了世家豪族按等级世袭占有土地的制度"[2]，地主阶级土地占有方式、对农民剥削方式和农民身份的变化，成为理学产生的社会根源。关于理学的思想来源问题，张立文认为，自汉魏以来，儒释道三家思想经过长期争论和融合，为理学的产生准备了思想条件。"理学便以儒家伦理思想为核心，吸收道家有关宇宙生成、万物化生的观点和佛教的唯心主义思辨哲学，改头换面，来弥补儒家哲学学说的粗糙、浅陋和没有严密体系的缺陷，建立了一个比较精致、圆滑的唯心主义体系。"[3]关于理学的形成，张立文认为理学是唐中叶以来复兴儒学的延续，是北宋初年以来思想解放的

---

[1] 张立文：《朱熹思想研究》，中国社会科学出版社，1994，第520页。
[2] 张立文：《朱熹思想研究》，中国社会科学出版社，1981，第11页。
[3] 张立文：《朱熹思想研究》，中国社会科学出版社，1981，第23页。

产物，是儒释道三教长期争论融合的果实，是重建道德形而上学的历史需要。

在第二章"朱熹生活的时代、身世和经历"中，张立文依据大量史料，研究了朱熹生活的时代背景和发展特点，较为详尽地探讨了朱熹的身世、受学、从政经历和为学成就以及学术遭禁等问题，并对朱熹生平著述进行了辨析、考释，给我们树立了一个生动的朱熹形象。

在第三章"朱熹的经济思想"中，张立文重点就朱熹经济思想中的贫富论、重农业生产与社会分工论、薄取于民与俭奢适中论、开源节流论、井田论和货币论进行了分析，认为朱熹所提出的不误农业季节、改造土壤和种植方法、兴修陂塘水利、保护耕牛、因地制宜搞多种经营、奖励垦荒、实行赈济、减轻差役等观点，具有现实指导意义，反映了朱熹丰富的经济思想。

在第四章"朱熹的政治学说"中，张立文就政治概念的内涵、天理君权论和对君权的限制、集权与分权的关系、为政以德与为政以刑、人才问题进行了分析，认为朱熹提倡天理君权，主张尊君，但又反对君主独断；在集权与分权的关系上，朱熹既主张中央集权，又倡导给地方以实权，提出了加强州县政权、兵权、人权、财权的建议；在为政以德与为政以刑方面，朱熹总结了历代经验，提出了德刑兼施并用的统治方法；在人才问题上，朱熹主张任贤使能，提倡通过科举制度选拔人才。

在第五章"朱熹哲学的逻辑结构"中，张立文对朱熹哲学思想的逻辑结构进行了解析，指出朱熹哲学的逻辑结构是由理至理的逻辑结构，即理—气—物—理的结构。理是逻辑结构的形而上本体，不仅是宇宙万物存在的根据，而且是人类社会最高的伦理道德原则；气是理的安顿处，理借助于气而派生万物。张立文还分析了朱熹哲学的重要概念如理、太极和道，探讨了理与气、太极与阴阳、道与器的关系，深入分析了理、太极和道的流行、分殊说，并从朱熹哲学思想中，总结了理论思维的经验和教训。至于张立文所说的"朱熹哲学的出发点及其所达到的结论，都是错误的"[1]，这种认识是受时代的局限，还没有摆脱阶级分析的方法所致。

---

[1] 张立文：《朱熹思想研究》，中国社会科学出版社，1981，第299页。

在第六章"形神、魂魄、鬼神的学说"中,张立文分析了朱熹思想中的形神论、魂魄论和鬼神论,认为朱熹的形神论是从神知依赖形体而存在,转化为神知依赖理而存在;在魂魄观上,朱熹认为魂的最基本特征是精神,魂是灵,是动的、无形的,而魄是形体,是人的感觉器官,是人的能够思维的器官,魄主静,显然是形神论的进一步阐述;关于鬼神,朱熹认为鬼神是实理,是阴阳之气,是一切自然现象的总代表,体现了理学哲学的特征。

在第七章"由'气'到'物'过程中的辩证思想"中,张立文分析了朱熹的一分为二论、动与静、化与变和中庸说。指出朱熹一分为二的观点是对张载一与二辩证思想的发挥。朱熹认为,一与二的关系是统一物中包含有矛盾相对的两个部分,独"一"不能促使事物的发生和变化,"两"才能运动变化,化生万物。统一物包含有两个相互对立、相互依存的两端,相互矛盾、相互依存的两端又组成新的统一物。关于动静问题,朱熹从动静在时间和空间上的无限性、动静的不可分性、动静的循环等方面论述了其动静无端思想。基于动静说,朱熹又论述了化与变问题,认为运动包含了渐化和顿变两种形态,且渐化与顿变是对立统一的。关于中庸问题,朱熹主张执两端而量度其中,有时还将中庸释为折中。张立文在分析中揭示了朱熹哲学思想体系中的辩证法认识。

在第八章"从'物'到'理'的体认过程"中,张立文分析了朱熹思想中的格物与致知、积累与贯通、知觉与心思、知行先后、知行互发以及持敬、去欲的主体修养等,揭示了朱熹哲学思想中的认识论。同时也对其认识论的理论思维的经验教训进行了总结,认为朱熹忽视"行"在认识中的作用,否认客观外界事物的客观性,混淆人的认识与生理功能,必然走向先验论。

在第九章"性、心、情的学说"中,张立文分析了朱熹的人性论问题,探讨了朱熹思想认识中的性是什么的问题,以及天地之性与气质之性、道心与人心、情与才的关系,深刻总结了自孔孟以来的人性论,认为朱熹企图以天命之性、气质之性和道心人心的说教,把仁义礼智四德说成是根源于天命之性或道心的善性,把人欲说成是根源于人心或气质之性的恶性,体现了朱熹的独到见解和发前人之未发。

在第十章"理欲、义利及三纲五常的道德伦理思想"中，张立文深入分析了朱熹的天理与人欲、义与利、三纲与五常的关系，揭示了朱熹为封建专制统治服务的伦理道德思想特点。认为"朱熹的'遏人欲，存天理'，'重义轻利'以及'三纲五常'等道德伦理要求，行为规范，适应了封建社会后期统治阶级统治需要"[1]。

在第十一章"心术、王霸、道统的唯心史观"中，张立文分析了朱熹的心术论、王霸之辨、"元""会""运""世"说和道统论，揭示了朱熹的历史观，认为其否认了历史发展的规律性，是退化的天理史观。

在第十二章"朱熹的教育思想"中，张立文分析了朱熹的明人伦的教育目的、小学和大学的教育内容、教学方法和读书方法等，揭示了朱熹丰富的教育思想，肯定了朱熹教育家的重要地位。认为朱熹是我国古代颇有见识的教育家，"尽管他的教育目的是为'明人伦'，教育目标是为培养封建地主阶级的知识分子，是为维护封建统治效劳的。但他继承和丰富了我国教育思想的优良传统。他的教育方法和读书方法，既是他长期教学实践经验的总结，也是他长期读书的亲身体会，因此，有许多合理的因素和值得借鉴的地方"，并强调"对他的教育思想与他的哲学思想一样，决不能采取简单的一笔勾销就算完事的办法"。[2]

在著作最后，张立文还就朱熹思想为何成为官方哲学、朱熹思想的历史地位以及朱熹思想在中国历史上的作用问题进行了阐述。

（二）《朱熹思想研究》的特点及评价

张立文《朱熹思想研究》写作于"文化大革命"时期，修改于1979年，1981年由中国社会科学出版社正式出版。南京大学学谦在其《评〈朱熹思想研究〉》一文中评价该著为"解放以来朱熹研究的第一部长篇专著"，认为该书的出版"对朱熹和宋明理学的研究，无疑是一个有力的推动"[3]，充分肯定

---

[1] 张立文:《朱熹思想研究》，中国社会科学出版社，1981，第571页。
[2] 张立文:《朱熹思想研究》，中国社会科学出版社，1981，第624-625页。
[3] 学谦:《评〈朱熹思想研究〉》，《中国社会科学》1983年第4期。

了张立文《朱熹思想研究》的时代意义和历史意义。

蔡元培在胡适《中国哲学史大纲》一书的序言中说，要编成系统的中国哲学史，"古人的著作没有可依傍的，不能不依傍西洋人的哲学史。所以非研究过西洋哲学史的人，不能构成适当的形式"[1]。很显然，蔡元培亦主张用西方人的世界观、方法论来治中国哲学史。这一方法的确具有借鉴意义，冯友兰也提倡这一观点，并以之为据，编写出版了《中国哲学简史》，在西方国家产生了重要影响。张立文的《朱熹思想研究》则另辟蹊径，大胆突破了西方哲学史按照哲学家自然观、认识论、方法论、伦理观和历史观等分门别类的写作方法，而是从历史实际出发，依照朱熹思想中固有的哲学范畴和逻辑结构展开分析，解析朱熹的整个思想体系。张立文在全面系统研究理学产生和形成、朱熹的身世和经历，对朱熹政治经济思想、哲学思想、伦理道德思想、教育思想等作了较为详尽论述的基础上，又从朱熹思想中的最高哲学范畴"理"入手，指出其哲学的基本特点就是由"理"到"理"，"理"即"道""太极""天理"；"理"产生"气"，亦即"阴阳"；由于"气"的不断运动变化，而产生宇宙中千差万别的万事万物——"物"。这就是理—气—物的"上推而下来"的过程。但由于"气"派生万物之后，还要回到本体"理"去。因此，从"物"到"理"的所谓"格物穷理"，是朱熹哲学不可缺少的环节。这就是物—气—理的"下推而上去"的过程。可以说，张立文的许多具体的分析，都可以使人看出中国哲学不同于欧洲哲学的某些特点，使人看到朱熹哲学的本来面貌。这种研究方法，为之后中国哲学的研究起了积极的推动作用。

作为新中国成立后第一部研究朱熹思想的学术专著，《朱熹思想研究》开风气之先及其引领作用和学术影响是不言而喻的，正如香港《镜报》月刊1983年第7期刊载的非闻的文章《中年学者在大陆崛起——访〈朱熹思想研究〉作者张立文》中所指出的，"三十多年来，大陆不仅没有出版过一本有

---

[1] 蔡元培:《中国古代哲学史大纲序》，载胡适《中国哲学史大纲》，上海商务印书馆，1919，"中国古代哲学史大纲序"第1页。

关朱子研究的专著,就连一本普遍论述朱子的小册子亦难于找到。特别是'文革'期间,大批儒孔,由孔子而株连及朱子,加上一项大儒的帽子,扔进历史垃圾堆,不值一顾了。难怪海外学者咸认为大陆无人研究朱子。张立文长达五十余万言的专著《朱熹思想研究》的问世,说明大陆对朱子的研究并未中辍……在大陆学术空气遭十年浩劫的污染以后,张立文对朱子这个大儒所作的这样的分析研究,特别使人感到清新……它企图使哲学基本概念的研究,不仅仅停留在对主要范畴的论证上,而着重于范畴之间的联结以及结合方式的不同的研究,说明由此构成各不相同的哲学逻辑结构或哲学体系。这样的研究方法,是能还各个哲学体系以本来面目的。因而《朱熹思想研究》是散发着浓郁的中国芬芳的著作,在中国哲学史、思想史重点任务的研究中,开拓了新的蹊径"。[1]

海外学者亦对该著给予了高度评价,如美籍华人学者陈荣捷教授说"此书学术水准很高,肯下死功夫做学问",其"治学之严,所用材料皆第一手,且每有意见,令人起敬"。日本1982年6月13日《朝日新闻》的学术栏发表专文,介绍《朱熹思想研究》的内容及其评价。《国家学会杂志》第96卷第11、12号,发表了渡边浩教授的文章,对该著亦给予了很高的评价。

第二节 孙叔平及其《中国哲学史稿》

一、孙叔平简介

孙叔平(1905—1983),安徽萧县人。武昌大学肄业。1940年后历任抗大四分校教育长,华中建设大学教育长,中国人民解放军特种纵队特科学校副校长、校长。1949年后历任南京市军管会高教处副处长,南京市教育局局

---

[1] 非闻:《中年学者在大陆崛起——访〈朱熹思想研究〉作者张立文》,《镜报》1983年第7期。

长兼文教委员会主任，南京大学军代表、党委书记兼副校长。1958年奉调创办《江海学刊》，筹建江苏省哲学社会科学研究所。"文革"中，他深受种种迫害。"文革"后，回南京大学工作，任哲学系主任、教授。1981年被教育部聘为首批博士生导师，在南京大学哲学系创建了国内第一批中国哲学博士点，并担任第一届国务院学位委员会哲学学科评议组成员。历任江苏省哲学社会科学界联合会副主席、江苏省哲学学会会长、中国大百科全书哲学卷顾问、中国哲学史学会顾问、全国历史唯物主义研究会顾问、中国无神论学会副会长等。

孙叔平曾以本名和"苏平""秋阳""海风"等笔名，在《人民日报》《光明日报》《新华日报》《哲学研究》《南京大学学报》《江海学刊》《学术月刊》《新建设》等报纸杂志上发表多篇论文；出版了《历史唯物主义纲要》《中国哲学史稿》等学术著作，主编了《辩证唯物主义和历史唯物主义》等。

二、孙叔平的《中国哲学史稿》

孙叔平的《中国哲学史稿》，于1980年和1981年由上海人民出版社分上下两册出版。其中涉及宋明理学部分主要分布在下册第五篇和第六篇。第五篇主要讨论宋元哲学，包括宋元哲学的概观，宋元时期的思想家如李觏、邵雍、周敦颐、张载、王安石、二程、朱熹、陆九渊、叶适、陈亮、邓牧、许衡等人的生平著作和思想学说。第六篇主要讨论明清哲学，其中以极大篇幅探讨了明代理学，如陈献章、罗钦顺、王阳明、王廷相、李贽、吕坤、黄宗羲、顾炎武、王夫之等人的生平著作和思想学说等。

孙叔平的《中国哲学史稿》出版后，在学界引起了极大反响。教育部将其列入大学教材，并于1982年5月30日至6月6日在南京召开了研讨会，全国各地从事中国哲学史研究的学者和部分报刊、出版社的代表出席了会议，其中包括著名学者任继愈、冯契、严北溟等。与会代表一致认为，该著是一部富有特色的思想水平很高的中国哲学史学术著作，是运用马克思主义来认识中国历史、中国哲学史的一种很成功的尝试。并认为该著有以下特点：一是全书贯穿了马列主义的精神，是用马列主义观点来研究中国哲学史；二是史论结合，具体问题具体分析，观点与材料相统一，对唯物主义与唯心主义不进行机械划分，不生搬硬套；三是思想深刻，逻辑清晰，评论客观，对于一些概念的解释也颇富新意；四是说理深入浅出，文字生动活泼。[1]

可见，学者们对于孙著《中国哲学史稿》是给予较高评价的。

第三节　萧萐父、李锦全及其《中国哲学史》

一、萧萐父、李锦全简介

萧萐父（1924—2008），四川成都人。父亲萧仲伦是知识分子，同盟会会员，辛亥革命后拒绝进入官场，以教书为生。母亲杨正萱善诗词，工书画。萧萐父从小耳濡目染，接受的都是孔孟庄骚等经史典籍教育。

1943年，萧萐父考入当时西迁四川乐山的武汉大学哲学系。大学期间，他发起、编辑《珞珈学报》，并积极投身爱国学生运动。1947年大学毕业后，回到成都华阳中学任教。同时，他还积极参加成都地下党组织的活动。1949年5月加入中国共产党，12月受党组织委派，作为军管会成员参与接管华西大学，后留任该校马列主义教研室主任。1956年进入中央党校高级理论班深造。1957年调入武汉大学哲学系，并从此长期担任哲学系哲学史党支部书记、中国哲学史教研室主任。

"文革"期间，萧萐父虽经历被抄家、挨批斗、住牛棚，但他矢志不改。在湖北襄阳分校住牛棚放牛劳动改造的日子里，他依然笔耕不辍。

十年动乱结束后，萧萐父以饱满的热情投身于学术研究事业。他坚持史论结合、中西比较、古今贯通的治学原则，强调德业双修、学思并重、做人与为学的统一。1978年，萧萐父接受教育部组织九所高等院校联合编写哲学

---

[1] 李树友：《〈中国哲学史稿〉讨论情况概述》，《江苏社联通讯》1982年第9期。

系本科生中国哲学史教材的任务,并担任主编。同年开始招收硕士研究生,1982年被评聘为教授,1986年被遴选为博士生导师,1987年开始招收博士研究生。2008年9月17日病逝,享年85岁。

萧萐父一生勤于学术,发表论文100余篇,出版著作多部,代表作有《吹沙集》《船山哲学引论》《明清启蒙学术流变》《中国哲学史史料源流举要》《王夫之评传》等,主编有《中国哲学史》《哲学史方法论研究》《王夫之辩证法思想引论》等。

李锦全(1926—),广东东莞人。1951年毕业于中山大学历史系,同年到中南军政委员会文化部从事文物考古工作,1954年调回中山大学历史系任教,先后在历史系、哲学系从事教学科研工作。1978年晋升为副教授。同年在哲学系开始招收中国哲学专业硕士研究生。1983年晋升为教授。1986年中山大学获批准设立中国哲学专业博士点并开始招生,他担任专业博士生导师。此外,还兼任国际儒学联合会理事、中国哲学史学会常务理事、中国孔子基金会学术委员会委员等职。主要著作有《现代思想史家杨荣国》《海瑞评传》《陶潜评传》《李锦全自选集》《岭海千年第一相——张九龄》《人文精神的承传与重建》等,主编有《中国哲学史纲要》《中国哲学初步》《现代新儒家学案》《中国哲学史》等。

二、萧萐父、李锦全主编的《中国哲学史》

萧萐父、李锦全主编,全国九所高等院校参加编写的高等学校教材《中国哲学史》,于1982年和1983年由人民出版社出版,全书分上下两卷,共六编,上卷三编主要讨论了从夏商周三代到隋唐时期中国哲学的产生、形成和发展历史,下卷三编主要讨论了北宋到民国初期中国哲学的发展历史。

(一)《中国哲学史》关于宋明理学研究的主要内容

该著关于宋明理学的研究内容主要分布在下卷第四、五编。

第四编有八章,第一章"道学唯心主义的产生",主要讨论了周敦颐的太极说,分析了其思想中的"无极而太极"的本体论、"物则不通,神妙万物"

的动静观、"主静立人极"的伦理观；邵雍的象数学，包括"合一衍万"的先天象数学、"元会运世"的宇宙循环论与"皇帝王霸"的历史退化论；程颢、程颐的义理之学，包括"惟理为实"的本体论、"格物致知"的认识论、"物必有对""物极必反"的辩证法因素及其形而上学归宿。

第二章"王安石的唯物主义道气一元论"，主要讨论了王安石思想中的道气一元的宇宙衍生论和"道立于两"的辩证发展观。

第三章"张载的唯物主义气化论"，主要讨论了张载思想中的"虚空即气"的唯物主义自然观、"一物两体"的朴素辩证法和"内外之合""合内外于耳目之外"的认识论。

第四章"朱熹的客观唯心主义'理学'体系"，主要讨论了朱熹思想中的"理本气末"的唯心主义本体论、"理主动静"的唯心主义辩证法、"格物穷理"的唯心主义认识论和理欲对立的唯心史观。

第五章"陆九渊的主观唯心主义'心学'"，主要讨论了陆九渊思想中的"心即理"的主观唯心主义宇宙观、"切己自反"的先验主义认识论以及朱熹、陆九渊在哲学上的异同及其争论的实质。

第六章"陈亮、叶适重'事功'的唯物主义哲学"，主要讨论了南宋事功派代表人物陈亮、叶适的哲学思想，肯定了他们思想的唯物主义性质。

第七章"王守仁对陆九渊主观唯心主义'心学'的发展"，主要讨论了王守仁思想中的"心外无物""心外无理"的主观唯心主义世界观、"致良知"的主观唯心主义认识论、"知行合一"的主观唯心主义动机论以及王守仁心学的历史地位问题。

第八章"王廷相的唯物主义气本论"，主要讨论了王廷相思想中的"同道相贤，殊轨异趋"的批判精神、"气本"与"气化"相结合的宇宙观和"见闻"与"思虑"相结合的认识论。

第五编第一章"李贽反道学的异端思想"，主要讨论了李贽思想中的"颠倒千万世之是非"的批判怀疑精神、"各从所好，各骋所长"的个性解放思想和李贽哲学思想的矛盾及其宗教归宿。

第二章"黄宗羲的启蒙主义的历史哲学"，主要讨论了黄宗羲批判封建专制主义的社会史观和对宋明哲学的批判总结。

第三章"方以智的唯物主义的自然哲学",主要讨论了方以智思想中的"质测即藏通几"的科学哲学观、"火—气"一元的物质运动统一论、"两间无不交,无不二而一"的矛盾学说和"一多相即""不妨矛盾"的认识辩证法思想。

第四章"总结和终结宋明道学的王夫之哲学",主要讨论了王夫之思想中的"太虚一实""理依于气"的唯物主义宇宙观、"太虚本动""气化日新"的辩证发展观、"能必副所""行可兼知"的唯物主义认识论、"理势合一""即民见天"的进步历史观以及王夫之哲学的历史地位问题。

第五章"颜元、戴震哲学中的思想新动向",主要讨论了颜元重"习行"、倡"实学"的唯物主义思想以及戴震重"心知"、察"分理"的理性精神。

(二)《中国哲学史》关于宋明理学研究内容的撰写特色

首先,该著在研究宋明理学时,力求准确把握宋明理学的研究对象。在对理学发展的社会根源、自然科学基础和其他社会意识形态作出历史唯物主义说明的同时,以唯物辩证法的方法分析了理学自身发展的特殊性,注意突出理学思想的发展线索,尤其对理学范畴的历史演变关注尤多,并认真考察了理学萌生、发展、变化的过程,体现了鲜明的个性特色。[1]其次,注意对宋明理学思想作具体分析。哲学上的唯物主义与唯心主义的划分,在20世纪80年代依然是哲学性质分野的标志。唯心主义被认为是谬误的思想体系,是宗教的精致化,如宋明理学的根本性质就是唯心主义,但理论上的错误并不等于政治上的反动,某些唯心主义哲学在历史上曾起过积极进步作用,如该著对于李贽哲学的评价,一方面指出其哲学思想体系中占上风的是唯心主义成分,继承了心学思想家王守仁的心物统一思路,另一方面又指出,李贽的异端思想是一种个性解放思想,具有新的时代特征;在分析王守仁思想时指出,他的心学是唯我论,但又"逻辑地得出'无物无心'、'无理无心'的结

---

[1] 冯天瑜:《哲学史是发展中的系统——萧萐父、李锦全主编〈中国哲学史〉读后》,《江汉论坛》1983年第11期。

论，又从唯我论走向泛神论"，并"作出'心无体，以天地万物感应之是非为体'的结论，埋下了从泛神论过渡到唯物论的契机"，其"在歪曲形式下包裹着的知行并重和'知行并进'（《传习录》上）观点"，在泰州学派的"个别言论中曾闪耀出主体能动性的思想光辉"。[1]

另外，该著还认为，对于理学内部的斗争不能用简单的方法来评判，而应从认识发展史的角度揭示其有利于唯物主义的一面，如理学史上的朱陆之争就说明了唯心主义内部斗争是有利于唯物主义发展的。

总之，萧萐父、李锦全主编的《中国哲学史》在20世纪80年代成为中国高等学校重要的教材，也是研究中国哲学史重要的学术著作，"确实使人耳目一新"[2]，其"力求用马克思主义的辩证方法研究中国哲学史，是条可寄厚望的探宏、发微的途径"[3]。

第四节 张锡勤及其《陆王心学初探》

一、张锡勤简介

张锡勤（1939—2016），江苏扬州人，1961年从北京师范大学历史系毕业后，执教于黑龙江大学历史系，两年后转入哲学系，1986年晋升为教授。曾任黑龙江省哲学学会荣誉会长、黑龙江省伦理学会副会长、中国哲学史学会理事、国际儒学联合会学术委员、国际中国哲学会学术顾问等职。

张锡勤勤于学术，长期致力于中国哲学史和传统文化思想史的研究，尤其是在中国近代哲学史、思想史以及伦理思想的研究上成绩斐然。先后在《哲

---

[1] 萧萐父、李锦全主编《中国哲学史》下卷，人民出版社，1983，第140-142页。

[2] 冯天瑜：《哲学史是发展中的系统——萧萐父、李锦全主编的〈中国哲学史〉读后》，《江汉论坛》1983年第11期。

[3] 丁祯彦、李志林：《中国哲学史研究的新成果——读肖萐父、李锦全主编的〈中国哲学史〉》，《学术月刊》1983年第9期。

学研究》《中国哲学史》《历史研究》等期刊上发表论文百余篇，承担教育部及黑龙江省人文社科项目多项，科研成果曾获得国家优秀图书奖、黑龙江省优秀科研成果一等奖、黑龙江省优秀教学成果一等奖、黑龙江省普通高等学校教材一等奖。出版著作有《中国近代哲学简史》《陆王心学初探》《中国近代思想史》《中国伦理思想通史》《戊戌思潮论稿》《中国近代思想文化史稿》等。

二、张锡勤的《陆王心学初探》

张锡勤与霍方雷合著的《陆王心学初探》，于1982年由黑龙江人民出版社出版。全书分三章对陆王心学进行了研究。

第一章主要探讨了以陆九渊思想为主的心学的产生问题，如陆九渊的生平活动和政治态度及思想渊源、"宇宙便是吾心，吾心即是宇宙"的主观唯心主义宇宙观、反省内求与自存本心的唯心主义认识论和道德修养方法、后学杨简"以天地为一己"的唯我论、朱熹陆九渊的争论和陆学的衰微等问题。

第二章主要探讨了明代心学家王阳明对心学的发展，如王学产生的历史背景和王学先驱、王阳明的生平及其思想演变形成的过程、王阳明"心外无理""心外无事""心外无物"的主观唯心主义宇宙观、"求理于吾心"的唯心主义先验论、"致良知"的封建道德修养方法、"知行合一"的主观唯心主义的知行观、"天下一家，中国一人"的政治伦理哲学，并深入探讨了王学在明代的传播及衰微。

第三章主要探讨了陆王心学在近代的影响，如陆王心学在旧民主主义革命时期和新民主主义革命时期的流传和影响等。

第五节　蒙培元及其《理学的演变——从朱熹到王夫之戴震》

一、蒙培元简介

蒙培元（1938—2023），甘肃庄浪人，1963年从北京大学哲学系毕业后，随即又考入北京大学攻读硕士学位，师从著名哲学家冯友兰先生学习中国哲学史，1966年研究生毕业。1979年到北京大学出版社工作。1980年转至中国社会科学院哲学研究所，得以专心从事学术研究工作。历任中国社会科学院中国哲学研究室主任、中国哲学史学会副会长、《中国哲学史》杂志主编，美国哥伦比亚大学、哈佛大学访问教授等。

蒙培元勤于著述，笔耕不辍，出版的学术著作有《理学的演变——从朱熹到王夫之戴震》《理学范畴系统》《中国传统哲学思维方式》《心灵超越与境界》等。

二、蒙培元的《理学的演变——从朱熹到王夫之戴震》

（一）《理学的演变——从朱熹到王夫之戴震》内容简介

蒙培元所著《理学的演变——从朱熹到王夫之戴震》，于1984年由福建人民出版社出版。

该著共分九章，第一章"理学集大成者——朱熹"，主要讨论朱熹的哲学思想，包括朱熹哲学的产生及其历史地位，理气论、心性论、格物致知说、知行并进说及其内部的矛盾，以及朱熹、陆九渊思想的异同和影响等问题。认为"对于理学来说，朱熹所从事的绝不只是绍述，更重要的是创造"[1]，

---

[1] 蒙培元：《理学的演变——从朱熹到王夫之戴震》，福建人民出版社，1984，第4页。

朱熹把二程哲学思想中的不同倾向统一起来，吸收并容纳在自己的哲学体系内；批判地吸收了张载的气化学说，第一次全面地讨论了理气关系问题；出于建立理学体系的需要，继承、发展和改造了周敦颐的太极说，提出"太极阴阳"说，把太极说成是宇宙的本体；采取批判继承的态度，吸收了邵雍象数学中的"一分为二"的方法和"元会运世"的历史哲学，丰富了自己的理学体系；和谐地吸收了佛学的思维成果，融会贯通，使之成为自身哲学体系的一个重要组成部分。

第二章"南宋末年理学的演变"，主要研究了陈淳、真德秀、魏了翁、黄震和文天祥的思想。认为尽管朱熹弟子众多，但大都摭拾遗说，对朱熹思想没有多大发展，而陈淳等则在朱熹哲学演变中占有重要地位。

第三章"元代时期理学的演变"，主要讨论了元代理学家许衡、吴澄、郑玉、刘因、许谦等人的思想。认为元朝统一中国后，继续接受程朱理学。但从哲学思想的发展看，朱熹哲学在这一时期进一步发生了变化，朱熹后学中的许衡、吴澄等进一步发展了朱熹哲学中的心学思想，并与陆学结合起来，因而出现了朱陆合流的趋势。认为他们为了解决朱熹哲学中越来越明显的矛盾，提倡简易工夫，主张向内发展，掀起了一股心学思潮。但也有刘因、许谦等，继承了朱熹"即物穷理"之学，并对心学思潮进行了批判。

第四章"明代前期理学的演变和分化"，讨论了薛瑄和吴与弼的思想，认为明初理学家着重于博学广识，纂修前人著作及前代历史，理论上建树不大，思想特点亦不甚明显。到了明前期薛瑄、吴与弼等人，则发生了大的变化。薛瑄是朱熹哲学向气学方面发展的重要人物，吴与弼则开了明朝心学一派的先河。

第五章"明代中期理学向心学的转变"，主要讨论了陈献章和湛若水的思想，认为陈献章从本体论到方法论全面发展了朱熹的心学思想，把朱熹哲学真正演变成心学；而湛若水从学于陈献章，继承了陈献章"随处体认天理"思想，是陈献章和王守仁的中间环节。

第六章"明代中期理学向心学转变的完成——王守仁"，主要讨论了王守仁心学思想的形成和发展、心本体论的完成、致良知说、知行合一说以及王学的衰落问题。认为王守仁是理学向心学转变的完成者，也是心学集大成者；心学体系的完成既是理学演变的结果，也是时代发展的产物。

第七章"明代中期理学向气学思想的转变"，主要讨论了罗钦顺和王廷相的思想，认为罗钦顺和王廷相都是担负着双重任务，一方面批判王学，一方面改造理学。他们继承了朱熹哲学中的唯物主义因素，批判性地改造了朱熹的哲学体系；同时又继承了张载的唯物主义传统，开创了唯物主义思潮，是从朱熹到王夫之的中间环节。

第八章"明清之际理学总批判——王夫之"，主要讨论了王夫之哲学的产生及其性质、唯物主义理气论、理欲统一的人性论、格物穷理的认识论和行先知后的知行说。认为王夫之哲学是从朱熹哲学中演变、分化而来，吸收了朱熹哲学中有价值的内容，抛弃了其唯心主义糟粕，在哲学基本问题上，完成了对朱熹理学体系的改造，从而建立起唯物主义的哲学体系。此外，王夫之还提出了一些重要的新范畴，大大发展了中国古代哲学。

第九章"清代初中期理学批判的继续"，主要讨论了颜元和戴震的思想，认为王夫之把理学的批判运动推向了一个高潮，对理学进行了一次清算，但并没有最后结束这个任务。之后，即清代初中期，这个批判运动向纵深发展，代表人物即颜元和戴震，二者的批判锋芒更加锐利，问题也更加集中。特别是在理学的核心问题——人性论问题上，超过了王夫之，补充和发展了王夫之的思想，完成了王夫之没有完成的任务。

（二）《理学的演变——从朱熹到王夫之戴震》的特点及贡献

《理学的演变——从朱熹到王夫之戴震》是改革开放初期学术界关于理学研究的重要著作，出版后引起了学界的高度重视。中国社会科学院哲学所肖万源评价该著"是解放以来国内学术界关于理学研究方面的一本较有分量的论著"，认为"它的出版，定会对理学研究起有益的作用"。[1]

该著一反理学研究的传统观点，认为北宋时期的周敦颐、张载、二程的

---

[1] 肖万源：《理学研究的新探索——简评〈理学的演变〉》，《哲学研究》1985年第3期。

理学为理学的形成期,南宋时期的朱熹为理学体系的完成者,至朱熹开始了真正意义上的理学演变。全书着眼于朱熹理学体系的理论成就及内在张力,分析其理论发展的走向,用事实论证理学的分化与演变无不与朱熹理学有内在联系。书中对理学演变的不同阶段进行了具体论述,尤其难能可贵的是书中所论及的一些理学人物,在我国理学研究的著作中是第一次出现。正因为如此,《理学的演变——从朱熹到王夫之戴震》可以说是一部具有开创性的理学研究著作。

该著对理学研究主要有以下贡献:

一是理清了理学演变的内在根据和基本线索。认为理一元论体系与理不离气的唯物主义因素之间的矛盾和心理为二的理本论与心理为一的心本论之间的矛盾,是朱熹理学演变的内在根据。朱熹理学向客观唯心主义、心学主观唯心主义和唯物主义等三个方向的转化,是该著展开的基本线索。

二是具体分析了理学演变的五个阶段。该著全面、系统地分析、阐述了理学演变的过程、阶段及特点,将理学演变、分化、终结的过程,大致归结为南宋末期、元代、明朝前期、明朝中期、明末至清朝中期等五个阶段,并且还对一些理学人物进行了分析,是理学研究向纵深发展所取得的可喜成果。

三是认为王守仁心学主要是由朱熹理学分化、发展而成。

四是提出了王夫之哲学是从朱熹理学的演变、转化、发展而来的新观点。这是该著一个重要观点,也是该著的显著特点。[1]

当然,该著也有不足之处,如关于朱熹之前的理学的兴起、形成过程和一些重要的理学家,没有设专章进行分析;对朱熹哲学向客观唯心主义理学方向发展语焉不详;没有能够具体分析、阐述王夫之与"以往的全部哲学"的继承、改造和总结的关系;提出了哲学与自然科学的关系问题,但没有对二者的关系进行具体的分析、阐述等。

"金无足赤,人无完人。《理学的演变》一书尽管存在一些不妥当、不全

---

[1] 肖万源:《理学研究的新探索——简评〈理学的演变〉》,《哲学研究》1985年第3期。

面的地方，但其主流是值得肯定的。它将思潮、学派、人物贯穿起来，熔为一体，探研了理学演变史，特点鲜明，观点正确，重点突出，脉络清楚，给人一种立体感。它提出的关于朱熹理学与王阳明心学、朱熹理学与王夫之哲学等关系的新观点，对于理学的深入研究及开阔人们的视野，颇有启发。"[1]

第六节　其他诸家的宋明理学研究

一、沈善洪及其《中国哲学史概要》

（一）沈善洪简介

沈善洪（1931—2013），浙江平湖人，曾任杭州大学校长、浙江省社会科学院院长等职，是第六、七、八届全国人大代表。

沈善洪长期从事中国哲学和中国文化史的研究工作，曾获国家社科优秀成果三等奖、省社科成果一等奖，主要著作有《唯物辩证法的基本规律》《中国哲学史概要》《王阳明哲学研究》《中国伦理思想史》等。

（二）沈善洪的《中国哲学史概要》

1980年，沈善洪的《中国哲学史概要》由浙江人民出版社出版，全书27万字，其中第十一章至第十五章探讨了宋明理学问题，如张载的哲学思想、程朱理学的由来和特点、二程与朱熹的哲学思想、陈亮反对理学的斗争、叶适的唯物主义和功利主义、王阳明的主观唯心主义哲学、李贽的唯心主义世界观和进步的社会观以及明清之际的王夫之、黄宗羲和顾炎武的思想等。该著是党的十一届三中全会以后国内较早出版的一部具有新见解的中国哲学史专著。盛斯猷、姚延福于《浙江学刊》1980年第1期发表《喜读〈中国哲学史概要〉》一文，对该著给予了较高评价，认为该著十分注意避免曾经流行

---

[1]　肖万源：《理学研究的新探索——简评〈理学的演变〉》，《哲学研究》1985年第3期。

一时的简单化、公式化的做法，在介绍每一位哲学家的思想、体系以及他们提出并加以运用的命题、术语的时候，总是尽可能地通过具体分析判定究竟是属于唯物论还是唯心论。同时，对学术界一些有争论的问题，并不回避，而是以实事求是的科学态度，在分析研究的基础上，本着百家争鸣的精神，鲜明地提出自己的见解。

二、九所高等师范院校编写的《中国哲学史稿》

上海师范大学等九所师范院校共同编写的《中国哲学史稿》，于1981年由河北人民出版社出版。全书33万余字，共八章，其中第六章主要分析了宋明时期的哲学思想，如张载的唯物主义和辩证法思想、二程和朱熹的客观唯心主义理学、陆九渊的主观唯心主义心学、陈亮注重功利的唯物主义思想、叶适"务实"的唯物主义思想、王阳明的主观唯心主义心学和王廷相反理学的唯物主义思想。第七章第二节探讨了王夫之对中国古代哲学的总结和对古代唯物主义的最高发展。

三、方克立及其《中国哲学史上的知行观》

（一）方克立简介

方克立（1938—2020），湖南湘潭人，中共党员。1962年7月毕业于中国人民大学哲学系。1962—1973年任中国人民大学哲学系助教，1973—1994年任南开大学哲学系助教、讲师、副教授、教授，1994—2000年任中国社会科学院研究生院院长、教授、博士生导师；兼任国务院学位委员会哲学评议组成员、中国哲学史学会副会长、中华炎黄文化研究会副会长、天津市社会科学界联合会副主席、全国博士后管委会哲学专家组成员。

主要著作有《中国哲学史上的知行观》《现代新儒学与中国现代化》《新世纪的文化思考》等。

（二）《中国哲学史上的知行观》

方克立所著的《中国哲学史上的知行观》，于1982年由人民出版社出版，全书近30万字，共分八章探讨了中国哲学史上的知行观问题，其中第四、五、六章探讨了宋明理学中的知行观问题，如宋代程朱学派的知先行后说、明代王阳明的知行合一说和明清之际的王夫之、颜元等人的行先知后说等。

此外，姜国柱的《张载的哲学思想》《李觏思想研究》、傅云龙的《中国哲学史上的人性问题》以及冯契的《中国古代哲学的逻辑发展》等，也都对宋明理学的一些问题进行了探析，有助于我们更好地把握20世纪80年代初期宋明理学研究的进展和取得的成就。

第五章
研究路向的多元转变:1985—1990

从1985年至1990年，思想文化领域出现了哲学理念、思维方法、评价尺度由单一化向多元化的转变。中国哲学研究在"文化热"的冲击下，出现了比较宽松的氛围，也多了一种研究方法的参照系。这一时期的哲学思想史研究的成就与特点，主要体现在以下两个方面：一是研究方法手段的多元化。在研究中开始吸纳与借鉴其他的一些哲学理念与研究方法，如比较哲学、意义哲学、结构主义、解构主义、阐释学、符号学、接受学、文化人类学与后现代主义等理念与方法，为中国哲学思想史研究领域的不断拓展与深化提供了必要条件。二是研究内容的拓宽与深化。在哲学思想史领域的一些人物、流派、思潮、专题、区域文化和文本著作的研究方面有了长足进展，产出了一批高水平的学术论著。

另外，以1981年在杭州召开的全国宋明理学研讨会为标志，伴随着国内召开的各种国际、国内学术研讨会，理学的研究得到了极大推进，研究方式、方法、思路、视角日益呈现多元化趋势，并且取得了丰富的学术研究成果。这一时期，人们开始用实事求是的态度，来对待中国传统哲学和宋明理学。另外，在思想视野上改变了过去封闭的心态，放开眼界，面向现代和世界。同海外的学术交流不断加强，在对话中互相切磋。不再拘守自然观、辩证法、认识论和历史观这四大板块，开始研究一些过去不大关心的而具有现代意义的重要问题，如天人合一与参赞化育、中和合和观念、生死观念等，由此与现实越来越近，与人生越来越密切。

第一节 宋明理学概论

一、张立文的《宋明理学研究》

1981年10月,全国宋明理学讨论会在杭州召开,这是粉碎"四人帮"之后,国内举办的第一次全国性的理学学术讨论会,开启了新时期中国传统文化研究的大门。正是在这一时代背景下,张立文结合其有关宋明理学研究的文章并进一步深入探索,写就了学术巨著《宋明理学研究》,于1985年由中国人民大学出版社出版。其写作的目的是"试图对宋明理学的主要代表人物进行较深入的剖析,以便揭示宋明理学发展的主要脉络,并力图对主要代表人物在中国思想史、哲学史上的地位、作用和影响,作出实事求是的说明"[1],并"试图从理学思潮的历史演变中,揭示其开创、奠基、集大成、解体、总结等整个行程,认识我国哲学思想发展的规律性"[2]。

(一)《宋明理学研究》的主要内容

《宋明理学研究》全书共分九章。在第一章"宋明理学概述"中,张立文对宋明理学的兴起条件和称谓、性质进行了说明,认为"宋明理学作为一种社会思潮,它的兴起,是与一定社会经济、政治结构相联系的。它是一定时期的社会知识和自然知识的概括和总结"[3],指出理学是北宋时期农业、手工业以及自然科学发展的产物,是对隋唐佛道批判和士人复兴儒学的结果,同时也是统治者现实政治和重整伦理纲常的需要。关于理学的称谓问题,张立文从理学名称的历史演变进行考察,认为理学包括道学和心学,而非道学包括理学和心学,将宋代哲学形态称为理学,较之道学更妥帖和切合。

---

[1] 张立文:《宋明理学研究》,中国人民大学出版社,1985,"前言"第1页。
[2] 张立文:《宋明理学研究》,中国人民大学出版社,1985,"前言"第1-2页。
[3] 张立文:《宋明理学研究》,中国人民大学出版社,1985,第1页。

关于理学的发展阶段，张立文根据自己的研究，将之分为庆历年间的开创阶段、熙宁前后的奠基阶段、南宋时期的集大成阶段、明中叶后的解体阶段和明清之际的总结阶段等五个阶段，并对理学主要范畴的演变和基本特点进行了分析，认为理学是一种思辨性的儒学，它吸收了高度发展的自然科学成果，并将儒家伦理学说概括升华为哲学基本问题。

在第二章"濂学——周敦颐思想研究"中，张立文首先依据丰富的史料对周敦颐的生平和著作进行了分析研究和考释。其次探析了周敦颐的哲学思想，研究了《太极图》的来源，分析了周敦颐哲学的逻辑结构，并就无极与太极、阴阳与五行、男女与万物等概念和关系问题进行了解析。再次研究了周敦颐"立人极"的道德伦理思想，分析了为圣的标准、内容、工夫等问题，并探讨了礼乐关系问题。最后探讨了周敦颐思想的历史地位和影响。认为周敦颐是"'道学'的开创者。他的哲学逻辑结构实有发端之功"[1]，"他上承秦汉隋唐以来儒、释、道之学，下启宋明'理学'，是中国哲学发展史上不可缺少的一个环节"[2]。

在第三章"关学——张载的道学思想"中，张立文首先探讨了张载的生平，并就其著作进行了考释。其次分析了其社会政治思想中的井田说、封建论和肉刑说。再次论证了张载的哲学思想，探析了张载思想的渊源和师承、立气破空说、立有破无说，以及张载哲学的逻辑结构及其两重性、易变思想、闻见之知与德性之知、人性论和伦理思想等。最后对张载思想的历史地位和影响进行了分析，认为"在宋明理学的发展过程中，张载算是从理论思维上认真地批判了佛、道哲学理论的道学家，他的道学思想在理学发展链条中，是一个重要的环节。他的'气'的思想及'心统性情'等伦理思想均被朱熹等所吸收，而构成其客观唯心主义的逻辑结构；'太虚者，心之实'的思想，又为陆九渊'心学'思想之来源。同时，其'太虚即气'的思想，又为古代

---

[1] 张立文：《宋明理学研究》，中国人民大学出版社，1985，第169页。

[2] 张立文：《宋明理学研究》，中国人民大学出版社，1985，第173页。

杰出唯物主义者王夫之所继承。影响所及，颇为深远"[1]。

在第四章"洛学——程颢、程颐的道学思想"中，张立文首先探讨了二程的家世和经历，考释了其著作。其次分析了二程的道学思想，如二程哲学的逻辑结构、理气关系问题等，探讨了二程哲学思想之异同。再次分析了二程的政治伦理思想，如君尊民卑的政治论，性、心、情论，天理与人欲，饿死与失节等。最后对二程思想的历史地位和影响进行了分析，认为二程洛学在宋以后与闽学相结合，"成为后期封建社会的统治思想、官方哲学，地位甚高"[2]，但同时也"给中国历史带来了沉重的负担：它以其独尊的地位而扼杀、窒息了新思想的萌芽，一切与此相违戾的思想都被斥为'异端邪说'，而被诬为狂人"[3]。

在第五章"闽学——朱熹的道学思想"中，张立文首先对朱熹的生平进行了研究，并考释了其著作。其次探讨了朱熹哲学的逻辑结构，如理—气—物—理的逻辑结构、一分为二的辩证法思想、格物致知论和易学思想。再次探讨了朱熹的心性论。最后对朱熹思想的历史地位和影响进行了分析，认为"朱熹的哲学思想，是时代的产物，他继承着以往唯心主义的思想传统，总结了以往唯心主义在与唯物主义作斗争时的经验教训，在某些地方吸收了唯物主义的思想资料，把我国封建社会的唯心主义哲学推向了一个新的高度。他在中国哲学史上，既是中国封建社会唯心主义思想的集大成者，也是'道学'的集大成者。尽管朱熹以后，唯心主义理学家辈出，但无论从思想的深度和广度来看，罕有人超过朱熹"[4]，"从人类思维的发展来看，朱熹哲学就是中国古代哲学思想发展的螺旋形大圆圈上的一个圆圈。如果没有这一个圆圈和这一朵不结果实的花，那末，中国古代唯物主义哲学集大成者的王夫之的思想，也就不可能产生"[5]。

---

[1] 张立文：《宋明理学研究》，中国人民大学出版社，1985，第256-257页。

[2] 张立文：《宋明理学研究》，中国人民大学出版社，1985，第372页。

[3] 张立文：《宋明理学研究》，中国人民大学出版社，1985，第374页。

[4] 张立文：《宋明理学研究》，中国人民大学出版社，1985，第440页。

[5] 张立文：《宋明理学研究》，中国人民大学出版社，1985，第441页。

在第六章"陆学——陆九渊的心学思想"中,张立文首先研究了陆九渊的生平和著作。其次分析了陆九渊民为邦本的社会政治思想。再次分析了陆九渊的哲学思想,如心即理的宇宙观、切己自反的认识路线和道德学说、朱熹与陆九渊论争的基本问题等。最后分析评价了陆九渊思想的历史地位和影响,认为"陆九渊哲学的出现,无疑是为维护封建地主阶级的统治服务。同时也是人们长期以来为探索、解决主观与客观关系问题的过程中所做的一种努力。然而,他无限夸大了主观精神这一片断的作用,过分强调了主观能动的方面……没有科学地解决主观与客观的关系问题"[1]。同时,也指出了陆学的历史局限,认为其心学"曾经出现过进步与反动这样相互交迭、错综复杂的矛盾情形:一方面,它被反动统治阶级用来作为维护封建统治,欺骗、麻痹、绞杀农民起义的思想武器",另一方面,"他所强调的主观能动作用和注重思考精神,不啻为笼罩着以程朱'道学'为官方哲学的、犹如一潭死水的思想界投了一块石子"[2]。

在第七章"王学——王守仁的哲学思想研究"中,张立文首先研究了王守仁的生平和著作。其次分析了王守仁的哲学思想,如心与理、心与物、知行合一论、格物致知说和良知说。再次探讨了王守仁的人性论和道德学说,如王门四句教、为圣之功、气质有别说等。最后分析评价了王守仁哲学思想的历史地位和影响,认为王学"主要是为了挽救明王朝的社会危机,以及由于朱学的僵化而造成的社会政治、思想的弊端,也是为'破心中贼'服务"[3];其哲学基本问题中,尽管存在偏差,但其良知说,则"突破了'天理'的一统局面,而使'吾心良知'确立了最高本体的地位,也是对人的主观能动作用的肯定"[4],这些思想对于晚明时人的思想解放起到了极大的推动作用。

在第八章"宋明理学的总结——王夫之的哲学思想"中,张立文首先分析了王夫之的生平和著作。其次探讨了王夫之的社会政治思想,如尊君及限

---

[1] 张立文:《宋明理学研究》,中国人民大学出版社,1985,第498页。
[2] 张立文:《宋明理学研究》,中国人民大学出版社,1985,第499页。
[3] 张立文:《宋明理学研究》,中国人民大学出版社,1985,第592页。
[4] 张立文:《宋明理学研究》,中国人民大学出版社,1985,第594页。

制君权说、任法和任教、宽以养民说等。再次分析了王夫之的哲学思想,如诚、道器和理气的学说、动静和一两说、能所和知行学说等。再次探讨了王夫之的性说、理欲和理势论。最后对王夫之思想的历史地位和影响进行了分析,认为"王夫之总结性地批判了宋明理学,而成为我国古代朴素唯物主义和辩证法思想的集大成者"[1],"王夫之的突出贡献,是他在哲学上的成就。他比较正确地回答了哲学的基本问题,丰富了古代唯物主义的自然观,具有夺目的朴素辩证法思想……建立了独具特色和博大精深的唯物主义哲学体系"[2]。同时,王夫之学说也"成为近代中国启蒙思想运动的重要思想来源之一,并对戊戌变法和辛亥革命都发生过特殊的影响"[3]。

在第九章"结束语——对宋明理学的几点认识"中,张立文对宋明理学进行了综合分析,指出宋明理学是中国古代思想自身逻辑的发展,是人类认识史上的一次前进,是中国哲学发展大圆圈中的重要一环。同时分析了宋明理学中各派之间及与其他学派的区别和联系,探讨了宋明理学对后世的影响,并对其消极作用进行了批判。

(二)《宋明理学研究》的特点及贡献

1981年全国宋明理学讨论会在杭州召开以后,学术界对宋明理学研究出现了热潮。张立文出版于1985年的《宋明理学研究》是这一时期重要的宋明理学研究的代表性成果。该著于1987年获北京市哲学社会科学优秀成果二等奖,并作为全国大中专教材征订再版,在学术界和教育界产生了重要影响。方国根评价《宋明理学研究》"是一部从宏观与个案相结合角度对宋明时期的理学思潮及其主要代表人物的思想进行系统梳理和研究的学术专著","是一部人们了解和认知宋明理学的有益参考书"[4]。

《宋明理学研究》全书洋洋洒洒50万字,分九章进行研究,不仅从宏观

---

[1] 张立文:《宋明理学研究》,中国人民大学出版社,1985,第659页。
[2] 张立文:《宋明理学研究》,中国人民大学出版社,1985,第664页。
[3] 张立文:《宋明理学研究》,中国人民大学出版社,1985,第664页。
[4] 方国根:《筚路蓝缕 考镜源流——读〈宋明理学研究〉》,《东方论坛》2003年第4期。

上对宋明理学的基本情况进行了详细梳理和归纳总结，阐明了宋明理学产生的时代背景、面临的挑战、发展阶段、内涵特点和时代精神，而且从微观上对宋明理学思潮中的主要代表人物如濂学的代表人物周敦颐、关学的代表人物张载、洛学的代表人物二程、闽学的代表人物朱熹、陆学的代表人物陆九渊、王学的代表人物王阳明以及宋明理学的终结者王夫之等进行了个案分析。不但详细分析了他们的主要思想和特点，同时也探讨了他们之间的学术渊源和相互关系，勾勒了宋明理学发展的基本轮廓和脉络。同时，张立文还对每个代表人物思想的历史地位和影响力求进行客观的分析和评价。

《宋明理学研究》表现出以下特点。

一是史料丰富翔实。《宋明理学研究》是研究宋明理学发展状况的，需要对大量历史资料进行搜集和整理、把握和分析。从该著中我们可以看出，张立文无论是对宋明理学的整体阐述，还是对各个学派代表人物的研究分析，都十分注重探赜索隐、考镜源流，重视对原始资料的搜索和研究，力争把思想观点和认识分析建立在实实在在的历史素材和思想家的原始文本的基础之上，体现了张立文的历史唯物主义认识态度和严谨求实的学风。

二是方法新颖。学术的研究尤重方法，方法的正确得当与否直接关乎研究的成败。张立文在研究中注意方法的运用，采取宏观与个案、历史与分析兼顾的方法，一方面立足于马克思主义的唯物论和辩证法研究宋明理学的发展状况，注意从宏观上和个案上阐释宋明理学的基本内涵；另一方面又敢于突破传统方法，基于自己的经验和心得，摸索出了新的研究方法，从逻辑结构和思想家个性特点上对宋明理学的基本范畴和命题内涵、价值进行分析研究，尽管这种方法还不十分成熟，但反映了作者勇于探索的精神。

三是重点突出。学术研究尤其是断代学术研究，应重视突出重点，切忌泛泛而谈。《宋明理学研究》就避免了泛论的窠臼，注意重点内容的把握。该著在对宋明理学进行整体把握的基础上，摘取重点学派的代表人物作为研究对象，对人物的生平、著作、思想特征进行了重点深入研究，并对人物思想的历史地位和影响进行分析，首尾兼顾，切中肯綮。

四是评价中肯。学术研究重在精神价值和时代价值的总结分析。宋明理学作为影响中国封建社会后期长达700余年的官方哲学,其影响和价值不容置疑。如果在研究中仅仅落脚于个体思想内容和特点的研究是远远不够的,也是泛泛而谈、流之肤浅的。哲学思想是时代思想发展的精华,是影响时代发展的根本性思潮,因此,研究时必须着眼于其时代价值和意义。《宋明理学研究》就彰显了这一特点,它以思想家的思想为研究抓手,在分析思想内容、逻辑结构的同时,分析了宋明理学作为我国古代哲学的成熟形态所具有的人文价值和思维上的贡献。

总而言之,张立文《宋明理学研究》的问世,代表了本时期大陆关于宋明理学研究的最高学术水平,一定意义上开启了宋明理学研究的新领域。当然,该著还有不足之处,如研究中选取材料还不够细致,有些非常重要且有代表性的人物及其思想还没有研究到,比如北宋五子之一的邵雍、湖湘学派的代表人物张栻等。但无论如何,其开启新时期宋明理学研究的新风气之功是不可否认的,该著在理学研究史上的意义也是不可低估的。

二、侯外庐等的《宋明理学史》

侯外庐是马克思主义历史学家,与郭沫若、吕振羽、范文澜、翦伯赞并称为马克思主义史学家"五老"。在历史研究领域,特别是在中国社会史和思想史研究领域取得了卓越成就。侯外庐与人合著的《中国思想通史》在海内外享有盛誉,是其重要的代表性学术成果。是"文革"之前宋明理学研究的重要成果之一。前文已有论述,此不赘论。

宋明理学研究一直是侯外庐治学和研究的主要方向之一,《中国思想通史》出版后,侯外庐对于宋明理学的研究并未停滞。改革开放后,特别是1981年全国宋明理学讨论会之后,宋明理学研究进入新阶段。侯外庐在宋明理学研究领域亦不辍耕耘,与邱汉生、张岂之等合作编写了《宋明理学史》。在1984年出版的《宋明理学史》上卷序言中,侯外庐说:"1959年我们编著《中国思想通史》第四卷的时候,即开始进行宋明理学的研究。因为限于全书的体例和篇幅,这一部分不可能展开分析,只是写了几位有代表性的理学家。当时我就开始酝酿编著《宋明理学史》,以阐明理学的产生和演变及其在中国思想史上的地位,使它成为一部与思想史有联系而又有区别的专门著作。事隔二十年,我们才开始执行这项科研计划。1980年我们编完《中国思想史纲》下册以后,邱汉生同志已将《宋明理学史》的章次目录编出。我们即组织中国社会科学院历史研究所中国思想史研究室的同志进行讨论,分工执笔。"[1]经过三年努力,上卷于1983年脱稿,1984年出版。关于《宋明理学史》下卷,邱汉生在下卷后记中说:"《宋明理学史》下卷的撰著工作,实始于一九八三年夏季。是年六月,撰著诸君,包括中国社会科学院历史研究所中国思想史研究室诸同志,西北大学文化思想研究所有关同志,集会于北京,商讨下卷的编撰工作。与会诸君得悉《宋明理学史》列为国家'六五'计划期间历史学科重点项目,极其振奋,同时感到责任重大。会议根据前三年所拟的编撰提纲,讨论通过了《宋明理学史》下卷的章节目录。此后,下卷的撰著工作就全面开展了。1983年11月,中国思想史全国学术讨论会在西安举行。会议期间讨论了《宋明理学史》下卷的编撰工作,修订了章节目录,调整了编撰力量,推动了编撰工作的进一步开展。1985年冬季,《宋明理学史》下卷撰著基本完成。"[2]《宋明理学史》依据马克思主义的观点,对历史事实和思想资料进行辨析,力求得出科学的结论,为20世纪80年代及之后一个时期的宋明理学研究奠定了基础,在国内外学术界产生了积极而重要的影响。

(一)《宋明理学史》的主要内容

《宋明理学史》上卷于1984年由人民出版社出版,内容包括南北宋理学和元代理学,共二十七章。

在绪论中,对宋明理学产生的历史条件、宋明理学发展的诸阶段及特点、宋明理学在中国思想史上的地位和影响,以及宋明理学史的研究情况进行了分析,向读者描绘了宋明理学发展状况的基本轮廓。

---

[1] 侯外庐、邱汉生、张岂之主编《宋明理学史》上卷,人民出版社,1984,第1页。
[2] 侯外庐、邱汉生、张岂之主编《宋明理学史》下卷,人民出版社,1987,第1024-1025页。

第五章 研究路向的多元转变：1985—1990

在第一章"理学先驱'宋初三先生'及其思想"中，对理学先驱胡瑗的教育思想以及孙复、石介的思想进行了研究，认为"孙复解《春秋》和石介解《周易》，不重训诂，而重义理，这就揭开了后来理学借用儒家经典以创立自己理论体系的序幕"[1]，认为三先生"上承洙泗、下启闽洛"，"符合历史实际"，[2] 肯定了三先生对宋明理学的开启之功。

在第二章"理学开山周敦颐"中，探讨了周敦颐的生平著作，论述了周敦颐的《太极图》源自陈抟以及《太极图·易说》的唯心主义本质，分析了周敦颐《易通》以"诚"为中心的理学思想体系和《爱莲说》的佛说因缘，认为"周敦颐的理学思想，是道教思想与传统儒家思想的混血儿，也间杂一些佛教思想……这个思想体系是具有开创性的"[3]，肯定了周敦颐理学开山祖师的地位。

在第三章"张载的理学思想"中，对张载的生平和关学兴衰进行了分析；探讨了其唯物主义的本体论、道德论和认识论，特别是他区分天命之性和气质之性对人性论的独特贡献；分析了张载与二程的关系，指出张载和二程不仅仅是亲戚关系，更重要的是张载在思想上对二程有很大影响，如二程从张载那里吸取了不少东西，像理一分殊、天地之性和气质之性等，这些命题经过二程的扩充、发展，成为理学思想体系中最基本、最重要的命题。

在第四章"程颢程颐的理学思想"中，首先探讨了二程生平及其与王安石新学的对峙问题，揭示了北宋理学是代表豪族地主利益的正宗思想；其次探讨了二程的《易》学及其思想的渊源，认为"他们不但援佛入儒，以佛教华严宗的某些观点来解《易》，而且首先将《论》、《孟》、《大学》、《中庸》并行，使之成为他们思想体系的经典"[4]；再次讨论了二程的天理论、格物致知论、人性论和人生哲学，展示了二程理学的基本框架和主要内容；最后以丰富史料分析了二程后学及其思想。

---

[1] 侯外庐、邱汉生、张岂之主编《宋明理学史》上卷，人民出版社，1984，第27页。
[2] 侯外庐、邱汉生、张岂之主编《宋明理学史》上卷，人民出版社，1984，第45页。
[3] 侯外庐、邱汉生、张岂之主编《宋明理学史》上卷，人民出版社，1984，第83页。
[4] 侯外庐、邱汉生、张岂之主编《宋明理学史》上卷，人民出版社，1984，第142页。

在第五章"邵雍的象数学思想体系"中，首先探讨了邵雍的生平问题，分析了《皇极经世书》中的宇宙图式，指明了邵雍学术与道教的渊源，同时解析了《皇极经世书》中的基本概念及"观物"思想和该书的流传与影响，认为该书开创了宋明以来象数学的规模与传统；其次对邵雍诗集《伊川击壤集》中的人生哲学思想进行了探究；最后分析了邵雍的历史哲学和社会政治思想，说明邵雍的历史哲学和儒家思想的基本一致性，指出其社会政治思想与二程不同，认为邵雍并不直接反对新法，但又持不苟同的明哲保身态度。

在第六章"胡安国《春秋传》的理学特色"中，首先分析了胡安国的生平事迹和学统师承，认为胡安国"上宗二程，尤其是'程颐之学'，下接'程门高弟'谢、杨、游，尤其是谢良佐；从师承看，胡安国与谢、杨、游之间是师友关系"[1]；其次探讨了胡安国的治学路径与《春秋传》的成书问题，解析了《春秋传》的"大义"及其特点，肯定了《春秋传》在学术上的历史地位，认为其在《春秋》学研究中起着承上启下的作用。

在第七章"朱震的生平及其《汉上易传》中的象数学"中，对南宋初期的著名学者朱震的生平事迹及著作进行了阐述，分析了其社会政治思想和道德修养论，探讨了朱震的象数学及其在学术史上的地位，认为他在象数学发展中起到了一个传递火把的作用。

在第八章"胡宏的理学思想"中，首先探讨了胡宏的家学渊源，认为胡宏子承父业，且超过其父；其次探讨了胡宏的理学思想，如性本论的宇宙观、性无善恶的人性论、"天理人欲同体异用"的理欲观等；最后分析了胡宏理学思想中的合理因素，认为"胡宏的理学思想虽未能从根本上突破正统儒学的唯心主义体系，但是，正如他的理学思想已经表现出非正宗倾向一样，他在哲学上，尤其是在道物和名实等关系问题上，也表现出某些合理的思想因素"[2]。应该说，对胡宏的评价是公允的。

在第九章"张九成的理学思想及其影响"中，首先对张九成的生平进行

---

[1] 侯外庐、邱汉生、张岂之主编《宋明理学史》上卷，人民出版社，1984，第228页。
[2] 侯外庐、邱汉生、张岂之主编《宋明理学史》上卷，人民出版社，1984，第300页。

了分析，探讨了其理学思想的主要内容；其次分析了张九成与佛教的关系，认为张九成与佛教界高僧有过交往，并受到一定的影响，但"公开赞扬佛家的言论还是不多的，更多的是将佛家思想溶进自己的儒家思想"[1]；最后对张九成的时代影响进行了分析。

在第十章"张栻的理学思想"中，首先探讨了张栻的生平、学术师承和著述等，认为张栻师承胡宏，但又有别于师说。其次探讨了张栻的宇宙观，分析了"明义利之辨"的理学特色。再次分析了张栻的仁说和性善面前人人平等的人性论，以及格物致知说和居敬主一的修养方法。最后分析了张栻在理学史上的地位，认为张栻在理学方面有三大建树：一是"发明天理而见诸人事"；二是论"持养"本诸"省察"，注意"涵养工夫"，重在"力行"；三是奠定了湖湘学派的规模。但由于张栻理学思想的内在矛盾性——既以二程为正宗，又在本体论方面突出心的作用，带有明显的心学色彩，同时又具有事功之学的意味，故而减弱了其历史影响。

在第十一章"吕祖谦的理学思想及其后学"中，首先对金华学派代表人物吕祖谦的理学派别和思想渊源进行了分析，认为家学熏陶和二程思想对其思想形成影响较大；其次探讨了其天理论和心说，认为"吕祖谦的唯心主义的本体论中，还多少含有唯物论的因素，表明了吕祖谦的'婺学'的学风是不名一师、不主一说的，具有调和折衷的色彩和'杂博'而自相矛盾的特点"[2]；再次探讨了吕祖谦关于存本心和反求诸己的认识论思想，认为吕祖谦继承了孟子良知良能说，与陆九渊发明本心的主观唯心主义认识论是基本一致的，还探讨了吕祖谦的致用学说和"盛之极乃衰之始"的史学思想，并指出他在一定程度上认识到了人民群众的重要作用；最后对吕祖谦后学王应麟的思想进行了概论。

在第十二章、第十三章"朱熹的理学思想"中，首先探讨了朱熹的生平及著作，利于读者对朱熹这一伟大思想家有一个概括的了解；其次探讨了朱

---

[1] 侯外庐、邱汉生、张岂之主编《宋明理学史》上卷，人民出版社，1984，第311页。
[2] 侯外庐、邱汉生、张岂之主编《宋明理学史》上卷，人民出版社，1984，第349页。

熹的天理论，分析了其客观唯心主义的本质；再次分析了朱熹的人性论，指出了朱熹对张载天地之性和气质之性论题的发挥，把对人性的分析推向深刻和细密，以及朱熹思想中的格物致知论和持敬，还探讨了朱熹"会归一理"的历史哲学思想；最后探讨了朱熹的历史地位及其对后世的影响，肯定了朱熹理学集大成者的地位，认为朱熹是封建社会后期最重要的理学家，其理学思想对巩固封建统治、维护封建礼教起了重要作用。

在第十四章"浙东事功派与理学的关系"中，对二者关系进行了深入分析，首先探讨了事功派代表人物陈亮和理学集大成者朱熹之间关于王霸义利等的论辩，其次探讨了事功派另一位代表人物叶适的思想同理学的分歧。

在第十五章"杨万里与理学唯心论相对峙的思想"中，对南宋著名诗人杨万里的理学成就进行了发掘，分析了杨万里朴素唯物主义的宇宙论、认识论、道德论，指出了杨万里思想是继承和发展了张载自然观中唯物论的一面，实质是与理学家们在本体论上的天理观相对立。

在第十六章"陈淳的理学思想"中，首先探讨了朱熹弟子陈淳的根源论思想，认为其实质是"天命论"，从阶级分析的角度批判了陈淳的道德教条和伦理思想；其次对陈淳的著作《严陵讲义》《似道之辩》《似学之辩》进行分析，解析了其卫护师门、排斥陆学的特点，最后还用了相当篇幅对其《四书性理字义》进行分析研究，认为该书是理解朱熹《四书集注》的重要参考书。

在第十七章"闽学干城——蔡元定与蔡沈"中，辟专章对蔡元定和蔡沈进行研究，可见其地位之重要。首先对蔡元定的《皇极经世指要》和《律吕新书》进行了分析，指出了蔡元定《皇极经世指要》是对邵雍学术的全面概括，认为蔡元定遵循程朱，但不像二程那样置象数学于不顾；其次解析了蔡沈的《书集传》《洪范皇极》，特别是《书集传》，侯外庐等评价它为"数百年来在封建文化学术界有很大影响的著作"[1]。

在第十八章"程端蒙、董铢、程端礼的教育理论"中，首先对朱熹门人

---

[1] 侯外庐、邱汉生、张岂之主编《宋明理学史》上卷，人民出版社，1984，第523页。

程端蒙的《性理字训》进行了分析,认为该著探讨了人性论、认识论和宇宙观问题,是对"四书"和朱熹《四书集注》的提炼,通俗疏释,便于记诵,是理学教育的重要启蒙教材;其次探讨了程端蒙与董铢合作编撰的《程董二先生学则》,认为该书提出了理学教育中,小学阶段的培养目标,是对朱熹许多箴言的概括与发挥,基本精神是将学生培养塑造成道学家式的小学究;再次探讨了程端礼的《读书分年日程》,认为该著是理学教育的教学方法和计划,主要是以宣传理学教条为宗旨,以闭门穷经为手段,以读书做官为号召,如今看来,其负面影响很大。

在第十九章"陆九渊的思想"中,首先探讨了南宋心学家陆九渊的生平;其次对其思想如心即理、认识方法和目标等进行分析;再次探讨了陆九渊思想的渊源,及其与禅学的关系和与朱熹的争论问题,揭示了二者之间的争论是唯心主义内部的分歧而非唯物论与唯心论的根本对立。

在第二十章"陆九渊弟子的思想"中,首先分析了陆九渊弟子的学术和思想特点;其次探讨了甬上四学者杨简、袁燮、舒璘、沈焕的生平事迹和他们对陆九渊思想的继承和发展,指出"陆九渊心学的内容比较简括,没有给它的后学留下更多延伸、发展的余地",认为后学们"不是落于平庸,就是陷入禅窠"[1]。这一评价是非常中肯的。

在第二十一章"真德秀、魏了翁在理学史上的地位"中,对真德秀的理学思想、魏了翁的正心、养心思想进行了阐释,指出了他们在确立理学统治地位中的重要作用。笔者亦有专文论及理学由伪学到正宗转变的问题,文中涉及真德秀、魏了翁对理学确立正统地位所起的作用问题。[2]

在第二十二章"程朱理学的修正者——黄震及其思想"中,首先对黄震的生平、著作进行了分析;其次探讨了其"道在事中"的唯心主义宇宙观和人性论;最后探讨了黄震的认识论和道统论,分析了黄震对程朱理学的修正

---

[1] 侯外庐、邱汉生、张岂之主编《宋明理学史》上卷,人民出版社,1984,第606页。
[2] 高建立:《程朱理学的正统化实现及其历史命运》,《吉林师范大学学报》(人文社会科学版)2003年第5期。

问题。

在第二十三章"金华朱学的主要特点和历史影响"中,对金华学派的主要传人如何基、王柏、金履祥、许谦等的生平及著述进行了分析,探讨了金华学派朱学的思想特色和历史影响。认为与其他朱学学派相比,金华朱学较多地保留了正统朱学的色彩,不仅促进了理学的北传,而且开启了明初理学,对明初理学的发展有着深刻的影响。

在第二十四章"赵复、许衡的理学思想"中,首先探讨了理学的传授者赵复的简在心得、鄙薄事功、夷夏之辨等思想,分析了赵复传授朱注"四书"及其对元代科举的影响;其次探讨了许衡的天道观、心性思想,并对许衡思想进行了评价,认为许衡对促进元代民族之间思想文化的交流、融合,以及对于保存汉民族文化有重要贡献。

在第二十五章"刘因的理学思想"中,首先探讨了元代北方大儒刘因的身世和学行,指出了刘因在政治上与元朝不合作的态度;其次对刘因的天道说和心性说进行了分析,指出"刘因在理学上,虽属朱学范围,但他并不是严守朱学门户,往往杂入陆学自求本心"[1];再次探讨了刘因的齐物、观物思想,认为其思想既吸收了邵雍的观物思想,也吸取了庄子的齐物论;最后分析了刘因的返求六经与"古无经史之分"的经学思想,认为这一认识是具有新意的。

在第二十六章"饶鲁与吴澄的理学及其历史地位"中,首先分析了朱熹再传弟子饶鲁的理学思想,认为其天道思想、人性论和识见天理的方法,在学理上固然属朱学范围,但也夹杂有陆学的东西,不尽同于朱熹思想;其次分析了吴澄的道统论和经学,认为作为饶鲁的学传,吴澄的天道思想、心性说,相对于朱学,偏离较饶鲁则更远一些。

在第二十七章"元代的朱陆合流与陆学"中,首先对朱陆去世后的理学发展状况进行了概述,在对朱陆后学思想分析的基础上,认为"元代不少理学家,不管原来是朱学的人还是陆学的人,他们在朱陆合流中,对朱陆的取

---

[1] 侯外庐、邱汉生、张岂之主编《宋明理学史》上卷,人民出版社,1984,第706页。

舍，都以一种肯定的态度去谈论并且兼取陆学的本心论"[1]；其次对朱陆合流的几种情况进行了阐述，认为元代的朱学人物，除了那些墨守师说的人以外，都在不同程度上兼取陆学的本心论，而蔚为一时的"风会"；再次探讨了元代朱陆合流与明代王学的关系问题，认为"由宋到元，由元到明的这一过程，大体上是由支离泛滥，到简易直截的过程"，"在理学发展的这一过程中间，元代的朱陆合流，是起了嬗变和转递的作用。而在这一递嬗的环节中，又可以看到陆学的'本心'这一主观唯心论思想，确是一个顽固的游魂"。[2]

侯外庐等主编的《宋明理学史》下卷，于1987年由人民出版社出版，共三十六章，主要研究明代理学问题。

在第一、二章"明初朱学统治的确立——论三部《大全》"中，首先探讨了明初永乐年间《五经大全》《四书大全》《性理大全》三部书的纂修问题，认为三部书的纂修和颁行，是朱学在明代统治地位最终确立的标志；其次对《性理大全》《四书大全》《五经大全》进行了分析研究；最后分析了明初朱学代表人物如范祖干、谢应芳、汪克宽、薛瑄、吴与弼、陈真晟、章懋、胡居仁、曹端等人的基本思想以及明初朱学对当时社会的影响。

在第三章"明朝开国时期宋濂、刘基的理学思想"中，首先对宋濂调和朱陆、折中儒佛的思想进行了分析，认为"宋濂理学思想，诸如天道、心性、为学方法、儒佛关系、朱陆调和等，在元明之际反映了朱学思想在后来分流变迁的情况"[3]；其次分析了刘基的理学思想，认为宋濂佞佛，而刘基的天道观、心性论、道德修养说和《春秋》学则更近于道。

在第四章"方孝孺、曹端的理学思想"中，首先探讨了宋濂的学生方孝孺的心性论、学道方法和"明王道、辟异端"的思想；其次探讨了曹端的太极说、理气论、性论、道德修养说等，认为"曹端的理学基本上还是沿着程朱理学发挥的，其间虽有一些新的议论，但正如'丸之走盘'，仍然不出程

---

[1] 侯外庐、邱汉生、张岂之主编《宋明理学史》上卷，人民出版社，1984，第755页。
[2] 侯外庐、邱汉生、张岂之主编《宋明理学史》下卷，人民出版社，1984，第766-767页。
[3] 侯外庐、邱汉生、张岂之主编《宋明理学史》下卷，人民出版社，1987，第76页。

朱理学的'圆盘'之外。《明史》本传称其'大旨以朱学为归',大体上是符合实际的"[1]。

在第五章"薛瑄、吴与弼的理学思想"中,首先对薛瑄理学及其学传"关中之学"进行了探讨,认为薛瑄的理气论、性论、复性方法等思想基本上沿袭了朱学思想,其学传"关中之学"尽管重工夫、贵践履,但始终没有把理学思想向前推进一步;其次探讨了吴与弼的理学思想,认为吴与弼的静观修养论表明吴与弼重身心修养而轻视天道自然,是与朱熹思想不尽相同的。清人甚至评价吴与弼的理学是"兼采朱陆之长",是有一定道理的。也正是由于吴与弼重向内求心,所以成为王学先声,对王学产生起了助推作用。

在第六章"陈献章的江门心学"中,首先探讨了陈献章的生平及其心学产生的学术背景;其次探讨了其"天地我立,万化我出"的心学世界观和"以自然为宗"的心学宗旨;最后探讨了"静坐中养出端倪"的心学方法。认为"陈献章的江门心学在宋明理学史上有重要的地位,因为它开始了明代学术局面由初期的朱学统治向中后期的心学风靡的转变;并且它和后起的王守仁姚江心学共同构成了明代心学的主要内容"[2]。

在第七章"湛若水对江门心学的发展与江门心学的学术归向"中,首先探讨了湛若水的生平著述问题;其次探讨了其"万事万物莫非心"的心学世界观,认为其心学观点尽管有与程朱理学的某种接近处,但最终还是强调"心",明显属于心学的理论阵营,有鲜明的主观唯心主义理论色彩;再次探讨了其"随处体认天理"的心学方法,分析了湛若水心学思想的独特面貌,如对待宋代理学朱陆两派的平等态度、对陈献章心学的修正、与王守仁心学思想的分歧等;最后对陈献章开创的江门心学的学术归向进行了探讨。

在第八、九两章中,对王守仁心学思想进行了充分探讨。首先探讨了王守仁生平活动;其次探讨了王守仁思想中的心即理、知行合一、致良知等主要论题;再次探讨了天泉证道及王阳明的教育思想;最后分析了王学渊源问

---

[1] 侯外庐、邱汉生、张岂之主编《宋明理学史》下卷,人民出版社,1987,第118页。
[2] 侯外庐、邱汉生、张岂之主编《宋明理学史》下卷,人民出版社,1987,第169页。

题，认为王守仁心学思想主要来自对传统儒学的汲取，受陈献章、湛若水和禅宗的影响等。认为王守仁是明代心学泰斗，其心学体系"从思想内容看，要比南宋陆学精致完整和广泛得多"，从一定意义上说，"王学集中国主观唯心主义之大成"。[1]

在第十章"钱德洪、王畿与浙中王学"中，首先探讨了钱德洪的理学思想，认为钱德洪继承了王守仁的心本论，在修养论上主张"无欲"，与陆王之说精神一致，同时也肯定了钱德洪"著衣吃饭，即是尽心至命之功"思想的闪光之处；其次探讨了王畿的理学思想，认为王畿的世界观接近于禅学唯心主义，具有鲜明的禅学特色，特别是其"本体即工夫"的学说比王守仁的致良知走得还要远。

在第十一章"江右王学正传邹守益的理学思想"中，首先探讨了邹守益的生平和学行；其次探讨了邹守益信守师说的理学特色，认为其所提倡的"戒慎恐惧所以致良知"的戒惧说、"寂感无时，体用无界"的寂感体用合一说，都是对师说的继承和延续；最后对邹守益作为王学正传的历史地位进行了评价，认为其在发明师旨、卫护师说和挽救时弊方面功不可没。

在第十二章"江右王门聂豹、罗洪先的理学思想特色"中，首先对聂豹的生平和思想进行了探讨，认为聂豹的归寂说尽管与师说有相违之处，也与同门的某些观点不甚契合，"然而在反对朱学、纠正王门中的朱学倾向方面，其态度是十分鲜明的，故说他的'归寂'说与王学'颇有异同'，而并非根本的对立。这就是聂豹理学思想的基本特色"[2]；其次探讨了罗洪先的生平学行与理学思想，认为其理学思想有一个"始致力于践履，中归摄于寂静，晚彻悟于仁体"的发展演变过程，其主静说、仁体说和异端说最具有特色；最后对聂豹和罗洪先的理学思想进行了综合评价，认为他们在昌明王学、发挥师说方面寓有新意，颇有特色，"虽然并非尽如师意，但是，就其立说之初

---

[1] 侯外庐、邱汉生、张岂之主编《宋明理学史》下卷，人民出版社，1987，第206页。
[2] 侯外庐、邱汉生、张岂之主编《宋明理学史》下卷，人民出版社，1987，第312-313页。

衷而言，则仍然是为了补王学流传中之偏，救王学流传中之弊，以恢复'阳明之真'，故说他们在发展王学方面，是有贡献的"[1]。

在第十三章"江右王门刘邦采、王时槐、胡直的理学思想"中，对刘邦采的性命兼修说，王时槐的透性说、研几说，胡直的心造天地万物说进行了研究，分析了他们的理学思想特色。

在第十四章"南中王门薛应旂与唐鹤征的思想特色"中，首先分析了薛应旂的心学思想，认为其思想受朱陆思想影响，但以王学为主，指出了其矛盾性特征，同时又分析了其务实思想，及其对顾宪成和东林党人的较大影响；其次分析了唐鹤征《桃溪札记》及《易》学著作的思想特色，探讨了道家思想对唐鹤征的影响。认为"唐鹤征是明代后期的唯物主义思想家。他继承并发展了张载的唯物主义思想，力图纠正王学末流的弊病。他的心性说有发前人之未发的观点，在宋、明、清思想发展史上起了继往开来的作用"[2]。

在第十五章"黄绾、张元忭对王学流弊的批评"中，首先对黄绾的学行和艮止说进行了探讨，认为其艮止说是晚年为"救正"王学而提出的，容纳了程朱为学的"实地工夫"，但依然没有超越王学范围；其次探讨了张元忭以心为本体的理学思想以及本体、功夫一贯说和悟修并进说，解析了其对王学流弊的揭露和其思想在理学史上的意义。

在第十六章"王艮与泰州学派及其与王学的关系"中，首先对泰州学派创始人王艮的生平和思想性格进行了分析；其次探讨了泰州学派"百姓日用之学"和"淮南格物"的学术特色及其与王学的联系，认为该学派不仅继承了王学的传统，而且又汇集四方之学，熔铸新说，形成了自己的学术特色；最后分析了泰州学派的历史影响，认为泰州学派主张发展平民教育，提出了背离儒学正宗的"异端"思想，其叛逆精神体现了鲜明的战斗风格。

在第十七章"泰州后学何心隐、罗汝芳、李贽的'异端'思想及其对理学的批判"中，首先分析了何心隐的乌托邦社会思想，指出其育欲思想是宋

---

[1] 侯外庐、邱汉生、张岂之主编《宋明理学史》下卷，人民出版社，1987，第331页。
[2] 侯外庐、邱汉生、张岂之主编《宋明理学史》下卷，人民出版社，1987，第382页。

明理学中对人欲问题的大胆表述；其次分析了罗汝芳的赤子之心说和刑狱观点；再次探讨了李贽的反道学思想，认为李贽"对道学的批评是全面的，揭露对圣人的迷信，揭露经典的缺陷，揭露道统说的虚构，揭露道学家的虚伪、丑恶和无用。这些言论十分大胆"[1]。

在第十八章"罗钦顺的思想及其与理学的关系"中，首先探讨了罗钦顺的生平和著作；其次分析了其唯物论的理气观和人性论，认为罗钦顺尽管不能摆脱理学关于人心、道心的区别，但他又强调道心和人心的不可分离，认为没有孤立的道心，亦没有脱离情的性；最后探讨了罗钦顺对杨简、王守仁、湛甘泉的思想观点及禅学之评论。

在第十九章"王廷相、吕坤的反理学思想"中，首先对王廷相的反理学思想进行了研究，指出了其唯物主义气本论思想的反理学特色和他对理学主要代表人物及若干重要命题的评论；其次分析了吕坤的反理学思想，认为吕坤注重事功，讲求日用，强调人定胜天思想，具有时代的先进性。

在第二十章"陈建和《学蔀通辨》"中，对陈建生平进行了探讨，指出其《学蔀通辨》是以抨击王学为宗旨，辩驳了朱熹、陆九渊的早异晚同说，批评了陆王心学阳儒阴释的学术性格。

在第二十一章"顾宪成的理学思想"中，首先理清了顾宪成的学术渊源和理学派别，认为顾宪成的思想渊源于程朱理学，但也很称道王守仁，并无门户之见，从而开启了《宋元学案》《明儒学案》对宋明理学总结的端绪；其次对顾宪成"理是主宰"的本体论思想、"道性善是说本体"的人性论进行了辨析；再次分析了顾宪成对佛教的批驳；最后分析了顾宪成的知行观和修养论，指出了其沿袭程朱理学的思想特点。同时也积极肯定了其对明清之际早期启蒙思潮的影响。

在第二十二章"高攀龙的理学思想和'致用'学说"中，分析了高攀龙的学术渊源和理学派别，认为他与顾宪成同作为东林学派的创始人，也是沿袭了程朱理学的理路发展的，其理气观、格物穷理说、修悟并重的道德修养

---

[1] 侯外庐、邱汉生、张岂之主编《宋明理学史》下卷，人民出版社，1987，第470页。

论等，多是继承了程朱思想。同时也指出高攀龙提倡治国平天下的"有用之学"，这是明末社会现实的发展使然。

在第二十三章"刘宗周的思想特征及其'慎独'、'敬诚'理论"中，首先对刘宗周的生平和思想演变进行了分析；其次对刘宗周的"离气无理"的理气论、"道不离器"的道器论、以"形气为本"的人性论、"良知不离闻见"与"求道之要莫先于求心"的认识论等进行了研究分析；最后对刘宗周的思想学说进行了综合分析，认为刘宗周的思想体系比较复杂，充满矛盾，一方面在本体论、人性论和认识论上提出了与理学对峙的有唯物主义倾向的新观点，另一方面又力图维护心学的地位。认为刘宗周作为蕺山学派的创建者，"他的某些背离理学的进步观点，可以说是早期启蒙思想的先驱"[1]。

在第二十四章"黄道周的理学思想"中，首先分析了黄道周的生平和理学倾向。其次就黄道周的理学思想，如自然观、《易》学思想、格物致知论、道德修养论、人性论等进行了分析。最后分析了黄道周的理学思想体系，认为他的思想体系是复杂的：一方面，他在自然观、认识论上，均提出了与理学相背离的观点；另一方面，其道德修养论和天性皆善的人性论，与许多理学家的观点是基本一致的。这一矛盾现象反映了晚明理学走向衰颓的情况。

在第二十五章"方以智、'易堂九子'与理学"中，首先对方以智的思想特色进行了分析，认为"方以智早年对理学的朱、王之争不偏向任何一方，而有调和各派吸其可取之处的趋向。他晚年专门治哲学，则是由于黄道周的影响，继承了邵雍与二蔡（蔡元定、蔡沈）的传统，创立自己独特的《河》《洛》'中五'之说的象数学理论"[2]；其次探讨了"易堂九子"及其思想，"易堂九子"是清初隐居江西宁都翠微峰的九位学人，包括魏祥、魏禧、魏礼、彭士望、林时益、李腾蛟、丘维屏、彭任、曾灿等九人，认为他们不属于理学家范畴，但与理学有联系，他们不反对程朱，并认为朱、陆、薛、王可以互相补正，在思想方法上注重从实际出发，主张经世之学。但与明末清初大

---

[1] 侯外庐、邱汉生、张岂之主编《宋明理学史》下卷，人民出版社，1987，第641页。
[2] 侯外庐、邱汉生、张岂之主编《宋明理学史》下卷，人民出版社，1987，第675页。

部分士大夫和理学家一样，在不同程度上抱有遗民思想。

在第二十六章"孙奇逢的理学著作与理学思想"中，首先阐述了孙奇逢的生平和著作；其次分析了其《理学宗传》《四书近指》《书经近指》《读易大旨》等著作，从中解析了孙奇逢的理学思想，探讨了孙奇逢在理学史上的地位。

在第二十七章"《宋元学案》及其对宋元时期理学的总结"中，对黄宗羲《宋元学案》的编纂成书问题、学术倾向与黄宗羲、全祖望的治学路径等进行了分析；探讨了《宋元学案》对理学源流和学统师承的辨析，分析了《宋元学案》关于理学史上诸论争的观点，如朱陆关于《太极图说》的论辩、性论之辩、理一分殊辩、义利王霸之辩、朱陆异同辩等；探讨了《宋元学案》的体例特点和它在学术史上的地位，认为它代表了我国学案体学术史著作的最高成就。

在第二十八章"《明儒学案》及其对明代理学的总结"中，首先分析了黄宗羲《明儒学案》的学术渊源与学术倾向；其次探讨了《明儒学案》对明代儒学的论述；最后分析了《明儒学案》的理学观点及其在学术史上的地位，认为该著比较全面地综合了明代理学各派的思想资料，"堪称为我国第一部内容宏富、体例严谨、观点鲜明的明代学术史专著"[1]。

在第二十九章"李颙的反身悔过之学"中，首先论述了清初三大儒之一李颙的生平及著作；其次分析了李颙躬行实践、改过自新的理学思想；最后探讨了李颙在理学史上的地位，认为其极力维护封建秩序的理学思想与历史发展是背道而驰的，这是其思想的局限，但李颙的一些政治思想和高尚的民族气节还是值得称道的。

在第三十章"陈确与理学"中，首先分析了陈确的生平和著作，其次探讨了陈确事事求实的学风、在知行论上与理学的论辩、在人性论上对理学的驳难等问题。

在第三十一章"顾炎武、傅山对理学的批评"中，首先分析了顾炎武的

---

[1] 侯外庐、邱汉生、张岂之主编《宋明理学史》下卷，人民出版社，1987，第821页。

遗民气节、对理学的评论、社会政治思想、治学方法，指出了他在经世致用之学方面远不如他的考据学的成就大；其次分析了傅山的生平、学术思想及对理学的批判和个性解放思想。

在第三十二章"王夫之与理学"中，首先论述了王夫之对张载气本论思想的继承和发展，指出了其重要的唯物主义哲学性质；其次探讨了王夫之对理学唯心主义的批判和对理学一些基本观念的保留，肯定了王夫之对历史文化遗产批判总结的成就。

在第三十三章"颜李学派的反理学思想"中，对颜元的生平和颜学的理论倾向进行了分析，总结了颜李学派在理论思维上的经验教训，探讨了颜李学说的历史命运。

在第三十四、三十五、三十六章中，还分别探讨了陆世仪、陆陇其、李光地的理学思想，但他们的理学思想已没有创新和发展，即使清初统治者对理学大加宣扬，但理学的衰颓之势已无可挽回。

（二）《宋明理学史》的研究特点

《宋明理学史》是一部规模宏大的学术史著作，是学习研究宋明理学必备的参考书，具有自己的研究特点。厦门大学傅小凡教授曾在2008年2月25日的《光明日报》上发表《侯外庐与〈宋明理学史〉》一文，对该著特点作如下分析。

一是认为宋明理学以儒学的内容为主，同时也吸收了佛学和道教思想，是在唐朝三教融合、渗透的基础上，孕育和发展起来的一种新的学术思想。今天看来，该著对宋明理学的思想史地位的定位还是基本准确的。

二是认为宋明理学浸润封建社会后期社会生活、政治生活的各方面，成为具有权威性的支配力量，从政治上看是思想史上的浊流。这个评价，现在看来似乎有些简单化了。

三是从学术和思想史上肯定宋明理学的地位，认为宋明理学吸收了大量的传统文化和外来文化，在思想史上是继先秦诸子、两汉经学、魏晋玄学、隋唐佛学之后的又一新的发展阶段，有值得后人参考的若干珍贵内容，需要运用马克思主义的观点和方法悉心加以鉴别，而不能笼统地一笔抹杀。

四是紧紧围绕"性与天道"这一理学讨论的中心内容，同时涉及政治、道德、教育、宗教等许多领域。并且针对理学中程朱理学和陆王心学两大派别的相互诘辩、相互渗透与合流的趋势，通过对其产生与演变的历史条件的分析，从而提出了自己的看法，使得这部专著具有很高的学术价值。

五是不仅关注著名的理学家，而且对一批虽然不大知名，但在理学的演变或更深思想渊源的承接、传授方面有过影响的理学家，也进行了深入的研究。这就使宋明理学呈现出更加丰富的面貌，从而更利于准确地把握这段思想史的地位和价值。

六是对长期被忽视的元代理学开辟专章予以论述，并且认为只有掌握了元代理学的特点，才能了解宋代理学是如何经过这个中间环节而转向明代理学的。

从以上分析可知，《宋明理学史》不是一部理学家的评传，也不是思想通史中的某几个章节，而是全面展示了在宋明包括元这一特定历史条件下产生的具有自己时代特色的思想演变历史。

第二节　二程洛学研究

一、徐远和及其《洛学源流》

（一）徐远和简介

徐远和，江苏如皋人。1967年毕业于北京大学哲学系，毕业后被分配到铁道部第一工程局从事干部理论教育工作。1981年被中国社会科学院哲学研究所招聘为助理研究员，1988年晋升副研究员，1995年晋升研究员。历任中国社会科学院哲学研究所中国哲学史研究室副主任、中国社会科学院东方哲学研究室主任。兼任中国社会科学院东方文化研究中心主任、中国社会科学院韩国研究中心理事等。主要研究中国哲学和东方哲学，尤其对儒家哲学研究具有很高的造诣。

徐远和勤于著述,主要学术著作有《洛学源流》《理学与元代社会》《儒学与东方文化》《中国古代人学思想概要》等。

(二)徐远和《洛学源流》的主要内容

濂、洛、关、闽四大学派是宋明理学的主干。作为理学四大流派之一的洛学,在理学发生发展中占有十分重要的地位,它不仅奠基了宋明理学,而且还决定了宋明理学发展和演变的方向。洛学兴起于北宋中期,是在北宋中期学派斗争中发展起来的。徐远和通过对洛学源流的梳理,探讨了洛学与同时代其他学派的关系,对于了解洛学的学术渊源和思想主旨具有重要意义。

《洛学源流》于1987年由齐鲁书社出版,全书主要有以下内容。

在第一章"北宋的社会改革运动与理学思潮的兴起"中,徐远和主要探讨了庆历新政和熙宁新政以及这一时期社会中疑经思潮对二程洛学兴起的影响。

在第二章"北宋中期的学派斗争与洛学的形成"中,徐远和主要探讨了濂学和洛学的师承关系,以及洛学与关学、荆公新学、象数学、蜀学的关系问题,认为二程之学发端于周敦颐,二程对关学的批判造成了关学的日渐衰微,二程通过对荆公新学的批判和吸收进一步发展了自身理论,二程通过对邵雍象数学的分析为自身理论发展提供了借鉴,蜀洛党争折射出了洛学与蜀学的歧义。从洛学与诸学派的关系中可以看出洛学所具有的正统性价值,而洛学发展成为统治阶级的指导理论就是历史的必然了。

在第三章至第六章,徐远和主要探讨了洛学创始人二程的政治和学术活动,以及二程的天理论、泛神论、格物致知论、人性论、理欲观、圣人观等理学思想,并对二程思想的异同进行了深入分析。

在第七、八章,徐远和主要探讨了洛学传人如谢良佐、杨时、游酢、吕大临、尹焞等人的生平著作、学术活动和思想理论特色等,指出了他们在洛学传播、发展和完善中所起的重要作用,从而揭示了洛学发展的轨迹和方向。

在第九、十章,徐远和研究了洛学的心学化、闽学化问题,分析了张九成和陆九渊在洛学心学化过程中的作用以及罗从彦、李侗对理学在福建传播发展的贡献,并且探讨了朱熹作为闽学派代表人物集理学之大成的历史贡献。

在第十一章,徐远和讨论了金元之际二程洛学在北方的传播和发展问题,并对洛学北方传人赵复、郝经、许衡等人的理学思想进行了分析研究。

在第十二章,主要探讨了二程洛学的历史命运问题。徐远和认为:"洛学以其为封建制度永恒性、合理性所提供的理论论证,以其在理论思维上所达到的前所未有的高度及其进一步的发展(程朱理学),而被封建统治阶级选择为官方哲学,乃是一种历史的必然。但是,它一旦成为具有最高权威的官方哲学,长期在思想界占据统治地位,便成为历史的沉重包袱……同时,它又以自身的权威窒息、扼杀一切新思想的萌芽。"[1]

(三)《洛学源流》的主要特点

辛冠洁在为《洛学源流》所作的序言中,对该著给予了很高评价,认为该著是徐远和"多年来从事二程研究的心血的结晶",并说"徐远和同志为了撰写《洛学源流》是作了充分的资料的、思想的、学术的准备的。正是这种准备使《洛学源流》这部书写得比较丰满、充实,把一个非常重要的思潮里面的非常重要的学派解剖得清清楚楚。它必将给读者留下一个清晰而深刻的印象"。可以说,辛冠洁的评价是中肯的。

综观《洛学源流》,该书有以下特点。

一是宏观性。该著对整个洛学的源与流问题进行了综合把握分析,既探讨了二程洛学产生的时代背景和社会文化背景,分析了二程洛学及其后学的主要思想,同时又探讨了洛学的传播、影响和历史地位。把洛学在发展过程中的各个主要环节贯穿起来,整理出内在联系的必然性规律,给以全景式展示,利于从整体上理解洛学的思想内容和理论特征,同时也突出了洛学在宋明理学发展史上的重要地位和奠基作用。

二是科学性。该著运用实事求是的科学方法,对二程洛学的思想体系进

---

[1] 徐远和:《洛学源流》,齐鲁书社,1987,第379-380页。

行了充分研究和深入分析，特别是对于学派之间的学术斗争以及学派思想理论上的分歧问题，都能坚持马克思主义的基本原则，进行实事求是的评判。所运用的资料是严谨可信的，学术方面的准备是充足的。

三是创新性。徐远和在出版该著前，就已经发表了一些相关学术论文，广泛涉及二程的核心思想，提出了许多新的见解，成为《洛学源流》一书的主干内容，如理、气是二程洛学的本体范畴，以往学者多认为理是精神的，气是物质的，而作者则指出，二程洛学的理与气都不是单纯的精神实体或物质实体，而是都带有道德属性，这就从本体上论证了二程洛学是伦理型的哲学形态；如对二程圣人观研究，专设一章，这也是以往学者很少开辟专章进行研究的问题。徐远和着力从二程以前的圣人观、作为理想人格化身的圣人等方面，对圣人问题进行了广泛探讨，得出了很多精辟见解，富有创新性。

当然，《洛学源流》也有不足之处，如潘富恩在《评〈洛学源流〉》一文中所指出的，该书"在写洛学心学化、洛学闽学化之外，当补写洛学对南宋浙学的关系和影响，特别是以吕祖谦为代表的金华学派和以薛季瑄、叶适为代表的永嘉学派。揭示洛学传入浙江东南后的思想演变而产生独具风格的学派，如吕祖谦的祖先吕公著、吕希哲崇尚洛学，'归宿于程氏（颢、颐）'，为道学中重要人物，但又博采诸家之学，这一'家风'一直为吕氏家族继承和保持。吕祖谦承受洛学主旨，而又'不私一说'，所以他调和朱（熹）陆（九渊）而又吸取永嘉学派经世致用的功利思想，而形成了杂博著称的吕学"[1]。

二、潘富恩、徐余庆的《程颢程颐理学思想研究》

（一）潘富恩简介

潘富恩（1933—2023），浙江温州人。1955年复旦大学中文系本科毕业，同年留校任教转攻哲学，1956年到北京大学哲学系进修，师从张岱年。1980年晋升为副教授，1985年晋升为教授。曾任复旦大学哲学系哲学史教研室主

---

[1] 潘富恩：《评〈洛学源流〉》，《哲学研究》1988年第11期。

任、复旦大学哲学系学术委员会主任、中国哲学史学会理事、全国高校古籍整理委员会委员等。主要研究中国哲学、宋明理学。

潘富恩勤于学术研究，著作丰富，主要有《吕祖谦》《程颢 程颐评传——倡明道家 观理识仁》《吕祖谦评传》《程颢程颐理学思想研究》《中国古代认识论史略》《中国哲学论稿》《吕祖谦思想初探》等。

（二）《程颢程颐理学思想研究》的主要内容

该书是潘富恩与他的弟子徐余庆合著之作，关于这一点，潘富恩在该书的后记中有明确的说明，他说："从七九年开始，我给复旦大学哲学系开设《程朱理学研究》的专题课，当时就想在此基础上，对二程思想进行较为系统的阐述，但一直到今天才了却夙愿。我的学生徐余庆自复旦毕业后，十多年来仍不断问学于我，利用业余时间，致力于中哲史的研究。他曾在八四年协助我撰写了《吕祖谦思想初探》一书。尔后，又随我一起对二程的理学思想进行了全面的探讨。本书由我初步拟定写作提纲，徐余庆同志具体执笔，最后由我审阅、修改定稿。"[1]

传统儒学发展到宋代，遂演变为理学形态。这一理论形态的实际奠基人是程颢程颐兄弟，世称二程。尽管二程之前有宋初三先生对复兴儒学的大力倡导，又有周敦颐、张载、邵雍对理、气的讨论，但真正奠基理学的是二程，他们开创的洛学成为理学的基础理论形态。理学的重要范畴和命题，都是从二程开始才有了系统的阐述。换句话说，程朱理学的理论体系是二程兄弟创立的。尽管南宋时期朱熹集理学之大成，但基本的理学思想体系依然是二程创立的，朱熹不过是进一步周密系统化罢了。

本书是作者积多年研究心得而成，全书共分八章。

在第一章"二程的生平事迹及其主要经历"中，对程颢程颐兄弟的家世出身、生平事迹、学术著作等进行了综合研究，还原了二程的本来面貌。

在第二章"宋代理学产生、形成及二程与当时各学派之间的关系"中，

---

[1] 潘富恩、徐余庆：《程颢程颐理学思想研究》，复旦大学出版社，1988，第462页。

分析了理学产生的社会原因、思想渊源，探讨了理学的萌芽及先驱者的基本思想，研究了理学形成及二程与其他学派的关系问题。

在第三、四章研究了二程的经济思想和政治思想，认为二程吸收了王安石和司马光的两种对立经济思想中的部分因素，形成了自己独有的经济主张，如保民之道在以食为本、实行赈济、力穑厚生、轻赋宽役、使民以时等；政治上主张君权神授、能者在职、治蒙以刑、规过养德等。

在第五、六、七、八章，主要探讨了二程的思想，这也是本书的核心内容，包括二程的哲学思想、人性论、伦理说、修养论和教育思想。

《程颢程颐理学思想研究》是一部对二程思想进行详细深入研究的学术著作，香港中文大学王煜认为："对二程本身的钻研，以潘、徐《研究》最全面和精详。"[1] 这一评价充分肯定了《程颢程颐理学思想研究》的学术价值和理论意义。

另外，刘象彬1987年出版的《二程理学基本范畴研究》和卢连章1988年出版的《二程学谱》也是该时期对二程洛学研究的重要著作。特别是《二程学谱》，不但对洛学源流进行了辨析，而且还探讨了二程思想之异同，是研究二程的重要著作。公木在《中州学刊》撰文，对该著给予了较高评价，认为："该书是一部既具有资料性又带有研究性的综合著作，内容包括两大部分，即《二程学术思想年谱》和《二程思想述评》，各具特色。该《谱》除记述二程生平事迹、学术活动、师友往还等外，重点突出其学术思想发生和发展的过程，及其主要思想观点提出的时间、地点和历史背景，并均注明出处，以备查阅。再，该《谱》对二程死后直至1987年的八百多年间，历代统治者的封诰、评价，和围绕二程思想所进行的研究、争论以及二程著述出版情况等，也都有所记述。于此不但可对二程思想的发展过程及其对后世的思想影响一览无余，而且对沟通海内外研究信息和促进学术交流也卓有贡献。此外，该《谱》对旧年谱中的一些疏误也作了考订。其收录资料之多，涉

---

[1] 王煜：《评潘富恩、徐余庆〈程颢、程颐理学思想研究〉》，《复旦学报》（社会科学版）1991年第6期。

及范围之广与包容时间之长,均为他书所罕见。至于《述评》,也不同于一般史料分类编纂,而是在掌握大量资料和前人研究成果的基础上,运用马克思主义的立场、观点、方法,对二程思想所作的科学概括。文章除考察二程的生平、时代及思想渊源外,又特别注意了对二程思想的比较研究,从本体论、认识论、人性论和历史观四个方面,对二程哲学思想的不同性质都作了有理有据的论证。此外,对二程的辩证法思想,以及与周敦颐与张载的关系,和对以后朱、陆思想分野的影响,也都作了概括的论述。书后还附有《二程思想研究论文索引》,收集了自五四以来我国学术界(包括港台)研究论文八十余篇,为读者提供了方便。"[1]

从以上所引,可以看出卢连章的《二程学谱》对于二程思想研究也是作出了积极贡献的,但其风格与潘著不同,二者各有特色。

第三节 朱熹与陆、王思想研究

一、李之鉴及其《陆九渊哲学思想研究》

(一)李之鉴简介

李之鉴,1929年11月出生于河南封丘,1959年毕业于河南大学历史系,后执教于郑州大学政治系,1974年到中共新乡市委宣传部工作,1980年调入河南师范大学政教系。

李之鉴刻苦治学,笔耕不辍,发表学术论文近百篇,出版学术专著《陆九渊哲学思想研究》《孙奇逢哲学思想新探》《王安石哲学思想初论》等,与人合著出版《北宋哲学史》《中国宋代哲学》等。

---

[1] 公木:《述伊洛之源流 辨二程之异同——读〈二程学谱〉》,《中州学刊》1988年第5期。

（二）《陆九渊哲学思想研究》的内容和特点

李之鉴的《陆九渊哲学思想研究》于1985年由河南人民出版社出版，全书18万字，分十一章对南宋心学家陆九渊的哲学思想进行了探讨。第一章主要探讨了陆九渊的生平和所处时代，第二章主要探讨了陆九渊"心即理"的宇宙观，第三、四章主要探讨了陆九渊的直觉"本心"的认识论，第五章主要探讨了陆九渊的辩证法思想，第六、七章主要探讨了陆九渊的人性论、修养论和伦理道德观；第八章主要探讨了陆九渊"三代之法"终可复的历史观，第九章主要探讨了陆九渊对程朱理学和佛老百家及"邪说""异端"的批判，第十章主要探讨了陆九渊的社会政治思想，最后一章则分析评价了陆九渊心学的时代作用和历史地位。

该书出版后，对于改革开放初期的大陆学术界产生了较大影响。华哲尔（现天津师范大学博士生导师杨仁忠教授）在《河南师范大学学报》1986年第四期撰文《中国心学思想史研究的新成果——李之鉴〈陆九渊哲学思想研究〉略评》，对该著进行了分析和评价，认为该著是"中国哲学史研究领域的一个硕果"，具有以下特点。

首先，作者成功地运用和发展了具体分析和抽象概括相统一的方法，打破习惯思维框架，逻辑思维和非逻辑思维兼重。一方面把握总体，采取定性分析和模糊判断的方法，从具体中抽象出一般，从个别中概括出普遍，正确地掌握着分析评价的方向；另一方面，针对陆九渊表现于不同领域、不同问题上的思想，既不简单机械地下结论，又不教条搬用"一分为二"的定性依据，而是剔除其思想的互染联系，具体分类，然后从多角度、多层面进行定性及定量评判取舍，做到精确全面而不含糊片面。

其次，纯熟运用历史和逻辑相统一的方法。为了揭示陆九渊思想的生成环境、源流关系及实质，作者常引历史事实如陆九渊的政治实践、治学例证等进行形象描述，体现了陆九渊思想的生成发展与历史环境的关系；同时注重理论逻辑的继承和发展，追踪了陆九渊心学既以儒家为正宗兼采佛道，又融汇百家从而建构自己体系的过程，阐明了宋代儒释道思想合流的理论逻辑必然性。

二、邓艾民及其《朱熹王守仁哲学研究》

（一）邓艾民简介

邓艾民（1920—1984），1945年毕业于西南联合大学，曾任北京大学哲学系主任、北京市哲学会会长。主要从事宋明理学研究，特别是对王阳明思想有独到见解。

（二）《朱熹王守仁哲学研究》的主要内容

邓艾民所著《朱熹王守仁哲学研究》，于1989年由华东师范大学出版社出版。该著分"朱熹哲学研究"和"王守仁哲学研究"两大部分。

"朱熹哲学研究"分三章，在第一章"论朱熹的'格物'说"中，邓艾民主要讨论了朱熹格物穷理的方法论以及这种方法论的具体运用，同时，讨论了格物说方法论的形而上学性质。

在第二章"论朱熹太极说的历史地位"中，邓艾民阐述了朱熹对太极的描述以及体用一原、显微无间的思想，并且分析了朱熹的理一分殊说。邓艾民认为，"朱熹的太极说，吸取了中国古代唯心主义关于最高本体的各种学说，形成一个空前庞大的体系"[1]，"在中国哲学发展史上，朱熹的太极说是不可缺少的一环。他的理论中的自然主义、入世主义和人道主义，为后来的哲学家所发展，这些特殊的贡献在今天也仍然有参考的价值"[2]。但同时也指出了朱熹太极说的消极方面大于积极方面。

在第三章"朱熹与《朱子语类》"中，邓艾民对《朱子语类》中的哲学观点进行了分析，探讨了《朱子语类》在朱熹思想中的地位和作用，还就《朱子语类》与《四书集注》的关系以及《朱子语类》所体现的朱熹的经学思想进行了研究。

"王守仁哲学研究"分五章，在第一章"王守仁的一生"中，探讨了王

---

[1] 邓爱民：《朱熹王守仁哲学研究》，华东师范大学出版社，1989，第49页。
[2] 邓爱民：《朱熹王守仁哲学研究》，华东师范大学出版社，1989，第51页。

守仁的生平和政治社会活动，认为王守仁作为封建社会的圣人，知行合一，内圣外王，一扫宋以来理学家的迂腐气，在政治社会活动中表现出坚强的意志和极大的勇气，在思想发展中显现出创造性智慧，发展了儒家思想。邓艾民从历史唯物主义的角度，对王守仁给予了较高评价。

在第二、三、四章，对王守仁的哲学思想进行了综合分析，探讨了王守仁的唯心主义泛神论世界观、知行合一说、致良知说，并对王守仁的知行合一说进行了评价，认为王守仁提出知行合一说主要是为了解决道德问题，是为了建立他的伦理学说。知行合一说进一步肯定了人性的尊严和价值，为封建道德奠定了形而上学基础；同时，知行合一说作为一种认识论，其对知行相互关系的阐述，也比过去的理论前进了一大步，为王夫之唯物主义知行观开辟了道路。

邓艾民还列专章——第五章，对王守仁的四句教进行研究，探讨了四句教的提出、争论和特点，认为"王守仁的四句教将他的以致良知为宗的整个思想体系加以集中化和通俗化，将本体论和功夫论构成一个整体。他的体系虽然是唯心主义的，但却包含有辩证法思想。通过四句教，他将儒家的伦理学说变成简易的功夫，使人人易知易行；同时也给予伦理思想以哲学基础，将孔孟的思想提高到一个新的高度"[1]。

（三）《朱熹王守仁哲学研究》的特点

《朱熹王守仁哲学研究》是邓艾民的遗著，这一点在其生前同学兼好友冯契为该书所作的序言中有明确说明，冯契说："这是亡友邓艾民同志的遗著。艾民在病危之际给我写信，嘱我为他整理关于'王守仁哲学研究'的稿子。我后来请他的爱人左启华同志把艾民这几年来写的有关朱熹、王阳明的文章都寄给我，经过选择，编成了这一本《朱熹王守仁哲学研究》。"

按照冯契在序言中所说，这是一部尚未完成的著作，因为邓艾民于1984年8月辞世，计划中的"王守仁与朱陆佛道的关系""王守仁的教育哲学""王守仁的方法论""王学的分化与演变"等篇还没有动笔。至于"朱熹哲学研

---

[1] 邓爱民：《朱熹王守仁哲学研究》，华东师范大学出版社，1989，第227页。

究",从他残留的手稿来看,原来也计划要写十篇左右,而实际上写成的是本书所收录的三章。冯契还对《朱熹王守仁哲学研究》的特色进行了分析,认为有三个方面的显著特点。一是该书反映出作者掌握了非常丰富的资料,如强调要把朱熹本人著作和《朱子语类》作比较对照,要把《传习录》和王守仁的书信及其他著作联系起来考察,要注意他们的早期思想与晚年的差别,等等。这些都说明本书在资料的掌握和处理方面有独到之处。二是本书体现了百家争鸣的精神。作者在论述中敢于提出自己独到的见解,同国内外学者展开平等的自由讨论,如对太极本身是否能动的问题,提出和冯友兰不同的见解并展开讨论;对王守仁心学的泛神论性质提出了自己的独立见解,并对日本的久须本文雄、英国的李约瑟、美国的德巴里等人的说法进行了分析。三是颇能体现作者的分析精神,如讨论朱熹的格物说、王守仁的知行合一说和四句教等,其中许多段落分析得很细致,不仅提出新的见解,而且是"持之有故,言之成理",通过精深的分析和严密的逻辑论证来阐明自己的见解。

当然,冯契在充分肯定邓艾民对朱熹和王守仁哲学思想研究成果的同时,也指出了该书的不足之处,如对王守仁有所偏爱,个别提法未必精当。但瑕不掩瑜,邓艾民的这部遗著毕竟对宋明理学研究具有重要的引导借鉴作用,在理学思想研究史上,其地位是不容抹杀的。

三、杨国荣及其《王学通论——从王阳明到熊十力》

(一)杨国荣简介

杨国荣,1957年生于上海,浙江诸暨人。1988年获哲学博士学位,1988年1月至今在华东师范大学哲学系任教,系国务院学位委员会哲学学科评议组成员、中国哲学史学会会长、国际儒联理事、中国孔子基金会学术委员等。主要著作有《王学通论——从王阳明到熊十力》《善的历程——儒家价值体系的历史衍化及其现代转换》《心学之思——王阳明哲学的阐释》《理性与价值——智慧的历程》《存在的澄明——历史中的哲学沉思》《科学的形上之维——中国近代科学主义的形成与衍化》《史与思》《伦理与存在——道德哲学研究》《存在之维——后形而上学时代的形上学》等。

(二)《王学通论——从王阳明到熊十力》的主要内容

该著系杨国荣的博士论文,完成于1987年,1990年由上海三联书店出版,2009年由华东师范大学出版社再版。

《王学通论——从王阳明到熊十力》全书分七章。

在第一章"王学的兴起"中,探讨了王学形成的历史前提,认为王学是明代中期的社会历史状况与理学的逻辑演变双重作用的结果;分析了理学的演变与王学产生的关系,认为此一时期正统理学的系统化及其理论偏向和陆学之弊端促成了王学的发生。

在第二章"王阳明的心学体系"中,探讨了心(良知)的内在结构及其逻辑展开,分析了心的双重规定和良知准则论等;研究了致良知问题,认为致良知说贯穿王学的始终,把理性的自觉与德性的培养都看作一个以"行"为中介的"未有止"的过程,"从而在一定程度上克服了朱熹与陆九渊的非过程论思想,并对以后的哲学家产生了不可忽视的影响"[1]。

在第三章"致良知说的分化"中,首先探讨了王门后学王畿论现成良知和泰州学派的率见在之知,认为王畿与泰州学派将天赋良知归结为见在本体,并在此前提下,对本体的作用作了多方面的考察,后者还从一个侧面高扬了德性培养中的主体性原则。但在突出主体作用的同时,王畿和泰州学派又在不同程度上走向了理性主义的反面。其次探讨了先天本体的超验化与归寂以致知,主要分析了聂豹与罗洪先将致知与归寂联系起来的思想。归寂说将反观内听、绝物忘智作为返归寂然之本体的条件,因而具有某种神秘主义性质。归寂说向神秘主义的发展,可以看作聂豹、罗洪先把致知对象(良知)置于已发之知与感应过程之后的必然结果。再次探讨了本体与工夫问题,主要分析了王门后学中工夫派的思想,认为工夫派从不同方面对工夫的作用和

---

[1] 杨国荣:《王学通论——从王阳明到熊十力》,华东师大出版社,2009,第80页。

致知过程作了深入考察,将致知活动理解为工夫与本体相互作用的动态统一过程,既展开为个体认知的提升,又表现为类的认识之历史进展。

在第四章"志(意)知之辨的演进"中,探讨了泰州学派的唯意志论倾向、黄绾以"志道"对"惟意而出"的否定、胡直对唯意志论偏向的批评以及刘宗周论意知关系等。

在第五章"从良知说到童心说"中,探讨了从良知说到童心说的转变,分析了李贽童心说对传统名教的多方面冲击,认为童心说将王学引向了异端之学,使其走向了王学的反面,既体现了理论演变的内在逻辑,又打上了晚明社会的历史烙印,对明清之际的思想家黄宗羲产生了重要的影响。

在第六章"王学的终结"中,探讨了黄宗羲的思想,认为黄宗羲在深入反省、总结宋明思想史与自觉把握时代脉搏的前提下,从心与物(气)、工夫与本体、个体与整体等关系上,对王学作了系统改造,最终使王学终结。

在第七章"历史的余响:王学与中国近代哲学"中,分析了王学对中国近代哲学发展的影响问题。

(三)《王学通论——从王阳明到熊十力》的研究特点

《王学通论——从王阳明到熊十力》是杨国荣的博士论文,其导师系著名哲学家冯契。杨国荣是冯契的得意门生,也是冯先生弟子中学术成就最高的。冯契在为该著所作的序言中对该著给予了高度评价,认为该著主要有三个特点,一是对王学的内在结构及其在后学中的历史展开过程作了深入分析,从而揭示了王学融合普遍之理与个体意识及其肯定本体(良知)与工夫(致良知)之统一这一极为重要的理论特质。二是由对王学体系内在矛盾的揭露,进而说明王门后学的分化,着重考察了志(意)知之辨的演进,并讨论了王学在中国哲学近代化中的双重作用等。三是作者比较充分地掌握了第一手资料,参考了前人和时贤,包括海外学者的大量研究成果,加以评析、融合,进而提出自己的见解,因此本书既具有较广的理论视野,又能在许多环节上作深入的微观考察,是一部既有广度又有深度的理论著作。

此外,董平于《浙江学刊》1992年第2期发表的《读杨国荣著〈王学通论〉》一文,也对该著给予了中肯而客观的评价,他从《王学通论——从王阳明到熊十力》中,"感受到了一股理性的睿智与清新气息",认为该著突破了一般以人物为纲的哲学史叙述方法,而改以问题为纲,这就使某一思想或哲学命题之历史演变的轨迹变得清晰起来,同时又避免了在某种意义上以人物为纲的叙述方法所不易避免的某些非相关性理论的介绍或铺陈,从而使得全书结构紧凑。另外,该著的学术眼界较为开阔,既以马克思主义为其一般研究的指导思想,而且对某些具体问题的阐述,又相当注意运用比较方法就该命题的内涵与中外哲学史进行纵向与横向的比较研究。这不仅显示了作者具有较为深厚的哲学理论素养,而且这种比较往往使其理论阐述的层次获得深化,同时又对读者有某种理论启发作用。

第四节 其他诸家的综合研究

一、蒙培元的《理学范畴系统》

（一）《理学范畴系统》的主要内容

《理学范畴系统》是蒙培元继《理学的演变——从朱熹到工夫之戴震》之后又一部关于理学研究的著作,于1989年由人民出版社出版。蒙培元之所以研究理学范畴系统,他在该书后记中有说明,他说:"因为中国古代哲学范畴,历来被认为是笼统模糊而缺乏明晰性和确定性,理学范畴作为传统哲学范畴的最后总结和完成,虽然具有丰富的内容,但也逃脱不了同样的命运。何况,理学中有不同派别,各派之间又有不同体系和特点,究竟有没有一个统一的理学范畴系统?这个系统有什么特点?提出和讨论理学范畴系统这样的问题,有何意义?这又成为我考虑最多也费时最久的一个问题。我认为,如果能在这个问题上有所突破或前进,对于进一步深入研究中国传统思想文化及其思维特征,将不无益处。我就是抱着这样的目的开始进行研究的。"[1]

---

[1] 蒙培元:《理学范畴系统》,人民出版社,1989,第529页。

《理学范畴系统》共分四篇，在第一篇"理气部分"中，主要探讨了宇宙论与本体论范畴，如理气、道器、太极阴阳、理一分殊、神化、一两、形上形下和体用等。

在第二篇"心性部分"中，主要探讨了人性论与人生论范畴，如性命、心性、天命之性和气质之性、性情、未发已发、道心人心、理欲等。

在第三篇"知行部分"中，主要探讨了认识论和方法论范畴，如知行、格物致知、德性之知、见闻之知、涵养省察和敬静等。

第四篇"天人部分"是完成篇，主要探讨了天人合一、心理合一、诚、仁、乐等。

（二）《理学范畴系统》的特点

蒙培元所著《理学范畴系统》是国内第一部系统研究理学范畴的专著。它以39万余字的较大篇幅，研究了理学发展史上的二十多对范畴，建立起了一个完整的理学范畴系统，是一部有着重要学术价值的哲学思想史论著。邵显侠在《哲学研究》1990年第4期撰文《读〈理学范畴系统〉》，对该著进行了分析评价。他认为该著内容丰富，创见迭出，特色鲜明，表现出以下特点：

一是自觉地运用逻辑与历史相统一的原则，全面系统地清理了理学范畴，并揭示了一个完整的理学范畴系统。如在全书的总体结构和内容安排上，作者本着这一原则，将全书分为"理气部分""心性部分""知行部分""天人部分"，具有科学性和合理性。同时，在对每一部分的每一对范畴进行论述时，也充分注意了范畴的逻辑内容与其历史的相统一。在此基础上，作者建立起了理学范畴发展的完整的逻辑系统。

二是从范畴本身的特点出发，着力探讨并揭示了理学范畴的逻辑运动、逻辑关系及存在于关系之中的特有属性。这是本书的又一独特之处，也是它不同于一般的范畴史论著的优胜之处。作者不是对范畴作孤立、静态的研究，而是着眼于范畴的运动、发展与逻辑联系。同时，也正是这些范畴的相互联系，展现了理学思维的基本特征。作者认为，这是理学范畴论的重要特点。从这一特点出发，作者将成对范畴作为理学范畴系统的基本要素，并着力考察了它们在整体系统中的运动、在运动中的逻辑关系及存在于关系中的特有属性,从而真正揭示出了理学思维发展的逻辑轨迹。

三是突出中心与重点,并从对中心、重点的论述中把握系统整体,彰显出理学范畴的实质及思维特征。心性论是中国古代哲学特别是理学的重要问题,但国内的研究却比较薄弱。因此,本书在这方面取得的成绩尤为可贵。在"心性部分"中,该书不仅从总体上分析、论述了理学心性论的意义和特点,而且通过"心性""天命之性""气质之性""性情"等范畴,从伦理、认识、心理等各个角度全面研究了心性问题,并指出理学心性论从根本上说就是道德形上论。这样的论述既是对心性论研究的深化,又突出了理学的实质。

邵显侠对蒙培元《理学范畴系统》的分析和评价是中允客观的,的确揭示了这本著作的基本特征和学术意义。王葆弦亦评价该书"兼有哲学著作与哲学史著作的优点,解决了中国传统文化与哲学中的若干重要问题"[1]。

在此附带说一下,蒙培元所著《心灵超越与境界》,亦是在学术界影响较大的学术著作,该著于1998年由人民出版社出版,全书34万余字,分五编进行研究,其中第四编"理学论",主要探讨了宋明理学问题,如程颢的万物一体说、朱熹的心与理一说、王阳明的良知与境界说、王畿的无善无恶之境、刘蕺山的功夫境界说等。

二、葛荣晋的王廷相研究

(一)葛荣晋简介

葛荣晋(1935—2023),河南济源人。1960年毕业于中国人民大学哲学系并留校任教,1992年创办中国实学研究会并任会长。1993年被国家评为有突出贡献的中青年专家,享受国务院政府特殊津贴。兼任中华孔子学会副会长、国际儒学联合会理事、中国孔子基金会理事兼学术委员等。主要从事中国哲学和东亚实学研究,发表学术论文多篇。主要学术著作有《王廷相生平

---

[1] 王葆弦:《读〈理学范畴系统〉》,《哲学动态》1990年第10期。

学术编年》《中国哲学范畴史》《王廷相和明代气学》《儒道智慧与当代社会》《中国哲学范畴通论》《儒学精蕴新释》等。

（二）葛荣晋的王廷相研究

1.《王廷相生平学术编年》

葛荣晋所著《王廷相生平学术编年》，于1987年由河南人民出版社出版。唐宇元于《社会科学》1987年第6期撰文《一部独具匠心的学术论著——读〈王廷相生平学术编年〉》，对该著给予了积极评价，认为"葛荣晋同志匠心独运，他在吸取我国以往史学中纪传体编年、学案体和纪事本末体的优良传统的基础上，加以变通运用，自成一体，而颇具特色"。

首先，该著不像以往的编年著作那样，只是孤立地编撰王廷相的生平学术，而是把他置于当时政治、经济、学术的历史背景之下，精选明代史料作为典型的社会环境，然后编入王廷相一生的政治、哲学、文学等学术思想的成长和变化。这样，读者能够从历史的整体看出王廷相的历史地位。该书将王廷相一生的政治和学术思想，熔铸一体，完整而又丰满。因此，这部著作不仅对王廷相的研究作出了贡献，而且从史学的编年体例来说，也具有创新的意义。

其次，葛荣晋对王廷相的遗著做了大量的考订工作，这对于研究王廷相的生平和学术思想是极其有益的。在这些考订中，有的是要参看多方面的史籍，有的是要从王廷相文章中的内容入手再结合时人的文集对勘。正因为葛荣晋狠下了这一番功夫，才得以搞清楚王廷相遗下的不少疑难问题。因此，该书具有较高的科学性，使研究者能确切地了解王廷相思想演变的轨迹。

最后，葛荣晋在撰写该书时采取的是实事求是的科学态度。例如，王廷相主张清政的奏札、与阉宦作斗争的资料、秉直断狱的案例等，俱摘要编入，说明王廷相是一位主张改革、正直清廉的政治家。但葛荣晋也辑入了王廷相坚决镇压兵变和农民起义的史实。在学术思想方面，葛荣晋既按年编列王廷相的唯物主义哲学思想及著作情形，也摘编他维护封建伦理纲常的论说和某些唯心论、形而上学，这些看起来是矛盾的，但这对于王廷相这样一个具体的历史人物来说，却是协调的、真实的。

唐宇元认为："总的来说，《编年》是一部有较高水平的学术著作，它不仅对于研究王廷相这一重要历史人物的思想具有重大意义，而且在这部《编年》中，编著者对王廷相多方面成就的综合编制，对大量疑难资料的疏理和考订，以及实事求是的历史唯物主义的科学精神，等等，这些对于我们今后大量编著《编年》来说，也具有启发的意义，值得学者一读。"

2.《王廷相和明代气学》

葛荣晋所著《王廷相和明代气学》，于1990年由中华书局出版。

该书的显著特点是从学术思潮的发展中去把握王廷相的思想，认为程朱理学体系中包含着理本论与气化论的矛盾，即"析理与气为二物"的矛盾。这个矛盾内在地决定了程朱理学必然向两个方向分化：或是向左移向唯物论，或是向右转向主观唯心论。王廷相深刻剖析了朱熹哲学中"析理与气为二"这一矛盾，从中剥出"气为物本""理不离气"的合理思想，回到了张载的"气—物—气"的图式。从张载到程朱，再到王廷相，恰好经历了一个否定之否定的过程。

王廷相的辩证法思想向来被人们忽视，而该著则设置专章进行论述，指出王廷相既讲气本，又讲气化。王廷相在肯定气具有客观实在性的同时，又肯定气具有内在运动性，认为气是一种流动的物质实体。由气构成的宇宙并非寂然不动，而是一个生生不息的气化过程。王廷相的气化论，包含有丰富的辩证法思想。

《王廷相和明代气学》认为王廷相的气学思想不是一种孤立的、偶然的现象。在明代中叶有一个以王廷相为代表的气学学派，这个学派主要是由王廷相及同时代见解相通的韩邦奇、黄绾、杨慎等人组成。他们以气学为武器，从不同方面展开了对宋明理学和佛老"异端"的批判，深深影响了明代后期哲学思想的发展走向。吴廷翰、高拱等都继承了王廷相的气学思想。

姜国柱在《孔子研究》1990年第4期撰文《评〈王廷相和明代气学〉》，对该著给予了较高评价，认为该著思想明确，论述精当，全面深刻，观点新颖，资料翔实，论述充分，独辟蹊径，突出气论，"堪称补白之力作"。

三、陈俊民、程宜山的张载研究

（一）陈俊民、程宜山简介

陈俊民，1939年出生，陕西华阴人，1964年毕业于陕西师范大学。曾任陕西师范大学副校长、出版社社长兼总编辑等职。1989年受聘为浙江大学哲学系教授，2000年回陕西师范大学筹建中国哲学博士点。兼任中华孔子学会副会长、陕西省中国哲学史研究会会长等。长期致力于宋明理学、中国哲学史方法论等的研究，多次应邀赴美国、德国、日本等国访问讲学，或出席国际学术会议。发表论文60余篇，出版学术著作多部，主要著作有《张载哲学思想及关学学派》《三教融合与中西会通——中国哲学及其方法论探微》《张载关学的历史重构》等。

程宜山，湖南浏阳人，系张岱年晚年的弟子，著有《中国古代元气学说》《张载哲学的系统分析》《中国文化与文化论争》等。

（二）陈俊民的《张载哲学思想及关学学派》

陈俊民所著《张载哲学思想及关学学派》，于1986年由人民出版社出版。陈俊民在整理分析关学典籍的基础上，运用历史与逻辑相统一的原则和方法，着重探讨了宋明理学思潮中关学学派的形成、发展和终结的历史过程，剖析了张载哲学的基本内容及思辨逻辑，以求把握这一学派思想的显著特征及其与整个理学思潮发展的共同趋向。

（三）程宜山的《张载哲学的系统分析》

程宜山所著《张载哲学的系统分析》，于1989年由学林出版社出版。全书11万字，可谓短小精悍。该书功力扎实，反映了当时张载哲学研究的最新成果。相比之前关于张载哲学研究的其他论著，程宜山的《张载哲学的系统分析》有以下几个特点。

第一，作者突破了传统的唯物和唯心两大阵营以及宇宙观、认识论、方法论、历史观的理论方法的束缚，引进了范畴分析和系统分析等新的科学方法。作者认为，张载哲学的内在逻辑系统可以从张载的主要哲学著作《正蒙》

的逻辑结构中概括出来。《正蒙》基本的展开顺序是讲天道、人道再讲认识修养之道，也就是说，张载哲学大体上由天道观、人道观、认识修养学说三部分组成。由于天道观与人道观是紧密结合在一起的，因而这三部分亦可视为两大部分，即关于道德本体、正确的人生过程的学说与关于认识、道德修养、道德实践过程的学说，或曰关于本体的学说和关于功夫的学说。又由于功夫在张载看来是一个复返于人的本性的过程，因此，它和"存神顺化"的正确的人生过程是同一个过程。说到底，张载哲学是关于包括自然与人生的宇宙总过程的系统学说。把握住了这一点，也就把握住了张载哲学的固有脉络和条理系统。

第二，对张载哲学中许多容易引起误解的地方作了深入细致的梳理辨析，如张载哲学中关于"诚明所知"和"德性所知"的关系。程著认为二者的区别有三：一是"诚明所知"即天德良知，这种"知"是建立在"仁智合一""性与天道合一"的已成之性的基础之上的，是圣人所具有的知识。"德性所知"是思而得、勉而中的，"诚明所知"则是不思而得、不勉而中的。二是"诚明所知"包括有关于神化的完备知识，"德性所知"则不包括这种知识。三是"德性所知"是有知而有所不知，而"诚明所知"是仁智合一、性与天道合一，是圣人之性中固有的良知良能，所以它是"无不知而无知"的。这里所谓"无知"，是指以一种无知的形式出现，只有被人询问时才将虚实二端结合起来，表现出有知。这里的所谓"无不知"是知识完备之意，圣人穷神知化，周万物而知，达到了知识的最高水平。

第三，提出了许多值得重视的创见。程宜山认为，张载哲学的基本精神是朴素唯物主义的气一元论，但在这种唯物主义的哲学中又具有明显的一元二重化的倾向。如在宇宙的构成上，张载提出了"太虚"与阴阳合而为三的"天参"学说。从"太虚"与阴阳二气均出自"太和"来看，它不违背气一元论的原则，但张载又认为"太虚"是气的本然状态，阴阳二气与"太虚"本然之气相比，只是一种变化的"客形"，这样，"天"便被二重化了。程著中诸如此类发前人之所未发的独到见解还有许多，它有助于推进张载哲学研究的深入开展。[1]

四、姜广辉的颜李学派研究

(一)姜广辉简介

姜广辉，1948年5月生，黑龙江安达人。1978年至1981年在中国社会科学院研究生院历史系学习，师从侯外庐主修中国哲学史。毕业后留在中国社会科学院工作。自2007年起受聘湖南大学岳麓书院教授、博士生导师。1994年获中国社会科学院有突出贡献中青年专家称号，1995年享受国务院政府特殊津贴。主要著作有《颜李学派》《中国文化传统简论》《理学与中国文化》《走出理学——清代思想发展的内在理路》等。

(二)《颜李学派》的主要内容和特点

姜广辉所著《颜李学派》于1987年由中国社会科学出版社出版。该著是当时国内唯一一部对颜李学派进行全面研究的著作，出版后引起了学术界的较大关注。邱汉生在该著序言中，对其内容和特点进行了评述，言简意赅，极为精当，现摘录如下：

> 《颜李学派》是广辉新写成的著作，他多年研究颜李学派，大量阅读明末清初的经注、史著、文集及丙部之书，从中探索颜李学派的根株花叶，以求把它研究清楚。这种研究态度值得称许。全书将近二十万言，论述颜元、李塨、王源、程廷祚等的学术思想，追溯颜李学派的渊源，下及颜李学派对后世的影响，又辑集近代学者对颜李学派的褒赞讥评，务尽曲折……对一个学派，作详尽的论述，如广辉同志所作的那样，则并不多见……
>
> 《颜李学派》一书，论述的重点是学派的创始人颜元的思想。全书以百分之五十以上的篇幅论述颜氏，约八万余言。其言有曰：颜氏的思

---

[1] 马涛：《条分缕析 抉幽阐微》，《中国社会科学》1991年第3期。

想是宋明理学的对立物，提出"以实药其空，以动济其静"，批评理学的佛老因缘。提出"舍形无性"，"践形尽性"，批评理学分离形神关系的形而上学思想。提出"见理于事"，批评理学事理问题上的唯心主义思想。提出"浮文是戒，实行是崇"，批评理学在教育思想上的空虚不实。对颜氏的政治社会思想，如平均土地、兵农合一诸端，也实事求是地作了叙述和评论。这样就使人得以全面地了解颜氏的学术思想，论断其得失，从而对提高思维能力和思想水平有所助益。

四库全书的编纂者认为颜元的思想源于王学，广辉辩驳了这种没有根据的猜测之辞，在用事实论证之后指出颜氏之学乃与胡瑗、王安石、陈亮有渊源。这虽不是创获，但其实事求是的笃实学风却是可贵的，非架空立论及持畸辞怪说者所可企及。

《颜李学派》一书的王源章、程廷祚章写得十分精采。读了王源军事思想、经济思想等节，感到作者的研究领域相当宽广，目光的敏锐尤令人叹服。这些章节使全书生色不少。

颜李学派的创始人颜元……有人则诟为不过拾理学的唾余。广辉此书，知人论世，不为虚言。把颜李之学放到当时的历史条件下考察，还其本来面目。珠玑瓦砾，布帛粟菽，一如其初。不作随心所欲的崇饰或毁损。这就为今后研究颜李之学提供了良好的凭藉，在学术思想史研究工作中做出了贡献。

第六章
五彩缤纷的文化盛宴：1991—1999

20世纪80年代末至90年代初的东欧剧变,影响了世纪历史的进程,在国际共产主义运动遭受巨大挫折的时期,中国社会也发生了重大变化。为适应时代的变迁,在党和政府的推动下,中国改革开放的步伐毅然前进着,并且日益加入世界市场的竞争之中。在这一历史情境中,中国的思想文化界也发生了巨大变化。中国的教育和学术制度开始逐渐与西方接轨,知识分子开始转向职业化的知识运作方式,并努力反思自身所从事的文化运动与中国历史的关系,一定程度上掀起了国学研究的热潮。1991—2000年,这是宋明理学研究多样化时期,这一时期的研究是多样性与统一性、历史性与逻辑性、普遍性与精深性的融合,从而使宋明理学研究呈现出精彩纷呈的局面。

以朱熹研究为例,这一时期出版的著作有韩钟文的《朱熹教育思想研究》、吴长庚的《朱熹文学思想论》、潘立勇的《朱子理学美学》、张立文的《朱熹评传》、蔡方鹿的《朱熹与中国文化》等。另外,束景南的《朱子大传》则从文化学的视角对朱子思想的形成作了全面、深刻的阐述。在对朱子思想资料的搜集、整理等方面,四川教育出版社于1996年出版了由郭齐、尹波点校的《朱熹集》。这些都大大方便了朱子学和宋明理学的进一步深入研究。

第一节　朱子学研究

一、陈来及其《朱熹哲学研究》

（一）陈来简介

陈来，1952年生于北京，祖籍浙江温州，1981年北京大学哲学系研究生毕业，同年留系任教。1985年北京大学哲学系博士研究生毕业。1986年任北京大学哲学系副教授，1990年任北京大学哲学系教授，2009年任清华大学哲学系教授。兼任中国哲学史学会会长、教育部社会科学委员会委员、全国古籍整理规划小组成员、国家社会科学基金项目学科评审组专家、国家出版基金评审专家等。

主要研究方向为儒家哲学、宋元明清理学、现代儒家哲学，其研究成果代表了目前本领域的领先水平。主要著作有《朱熹哲学研究》《朱子书信编年考证》《有无之境——王阳明哲学的精神》《宋明理学》《古代宗教与伦理——儒家思想的根源》《陈来自选集》《朱子哲学研究》《现代中国哲学的追寻——新理学与新心学》《中国近世思想史研究》《诠释与重建——王船山的哲学精神》《传统与现代——人文主义的视界》《东亚儒学九论》《宋明儒学论》《回向传统——儒学的哲思》等。

（二）《朱熹哲学研究》的主要内容和特点

《朱熹哲学研究》是陈来在北京大学哲学系攻读博士学位时，在导师张岱年的指导下完成的博士论文，由中国社会科学出版社于1988年出版，全书28万余字，分理气论、心性论、格物致知论和朱陆之辩四个部分，对朱熹哲学思想进行了综合全面研究。第一部分主要探讨了理先气后说、理气动静说、理一分殊说和人物理气同异问题；第二部分主要探讨了朱熹的心性论，如已发未发、性之诸说、心之诸说、心统性情说；第三部分主要讨论朱熹的格物致知说，如格物与致知、格物与穷理、知与行等；最后一部分讨论了朱陆之辩问题，对朱熹、陆九渊的学术论争进行了深入细致的梳理，并分析了二者哲学思想之异同。

《朱熹哲学研究》是陈来的成名作，该著出版后，在学术界产生了很大影响，受到了学界同人的高度评价。陈荣捷专门撰写了书评，对该著给予了高度评价，现将书评内容全文转录如下：

此书是陈来在北京大学哲学系张岱年教授指导之下完成的博士论文，经中国社会科学博士论文文库编辑委员会精心审查而印行出版。全书分四大部分，即理气论、心性论、格物致知论与朱陆之辩。我认为，如是水平之高的博士论文，中国外国不多见也。

此书之优点有三：叙述完备，分析详尽，考据精到。叙述方面，理气论分别讨论理气先后，理气动静，理一分殊，人物理气同异。心性论分别讨论已发未发，性之诸说，心之诸说，心统性情。格物致知论则包含格物与致知，格物与穷理，知行问题。叙述朱陆之辩，第一章为鹅湖之前的朱陆思想，第二章为朱陆之辩的历史发展，第三章为朱陆哲学主要分歧。全书秩序井然，毫无赘语。

由此书目录，一望而知作者有所选择，除朱陆之辩的历史发展之外，似乎专意哲学。张岱年序谓："朱氏的历史观，道德论，政治思想，还未及作全面论述"。即使在哲学定义之下，仁、命、天理人欲、道器、鬼神等哲学思想，均未深入讨论，有之亦顺及而已（如131页之命，125—127页之仁，183页之天理人欲）。将朱熹哲学与西方哲学比较，只提柏拉图、笛卡尔、康德与莱布尼茨（263—265页），而不及亚里士多德、斯宾诺莎与圣托玛斯。张序谓其"有待于今后的补充"。陈来之能负此任，决无可疑。

理气先后，陈来以为是朱子理气哲学之核心问题。学者对此问题，异说纷纷。陈来于此特别注意。不只以理气先后居首，而且篇幅特长，近30页，比其他理气问题多达两倍以上。照陈来看法，朱熹的理气先后

第六章　五彩缤纷的文化盛宴：1991—1999

思想经历了复杂的演变过程。早期之《太极解义》（1170—1173年）以理来规定太极之内涵，此时从本体论立场出发，尚无理先气后之说（6—9页）。南康时期（1179—1181年）仍主理无先后（10页）。甲辰（1184年）与陈亮辩，有"道之常存"之语，此道（即理）之永恒性的思想成为朱子理在气先说形成中的一个环节。《易学启蒙》（1186年）直谓"象数未形而其理已具"，已包含有理先气后的思想（17页）。朱陆太极之辩（1188年）更提供了刺激（12页）。守漳（1190年）乃有理能生气之说（20—21页）。至潭州时期（1194年）产生了新的演变，即谓若从逻辑推论，则理在气先（24—25页），此新论与早年理气无先后之说显然有矛盾（27页）。

陈来此说，足以补冯友兰等学者逻辑推究说之不足；从朱子思想之历史演变分析理气先后问题，以前从未见有如是之详密者。陈氏之论，自可备一说。《语类》讨论此问题，皆是漳州以后之事，可以印证。然予尚有一说，可资参考者。朱子在淳熙十五年（1188年）二月始出《太极图说解》以示学徒。是年即有朱陆太极之辩。故漳州（1190年）以后门人诸多讨论，所问不只理气先后问题，而亦包括其他太极为理，物物有太极，理气动静，人物理气同异等等，从《语类》问答可以见之。朱子素来主张理气无先后，与推论则理在气先之思想并无冲突。不过因发表《太极图说解》之故，加以太极之辩，门人疑问，故有推究之论而已，非所以谋矛盾之解决也。

讨论太极动静，指出太极含动静是从本体之微上说，太极有动静是从流行之著即用上说（32页）。如是一方面可以保全周敦颐太极可动之思想，而同时又可以保全朱子本人太极是理而理不动之思想。此处分析清楚，可谓善于观察。谈理一分殊，则分论用之以论证宇宙本体与万物之性的同一性，论证本原和派生的关系，论证普遍规律与具体规律的关系，论证理与事物的关系。分析细微，为以前所未见。关于人物同异，于朱子思想并不清楚处，从各角度进行批判（61—63页），也至为详尽。

陈来讨论朱子心性涵养省察之见解，亦从朱熹思想之进展方面观察。由杨时、罗从彦与李侗之遗训，而经与友人蔡季通（蔡元定）参究（丙午之悟，1166年），访张栻讨论（湘湖之行，1167年），与湖南诸公书（己丑之悟，1169年），而达到其主敬穷理之主张。言心则以之为有体有用，贯乎已发未发，主乎性情。此种主张，可见于其《知言疑义》及《仁说》。心统性情，其具体意义，亦详加分析（172—185页）。陈来以为朱子在《知言疑义》中通过自己的途径得出心统性情的思想（119页）。盖朱子欲改胡宏《知言》"心以成性"之言为"心统性情"，而张栻将此改为"心主性情"也。此说与普通以"心统性情"来自张载，大异其趣。如此说可信，则的确是创见。陈来谓张子"心统性情"之语，不见张子《语录》（119页），未得其详。今见《张子全书》卷十四《性理拾遗》，则见诸《性理大全》也。朱子亦解"统"为"统兵之统，言有以主之也"（176页引《语类》）。推陈来之意，非谓朱子不知横渠（张载）此语，盖《近思录》明以此语归横渠，而谓朱熹因"心以成性"之言而悟心主性情之说。

在此讨论之中，考定"人自有生"四书为中和旧说，答何叔京"昨承不鄙"与"人自有生"四书同时，答何叔京书作于丙戌（1166年），答张栻四书作于丙戌与丁亥（1167年）（100—104页）。此为全书之出类拔萃者。陈来另著有《朱子书信编年考证》（上海人民出版社1989年出版），将朱子二千许书札断定年期，数量之多，考据之实，远出乎王懋竑《朱子年谱》与钱穆《朱子新学案》之上。

在讨论格物致知部分，作者特别推崇李侗，以朱熹在《壬午封事》中大倡《大学》格物致知之道为受李侗影响（190页）。更考定《大学章句》年期，且批评朱子分经传为孔子之言与曾子之述为无实据（202页），又谓以"格"为"至"为无理（210页）；分致知之知为知识之知与能知之知（211—212页），分析物格与格物之不同（214页），豁然贯通须经长期积累，故不可与禅宗"顿悟"同日而语（231页）。凡此皆精明之论，为以前研究朱子所罕见。至谓朱子格物致知之论，是以延平（李侗）说为经，伊川（程颐）说为权（239页），则有商榷之余地。据朱子自述，自十五六时知读《大学》而不晓格物之义（《文集》卷四十四，答江德功第二书）。理一分殊之说，固得于李侗，而亦得于程颐。补传直言"窃取程子之意"。训"格"为"至"，步履程子。"即物穷理"与"以类推之"之说均源自伊川而非延平。延平曾谓"理不患其不一，所难者分殊尔"。此点或为陈来所强调，然伊川亦曾谓一草一木皆须格。大抵延平格物之教重在涵养，伊川之教重在知识。陈来为经为纬之意，或即指此。学者归功于延平理一分殊之教，但从未见归功于格物。陈来改正此点，实为一大贡献。同时亦应归功于伊川，乃公平尔。

讨论朱陆之辩，陈著最见精彩，分析鹅湖之前朱陆思想，尤具特色。据朱子《杂学辨》与致张栻、石子重等书中所言，说明鹅湖以前，朱子对陆象山立下"发明本心"与"圣人之学可不由读经而达"等鹅湖主题，早已立定意见（271—280页）。学者通常以陆主尊德性，朱主道问学。陈来则以"二人对'尊德性''道问学'的理解并不相同。陆以尊德性即是存心明心，是认识真理的根本途径，道问学只是起一种辅助巩固的作用，而在朱熹看来，尊德性一方面要以主敬养得心地清明，以为致知提供一个主体的条件……认识真理的基本方法是'道问学'，'尊德性'则不直接起认识的作用"（331页）。陈来强调二人为学方式不同，谓"朱熹主要是从陆学的一些外部特征、为学方式、修养风格上与禅学类比，并不是从内在的本质上来理解双方的差异"（332页）。此点或是过言。朱子批评禅家作用是性，不遗余力，亦即批评象山。无论其理论是否正确，其从内在的本质上立论，则无可疑也。陈来对于朱陆之分歧，并不侧重"性即理"与"心即理"之分（338页），或客观唯心与主观唯心之别（339页），而在其为学方法之不同。此观点与众大异，实足以打开研究朱陆异同之新区域。然陈来亦指出朱子分心性为二，陆氏则以之为一（341—342页），又指出朱子以生下来便有气质，陆子则本心纯洁。此亦是从内在的本质上立论。然"总起来看，朱陆之争的主要分歧，不是本体论的，而是人性论的、伦理学的、方法论的"（352页）。

关于鹅湖之会，有数点可以补充或改正者。陈来据《东莱年谱》，以淳熙二年乙未（1175年）四月二十一日如武夷（284页），然吕氏《入闽录》云："三月廿一早发，四月初一至五夫里访朱元晦（朱熹），馆于书室"。《入闽录》为吕东莱本人日记，当然可信。大概年谱误以《入闽录》之三月廿一为四月廿一尔。武夷山六曲响声岩石刻，乃朱、吕编《近思录》后赴鹅湖之集游览武夷山之遗迹，其中九名"皆当为鹅湖会议的参加者"（287页）。此一假设，确是新见，然只是推测而已。其中以张元善为浙江学者，则偶尔失检。盖张元善即詹元善，福建人，朱子弟子。初后其舅为张氏，既复为詹氏（参看拙著《朱子门人》，台北学生书局1982年版，第284页）。朱子祭陆子寿文云："出新篇以示我"。陈来以是为《传心诗》（295页），然《传心诗》既已于鹅湖会议之初诵出，不为新篇，疑是别为一文。又陈来以朱子和陆子寿诗为在铅山之作（295页），然鹅湖之集至铅山再会已是前后五年，何得云"别离三载更关心"？王懋竑谓"盖鹅湖之会在乙未，铅山之访在己亥，中间隔丙申丁酉戊戌三年，故曰三载"（《朱子年谱考异》淳熙六年）。此说太牵强，朱子何不直言"五载"耶？陈来盖沿一般学者，以铅山三载和诗。此虽小节，严密之学者如陈来，不必随声附和也。[1]

《朱熹哲学研究》于2000年以《朱子哲学研究》之名由华东师范大学出版社再版。再版时，陈来又增加了前论中的"朱子与三君子""朱子与李延平"、本论部分的心性论中之"心说之辩"和一个附录，使得他的朱子哲学研究臻于完善。《朱子哲学研究》出版后，复旦大学潘富恩于《孔子研究》2001年第6期发表《朱子学研究史上的新突破——评陈来〈朱子哲学研究〉增订本》，对新版著作进行了评价，认为该书的重要贡献之一，"是重视依据时间的发展，考察思想家心路历程的历史方法，清晰地勾勒出朱子思想演变的轨迹，由此对朱子学研究中，有关朱子思想前后矛盾复杂现象的诸多疑难问题得到确实有据的解决，为朱子学研究的发展道路上排除了障碍"；该书

---

[1]　陈荣捷：《读〈朱熹哲学研究〉》，《中国社会科学》1990年第6期。

的重要贡献之二,是"对朱子哲学中的哲学命题和哲学范畴,注意其本身的复杂性,其内容上都具有多方面、多层次的不同含义,体现在对问题的讨论中,因而仍强调注意从时空的不同方面对理一分殊,已发未发,心统性情,格物致知等等主要内容进行综合考察和全面分析,以求能对朱子哲学体系的总体把握";该书的重要贡献之三,是补入前论中"朱子与三君子""朱子与李延平","这对朱子早年思想发展的论述有了更丰富的内容和更清晰的脉络"。

二、韩钟文及其《朱熹教育思想研究》

(一)韩钟文简介

韩钟文,1947年生,江西广丰人。1980年毕业于上饶师范专科学校中文系,1984—1985年在山东大学修完古典文学硕士研究生课程,1987—1988年在北京师范大学做访问学者。1992年到曲阜师范大学任教,主讲中国古代文学、中国现代文学、美学、教育学、教育哲学等课程。在国内外刊物发表论文50多篇。主要著作有《朱熹教育思想研究》《中国儒学史·宋元卷》《先秦儒家教育哲学思想研究》等。

(二)《朱熹教育思想研究》的内容和特点

韩钟文所著《朱熹教育思想研究》于1989年由江西教育出版社出版,全书40余万字。张岱年以"提要钩玄,发微阐幽"八字高度评价了此书,毛礼锐也以"昔贤今彦,交相辉映"来表达对此书的充分肯定(见《朱熹教育思想研究》"张岱年序"和"毛礼锐序")。吴晓东在《上饶师专学报》1990年第1期撰文《融会贯通 辨异求新——〈朱熹教育思想研究〉评述》,对该著给予了高度评价。吴晓东认为,《朱熹教育思想研究》的最大特色就是集教育与哲学、社会学、美学、伦理学、心理学以及历史学等为一体,从横断、边缘角度入手,为朱熹教育思想研究开辟了广阔的领域。

《朱熹教育思想研究》的第一章、第二章对朱熹关于教育与社会发展的思想和教育与人的发展的思想进行了论述,把朱熹教育思想和其社会学思想、哲学思想结合起来，紧紧扣住教育和其他学科的关系，一层层揭开一个个边缘学科的问题。如在教育和哲学的关系上，韩钟文指出："教育本质问题的探讨，既同教育与社会发展有关，又同教育与人的发展有关；任何社会的教育思想、教育目的、教育方针、教育内容与教育方法，都体现了社会对人的发展如何适应社会的需要的特点。"[1]而人的问题，又是哲学的核心问题，可见，教育学的核心问题和哲学的核心问题是一致的。运用这种严谨而又合理的推论，韩钟文非常自然地把教育的本质提到哲学的高度，由此导出了"教育哲学"这门边缘学科的内容。再如在教育和道德的关系上，韩钟文明确指出教育和道德的共同点，"都是人类社会赖以生活、生存和发展的重要条件，是影响人的发展的因素"[2]。韩钟文以人为中心，把道德和教育密切联系起来，为深入了解朱熹德育思想及进一步探究和发展道德教育开辟了道路。

韩钟文以人为轴心，论述了朱熹的教育社会学思想、教育哲学思想及德育、美育、智育思想和朱熹的教育目的论、教学论等方面内容。在论述朱熹教育社会学思想时，韩钟文认为，教育社会学就是要充分肯定教育在传递社会文化与建构人性方面的功能，做到"人文以化成天下"和"教以人伦"。在论述朱熹教育哲学思想时，韩钟文更是反复强调以人为中心，他指出了教育哲学的中心课题，就是"对人的问题进行哲学思考，并为造就个体人格全面、和谐发展的人提供理论指导"。[3]在论述朱熹教育目的论、教学论及朱熹的群育、德育、智育、美育等思想时，韩钟文也始终没有离开"培养造就个性全面、和谐发展的人"这个课题。

《朱熹教育思想研究》在研究方法上还有一大特色，就是它能融通古今中外的各种不同观点来论述朱熹教育思想，从而达到辨异求新的目的。且该书列举诸种观点，不是任意堆砌，而是予以比较，找出共同点，然后用来证

---

[1] 韩钟文：《朱熹教育思想研究》，江西教育出版社，1989，第40页。
[2] 韩钟文：《朱熹教育思想研究》，江西教育出版社，1989，第165页。
[3] 韩钟文：《朱熹教育思想研究》，江西教育出版社，1989，第41页。

实和说明它所论述的问题。该著提出"朱熹道德哲学的总倾向是反对纵欲与禁欲"的观点，就是比较了冯友兰、张岱年、钱穆及陈荣捷等学者的各种说法，从中找出共同点来证实的。同时，该著还敢于大胆突破国度和时代的限制，采用欧美近现代新出现的思想成果来说明、证实朱熹的思想，诸如哲学家康德、黑格尔，教育家裴斯泰洛齐、第斯多惠、杜威，心理学家皮亚杰、马斯洛等的思想和理论，都不止一次出现在《朱熹教育思想研究》的论述中。

三、吴长庚及其《朱熹文学思想论》

（一）吴长庚简介

吴长庚，1949年生，江西铅山人。1980年毕业于上饶师范专科学校中文系，并留校任教。1985年考入华东师范大学助教班，修完硕士研究生主要课程。1992年破格晋升为副教授，同年获江西省人民政府特殊津贴。1997年破格晋升为教授。1998年获批享受国务院政府特殊津贴。系中华朱子学会理事、中国历史文献研究会理事、江西省历史学会副会长、江西省古代文学专业委员会副会长。

吴长庚长期从事朱子理学及古代文学教学研究，出版有《朱熹文学思想论》《朱陆学术考辨五种》《朱熹与江西理学》《延陵堂儒学论集》等。

（二）《朱熹文学思想论》的主要内容和特点

吴长庚的《朱熹文学思想论》于1994年由黄山书社出版。

朱熹哲学思想宏富，学界对这方面的研究成果也比较多，但对朱熹文学思想的探讨始终是最薄弱的一环。吴长庚的专著《朱熹文学思想论》的出版，无疑大大改变了这种朱子学研究的现状，因而被认为"是第一部全面系统研究朱熹文学思想的专著，是第一部真正把朱熹作为一个文学思想家而不是道学家来全面探讨他的文学思想体系的开拓创新之作"[1]。该书有以下特点。

---

[1] 束景南、李军：《活水源头辨文心——评吴长庚先生的〈朱熹文学思想论〉》，《上饶师专学报》1997年第2期。

一是能够从宋代广阔的文化背景上全面把握朱熹的文学思想体系，既看到他的文学思想同他的理学思想、经学思想相联系的一面，又看到他的文学思想超越他的理学思想、经学思想的一面。该书在研究朱熹的文学思想时，充分把握朱熹的三个思想特征，一是朱熹是集大成的理学家，他的文学思想固然同他的理学思想、经学思想有密切联系，深深打上了理学与经学的烙印，但他的文学思想却不是他的理学思想、经学思想的简单翻版；二是朱熹作为百科全书式的思想家，他的文学思想渊源十分丰富复杂，除了传统儒家文学思想的影响外，佛学思想（主要是禅宗与华严宗），古文家、道学家的文论，江西诗派的诗学思想等，对朱熹文学思想都有重要影响；三是朱熹本人就是文学家，有丰富的文学创作和文学批评的实践，因此，同一般的道学家不同，他的文学思想同他的文学创作实践有密切关系，并不单纯是从他的理学思想演绎而来的。基于此，吴长庚对朱熹的文学思想体系给予总体的准确把握，将朱熹的文学思想理论体系明确划分为三大层次，即朱熹的文道关系学说，朱熹的文体论、文势论、风格论、诗论、文论等以及与创作、欣赏有关的比兴、情感、形象、法度等具体问题。这种分析与裁度为该书的高起点奠定了基础。

二是对朱熹的文道论核心文学思想作了新的精辟分析，深入阐述了朱熹关于道的内涵与文的内涵，以及诸如道外是否有物、道是否可以越出道外、治学之途也即学道与学文何者为先、文与质的关系、文道观念在具体作品中的运用等问题，从而使朱熹的文道论呈现出原有的生动丰满。

三是准确把握朱熹与唐宋古文学家之间的联系，辟专章阐述了朱熹对韩愈、欧阳修、王安石、曾巩、苏轼诸人的评论，分析了古文学家革除浮靡、开创新风的文学精神对朱熹的正面影响，以及朱熹对古文学家"假道崇文"倾向的批评，从而展示了朱熹文道观承继与创新的双重特点。

四是从北宋以来古文家与道学家文学思想的双重发展上来探讨朱熹文道论的价值与特点，指出北宋以来古文家与道学家的文道思想沿着两条线展开，一条线是在韩愈道统文论的新趋势上继续发展，由诗文革新运动的先驱者柳开等肇其端，经道学家邵雍、周敦颐，至程颐而达极端；另一条是接过刘勰、韩愈文道统一的思想，由欧阳修发其端，至东坡而高扬其波。到了南宋，两条线出现综合趋势，而朱熹便是这两条文道思想发展线索的总结者。这种把朱熹的文学思想置于整个北宋文道思想发展的宏大历史背景之上的研究方式，打破了历来那种把朱熹只视为道学家中的文学思想家来分析批判的狭隘观点与模式，确立了朱熹文道说的文化渊源、内在价值与历史地位。

五是从朱熹的体用观上透视朱熹的文体思想，指出朱熹既从体用一源的"理体"角度论述了文体的同一性和普遍性，又从即用见体的"分殊"角度分辨出各体的差异性和特殊性，可以说是精见卓识，深刻揭示了朱熹文体思想的精蕴。

六是结合朱熹《韩文考异》中的校勘标准，析论朱熹关于文势与文体、风格、情韵、具体语言文字之关系，指出朱熹自觉地将文势学说从理论走向实践，从创作走向校勘和训诂，并认为刘勰之后，广泛地将文势理论用于校勘，用于注疏，用于具体的作家作品的评价，大概要推朱子为第一人。在这里，作者善于利用史料，匠心独见，发人所未发。

七是善于透过朱熹的理学与经学外壳，挖掘他独特的文学思想。吴长庚将朱熹诗学思想置于古代整个诗学发展历程中作系统考察，从文学的角度概括其创造性意义：一是朱熹对毛郑以下传统诗说进行了理论总结，使影响中国近千年之久的以经学论《诗》的陈旧框架得到廓清；二是朱熹用文学眼光论诗，推倒毛序，破除美刺，尊重原文，以诗说诗，使长期以来重序不重原文的研究方法得到扭转，为后来的诗学研究作出了示范；三是朱熹充分把握住诗歌"吟咏情性"的本质特征，致力于揭示诗篇中的情感内容，客观地再现了诗篇的本义；四是朱熹把传统的"诗教"理论由前人从作者施教的角度转到读者的兴发情感方面来。吴长庚认为这种转变的意义在于，前者是人为的规定，后者是自我之感染，人为的规定易流于空洞的说教，自我的感染则兴会神移，出乎至情。这种转变也导致了朱子《诗集传》整体的文学性质，从中反映了他的经学化的文学思想。

此外，吴长庚还从朱熹的理学、经学与文学相统一的高度上来看朱熹的诗学思想，详细阐述了朱熹将"活法"解《易》思维运用于解诗，认为朱熹撰著《诗集传》把诗意的活络作为自己解诗思维中的最高理想，这是很有见地的。对朱熹如何通过发掘诗歌比兴形象和如何引进读者、肯定读者的再创造作用来致力于诗意的活络，该书皆有精到论述。

"通观《朱熹文学思想论》全书，不难发现吴著不仅对朱熹文学思想与其哲学、伦理学、教育学、政治学、史学思想的有机联系有系统认识，对朱熹文学思想的本质、内涵、特色、体系等基本问题有宏观把握，而且在微观研究方面，也能充分运用发掘文献素材，探赜索隐，发微显幽，考较众论，新意迭出，发人之所未发，纠前说之所偏。作为一部关于朱熹文学思想开创性的系统而深入的研究专著，可以说填补了朱子学研究中的又一空白。"[1]

四、潘立勇及其《朱子理学美学》

（一）潘立勇简介

潘立勇（1956—2022），浙江慈溪人。1982年毕业于浙江师范大学中文系。1987年从南京大学中文系毕业，获美学硕士学位，同年到浙江大学中文系工作。2000—2003年在复旦大学中文系攻读博士学位。

潘立勇主要从事美学、文艺学和中国文化哲学的教学与研究，在国内外著名刊物发表学术论文近百篇。曾获第一、二届全国青年美学优秀学术成果奖，教育部第二届人文社会科学研究成果奖，华东地区高校出版系统学术专著二等奖，浙江省人民政府哲学社会科学优秀成果二等奖等多种学术奖项。主要著作有《审美人文精神论》《朱子理学美学》《宋明理学人格美育论》等。

（二）《朱子理学美学》的主要内容和特点

潘立勇的《朱子理学美学》是其主持的国家哲学社会科学基金项目"朱子理学美学及其现代意义"的最终成果，由东方出版社于1999年出版，共46万字，是宋学研究中的一部难得的力作。全书分上中下三编，上编主要探讨

---

[1] 束景南、李军：《活水源头辨文心——评吴长庚先生的〈朱熹文学思想论〉》，《上饶师专学报》1997年第2期。

了朱子理学美学的立论前提、社会文化、思想体系、个体人格背景等；中编主要探讨了朱熹理学美学审美客体论、朱熹理学美学的艺术哲学、朱熹理学美学的山水美学、朱熹的人格美学以及朱熹理学美学体系的二重性矛盾等；下编主要探讨了朱熹理学美学的民族思维特色和二重性影响。

关于潘立勇的《朱子理学美学》一书，除了张立文教授在该书序言中给予高度评价外，张家成与夏晓远也分别撰文，[1]对该著进行了分析评价，综合二者意见，大体有以下几点：

一是《朱子美学理学》首次提出了"理学美学"这一概念，具有立论的创新性。潘立勇指出，理学美学是中国美学史的客观环节，是中国古典美学的伦理本体化与哲理思辨化形态，本体论美学、伦理化美学及思辨体系化美学是理学美学的三大理论特点。"理学美学"这一立论以及潘立勇对"朱子理学美学"的系统研究，在朱子学和中国古典美学研究领域都属首创，弥补了学术上的研究空白，具有重要的学术价值和较强的说服力。

二是《朱子理学美学》具有论述的系统性。潘立勇不赞成学术界流行的"中国古典美学缺乏理论的系统性"这一观点，认为朱熹的理学美学，无论是艺术哲学、山水美学、人格美学、审美教育，还是整个理学美学构架，都具有相当严密的内在体系性。潘立勇对朱子理学美学的梳理，既不生搬硬套当代西方美学的构架，也不就事论事地罗列朱熹之论述，而是既从朱熹理学美学思想的具体内容和特征出发，又参照一般美学原理，较好地做到了美学基本范畴与具体研究对象的辩证统一。书中对朱子理学美学审美客体论、艺术哲学、山水美学、人格美学和审美教育五大组成部分的划分，对朱子艺术哲学在"理本气具"哲学本体论基础上，由"文从道出"的艺术本体论、"感物道情"的艺术发生论、"托物兴辞"的艺术特征论、"气象浑成"的艺术境界论、"涵泳自得"的艺术鉴赏论、"远游精思"的艺术修养论组成的体系的分析，逻辑严密，令人信服。

---

[1] 张家成:《开拓理学与美学研究的新领域——评潘立勇教授新著〈朱子理学美学〉》，《浙江社会科学》2000年第5期；夏晓远:《〈朱子理学美学〉》，《文艺研究》2000年第5期。

三是理论剖析具有深度。该书对朱熹理学美学思想的剖析非常深入，这尤其体现在对朱熹及其理学美学思想的二重性的深入剖析上。潘立勇认为，朱熹作为一个偶像化的文化名人，在对他的思想研究中经常会出现的一个问题，就是对他的思想的矛盾性认识不足，对他的艺术或美学思想的研究也是如此，因此留下了许多研究的盲区。该书对朱熹理学美学思想的分析处处扣住其二重性矛盾这个重要特征，并对其二重性矛盾形成的背景从社会文化、个体人格和哲学体系等三方面作了背景及理论分析，如对朱熹艺术哲学中"文从道出"与"感物道情"、"远游"与"精思"，山水美学中"登山临水"与"居敬主静"，人格美学中"性"与"情"，审美教育中"本原"与"末节"等似乎对立而在朱熹的体系中又奇妙地统一的二重性矛盾的分析，深入细致，思辨性强，富有理论剖析的深度。

四是研究中具有较强的纵深感。潘立勇在论述朱熹的理学美学思想时，注意作历史和民族的比较。所谓历史的比较，即指在对朱子理学美学思想的研究论述中，能追溯其思想的渊源，并分析其思想的影响。如对"文道"说内涵的历史梳理，对"感物道情"说由来的历史透视，对"气象"这个范畴演变的分析与归纳，对"远游精思"说的影响的揭示等，都有相当的启发性。所谓民族的比较，是指在对朱子理学美学的研究论述中，能经常将其典型的观念与西方具有可比较性的民族的观念进行比较，尤其是与德国古典哲学美学思想的比较，如朱熹天人圆融性的"至乐"与康德天人疏离性的"圆善"的审美目的论的比较，朱熹"内入真有"与席勒"形式观照"的审美教育观的比较，朱熹"文从道出"与黑格尔"美是理念的感性显现"的艺术本体论比较，等等，既具有相当的可比性，又有一定深度。这种比较，使潘立勇能在更深厚的历史背景和更广阔的文化视野中展开研究。

五是资料丰富，引证确凿。潘立勇研究朱子理学美学，严格地依据第一手资料，对朱熹的原著作了全面的检读与大量的引证，在看似与美学不相干的吉光片羽中，探寻其美学的内涵。同时，在研究中对材料的真伪也作了必要的鉴别，引证格式相当严密和规范。

五、蔡方鹿及其《朱熹与中国文化》

（一）蔡方鹿简介

蔡方鹿，1951年生于四川眉山，1976年毕业于四川师范大学中文系，1980年进入四川省社会科学院工作。2004年起，任四川师范大学政教学院教授、校哲学学科特聘教授、首席教授、博士生导师、校学术委员会副主任、中国哲学与文化研究所所长。兼任中国哲学史学会理事、四川省朱熹研究会会长、四川省中国哲学史研究会会长、国际儒学联合会理事等。

蔡方鹿主要从事宋明理学、朱子学、中国学术思想史、中国哲学范畴、经学、传统文化与现代化等中国哲学与思想文化领域的研究。发表学术论文300余篇，主要著作有《朱熹经学与中国经学》《中华道统思想发展史》《朱熹与中国文化》《宋明理学心性论》《程颢程颐与中国文化》《一代学者宗师》《魏了翁评传》《华夏圣学——儒学与中国文化》《宋代四川理学研究》《中国经学与宋明理学研究》等。

（二）《朱熹与中国文化》的主要内容和特点

蔡方鹿所著《朱熹与中国文化》于2000年由贵州人民出版社出版，全书40余万字，分十二章，既重宏观把握，又能微观分析，贯彻了逻辑与历史相结合的原则，较好地展现了朱熹思想的逻辑体系。

作者在第一章对朱熹的学术背景和生平著作进行了考论，然后以六章的篇幅围绕朱熹的学术思想，从政治、经济、哲学、伦理、经学、教育、自然科学、史学和文学诸方面进行系统论述。第八章则从更大的范围入手，在理学与佛、老的思想论难、挑战应战的背景下，勾勒出朱熹思想的佛老渊源及其在吸取异学精华基础之上对传统儒学的创造性转化之功。第九章则重点探讨了朱熹推崇濂学，继承洛学，批判借鉴关学，吸收湖湘学、婺学，特别是在与心学的往复论战中，在与永嘉、永康功利之学的评议辩说中，不断深化自己的理学思想。最后三章，作者考量朱熹对传统文化的影响及其在中国文化史上的地位，更进一步思考朱熹思想与现代社会的关系问题，从而实现了从史到论、由古及今的跨越，使全书既结构浑然、学思统一，又往承传统、直面当代，体现出很强的历史感和时代感。

周瑾在《中华文化论坛》2001年第4期撰文《学承古哲　思接当代——评蔡方鹿〈朱熹与中国文化〉》，对该书进行了评述，认为其有以下特点。

一是全面系统、丰厚详赡。该著涉及了朱熹思想学术的方方面面，同时作者又大量吸取前贤时彦的研究成果以为己用，使全书更称得上是一部朱子学研究便览。书后附有参考论著索引，引用20世纪后半叶华人学术界的朱熹研究专著34部、单篇论文107篇。更能求新声于异邦，征引日本朱子学专著12部、单篇论文37篇，涉及宗教、哲学、政治、经济、教育、历史、文学、艺术诸领域。该著在撰写中不纠缠于过分繁复细密的论证，只以必要的考证勾勒论点，在归纳总结时更是分层简述、凸显主题，又自有其洗练简明的特色在。

二是紧凑有度、条理分明。蔡方鹿很注意在分门别类地对朱熹思想进行阐述时，紧紧围绕天理来展开，无论是讲政经、阐伦理，还是述文史、论教育，都贯穿着天理思想这个核心。抓住了这个根本，则任何具体论述都可以之为准绳而得联为一体，从而能够在面面俱到的同时，不失于散、不流于浮。作者这种将"天理""道"看作朱熹思想的根本，将各具体门类看作这一根本的不同应用和映现的观点，也是符合朱熹理一分殊的原则的。另外，就具体门类的论述而言，作者又能精当简扼地理出线索，收提纲挈领之效。如伦理思想，从仁说、理欲观和义利观三个方面加以描述，虽然看似平淡，但却颇合对象原貌。又如申说朱熹如何集中国儒学发展之大成，概括为四点：一是"把儒家思想哲理化"，提高儒学思辨水平；二是"把儒家经学义理化"，推进经学发展阶段；三是"把儒学道统体系化"，确定儒学道统谱系；四是"把儒家学说大众化"，发挥儒学经世功能。通过不同层面、不同角度的步步分说，朱熹在中国儒学发展史上的地位逐步显现。

三是富有创新、见解独到。如"朱熹的哲学思想"一章，对朱熹哲学体系的逻辑结构就提出了自己的观点。学者在这一问题上，有代表性的意见大致有三种：如张立文提出"理—气—物—理"的图式；蒙培元从天人关系入

第六章　五彩缤纷的文化盛宴：1991—1999

手，提出了"天—人—天人合一"的基本框架；束景南则认为，天人合一（我道统一）是其心理-哲学原则，下学上达统一（德知合一）是其认识-修养方法论原则，治己及人统一（德行统一）是其道德-政治论原则。这三条原则形成了心理的、认识的与道德的三个维度，而以建立在道器相即、理气相即基础上的"理一分殊"为其哲学中轴。可以说，三家论说见仁见智，各有其立论的根据，都能言之成理。蔡方鹿在这一问题上，则以天理论、心性论、格物致知论三大方面统摄朱熹哲学。论天理，明确提出朱熹哲学的理是本体论与生成论统一的范畴，在本体论层面上见出天理为万物根据的绝对性，在生成论层面上则见出天理与万物之间"理一分殊"的生化关系，并由此生发出理气论及理与心、性、太极的关系问题。论心性，则以"心统性情"为纲。论格物致知，则将格物致知的动态过程与天理的本然恒在加以贯通，并在工夫论的层面论述了作为朱熹格物致知之具体实践的知行关系说。层次分明，脉络清晰，在简明扼要中又见出作者综合把握、高度概括的识见与功力。

　　四是全面把握、重点突出。该著特别突出了朱熹经学思想的重要性，认为"朱熹的经学思想是他整个学术思想十分重要的组成部分，甚至可以说是他整个学术思想的根基"[1]，"不了解和研究朱熹经学及其特点，就很难全面、深入、准确地了解和把握朱熹的整个学术思想"[2]。这确是中的之论。作者能注意到朱熹经学的重要性，并以远超其他章节的篇幅对朱熹经学思想作出概述性的评介，可谓别具慧眼。蔡方鹿认为，朱熹经学自有其理义旨趣，既是对宋学脱离经文本义之弊的修正，又不等同于后世为考据而考据的治经路数，而具有经学与理学紧密结合的时代特点，这更是经过自己缜密思考和细致考求而得出的结论。朱熹以"四书"为"六经"之基础，以求理、得理为治经之目的，体现了朱熹治经的宋学立场和态度。很显然，作者对朱熹经学思想的研究是比较全面的。

　　五是不失细微、统揽全局。蔡方鹿在研究时注意从发展和联系的观点来

---

[1]　蔡方鹿：《朱熹与中国文化》，贵州人民出版社，2000，第132页。
[2]　蔡方鹿：《朱熹与中国文化》，贵州人民出版社，2000，第133页。

看问题。在对朱熹思想作了详细的评述之后,更能将其放到理学发展、儒学发展甚至中国文化发展的广阔背景下加以考察。作者探讨了朱熹与诸学术思想流派之间如何"相互交流、相互对立、相互辩难、相互排斥,又相互依存、相互融通、相互渗透、相互吸取、相互影响、相互刺激"[1],希图以此展现出中国文化发展史上继先秦百家争鸣之后第二个发展高潮的脉络经纬,以及朱熹思想在这样纷繁复杂的文化脉动和信息场中,在"思潮、流派、哲学家三者的互涵"中,如何通过继承、批判、改造而一步步发展起来。

六是思想定位、认识清楚。蔡方鹿在撰写该著的过程中,对在当代社会文化发展进程中,朱熹思想如何定位、在文化发展中起到什么作用认识得非常清楚,并尝试着给出了自己真实的思考。这就使得这样一部面向古代、清理过去的专著有了系念现实并向未来开放的现实感和时代感,同时也在方法论上完成了从还历史之真实向求历史之意义的转变。

周瑾对该著的评价可谓精到。

第二节　陆王心学研究

一、陈来的《有无之境——王阳明哲学的精神》

陈来所著的《有无之境——王阳明哲学的精神》,是研究心学集大成者王阳明思想的力作,由人民出版社于1991年出版。

该著以十二章的篇幅探讨了明代思想家王阳明哲学的精神。在第一章"绪言"中探讨了有我与无我、戒慎与和乐、理性与存在等问题,从文化的、比较哲学的角度说明写作此书的一些基本想法。在第二章至第十章,主要讨论了心与理、心与物、心与性、知与行、诚意与格物、良知与致良知、有与无、境界说和工夫论等,全面分析了王阳明的哲学思想体系和主要内容,揭示了

---

[1]　蔡方鹿:《朱熹与中国文化》,贵州人民出版社,2000,第316页。

阳明哲学的内在精神实质。在最后两章，对王阳明的生平活动和著述进行了考释。

该著全面解读了王阳明哲学理论的诸多重要主题，提出了新的见解和认识，可以说是研究王阳明哲学思想的一部力作。强昱认为该书"不仅为我们重新认识阳明哲学提供了可资讨论的范本，而且在哲学史研究和文化研究方法论上，具有重要的启发意义"，并认为该书体现出以下特点。[1]

首先，以"有""无"标示王阳明哲学精神的实质富有新意。陈来认为，"中国文化的传统构成主要是儒释道，其中道释两家在本体论与解脱观方面有较大差异，但从人生态度与精神境界来说，中国文化与哲学不过是两种基本形态。一种是以儒家为代表的强调社会关怀与道德义务的境界，一种是佛老代表的注重内心宁静平和与超越自我的境界。在这个意义上，用传统的语言来分疏，儒家主于'有'的境界，佛老主于'无'的境界，或者说前者是有我之境，后者是无我之境……在整个中国文化及其发展中，这两种境界既有某种紧张，又相互补充。必须承认，这两者和谐的统一始终没有达到完满的地步，而两者相互否定的争论却充满了文化史"[2]。作者把"有"定义为主体自身在宇宙中充分表现的"大我"，把"无"规定为无滞无碍的自在境界。有与无，两者在终极意义上，其实是一致的。因此，对于"有"和"无"的讨论，自然成为作者关注的焦点和核心。在作者看来，只有认识和把握了它，才可以明确阳明思想的实质，继而真正了解宋明理学的发展脉络和新儒学的精神核心，这同时也是中国哲学的特质所在。鉴于中国哲学中人生修养的工夫论占据极为重要的地位，因此，本书对"有"和"无"的讨论，"不企图讨论本体论的有无问题，而是研究境界论与工夫论的有无问题"[3]。通过研究王阳明"如何处理有之境界与无之智慧的对立与关联，从而显示出整个宋明理学的内在线索和课题，以及王阳明及其哲学的地位与贡献"[4]。

---

[1] 强昱：《读〈有无之境——王阳明哲学的精神〉》，《哲学研究》1992年第4期。
[2] 陈来：《有无之境——王阳明哲学的精神》，人民出版社，1991，第5页。
[3] 陈来：《有无之境——王阳明哲学的精神》，人民出版社，1991，第4页。
[4] 陈来：《有无之境——王阳明哲学的精神》，人民出版社，1991，第3-4页。

其次，以西方哲学发展中的理性主义到存在主义的转向诠释程朱理学到陆王心学的转化，创新了研究方法。主要有两点：一是关于基本线索的可比性、可诠性的探讨。西方哲学中理性主义的典型形态无疑是德国古典哲学。存在主义的兴起，使西方哲学发生了深刻的变化。作者把宋明理学从理学到心学的转变，与西方的理性主义到存在主义的转变相比较，认为在不十分严格的意义上，两者都是从古典理性主义的客观性、必然性、普遍性、外向性的立场转向主观性、内在性、主体性、内心经验。作者认为，如果将阳明哲学放在整个宋明理学中来考察，它"本质上是一种生命存在的方式，这种立场当然是一般存在主义的"[1]。作者指出，阳明心学和存在主义均把人作为存在主体和认识主体，尤为突出的是对情绪主体和情感体验的关注，故而"存在主义哲学与阳明哲学的可比性主要不在伦理学而在它作为思想运动的一般特征和主要的哲学趋向"[2]，与康德正好相反。二是对具体的相关问题的分析和比较。如把王阳明与康德、胡塞尔、萨特等进行比较。尽管这种比较事实上在本书中并不占有较高的比例，但由于有了这种比较和诠释，深化了我们对阳明哲学乃至整个宋明理学的认识。显然，这种思考问题的立足点与方法，是以往的中国哲学史著作中不多见的。

最后，该著依据王阳明思想发展线索，深入分析考察其范畴体系，并解释阳明哲学的实质及其同中国传统文化的实质性联系，也是别出心裁的。作者认为，阳明心学成长于朱学的浓厚氛围之中，受到了朱学的强烈影响。就其使用的范畴看，双方是一致的，但对范畴的解释及重心，则认识不同。因此，对于两者在何种意义上理解和使用这些范畴进行比较和区分，就成为必须首先明确解决的课题。而这两种哲学性格上的不同，又是由于对心、性、理等最基本的范畴的不同规定引起的。程朱理学依据的经典是《大学》和《中庸》，陆王心学的重心则在《孟子》。阳明的任务是如何使这两者沟通，并实现在承认《大学》《中庸》的思想资料权威性的前提下，以心学的立场对其

---

[1] 陈来：《有无之境——王阳明哲学的精神》，人民出版社，1991，第15页。
[2] 陈来：《有无之境——王阳明哲学的精神》，人民出版社，1991，第16页。

作出合理的解释。因此，阳明在理学的传统下，又使理学具有了新的面目和形态。如果说龙场悟道标志着阳明彻底放弃朱学格物穷理的立场，转向对"心"或"本心"的价值的探求，那么，他对经典的不同于朱学诠释的依据，就是其思想学说的直接出发点。区分朱王哲学在基本点上的不同，我们就可以明白阳明后来在对《大学》的解释上，实现"致知"统帅"格物、诚意"的努力的历史必然性，以至最终以"致良知"为宗旨，建立哲学体系的理由。

二、张立文的《走向心学之路——陆象山思想的足迹》

《走向心学之路——陆象山思想的足迹》可以说是张立文《朱熹思想研究》的姐妹篇，于1992年由中华书局出版。全书分十二章，对南宋心学家陆九渊思想发展演变的轨迹进行了梳理。

在第一、二章主要讨论了宋明理学的发端以及心学的产生问题，分析了陆九渊的家世和著作；在第三章分析了陆九渊的社会政治思想，如民本与君权、吏与官、社会弊端与革新变法、科举制度与人才培养等；第四、五、六、八、九章则探讨了陆九渊哲学的逻辑结构，一与二、动与静的学说，格与致、知与行的学说，性和人的学说以及义利、理欲、仁诚的学说；第七章探讨了陆九渊和朱熹思想的异同；第十、十一两章探讨了陆九渊的历史论和教育思想；最后一章探讨了对陆九渊哲学精神和影响的认识问题。

《走向心学之路——陆象山思想的足迹》一定程度上体现出了自己的特点。

一是力求在比较中恢复陆九渊思想的本来面貌。在20世纪80年代，宋明理学的研究在大陆地区刚刚起热不久，阶级分析方法仍然占有重要地位，影响着学术思想的研究，特别是心学的主观唯心主义特点及其在传统儒家中的貌似叛道地位，一定程度上影响了对陆九渊哲学思想的根本廓清。张立文正是基于此认识，把朱陆思想放置于当时的时代发展背景中进行比较考察，如对朱陆论争的由来和发展，朱陆鹅湖"为学之方"的论争，朱陆"无极"与"太极"、"道"与"器"之辨以及朱陆禅学辨等，在比较中辨别了二者的异同，从而一定程度上恢复了陆九渊哲学思想的本来面目以及其学说的思想特点、风格神韵和思想史地位。

二是充分解析了陆九渊思想体系的逻辑结构,展现了陆九渊思想体系的原貌。张立文认为,所谓哲学逻辑结构,就是在一定社会经济、政治结构条件下,诸哲学范畴之间的逻辑联系或结合方式。作为理论思维的哲学是通过一系列由概念、范畴组成的哲学命题来表现。"不去对某一哲学家的哲学范畴进行严密分析和对其独特逻辑结构加以剖析,那末,哲学史也只能是千人一面,似曾相识。"[1] 陆九渊哲学就论述了心与理、心与物、一与二、动与静、格物与致知、知与行、存养与剥落、易简与支离、尊德性与道问学、无极与太极、道与器、善与恶、天与人、理与欲、道心与人心等成对范畴,并对其概念进行了明确的规定。张立文认为这一对对范畴构筑了陆九渊哲学逻辑之网的一个个"扭结",分析这一系列"扭结"之间的内在逻辑联系或结合方式,就可以明了陆九渊心学哲学逻辑结构系统。

三、衷尔钜的《蕺山学派哲学思想》

衷尔钜《蕺山学派哲学思想》一书,于1993年由山东教育出版社出版,全书31万字,分十九章对明末清初著名心学派蕺山学派的哲学思想进行了分析。

该著第一、二、三章主要探讨了蕺山学派以前明代哲学思想的概况、蕺山学派产生的社会背景以及蕺山学派的形成和思想渊源;第四、五、六、七章主要探讨了蕺山学派的哲学思想,如"以慎独为宗"的慎独说、"盈天地间一气"的理气论、"知为物化""即物求知"的心物论、"义理之性即气质之性"的心性论等思想;第八、九、十章主要探讨了蕺山学派的无神论思想、社会政治思想和治学思想;第十一、十二、十三章主要探讨了蕺山学派的分化和发展,如讨论了张履祥伦理、农学思想及其杨园学派,黄宗羲的哲学、史学思想及其梨洲学派、陈确及其哲学思想等;第十四、十五、十六章主要

---

[1] 张立文:《走向心学之路——陆象山思想的足迹》,中华书局,1992,"前言"第2页。

探讨了蕺山学派与当时并存的学派和思想家，如刘宗周与高攀龙思想比较，刘宗周与黄道周思想比较，刘宗周与邹元标、冯从吾、陶奭龄思想比较等；第十七章主要探讨了蕺山学派的历史地位；第十八、十九章主要探讨了蕺山学派的主要著作以及学派其他传人的情况。并在最后附了蕺山学派年表、刘宗周师友录等。

蕺山学派是明末重要的学术流派，蕺山学派的理论是明中叶经世实学的继续，对明清之际进步思潮的形成产生了重要影响。《蕺山学派哲学思想》通过对蕺山学派的学术背景、学派的形成和思想渊源、学派的哲学政治思想、学派的分化发展等的考察，全景展示了蕺山学派的综合图景。综观全书，学术创新性和比较写作方法形成了该著的重要特点。

该著的创新性尤其体现在蕺山学派慎独学说一章中。慎独是儒家思想的重要内容，黄宗羲认为，刘宗周所言慎独不同于儒者人人所言之慎独。究竟区别于何处，衷尔钜通过研究认为，刘宗周的慎独学说，既是一种修养论，又是一种认识论。作为修养论，它追求成为"天地间之完人"，即道德高尚人格完善的人；作为认识论，它追求高度理性自觉。慎独说是在晚明王学进一步禅学化的情况下，为救其弊而提出的。但为了不蹈致良知之玄虚，刘宗周把气引入"独"中，极力在"独"中膨胀"气"，以至走到"气"可以独立成论的地步，这样就可以避免致良知的空虚，慎独就可落到实处。所以，从此意义上讲，刘宗周的慎独也是对王阳明心学的修正。

另外，该书在写作方法上采用比较分析法，对于更全面地认识蕺山学派及其思想地位具有重要意义。如为了论证蕺山学派的理论意义，该著把蕺山学派和与之并存的几个学派和思想家做了比较，有利于看清蕺山学派的历史地位和影响。

当然，该著资料翔实宏富也是一个特点，特别是文末附有蕺山学派年表、刘宗周师友录、蕺山和证人书院资料辑录、有关刘宗周的资料目录等，对于深入研究刘宗周和蕺山学派都具有重要的参考价值，此不详述。

四、丁为祥及其《实践与超越——王阳明哲学的诠释、解析与评价》

（一）丁为祥简介

丁为祥，1957年生，哲学博士，1987年后任教于陕西师范大学。主要从事中国儒学（主要是宋明理学）的研究，发表学术论文30余篇，主要著作有《实践与超越——王阳明哲学的诠释、解析与评价》《自苦与追求——墨家人生智慧》《熊十力学术思想评传》《虚气相即——张载哲学体系及其定位》等。

（二）《实践与超越——王阳明哲学的诠释、解析与评价》的主要内容和特点

丁为祥所著《实践与超越——王阳明哲学的诠释、解析与评价》，于1994年由陕西人民出版社出版。全书20余万字，分为上、中、下三篇。在为人与讲学统一的大前提下，各篇或从人生境遇出发而考其学说，或通过对其学说的解析而反观其人生，以不同思路从不同侧面揭示了阳明哲学的本真面目。龚建平、孙萌于《陕西师大学报》1995年第1期撰文《研究阳明哲学的新视角》，对该著给予了高度评价，认为其"是一部关于王阳明道德实践的人生哲学著作，也是一部关于儒家传统哲学如何契合现代化的探索性著作"。

上篇"王阳明哲学的形成与发展"，从王阳明坎坷沉浮的人生境遇展示其学说的历史成因和发展指向。中篇"王阳明哲学的结构与特征"，则是从王阳明身心之学的角度分析其学说体系，并通过对其思想体系的透视来反观王阳明的人生。在下篇中，作者深入解剖了阳明哲学的终极关怀——人生境界，并从"万物一体"、"廓然大公"到"无善无恶"勾勒王阳明在融合佛道基础上的思想行程与境界的实现进程。

在对知行合一的剖析中，作者紧紧抓住由朱学心理为二、知行为二所导致的知行脱节的流弊，认为知行合一的特征重在知行一体。因而，王阳明的知行合一，就其基本指谓而言，就是道德实践中明觉精察与真切笃实的统一，也就是自觉之知与推致之行的一时并在。所以，"知行合一"并非像人们理解的是"以知为行"、"销行以归知"或"知行相须"的前后统一之意。作者

对关于知行合一说的种种误解进行了推排廓清，对由知行合一所引发的争论进行了深入的透视，并由此概括出"实践体认"与"概念反思"两种不同的认知方式。作者总结说，就阳明而言，其哲学之所以能成为彻底的道德实践哲学，之所以最典型地表现着中国哲学的人生实践特色和实践理性精神，从根本上说，是因为其知行合一所体现的认知方式的实践体认性。对知行合一的分析，构成了作者透视整个阳明哲学命题的理论基础。

在对作为王阳明一生学说总结的四句教的分析中，作者认为，"无善无恶是心之体"既是四句教的逻辑起点，又体现着阳明哲学追求的终极指向。作者纠拨了黄宗羲等人对无善无恶的种种误解和偏颇的回护之词，进而勾勒了由对心之体的不同理解所导致的王门后学的分化与基本流向。对阳明心之体双层意指的揭示，是作者最为用心之处，它不仅合理地解释了王门后学分化的公案，而且事实上也暗含着作者最后走出阳明的契机。[1]

五、杨国荣的《心学之思——王阳明哲学的阐释》

杨国荣所著《心学之思——王阳明哲学的阐释》，于1997年由生活·读书·新知三联书店出版。全书20余万字，对明代心学家王阳明的哲学思想进行了详尽阐释。全书分十章，在第一章，主要探讨了王阳明早年经历和为学、为道与为人问题；在第二章至第八章主要探讨了王阳明的哲学思想，如心体与性体、心物之辨、良知与德性、成己与无我、本体与工夫、知行合一、言说与存在等哲学思想；在第九、十章主要探讨了阳明心学的内在张力以及心学的分化与演变问题。

蒙培元给予了该书高度评价，他说："这是我所看到的有关王阳明研究的一部佳作。作者从一个新的视野出发，对阳明心学展开多维度的阐释，思路开阔，创见颇多，具有开拓性。尤其从'存在'的维度上阐明阳明心学的个体性特征，进而提出'存在意义'的转换问题，明确肯定阳明心学将情感、

---

[1] 龚建平、孙萌：《研究阳明哲学的新视角》，《陕西师大学报》（哲学社会科学版）1995年第1期。

意志视为主体应有的规定，这都是同类著作中少见的。又如从阳明学关于'心体'、'本体'与'工夫'等方面所表现的二重性引出其演变分化的历史叙述，得出阳明形而上学的消解过程完成于黄宗羲的结论，亦有前人所未言者。此书的出版必将推进阳明学研究的深入发展。"

潘富恩、东方朔于《学术月刊》1998年第9期撰文《本体与存在的阐释——杨国荣教授〈心学之思〉评价》，对该著给予了分析和评价，十分精当，为方便读者，现摘录如下：

以方法意识取代门户意识或某种一厢情愿的态度，已逐渐成为人们重新诠释传统的有效途径之一。本世纪以来，解释学的学者们借此大历史、大尺度的形而上学化的哲学思维，为进一步澄明各种历史观念的内涵和意义提供了某种分析方法。而借重这种方法对中国传统思想加以新的哲学阐释，使之与西方哲学之间进行深层次的比较与对话，正成为当下新一代中国哲学的学者们所追求的目标。要站在学无中西的居高之域对中国传统哲学进行新的检视和解读，无疑必须具备某种先决条件：开阔的胸襟，世界的眼光，以及对中西哲学精神的畅达的了解等等。我们高兴地看到，由北京三联书店出版的杨国荣教授的新著《心学之思——王阳明哲学的阐释》，正恰当地体现了这种尝试和追求。

正如作者所言，本书所作也只是一次对阳明思想的"历史的解读"，然而，这种解读在作者的心目中却明显地表现为一种"逻辑重建过程"。读者不难看到，这本20余万字的著作，至少在解释传统的理学和心学方面，为我们提供了新的架构和新的视野。

人们通常以为，心性学即为传统儒学之本。但对心性的解释如何跳出传统的经学式注疏，使之与西方哲学在同一层次上接轨，以此弥补传统儒学的不足，这是当代学人必须面对的一个问题。要真正做到这一点并非易事，因为这一问题直接涉及到对西方哲学基本问题的了解，了解其所建立的合理的解释模式。中西哲学在问题的设定、思考的方式以及概念的清理等诸多方面所存在的差异已为众人熟知。如何透过儒学的话语系统，彰显其本已涵摄的问题实相，呈现出可为中西哲人所共同面对和思考的哲学言说，这种异中求同的努力却恰恰是我们今天重新解读中国哲学史、并进而寻求其现代化和世界化的一个重要方法。作者平和而得当地指出，传统儒学从心性之域入手，其由此展开的却并不是单一的思维路向，而毋宁说是一种条贯融摄的路向。由于这一特性，若以世界的眼光来打量、重释中国传统哲学，转此实质的条贯融摄为形式的体系化便很自然地成了鲜活传统的重要方法，虽然这一方法也曾引发出诸如罗伯特·尼维尔（Robert. C. Neville）等人的深深忧虑，然而，正像本书处处所表现的那样，杨教授在对传统理学尤其是对阳明心学所做的"逻辑重建"工作却是相当出色的。作者以为，西方哲学所处理的认识界限、道德实践、终极关怀以及人的存在与本质等问题，在理学中是以心性本体为基础而展开的一系列的思考和实践活动："对理学来说，认识之维首先关联着成圣过程，道德实践具体展开为入圣工夫，终极的期望主要指向圣人之境，人的本真存在同样亦未曾离开内圣人格。"作者以这样一种解释架构，将西方哲学的上述诸问题收摄在理学作为希圣之学的视域之内。人们或许会对作者的上述陈说提出各种不同的看法，这些看法深深地根植于中西哲学之间的差异，但这些疑虑与其说是出于作者的预想之外，毋宁说正是作者自己提出这种中西哲学通契思考方法的前提与出发点。就涉及人生的切要问题而言，毕竟中西哲学之间存在着可通、该通的方面，而且"中西哲学的相遇已成为一种本体论事实的历史条件"，以这种通契的方式对以往的哲学观念作出新的历史解读，显然已经不仅仅是一种可能性的问题，而且是一种必要性问题。就此而言，作者在方法的交待上是疏朗明备的，在对中西哲学精神的款待上也是言有法度的。

儒学作为心性之学，在宋明六百年之间其表现形式至少有所谓理学与心学之分说。人们通常以为，王阳明对朱熹所编定的《大学》所作的章节次序的更改成为其革新儒学的关键之举。这种表面上看来是注重学术活动连续性的看法表明了这样一个事实：心性之学在其展开的历史形态之中可以有不同的面相和多样性的传统。但是，这种现象学式的描述有其问题背后的实质。尽管以钱宾四先生之缜密和陈荣捷先生之高致，将程朱理学和阳明心学看作是本质上一致的思想，然而荒木见悟先生却将中华思想由理学向心学的跃进看作是"第一次将个人的尊重和自由掌握在自己手中"，从而彰著了两者之间存在着"明显的分歧"。研究者们已经指出，心性之学若从本体—作用的充实饱满处看，心即是性、尽心之外别无性体、至性之外也别无心体，然而往细处看，说心说性毕竟还有差别：心体重主观性、创造性、能动性和自觉性，而性体重客观性、超越性、普遍性和必然性。对于儒学家而言，心性并设固然是建立体系的基点，然而限于内在的才性和外在的客观要求，其所建立的理论性格或是偏重心体、或是偏重性体，总是相应地表现出故有的得失利病：如重主观之心体者，工夫指点亲切、易明，主体的独立性、创造性盈然活泼但却易杂为情识；重客观之性体者言动思行有明确的理据，然而却易流于凝滞。诸如此类，不一而足。作者无疑已经通透了这种心性之辩的堂奥，不仅将朱、王之间的交替从心性论的普遍形态上打开出来，还进一步将理学、心学在学理上的了义、究竟义再作提升，从本体存在论的高度拓透正统理学与心学之间存在的差异，从而将心性之辩申说为本质与存在之辩。作者指出，程朱理学所建立的"以性体为第一原理的形而上学"，在理性至上的旗帜下为人们克服、超越作为情感存在的人提供了根据，"并进而为成圣过程的自觉向度提供担保"，故而程朱非常注重作为情感、意志的人所具有的非理性的一面，并汲汲于谨畏敬畏、整齐严肃等工夫的提掇，将此感性存在提化为天理性体。然而在这种性体至上的本质论中，道德主体意识中的情感、意志等非理性因素并未落实；人之成圣的过程"亦表现为普遍的理性对个体的外在塑造，这种片面的理性化过程，似乎未能对如何使普遍的圣人模式成为主体的真实人格作出说明"。至此我们可以这样说，在正统理学中，本质论的实证和承诺并不能保证道德的合宜。

作者力图表明这样一种观点：程朱理学在人身之顺适上的无照顾状

态，恰恰是其本质论形上学缺乏张力的表现，这也正是构成日后阳明开拓心性论的另一面相的内在契机。作者指出，在阳明的心学中，心、身融即的本体存在论结构在总体上表现为"理性与非理性，先天形式与经验内容，普遍向度与个体之维的交融"，这一现象至少在某种意义上表明了从程朱到阳明的过渡暗涵了从本质论到生存论的过渡。这一点我们可以从作者强调阳明心学正视人的感性生命，把情意视为主体应有的规定中清楚地感受到。正如作者所言，"以心体转换性体，同时蕴涵着从形而上的本质向个体存在的某种回归"；我们也不妨说，阳明哲学以心、身并举的生存论结构，将程朱理学中处于倒悬、吊挂状态中的情意之我加以翻转和落实，这一点或许正是作者所说的"哲学视域的转换"。

读者不难看到，这种以区分本质论和生存论来说明正统理学和心学之间所存差异的观点，使人们很容易联想起当代西方哲学对传统本质论或基础主义（或实体主义）的拒斥。作者在方法意识上试图表明，程朱的本质论形上学类似于西方从笛卡尔到黑格尔、甚至尼采的传统哲学，这种哲学把包涵有丰富的生命和生活体验的人蒸发和还原为一个抽象的主体或某种绝对意识，消融和悬吊一切感性具体及时间的限制，以显示其永恒。这种被海德格尔斥为"形上学的主体主义"的观念遭到了包括伽达默尔、德里达和罗蒂等现代和后现代西方哲学家的严厉批评。可以这样认为，现代西方哲学很重要的一个转向，表现为从方法上对传统形上学的拒斥。作者于此不无心得地指出："本体论意义上的'有'或'存在'是一个涵盖面最广但亦最为抽象的范畴，而这一层面上的本质则意味着超越存在的无规定状态。与之有所不同，人在世意义上的'在'，首先指向人的个体之维，并展开为具体存在形态（包括与身相联系的感性形态）与过程。"作者是否将王阳明心身融即的理论看作是海德格尔意义上的"在世之在"，这一点虽然语焉不详，然而我们感觉到，在作者的心目中，程朱理学却多少对应着前者意义上的本质论，而阳明心学即是后者关顾到人在世意义上的生存论。作者承认，阳明未曾放弃对普遍本质的承诺，但对"存在的感性之维及多重样式"却有所注意，这一点在其"无心则无身，无身则无心"中表现得最为明显，也正因为如此，阳明哲学如何使"普遍的内圣理想成为实有诸己的人格"，在作者看来便获得了某种生存性的根据。

即就如上分析，我们可以并不一定同意作者的观念，然而，有一点却不能否认：作者的视野是世界的，方法是现代的。不过，讨论若仅止于此，会遮蔽本书的其他意图。作者的兴趣显然不仅在于通过传统理学和心学的交替以揭示出本质与存在的内涵和实质，而且由此而直指阳明心学所彰显的意义世界。在作者看来，由于程朱理学不从生存论而只从本质论上去考察人的存在，其结果在天道观上表现为"宇宙论的构造和准逻辑的推绎"，亦即在人的知与行之外讨论存在，最终"很难摆脱思辨的走向"；与此不同，阳明心学对太极、阴阳等形上本体并无多大的兴趣，在他的理论中，人所面对的世界"总是关联着人的存在"，"天没有我的灵明，谁去仰他高？地没有我的灵明，谁去俯他深？鬼神没有我的灵明，谁去辨他吉凶灾祥？"（阳明语），这种由感觉说物的格局不同于贝克莱的"存在即是被感知"，其所表达的正是意义世界赖以呈现的本体作用论的言说方式——由良知之感应"来澄明世界的意义"，并进而开显与物无对、万物一体的境界。也因此之故，阳明的良知说放弃了某种"超验化"或形而上学化的特点，表现为天理向主体人的归转。在作者看来，这一向度所意味的便是"由良知到德性的转换"，而这一转换与程朱理学化良知为天理一路恰恰形成鲜明对比：在道德领域中，后者表现为理念伦理，即普遍的道德规范取得天理的形式后，异化为纯粹外在的命令；而前者所表现的德性伦理却强调良知之内在特性，将道德规范看作是发自德性主体的自觉自愿的要求。故而，阳明以"良知是天理自然明觉发见处"，将孟子"反身而诚"、明道"只心便是天"和陆象山"本心即理"的义理蕴涵全尽摄绝。在作者笔下，由阳明所表现的心学一脉，在成就德性我的过程中，无疑更具有当下感、亲切感和现实可行性，而作者所心仪的由此展开的致良知之工夫，亦无疑是阳明由工夫提显本体的路向，因为在作者的心目中，这一路向所体现的正是阳明生存论的现实展开，借此多少可以消解阳明对先天性本体的承诺所具有的超验色彩。也正是在这个意义上，作者指称："心学在此肯定的主要是意义活动及本体作用的过程性和历史性，而不是本体自身的过程性"，离开了赋予意义的后天工夫，本体作为意义建构的先天条件这一规定便缺乏现实性。统览全书不难发现，作者尽管更多地认同心学的生存论基设以及由此而展开的形上与形下、个体与普遍、存在与本质、理性与非理性、主体与主体间、本体与工夫等理论阐释，然而阳明超越本体的独断论主张，却始终使作者对阳明心学保持某种峻峭的态度。读其书，使人觉得作者对阳明哲学的了解既有智及的深涵，复又有清守的尺幅，当褒赞，当直面，当臧好，当否恶，容容有度，义解斐然，而一物莫之或撄。或许正是由于对阳明心学的这一内心的蕴蓄，导致作者将黄宗羲"心无本体，工夫所至，即是本体"的陈说，认定为在化除心学的内在紧张方面取得了某种合理性的证明。

在一篇短短的评介文章中，我们不可能对杨国荣教授的《心学之思》一书所揭示的许多真见与实见作出一一说明，正如读者所见，我们甚至对书中的许多具有开拓性的观点也未及指点。读者若有心细读此书，相信会得出与我们相同的看法：这确是一本好书，好就好在它对阳明哲学的义境作了现代的开辟，推向了一个新的高度。思想史的客观性无疑要求我们放弃思想史之外的解释。狄尔泰认为，历史科学所以可能的条件，便在于承认历史的解释者是创造历史的人，同时也在于承认解释者自身是历史的存在。本书作者试图借重现代哲学的方法对阳明哲学作一形式的体系化的解读和重建，这种努力的结果尽管可能存在某些可供进一步讨论的话题〔比如阳明心、身融即的本体论是否可以指向"人在世意义上的'在'"？依海德格尔之见，自我性作为一种在世之在，在其原初的结构中即早已具有在其当下忧心中给与的世界，处于与他人、他物的交道之中，"即使他人实际上不现成的摆在那里，不被感知，共在也在生存论上规定着此在，此在之独在也是在世界中共在"，因而"无世界的单纯主体并不首先'存在'，也从不曾给定"。（海德格尔语）由此看来，在世之在就其本质为共在而言，并不是由孤零的主体来开显一个意义世界，而只能以世内照面的方式达到意义的澄明；就此而论，阳明心身并举之本体论虽然在义境上有殊胜于程朱理学的一面，但是它是否可以指向"在世之在"，是否可以说仍是海德格尔所拒斥的"形上学的主体主义"？我们觉得诸如此类的问题在学理上仍然是可以继续讨论的），但是无论如何，杨国荣教授在本书中所作的尝试，其意义和价值，当不应有任何怀疑。

六、刘宗贤及其《陆王心学研究》

（一）刘宗贤简介

刘宗贤，女，1946年6月生，北京人。1970年毕业于北京大学东语系。曾任山东省社会科学院儒学研究所研究员、山东省孔子学会常务理事等。

刘宗贤于1980年开始研究中国哲学史，主要研究领域为宋明理学，尤着力于陆九渊、王阳明心学研究。先后主持了山东省哲学社会科学规划项目"儒家伦理与当代中国的社会稳定和文明发展"、国家社会科学基金项目"当代东方儒学的现状、特点和发展趋势研究"等，发表论文百余篇，主要著作有《陆王心学研究》《当代东方儒学》《儒家伦理——秩序与活力》《中国儒学》《十大思想家》等。

（二）《陆王心学研究》的主要内容和特点

刘宗贤所著《陆王心学研究》于1997年由山东人民出版社出版，全书30余万字，共以十章篇幅对陆九渊、王阳明的心学思想进行了研究分析。

在第一、二章，主要探讨了心学的思想渊源，如先秦时期孟子、荀子的心性之学以及北宋初期理学中的心学思想都对心学产生了较大影响。第三、四章主要探讨了南宋心学家陆九渊"心即理"的唯理性心学，如陆九渊的"心同、理同"的本心论、"先立乎其大"的理性直觉修养论、"知先行后"的认识论、心学的论证方法和朱熹陆九渊的义利之辨、无极与太极之争等，较为全面地阐释了陆九渊的心学思想。第五章主要探讨了陆九渊后学杨简对心学理论的发展及其对王守仁心学思想之影响等问题。第六、七章主要探讨了明初思想家陈献章的"自然""自得"之学，如"道"之自然境界论、"心"之直觉本体论和"自得"的涵养论等。第八章主要探讨了湛若水的"万事万物莫非心"的自然本体论、"心得中正则天理"的人生伦理观和"随处体认天理"的修养论以及对陆学、陈献章心学的继承和对朱学的改造等。第九、十章则主要探讨了心学集大成者王阳明的"致良知"的实践道德说，详细分析了其心、理合一的人性论，知、行合一的认识论，致良知的实践道德本体论等心学思想，并分析了王门四句教，剖析了王门弟子派分演变的思想脉络与理性逻辑。

刘宗贤的《陆王心学研究》出版后受到学界的重视和好评，吴光在《孔子研究》1998年第2期发表文章《一部系统研究宋明心学的力作——简评刘宗贤著〈陆王心学研究〉》，对该著进行了充分评价，认为该书作者以严谨的治学态度、科学的研究方法深入探讨了心学的起源、形成及发展演变过程，阐释了各位心学家在哲学思想上的突破和学术史上的贡献，"既具系统性，又颇多创见，是一部研究宋明心学的力作"，并认为该书有以下特色。

一是对心学的渊源作了细致、周密的梳理。《陆王心学研究》从多维角度探索了心学的理论渊源，提出了许多独特见解。如作者将心学研究的视野不仅从孟子延伸到儒家的荀子，而且扩展到非儒家的《管子》乃至道家的《庄子》。认为孟子是最早把"心"作为哲学范畴并以心性问题为核心的哲学家，而开后世儒家心性学说之源；荀子则从不同角度继承和发展了儒家心性说，"他的心、身一元论观点，以心为'静'、'虚'本质的思想，以及心与'理'一致关系的认识，都作为先秦'心'范畴的重要内容保留下来，被儒家心性之学所发展，因而同样成为心学形成的重要思想渊源"[1]；《管子》书中《心术》《内业》《白心》诸篇关于"心"的论述，则"在先秦心范畴形成过程中起过重要的作用"[2]；至于《庄子》中的"心斋""坐忘"之说，离开感官讲心，

---

[1] 刘宗贤:《陆王心学研究》，山东人民出版社，1997，第6页。
[2] 刘宗贤:《陆王心学研究》，山东人民出版社，1997，第7页。

具有使心趋于本体化的倾向，也为宋明心学的形成开辟了道路。后文在阐释宋代心学的形成过程时，既讲明了程颢为心学的发端人物，也发掘了周敦颐、张载、邵雍思想中的心学因素。凡此种种，堪称见解新颖，而且持之有故，言之成理，显示了作者研究态度的严谨和学术见解上的突破。

二是以陆、王心学特别是王阳明心学为心学研究的重心，阐明了陆学与王学的思想联系以及从陆学转向王学的演变轨迹。作者将象山心学概括为"'心即理'的唯理性心学"，而将阳明心学概括为"'致良知'的实践道德说"，这是颇能契悟陆、王心学的本质和特色的。作者认为，王阳明的实践道德说"是对朱熹'格物'学说的反动，但他却是在沿着朱熹'格物'的实践道德方法走不通时，才转向陆九渊，从而接受了陆九渊的心学路线的。他在批判改造朱熹的'格物'说中完成了自己'致良知'的道德说"[1]。作者分别从"心、理合一"的人性论、"知、行合一"的认识论、"致良知"的本体论三个方面阐述王阳明的"实践道德说"，这正与象山心学关于"心即理"、"知先行后"及"先立乎其大"的哲学命题相照应，表明了从陆九渊到王阳明心学的逻辑转变。与此相关，从陆九渊的"道器一元"的论证方法到王阳明的"心物感应"的论证方法，又表明了王阳明"实践道德说"在思维方法上的转换。作者还指出，王阳明心学虽然与先秦心性之学和宋明以来以心为宗的思想有理论上的继承关系，但却不靠师承而出于自得，是"个人实践道德的产物"。为了说明王阳明的道德实践与其"实践道德论"的关系，全书最后一章专门论述了"王守仁的道德实践与人生意境"，进而分析王门四句教，剖析王门弟子派分演变的思想脉络与理性逻辑。这可以看作全书的画龙点睛之笔，是作者研究心得的精彩处。

三是为阐明心学发展演变的基本轨迹，本书设四个专章对杨简、陈献章和湛若水的心学思想进行了具体而微的研究。作者认为："杨简心学思想的形成过程，是把陆九渊的'本心'说与自己的'天地万物通为一体'的主观体悟结合，并融会贯通的过程……他完成了从陆九渊的先天道德本体论到主

---

[1] 刘宗贤：《陆王心学研究》，山东人民出版社，1997，第288页。

观唯心主义宇宙观的转化，解决了陆九渊心学所没有解决的几个难题。"[1]而其"己易"本体论与"毋意"方法论则被王阳明进一步发展了。特别是对陈献章与陆、王思想的联系，本书的分析尤其精到。作者指出，陆九渊的"心即理"，至陈献章更充实了主观意识方面的内容。陈献章的理性主义上承陆九渊，他的直觉论则下启王阳明。他克服了陆学将理性与感性、认识与修养、知与行割裂的矛盾，而为王阳明的良知本体论及知行合一认识论做了理论的铺垫。为了说明明代心学对宋代理学的接续，作者在陈献章专章辟"明初以来的心性道德之学"专节，略述曹端、薛瑄、吴与弼、胡居仁四家的个人风貌及思想主题，以说明"笃践履，谨绳墨"是明初学术的突出特点。正是这种"躬行实践"的学风开启了陈献章的心学，使他在陆学沉寂之后得以"重提陆学，并继承陆学的理论传统，从对人心的涵养中来探讨宇宙本体问题"[2]。

四是对儒家心学与佛、道的关系作了新的说明。作者指出，心学在发展过程中受到佛、道的深刻影响，但主要是在哲学思维的层次，尤其是在本体论和心性论方面，如杨简的理论贡献在于引进了佛教的本体思辨，陈献章所言"道"的境界吸收了道家自然无为的特点。作者在关于心学与佛、道的关系中，特别重视道家对心学的影响。作者还敏锐地指出，作为心学理论集大成者的王阳明，在摄取佛、道思想之间，更直接地接受的是道家思想的影响。这些论点都颇具新意，较之前人有所进步。

五是在研究方法上恰当地使用了比较哲学的研究方法。作者在书中以横向比较来判定同一时代思想的差异，如探讨心学渊源时，以孟子、荀子相比较来说明儒家心性哲学发展的不同路向，以二程相比较来说明理学初创时的不同致思趋向。又以纵向比较来阐明心学在不同时代的发展趋势，如在探讨王阳明思想时，注意将其与陆九渊相比较，以阐明王学对陆学的完善与发展；在探讨杨简、陈献章、湛若水的思想时，将其与陆、王思想相比较，以

---

[1] 刘宗贤：《陆王心学研究》，山东人民出版社，1997，第153页。
[2] 刘宗贤：《陆王心学研究》，山东人民出版社，1997，第180页。

论述王阳明在心学发展中集大成者的地位。通过比较，使各家心学的思想特色更加明显，也使整个宋明心学的发展路径更加清晰。这种比较研究的方法，无论在学术专史还是专题研究中，都是值得运用的。

七、东方朔及其《刘蕺山哲学研究》

（一）东方朔简介

东方朔，原名林宏星，1963年6月出生，江西寻乌人。1983年毕业于华东师范大学哲学系。1988年获华东师范大学哲学系硕士学位。1995年获复旦大学哲学系中国哲学史博士学位，并留校任教。

东方朔的主要著述有《刘蕺山哲学研究》《刘宗周评传》《朱子哲学与宋明理学》《权威与秩序——荀子政治哲学研究》等。

（二）《刘蕺山哲学研究》的内容和特点

东方朔所著《刘蕺山哲学研究》，于1997年由上海人民出版社出版，全书26万多字，以六章篇幅对刘宗周这位明末大儒的哲学思想进行了分析研究，取得了可喜的研究成果。第一章引论部分，依据大量史料，对刘宗周的生平活动、晚明儒学思想发展的背景、蕺山为学方向及学术性格和蕺山思想之发展作了深入探讨。第二、三、四、五章，着重探讨了刘蕺山的哲学思想，如理气论、心性论、诚意论和慎独论等。最后一章探讨了刘蕺山哲学的定位问题，肯定了其哲学思想对明清之际启蒙思潮的影响作用。

该书较为全面地研究分析了刘蕺山哲学思想体系，体现了其自身的写作特点。潘富恩在该书序言中，对其创作手法和取得的成就给予了较为客观的评价，现摘录如下：

> 蕺山刘宗周是明末的一位大儒，其思想繁杂而有序，异殊而有归，在心性学发展史上占有十分重要的地位。然而，在相当长的时间里，除港台学者有所注重外，大陆学界对此却研究不多或不力。我的博士生东方朔同志选此题目，并作了深入细致的研究，写成《刘蕺山哲学研究》

一书，我相信，它的出版将有补于学术界在这方面的不足。

本书的作者根据原典，从纵贯和横摄两面对蕺山思想的形成及其社会背景和历史渊源作了全面的考察和分析，作者抓住蕺山的性格特征与思想特征的关系，从理气论、心性论、诚意论和慎独论等不同的思想层面进行了认真的梳理和颇富创见的阐发，同时，对海内外学术界的一些研究成果既能吸收，又不囿于成说，每多体现出作者实事求是的态度和深造自得的独见。尤其值得一提的是，作者能娴熟地运用现代解释学中的"双重焦点原则"，对蕺山思想及蕺山与阳明之间的关系作了理绪和情性上的多方解说，颇让人心服。此外，在论及蕺山哲学的历史定位时，作者将道理置诸天地间，却又实际上采取了某种"得意忘言"的手法，尽得其"无所言亦无所不言"之效。

此外，东方朔还著有《刘宗周评传》一书，于1998年由南京大学出版社出版。该书系统地描绘和评述了刘宗周一生的思想发展，尤其对刘宗周哲学思想的内容和特点进行了深入分析，对刘宗周哲学的不同发展阶段作了说明，力图呈现刘宗周思想的整体面貌与基本性格，并借此展示出儒家心性学说的规模与特点。

第三节 赖永海等其他诸家的宋明理学研究

一、赖永海及其《佛学与儒学》

（一）赖永海简介

赖永海，1949年7月出生，福建漳州人。1976年毕业于中山大学哲学系。1981年毕业于中国社会科学院研究生院，获硕士学位。1985年毕业于南京大学哲学系，获哲学博士学位，并留校任教。在海内外学术刊物上发表学术论文近百篇，出版著作有《中国佛性论》《佛道诗禅——中国佛教文化论》《宗教学概论》《佛学与儒学》《中国佛教文化论》等。

（二）《佛学与儒学》的主要内容和特点

赖永海所著《佛学与儒学》，于1992年由浙江人民出版社出版，全书16万字，分八章讨论了佛学与儒学的关系问题。

第一章主要探讨了佛法要义与儒学主旨，第二章主要探讨了大乘佛教与真如本体、儒学的人本主义与天人合一问题等，第三章主要探讨了中国佛教的佛性论、儒家的人性心性学说以及宋元佛教的伦理化倾向等问题，第四章主要探讨了佛教的顿悟见性与儒家的修心养性，第五章主要讨论了传统佛教的出世主义、儒家学说的入世精神以及中国佛教的亦出世亦入世问题，第六章主要探讨了北宋五子、南宋朱熹与佛学的关系问题，第七章主要探讨了陆王心学与佛学的关系问题，最后一章则讨论了禅宗的人间化和近现代的人间佛教即佛儒交融问题。

其中第六、七两章专门讨论了宋明理学与佛学的关系问题，提出了许多真知灼见，揭示了儒学与佛学的相互吸收借鉴与影响，特别是关于儒学吸收借鉴佛学思想之后而产生形成的理学问题，对于更好地理解宋明理学的产生、发展及历史地位具有重要意义。该书出版后，李申于《哲学研究》1993年第6期撰文《读〈佛学与儒学〉》，对该书进行了评价。现摘录其部分评语如下：

> 儒佛关系中，人们多讲佛对儒的影响，却很少有人讲儒对佛的影响。人们也常谈论佛教的中国化，却很少提及中国化的本质是什么。作者把佛教中国化判定为儒学化，揭示了儒家心性论对佛教的影响，促使大乘空宗的"法无自性"发展为至真不变的法性，促使佛教把本体的心变为现实的心，把佛性直接诉诸人性，直到宋代以后，完成佛教伦理化的进程，以致发展到近代的"人间佛教"运动，真是步步深入。既合逻辑的必然发展，又是确凿的历史事实。
>
> 至于儒家受本体论方法的影响，经作者点明，颇有豁然开朗之感。

第六章　五彩缤纷的文化盛宴：1991—1999

人们常谈，儒家讲"天人合一"。既为合一，必先以天人为二。以此概括先秦汉晋，或有相符。那时的儒者看世界，天是一家，人是一家，于是观天道，定人事，忙忙碌碌。宋代儒者则说，天人本无二，更不必言合，他们从气或理（或心、良知）出发，推出他们的整个理论体系，这大约就是作者所说的本体论的方法。依据这个判断，作者分析了周张邵程朱等理学思想，分析了陆王的心学体系，指出他们和佛教思维方式的联系。许多论断视角新颖，见解独到，不仅有补于理论空缺，而且足以发人深省。

作者时新之见，还有对儒家性质的看法。作者指出，儒家讲伦理、谈心性，"其源头一直在天"（第21页）。儒家学说与宗教的关系，"与西方或印度古代没有什么原则的区别"（第22页）。或说，儒家的天是伦理化了的天，所以儒家不是宗教。作者问道："以伦理化了的上帝为最高道德原则的基督教"是不是宗教？问得好。作者前有作为教材的《宗教学概论》问世，尽管也有人对此书求全、吹毛，然而作者的创新之见是掩盖不住的。作者对宗教理论作过系统探讨，所以有资格判定：儒家与宗教之关系与西方没有差别，并深为人们在讨论儒学问题时只顾后半截的"人事"、而抛弃上半截的"天"而遗憾，认为这是把儒家"拦腰砍断"。

....

大之弊在疏。该书23页，似对仅以某儒出入佛老数十年等来论佛教影响不满，后面却又大谈周敦颐如何从寿涯治学。此大可不必，且已落第二义了。再如对气质之性的来源及其分析，我也不能同意。也正因为此书新见多，所以可商议处也多。我佩服作者议论的精辟和高度的概括能力，但未必同意他的结论和观点。反过来说，对于我不同意的那些观点和结论，我也佩服作者的精辟和高度概括。因为只有这样明确、彻底、干净利落地提出问题，才能使别人也明确，从而深思、争论，把学术引向前进。那些含糊其辞、模棱两可、读十遍八遍也让人如堕五里雾中的著作，我是不敢看的。赖著的最后说，治中哲史的学者已知，不懂佛学，中国哲学史的研究就难以深入。同样，治佛学者若不通儒学，"其所认识的中国佛教也将是片面的"（第227页）。对此论我深表赞同，并认为可供在学术上只求偏安一隅且自鸣专精者思。

二、徐洪兴及其《思想的转型——理学发生过程研究》

（一）徐洪兴简介

徐洪兴，1954年生于上海，1982年毕业于华东师范大学历史系，获学士学位，后入复旦大学学习，获思想史专业硕士学位、中国哲学博士学位，毕业后留校任教。曾任复旦大学哲学系中国哲学史教研室主任、系副主任，上海市哲学学会中国哲学史专业委员会主任委员等职。

徐洪兴主要从事中国哲学史、中国经学史、中国思想史及宋明理学研究。发表学术论文70余篇，代表著作有《思想的转型——理学发生过程研究》《中华文化通志·经学志》《旷世大儒——二程》《中国理学》等。

（二）《思想的转型——理学发生过程研究》的主要内容和特点

徐洪兴所著《思想的转型——理学发生过程研究》是在其博士论文的基础上提炼而成，于1996年由上海人民出版社出版，全书分上中下三篇对理学发生过程进行了深入研究。在上篇"引论"中，对"理学"概念和早期理学进行了辨析；中篇"总论"部分，分三章对宋代儒学更新的必然性及途径、佛学和道学、儒佛道三教合流、儒学更新引出的文化变动、北宋理学思潮及其基本特征等问题进行了阐述；下篇分五章对影响理学形成的北宋初期的思想家如范仲淹、欧阳修、胡瑗、孙复、石介等的思想进行了分析研究。

马涛于《复旦学报》1998年第2期发文《读〈思想的转型——理学发生过程研究〉——兼评八十年代关于理学与反理学的讨论》，对该著进行了分析评价。他认为，徐洪兴的《思想的转型——理学发生过程研究》是专门研究理学思潮产生过程的一部较有分量的著作，马涛归结其创新之处主要体现在以下三个方面。

一是对"理学"概念的内涵、外延及特性提出了许多富有创见性的新观点。

徐洪兴认为,理学之名有广义和狭义之分,广义的理学就是"脱出训诂"的"义理之学",它既包括"程朱理学",亦包括"陆王心学",还包括以张载、罗钦顺、王夫之为代表的"气学"和以邵雍为代表的"数学",以吕祖谦为代表的"婺学",以张栻为代表的"湖湘学",以王安石为代表的"新学",以苏轼为代表的"蜀学"。狭义的理学则是指"性理之学"(以程朱陆王为代表)。"义理之学"与"性理之学"的关系是:"义理之学"涵盖"性理之学","性理之学"则为"义理之学"的精髓("至伊洛而精"和"以程先生为之宗师");在时间上,"义理之学"的出现要早于"性理之学"(从宋初三先生到伊洛)。在性质上,狭义的"理学"是指"性理之学",即着重探究"理""气""心""性"之类概念的学问,有时也往往称作"心性之学"。广义的"理学"则是指"义理之学",即有别于汉唐儒生治经所注重的章句训诂之学,旨在寻求儒经中蕴含的大义和道理的学问。广义的"理学"与狭义的"理学"之所以统称为"理学",是因为它们都具备理学思潮的一般特性,那就是它们都将宇宙的本原道德化,并从中去寻求封建伦理道德的永恒依据。

同时,徐洪兴在该著中对理学的概念和特性的理解更为深化,如对北宋理学思潮基本特征的概括中,就有一条是"内圣"与"外王"并重(另外两条是"思想解放""创新开拓"),认为在北宋理学思潮中,注重心性、工夫的"内圣"之学,只是思潮中的一种取向。另外还有一种取向,那就是注重经世、致用的"外王"之学。而且如果从程度和影响方面来考察的话,注重经世、致用的"外王"之学较之注重心性、工夫的"内圣"之学,甚至更为突出。这一理解和概括是准确的。因为理学家从一开始就在追求一种"正心、诚意、修身"与"齐家、治国、平天下"的统一,强调"内圣"与"外王"的并存。即使注重心性修养工夫的"性理之学",到南宋时期也未能完全摆脱这一特征。

二是书中没有使用"反理学"之类的提法,给人以新的启迪。

理学作为时代思潮,在北宋的庆历前后开始崛起,到熙宁、元丰年间已形成几个不同的流派,奠定了理学的基础并使之初具规模。进入南宋,理学迅速发展成为主流学派，同时理学内部的反对派也开始出现。自南宋末年起，理学主流派逐步登上统治思想的宝座，成为官方的正统哲学。明代中叶，理学内部的反对派异军突起，很快风靡整个思想界，其流风余韵一直延至明末。明清之际，理学进入其批判性的反思总结阶段，标志着它作为一个时代思潮的终结。徐洪兴虽然也承认"理学内部的反对派"存在，但并不认为它们是"反理学"的，而认为它们仅是"理学内部"的分歧。随着理学思潮的不断发展，其内部产生分化而形成不同的流派是十分正常的，也合乎思潮发展的内在逻辑。在此基础上，徐洪兴对被"反理学"论者视为"反理学"的主要代表人物作了重新评价，如叶适，徐洪兴依据他对理学基本特性的概括和理解，得出了以叶适为代表的永嘉学派也属于"义理之学"（即广义的"理学"）的结论。又如徐洪兴用了很大的篇幅，来论证王安石"新学"的理学性质。认为王安石的政见虽与司马光、二程、张载、苏氏兄弟等相左，但这不等于说王安石的思想学说就不是理学性质的。王安石对传统章句训诂之学的否定，对佛道思想的汲取，对孟子其人其书的推崇，对道德义理的提倡，对理想人格的追求，对性命、情欲、义利等问题的探究，丝毫不逊于同时代的任何一位理学思想家。同样，由于苏氏父子与二程的交恶，以苏氏父子为代表的"蜀学"也被视为是"反理学"的。徐洪兴对此则力辩其非，认为"蜀学"的学术旨趣与当时的其他理学家颇多共通之处，如都重视对"心""性""气"等问题的探讨，在本质特征上存在与"洛学""关学"等被传统公认的理学派别相一致的理论兴趣和思想取向。因此，也应被纳入理学思潮的范围中来。这些论述和观点，不仅开阔了理学研究的视野，而且给人以新的启迪。

三是明确分析了北宋理学思潮的崛起和转向。

徐洪兴提出，北宋理学思潮作为宋明理学发展演变过程中的第一个阶段，崛起于宋仁宗的庆历之际。由范仲淹、欧阳修、胡瑗、孙复、石介等人开其端，逐渐形成了一股否定汉唐笺注经学，批判魏晋隋唐以来盛行不衰的佛、道二教，极力主张复兴儒学的思想潮流。在这一阶段，理学思潮具有思想解放、创新开拓、"内圣"与"外王"并重的显著特点。创新开拓主要表现为强调"自得"和"独见"，它是当时思想解放的一个必然结果。理学家都反对以古人之是非为是非,立志要发前人所未发。强调"内圣"与"外王"并重的思潮特点,是与北宋理学思潮以庆历新政和熙宁变法这两次社会变革为背景逐步发展起来密切相关的。在主观上,他们都希望以儒家思想来指导现实的政治改革,儒家传统的"经世致用"思想,就不能不成为当时思想家们理论上的一个非常重要的支撑点。但到了宋神宗的熙宁、元丰年间,北宋理学思潮进入第二个阶段后,第一阶段的那种"先忧后乐",以齐家、治国、平天下为己任的儒家理想人格,也开始逐渐出现转向。诚意、正心、修身的内在反省日渐为学者们所注重,并进一步有引向"存天理,去人欲"的倾向。

南宋以后,讲求心性工夫的"内圣"之学开始占据理学思潮的主导地位。对于理学思潮出现的这一重大转向,徐洪兴认为原因比较复杂,但至少有两点值得一提:一是由于在种种因素的作用下,偏重于"内圣"之学的"洛学"在之后的发展演变过程中,渐渐成为学界之大宗,逐渐在南宋的思想界和学术界占据了统治的地位,而这对于理学发展的方向而言,起到了至关重要的影响;二是由于外缘的作用,那就是王安石变法的失败,以及不久以后北宋灭亡等一系列重大政治事件的干预。王安石变法以失败而告终,标志着北宋理学思潮"外王"一面的"体用"之学的重大挫折。从此以降,理学的重心开始转向其"内圣"的一面,讲学论道开始代替了从政问俗。可以说,王安石变法的失败和北宋的灭亡,是导致理学思潮转向的重要的外部原因。

此外,潘富恩也在该书序言中对该书给予了较高评价,认为徐洪兴的研究"突破了传统以朱熹《伊洛渊源录》为框架的单维理学发生说,在广阔的文化背景下重建起理学发生、发展的轨迹,比较完整地揭示了北宋理学所具有的内涵和特征……提出了不少富有见地和说服力的观点或结论……在重视宏观的、整体的研究之同时,不忽略微观的、个案研究,这就使其整体研究能够建立在坚实的基础之上而不至于被架空。因此,我觉得这是一部资料翔实、考证精当、逻辑严密、文字流畅,理论性和历史感都很强的、有较高学术价值的哲学史专著"。

三、冯达文及其《宋明新儒学略论》

（一）冯达文简介

冯达文，1941年5月生，广东罗定人，1965年毕业于中山大学哲学系，毕业后留校任教。1992年晋升为教授，1993年成为博士生导师。曾任中山大学学术委员会委员，中山大学中国哲学研究所、中山大学比较宗教研究所首任所长，中国哲学史学会副会长。出版专著有《中国哲学的探索与困惑（殷商—魏晋）》《回归自然——道家的主调与变奏》《宋明新儒学略论》《中国哲学的本源—本体论》《中国古典哲学略述》《理性与觉性——佛学与儒学论丛》等。

（二）《宋明新儒学略论》的主要内容和特点

冯达文所著《宋明新儒学略论》，于1997年由广东人民出版社出版，全书24万字，分六章对宋明新儒学进行了讨论。第一章主要探讨了先秦儒家思想；第二章主要探讨了由本源论引申的成德论，如周敦颐的"无极"与"诚体"、张载的"太虚即气"与"民胞物与"等；第三章主要探讨了由主"知"论架构的成德论，如程颢的从"必然"处说"理"与"理"本论、程颐的主客二分与"致知在格物"说、朱熹的以知识论为进路的功夫论等；第四章主要探讨了由主"志"论确立的成德论，如陆九渊的从"应然"处说"理"与"心（志）"本论、王阳明的"致良知"说所表征的意志自由等；第五章主要探讨了由主"情"论开示的境界论，如陈献章的"理"的规范性意义的消解与"情"本论、王艮的从"然"处说"道"与对感性生活的认肯、泰州后学的"欲"的提升与人性的重新介说等；第六章主要探讨了由致"用"学体现的经验知识论，如王夫之的从现实关系处说"理"与对知性心的再认定、黄宗羲的从权力结构处论"政"与对公共礼法的新考察等。

关于宋明新儒学的类型研究，大陆历来沿袭程朱理学、陆王心学与张王气学的三分法，港澳台则以牟宗三所谓"五峰（胡宏）蕺山（刘宗周）系"、"象山（陆九渊）阳明（王守仁）系"和"伊川（程颐）朱子（朱熹）系"

的分类影响最大。冯达文则另辟蹊径，他从宋明新儒学各家的基本致思理路出发，提出了一种十分新颖的"五种类型"说：一是周张从本源论引申出的成德论，二是程朱以主"知"论建构的成德论，三是陆王由主"志"论确立的成德论，四是自主"情"论开出的境界论，五是于致"用"学体现的经验知识论。这五种类型又分别显示了三种不同的进路，即从应然处讲理、从必然处讲理和从然处讲理。三种不同的进路开出了各具特色的道德论。

这种类型学研究之新，主要表现在以下几个方面。

首先是析出了周敦颐和张载一种类型。冯达文认为，张王"二人虽然都主'气'本论，但是如何借'气'本论建构成德论，二人之进路即甚不相同"，"张载并不认为，人之德性直接来源于'气'之禀赋"，从而"把成德看作是人-主体的独特品性"，这是从应然处讲成德。而"王夫之不然。王夫之认为人之德性即直接来源于'气'的禀受，成就于'气'之'日生而日成'。这就把成德问题首先看作为一客观、自然的发展过程"，这主要是从必然处讲成德。[1] 这样，将张载与王夫之判为一道就是不恰当的；相反，他在理论系统上倒是与周敦颐具有共同性，即他们都是从本源论引申出成德论，其差异只不过是前者视本源为"气"而后者视本源为"太极"而已。

其次是新标出了宋明新儒学之主"情"一派。冯达文认为，"白沙非但不以'知'说'心'，且亦不以'志'说'心'"，"在白沙看来，唯未经筛选的才是最整全的（'全经'），未经加工的（'凿'与'淫'）才是最本真的。筛选、加工属理性范畴，未经筛选与加工的只是'情'"，故"白沙诚为明清之际创设主'情'论的第一人"。[2] 以陈白沙、王艮、李贽、徐渭、汤显祖和袁宏道为代表的宋明新儒学主"情"派，虽各有其长，但他们都有一个共同点，即"他们都共同地认可未经过道德理性框整过的自然-本然性的存在"，这种存在"在'事'而言即指以个别、特殊、偶然的方式显现的各种

---

[1] 冯达文：《宋明新儒学略论》，广东人民出版社，1997，第337页。
[2] 冯达文：《宋明新儒学略论》，广东人民出版社，1997，第231-234页。

'事物'。在'人'而言即指人的感性的生活状况与生活方式"，[1]即所谓"情"。冯达文进一步指出，这种指论每一个个体的、偶然的现象为绝对圆足的本体的本体论，与周张、程朱和陆王之类摄用归体的本质论不同，它是指用为体、消体归用的存在本体论，从这种本体论成就的道德必然是肯认人的任何自然-本然的情欲都善的道德。这样，此前宋明新儒家主要是程朱与陆王苦心经营的各种具有所谓客观必然性和普遍有效性的道德原则就遭到了彻底解构，他们那些以复本源、穷天理或致良知为功夫而以内圣外王为至善的修齐治平之道亦被以"率性而为""纵情直往"为表征而以超越世俗礼法的、活泼自由的"生命情调"为底蕴的自然生活所取代。在冯达文看来，这种"存在"论及由之张扬的感情生活甚至具有某种近代色彩。

再次，在冯达文的诠释框架中，宋明新儒学各种类型之间的逻辑演进脉络更加自然和清晰，而各种道德论自身的优缺点亦更加朗然可观。例如在论及由周张的本源论引申的成德学向程朱的以主"知"论架构的成德学转型时，冯达文就认为，在周张的本源论系统中，虽然人道贯通于大道，但因为"天道（本源）自身之性状（体性）不是定然的，人对其生成长养之德之善的判定，不是一知识性判定，而是为人自己选取、认同的应然性判定"[2]；即便他们由"天地生万物，所受虽不同，皆无须臾之不感，所谓性即天道也"而引申出人之成德具有共同性，但这种共同性亦只是"人同此心、心同此理"式的心理通感，而非人人必须认可的客观必然性。与《中庸》和《易传》一样，这种由对本源生成长养万物的景仰而成就的道德属信仰性道德，其长处是高扬了人的主体性与主体的主动性，并能开出具有超越性与自由性的心灵境界，但其缺点则是缺乏真正的普遍有效性。这与宋明新儒学追求的目标相距甚远。程朱由主"知"论建构的成德学由是成为必要。这样的诠释，无疑比那从哲学史之外或从门派偏见出发进行的诠释更具合理性。

最后，冯达文在对现代社会与传统社会加以区分之后，还从个人情欲、

---

[1] 冯达文：《宋明新儒学略论》，广东人民出版社，1997，第280页。
[2] 冯达文：《宋明新儒学略论》，广东人民出版社，1997，第87页。

公共礼法和生命情调等三个层面证明，宋明新儒学思想皆不可取，所可取者唯有道家。原因在于：在个人情欲层面，以程朱、陆王为主体的新儒学不承认个体原始、自然和基本情欲的确当性，而道家却公开承认这种确当性；在公共礼法层面，前者把本无"真""善""美"可言的公共礼法当成"天理""良知"的自然体现和万世不变的神圣秩序，而后者则十分清醒地洞察到它本质上是人为的、应机的、变动不居的，最多只不过是一种"方便施设"；在生命情调层面，前者在与专制制度结盟之后，就表现出对个体信念的自由选择和生命情调的自由追求的强烈侵犯，使不同的个体均被拘束限制于一元化的价值体系之中，而后者则"特许了人的自由"，能够提倡和包容每个个体追求"自足其性"的生活样式，即使它在汉初成为官方意识形态时亦如此。故冯达文呼吁"走出新儒家"。[1]

四、左东岭及其《李贽与晚明文学思想》

（一）左东岭简介

左东岭，1956年生，河南许昌人。1986年获华中师范大学中文系中国古代文学专业硕士学位，1995年获南开大学中国文学批评史博士学位。曾任首都师范大学文学院院长、校学术委员会副主任。主要研究方向为中国文学思想史，尤其致力于中国古代哲学与文学思想关系的交叉研究。代表性著作有《李贽与晚明文学思想》《王学与中晚明士人心态》《明代心学与诗学》《明代文学思想研究》等。

（二）《李贽与晚明文学思想》的主要内容和特点

本书系作者的博士学位论文，于1997年由天津人民出版社出版，共25万余字。全书共由五章构成：李贽所面临的历史前提、李贽的人格与心态、李贽的哲学思想、李贽的文学思想、李贽与晚明文坛。本书所论是国内外学术

---

[1] 冯焕珍、宋婕：《精神资源与传统文化——冯达文〈宋明新儒学略论〉解读》，《开放时代》1999年第2期。

界关注颇多但又争议颇大的学术论题。作者在全面掌握国内外研究状况的基础上，认真梳理了相关的研究资料，采用文史哲兼通及宏观与微观相结合的方法，将李贽置于明代政治史、哲学史及文学思想史的纵横交错的立体结构中，力争还原其历史的真实面目，在诸多方面取得了突破性的进展，提出了许多客观而有创新的见解。

另外，附带谈一下左东岭的另一部著作《王学与中晚明士人心态》。该著由人民文学出版社于2000年出版，全书50余万字，分四章对王阳明心学与中晚明士人精神及行为方式之关系进行了研究。其中对阳明心学产生的历史前提及其发生的具体过程，对阳明心学的重要理论范畴及其对王阳明生命存在的意义，对明代中晚期心学的复杂历史走向及其对士人的人格心态的影响，对中晚明的政治格局、文学思想的影响等，都进行了深入的分析描述。作者采用文史哲打通的研究方式，力争对心学与士人心态的关系作出立体动态的考察，从而还原其历史真实面貌。该著学风严谨，资料翔实，立论稳妥而又新意迭出，兼之语言雅正而又生动流畅，具有较高的学术品位与学术价值。该著出版后，很快获得学术界的关注与好评。

此外，这一时期，还有姜广辉的《理学与中国文化》，于1994年由上海人民出版社出版，全书30万余字，共分上中下三篇。上篇主要探讨了理学的定名、形成以及周敦颐、张载、二程、朱熹、陆九渊、王阳明等人的部分思想，中篇主要探讨了理学中的概念和个别争辩，下篇则主要探讨了中国传统思维方式的特点以及儒家道德伦理精神等问题。全书以主题论文形式分析了理学与中国文化的关系问题，对于深入了解理学在中国历史文化中的地位以及理学对中国传统思想文化的影响具有积极意义。丁为祥的《虚气相即——张载哲学体系及其定位》，于2000年由人民出版社出版。该著较好地解决了张载哲学中的"虚气关系"问题，合理地说明了"天地之性"与"气质之性"的关系，重新梳理了张载与二程、朱陆、王阳明、王廷相以及王夫之的关系。二著都是这一时期宋明理学研究的重要成果。

第七章
拳拳赤子的中国心：20 世纪下半叶港台地区的宋明理学研究

1949年中华人民共和国成立后，蒋介石退居台湾，国民党在大陆的统治亦宣告结束。蒋介石政权偏安一隅，依靠美国的支持，继续走其发展资本主义的道路。而香港地区则依然在英国的殖民统治之下。在这一时期，港台地区的文化价值观念和主流意识形态深受西方价值观的影响，特别是西方基督教文化的挑战。港台地区尤其是随国民党政权转迁到台湾地区的一些知识分子，基于对中国传统文化的根缘意识，掀起了保护传统文化并对传统文化进行改造以发展弘扬传统文化的运动，目的在于拯救儒学，维护中国优秀的传统文化。1958年元旦，唐君毅、牟宗三、徐复观、张君劢联名发表《为中国文化敬告世界人士宣言》，新儒家第二代随之产生。新儒家重视的是儒家的心性之学，把它看作中国传统思想的核心和开发现代科学与民主事业的根据。新儒家的学说在一定意义上是一种文化哲学，强调中国传统文化的一本性和优越性，认为从尧、舜、禹、汤、文、武、周公、孔、孟到程、朱、陆、王之间，有着一脉相承的"道统"；中国文化的最高理想是儒家人文主义，它是道德精神和宗教精神的统一；儒家的心性之学是中国传统文化的本原和核心；只有在对中国传统文化认同的基础上，才谈得上对西方文化的吸纳和会通。

　　以唐君毅、徐复观、牟宗三、张君劢为代表的第二代新儒家，继承了第一代新儒家代表人物如熊十力、梁漱溟的治学方法和人文气象，在研究中国传统文化时，引进康德的道德哲学和黑格尔的精神现象学，建立起了以"良知"价值主体为核心的道德形上学的心性学说，对港台地区的学术界和思想文化界产生了广泛而深远的影响。到了1980年代以后，以杜维明、刘述先为代表的第三代新儒家，继承第二代新儒家的衣钵，同时利用现代西方哲学的新思潮，研究诠释中国传统哲学和文化，提出在超越的层面上与基督教对话，在社会经济层面上与马克思主义对话，在深度心理学层面上与弗洛伊德对话，力图谋求人文价值与科技成果的平衡，主张发展儒家资本主义。正是这种价值观念和思想文化的转变，使得20世纪后半叶港台地区的中国传统文化呈现出多彩的局面，多元文化的共生也引发了这一时期宋明理学研究多样化丰富发展之势。

第一节　牟宗三的心学研究

一、牟宗三简介

牟宗三（1909—1995），字离中，山东栖霞人。中国哲学家，现代新儒家代表人物。1933年毕业于北京大学哲学系。曾先后在华西大学、中央大学、金陵大学、浙江大学等校任教，主讲逻辑学和西方哲学。1949年去台湾，任教于台湾省立师范学院、东海大学等，讲授逻辑学、中国哲学等课程。1960年去香港，任教于香港大学、香港中文大学新亚书院，主讲中国哲学、康德哲学等。1995年4月病逝于台北。

牟宗三毕生致力于弘扬中国民族文化，为中国文化的现代化与世界化作出了巨大贡献。他自己总结其学术生涯分为三个主要阶段：20世纪30年代至40年代为第一阶段，主要从事逻辑学、知识论和康德知性哲学研究；50年代为第二阶段，研究重心转移至中国历史文化及中国文化的出路问题；60年代为第三阶段，又转而从头疏解中国传统的儒、佛、道三家之学，而尤重于宋明理学的研究。这以后，牟宗三较多地着力于哲学理论方面的专研，谋求儒家哲学与康德哲学的融通，并力图重建儒家的"道德的形上学"。其许多著作被译成英文、韩文、德文等。其哲学成就代表了中国传统哲学在现代发展的新水平,在世界范围内影响深远。

牟宗三的主要著作有《中国哲学的特质》《才性与玄理》《历史哲学》《道德的理想主义》《心体与性体》《从陆象山到刘蕺山》等。

二、牟宗三的《心体与性体》

《心体与性体》分上中下三册,于1968年由台湾正中书局出版,上海古籍出版社于1999年再版。

全书分四个部分对宋明理学的心体与性体问题进行分析。

在第一部分综论中主要探讨了宋明儒学的定位,张载、二程的天理观,存在之理与形构之理、归纳普遍化之理的区别,自律道德与道德的形上学,道之本统与孔子对本统之再建,对于叶适《总述讲学大旨》的衡定等;第二部分主要探讨了周敦颐对于道体的体悟、张载对于"天道性命相贯通"的展示;第三部分主要探讨了程颢的一本论,程颐的理气、性情、才性、居敬、中和等思想,胡宏的《知言》等;第四部分主要探讨了朱熹的心体性体思想。

《心体与性体》一书是牟宗三独创的"道德形上学"体系的一部奠基之作,其哲学体系中的不少概念就是在这本书里第一次提出来的。在《心体与性体》一书中,他大量运用了康德哲学的观念及方法来分析有宋一代理学的进路,最终为传统儒家哲学的本质作出了一个清晰的描述。牟宗三认为,传统儒家思想之所以是一种独特的哲学体系,就在于其具有一种道德的形上学的进路。用海德格尔的话说就是一种"方向伦理"而非一种"本质伦理"。这个道德的形上学并不是一种对于道德及其观念的形上学的探究,而是一种由道德本原所构造的形上学系统,即"正宗儒家所说的性体心体同时是道德的,同时又是本体宇宙论的;它是我们的性,同时亦普遍而为'天地之性',而为宇宙万物的本体、实体,即生化万物的寂感真几……在我们实践的体证中,这'隐而不见的神性和无限性'即逐步朗现或顿时朗现(性体心体只有隐显、并无生灭)"[1]。这种道德的形上学是一种实践的形上学体系，是宋儒上承先秦原始儒家哲学而完成的一套哲学系统。《心体与性体》就是依此来厘清宋代儒家哲学的义理功过，在哲学的层面上肯定与厘清宋儒所苦心建构的儒家道统，体现出现代新儒家典型的卫道姿态。但是牟宗三毕竟和传统的儒家卫道士不同，他自觉地运用了现代西方哲学的概念分析方法，将传统的直觉领悟分解成明晰的概念构造，提出了其著名的宋明理学划分三系说的主张。所谓三系，即胡五峰、刘蕺山为一系，陆、王为一系，小程、朱子为一系。前两系义理互补相通，为儒家哲学之正宗；而小程、朱子自成一系，另立一别宗，为儒家哲学系统之歧出。（其中周、张、大程开风气之先，尚未分组。）他认定只有认心性为即存有即活动之实体才是儒家哲学的本真，而小程、朱子实际上只认心性为只存有不活动，所以其不合儒家哲学的正宗进路。

三、牟宗三的《从陆象山到刘蕺山》

牟宗三所著《从陆象山到刘蕺山》，于1979年由台湾学生书局出版，上海古籍出版社于2001年再版。《从陆象山到刘蕺山》全书分六章探讨了陆王心学的问题。如陆九渊的"心即理"，陆九渊与朱熹的争辩，王学的分化与发展，《致知议辩》疏解，刘两峰、刘师泉和王塘南的思想以及刘蕺山的慎独之学。

该著时常被认为是三卷本《心体与性体》的后续，即第四卷。它们共同组成了牟宗三关于宋明儒学研究的体系。正如《从陆象山到刘蕺山》序言中所说："《心体与性体》共三册已于一九六八年出版于正中书局。在该三册中，只详讲濂溪、横渠、明道、伊川、五峰与朱子六人。但在详讲此六人中，宋明儒长期发展之可分为三系已确然明白而无可疑。是故在该书出版后，心中如释重负；虽即尚余陆王一系以及殿军之刘蕺山尚未写出，吾亦暂时无兴趣再为续写。迟延至今，忽忽不觉已十年矣。在此十年间，

---

[1] 牟宗三：《心体与性体》上，上海古籍出版社，1999，第159页。

吾亦未辍工作。《智的直觉与中国哲学》、《现象与物自身》、《佛性与般若》，皆在此期间写成者也。此虽无关于宋明儒，然亦非不增长吾之学思与理解，因而对于宋明儒学之定性与定位亦非无深广之助益也。吾所涉及之工作至今大体俱已写成，因此宋明儒之余三人亦必须写成，不能再拖。此书定名曰《从陆象山到刘蕺山》，实即《心体与性体》之第四册也。"

贯通性是牟宗三《心体与性体》诠释宋明理学的风格与方式，也是其诠释学的独特风格与方式。牟宗三不仅将濂溪、横渠、明道贯通起来，将宋明儒大宗贯通起来，而且将宋明儒与先秦儒家贯通起来。所谓"贯通"有两层意义：第一，是将他们（某一系，或宋明儒大宗或先秦儒家，或宋明儒先秦儒）视为一整体，串连在一起看；第二，是会通他们的义理间架与性格的同一性，会通为一个系统。因此，贯通是宋明儒与整个儒学血脉的贯通。所以，在牟宗三贯通性的诠释与判释中，不但宋明儒学三系之分与朱子"别子为宗"眉目朗然呈现，而且宋明儒大宗、宋明儒与先秦儒家及儒家最根源的智慧、老传统之间的脉络也同时"一线相传"地呈现在读者面前，给人以整体之观感、分别之观感与血脉贯通顺畅之观感。可以说，《心体与性体》不仅是对宋明理学，而且也是对整个传统儒学发展的"判教"，是对宋明理学与传统儒学的总体的诠释与判释。

牟宗三这种贯通性的眼光上通至儒家最根源的智慧，下一直贯通至当代儒家。他明确指出："吾人处于今日，则又提出知识行为而融纳知识系统于此骨干中，因而亦即融纳一知识论于此形上学中。此亦是一线相传之结集。"[1] 这就进而点通了传统儒学与当代新儒学之间"一线相传"的血脉。

---

[1] 牟宗三：《从陆象山到刘蕺山》，上海古籍出版社，2001，第181页。

第二节　钱穆的朱子学研究

一、钱穆简介

钱穆（1895—1990），江苏无锡人，中国历史学家。9岁入私塾，13岁入常州府中学堂学习，18岁开始发表文章，1918年由商务印书馆出版第一本著作《论语文解》。1930年秋，任燕京大学国文系讲师。同年，他在《燕京学报》发表《刘向歆父子年谱》一文，辩驳康有为《新学伪经考》误言，评今、古文经学之争，震惊学术界。隔年转任北京大学历史系教师，开设中国上古史、秦汉史等课，后曾在清华大学、四川大学、齐鲁大学、西南联合大学等校执教。1949年，钱穆经广州南避香港。在香港，除在徐复观主持的《民主评论》发表文章外，又创办亚洲文商夜校（后更名"新亚书院"）。1953年创办新亚研究所。曾获香港大学名誉法学博士和美国耶鲁大学名誉文学博士学位。1967年移居台北，任教于台湾中国文化书院（今中国文化大学）。1990年8月30日，他在台北寓所无疾而终，享年96岁。

钱穆一生著述颇丰，主要有《论语文解》《国学概论》《中国近三百年学术史》《国史大纲》《中国文化史导论》《阳明学述要》《朱子新学案》《中国文化精神》等。

二、钱穆的《朱子新学案》

钱穆的《朱子新学案》共五册，100余万字，1971年由台湾三民书局出版。

杜维明于《孔子研究》1987年第1期撰文《儒学传统的改建》，对钱穆的《朱子新学案》进行了述评，现摘录如下：

> 钱穆对理学的系统研究，似乎在本世纪二十年代就已经开始了。他

1930年发表的受到高度赞扬的关于王阳明思想的简论,包括有论述宋学的某些关键问题的一章。其中朱熹的自我修养方法作为理学思想的一个明确的特点被提了出来……

从其序言可以知道,钱穆是在1964年夏天辞去香港新亚书院院长的职务以后,为自己提出了写一部论述朱熹的内容广泛的著作的任务。他从阅读《朱子文集》开始他的计划。当他用十个月的时间对121卷的《朱子文集》作了深刻研究以后,他就继续钻研有140卷的《朱子语类》。为了方便自己的研究,他作了广泛的笔记摘录,终于得到分了类的三千余条"要旨"。在根据原始资料确定了其主要范畴以后,他又着手查阅了大量第二手的资料和解释性的文献。原稿大部分在1969年11月完成。次年,他写了一篇长长的绪论,试图对这部包括58章共有一百多万字的研究著作作一个扼要的介绍。

钱穆研究朱熹的五卷著作包括两个主要部分:论思想的部分和论学术的部分。论思想的部分(卷1和卷2)又进一步划分为论理气之部和论心性之部。论学术的部分(卷4和卷5)又进一步划分为论经典之部、论历史之部和论文献之部。在论经典的部分,对《易》、《诗》、《书》、《春秋》、《礼》和"四书"(《论语》、《孟子》、《大学》和《中庸》)都有专章加以阐述。

而且,每一章都加了有关的校勘、辨伪和考据。这部研究著作以论述朱熹关于占卜、医药、音乐、书法、绘画和科学等各种各样的意见的一章结束。除了论思想的部分和论学术的部分以外,整个第三卷用来对朱熹的思想发展进行了研究。它由一系列的专题研究组成,如关于朱熹思想成熟的榜样,他对宋初诸子哲学见解的继承,他对同时代人,特别是对陆象山(1139~1193)的批评,以及他对佛教禅宗的抨击。

……………

钱穆在其研究刚刚开始的时候就断言,朱熹不仅是兴起于北宋的理学的所有主要思想流派的伟大的集大成者,而且是自从十三世纪以来一直擅称作儒家思想的那个体系的主要建筑师。因此,只把朱熹作为一个

第七章　拳拳赤子的中国心：20世纪下半叶港台地区的宋明理学研究

南宋哲学家来研究是不够的……

但是，如果从根本上把朱熹描写成一位政治哲学家或者一个文人，那将会使人产生误解……

……………

论思想的部分主要由按主题编排的原始资料选辑所组成。作者的评论错杂在直接的引文之间，这种办法令人想起传统学术的版式。这种研究围绕着许多主题思想组织起来。从表面上看，它们似乎只不过是一些标签，用来把有关的内容粘合起来。初次阅读给人一种为了识别方便而简单地使用标题的印象。对内容目录的检查似乎证实了这种怀疑，即从一章到另一章的发展常常是偶然的，其承接次第一般是不明白的。人们首先诧异的是，钱穆为什么不愿意按照诸如心理学、社会观、政治观、宗教观和哲学这样一些范畴来安排材料以改善他的整个设计。人们进一步还可能建议他，把其哲学部分划分为例如形而上学、认识论、伦理学、美学等一些单元。但是，对一部中国理学著作勉强加上现代的知识分类是难以恰当的。事实上这个问题比简单的分类法问题要深刻得多。

……………

钱穆研究朱熹思想的一个显著特点，是他强调心的概念的核心地位。在对朱熹关于心和理的观点的全面讨论中，他注意到重点似乎显然置于前者。流行的看法认为，朱熹是程颐的忠实继承人，主要关心的是理的问题；钱穆则相反，他认为朱熹的学说就其特点而言，甚至可视为一种心学。所以除了关于心和理的关系的那一章外，钱穆又花了不少于七章的篇幅，专门讨论心的问题。心的问题还在其他许多章中占据突出的地位。钱穆的论述肯定具有深远的意义。例如，它对由诸如冯友兰等著名学者所主张的那种坚定意见提出了重大的挑战。这种意见认为，理学传统就其内容意义而言，可以划分为理学和心学两大派。按照冯氏的看法，朱熹是理学的最伟大的建筑师，而其对手陆象山则是心学的最顽强的捍卫者。钱穆则更有力地指出，处于这种特殊关系中的心与理的对立划分，对理解陆象山的精神动力可能是有帮助的，但企图用它来评价朱熹，那是完全不适当的。根据近年来牟宗三和唐君毅的研究，把理学传统划分为程朱学派和陆王学派的习惯做法，就显得不仅是一种简单的想法，而且会引起严重的误解。钱穆进一步指出，依据理和心的关系来区别朱熹和陆象山，在事实上是不正确的，从理论上说也根据不足。当然这不是企图混淆朱陆之间的根本差别，而只是拒绝对这种差别的传统解释。

钱穆通过其细心的研究表明，朱熹毕生都深深地沉浸在对心的歧异表现的体认功夫之中，自从他在将近三十岁时对心的问题进行沉思以来，朱熹一直持续不断地从事着发展心的明通洞察作用的工作。他首先寻求通过内在经验来抓住心的真髓。在经过艰苦努力使自己摆脱禅宗的微妙影响之后，他对儒家所理解的心和佛教徒所探求的心之间的区别，作了清楚的分析。他坚持，归根到底是儒家道统传达了圣人之心。但是，和禅宗的心传不同，圣哲之心既有先验的本源，又有由教化而来的成果。在人心和道心的探讨中，他认为由"形气之私"所制约的人心，可以通过道德修养来加以改变，使其与道心一致起来。这种一致使作为人性之真正基础的道心能够在人类事务中显现出"天理"。所以，对一个人来说，涵养心以至于摆脱有形自我的固有束缚，从而能够"体现"作为人性之终极根据的理，是十分重要的。关于这个问题，朱熹强调心的"已发"和"未发"的状态以及心的"涵养"和"省察"功夫。的确，他对于"敬"、"静"和"克己"的认识，也要联系他的心的概念来加以理解。

所以，朱熹和陆象山于公元1175年在鹅湖寺进行的那场著名的辩论，并不是各人在心与理之间有不同的选择。毋宁说，那是关于心的两种不同理解的一场辩论。对陆氏来说，心即理。道德修养也就是恢复一个人的本心的"易简"功夫。成为圣贤的过程可以通过做出内心决断以树立每一个人都有的崇高本性来完成。尊重人自身本性所具有的不可抹煞的善，乃是自我完善的直接和根本的途径。另一方面，朱氏认为虽然道心体现了理，人心却靠不住，很容易陷于恶。他一方面赞成陆氏关于人性善的说法，同时坚持认为，人性中先天固有的理并不等同于心。当人心被利己的欲望蒙蔽时,它很容易使人内在的善性不起作用。因此,包含了系统的研究和不断的探索的心之修养,是一个不停的自我改造的过程。特别是通过像"格物"这样的修养功夫,一个人就能够从根本上改造其有形的自我,成为不仅与其同类而且也与"太极"相一致的人。

由于对心的概念作出了微妙的深入分析的辨别,朱熹发展了一种与孟子人性概念相一致,但是更加精微奥妙的人性学说。特别值得注意的是,他把"气质之性"的思想巧妙地纳入了他的高度统一的人性哲学的体系之中……

············

钱穆对朱熹的学术的论述(第四卷和第五卷)有许多惊人的意见。特别值得注意的是他下述引人深思的主张:他认为朱熹对经典的注释明显地不同于程氏弟兄;还有他对朱熹的历史观点的详细分析。前者对朱熹作为程颐的忠实信徒,他的观点和《二程遗书》没有什么不一致……后者则把当代学者如余英时所提出的一种论点具体化了。这种看法认为,朱熹的历史编纂不仅深刻地影响了明代的历史学家,而且也深刻地影响了清代(1644~1912)的汉学家们。此外,钱穆还相当有力地反对了那种流行观点。这种观点认为,朱熹和其前辈不同,他认为《易经》根本上是卜筮之书。事实是朱熹批评了程颐把《易经》纯粹作为一部哲学著作来研究的企图,因为他相信这部书自从作为一套预测方法产生以来,根据它的卜筮结构来了解它的哲学含义是重要的。因此,朱熹认真地用六十四卦的"彖辞"作为重新发现古代作者的"本义"的基础。对于把这两方面以一种自己满意的形式结合起来,朱熹可能是失败了。但他的意图是把《易经》的象数(卜筮)和义理(哲学)这两个传统综合起来,这似乎是清楚的。

············

钱穆在阐释朱熹之学上确实做出了重大的贡献。自从王懋竑的《朱子年谱》在十八世纪出版以来,在中文著作中,还没有哪一部作品对朱熹的思想和学术作出过这样广泛深入而且又慎重负责的研究。从钱穆的五卷著作中所呈现出来的朱熹的形象，表现了汉学文献中难以找到的完整性。钱穆这种整体性的观点，无疑将为今后评判对朱熹的各种偏见提供资据。毫无疑问，朱熹的哲学在牟宗三的《心体与性体》中得到了更明白的分析，朱熹的生平历史则在王懋竑的《年谱》中得到了更生动的描绘；但是，对朱熹的伟大体系的完整构图，我们是在钱穆的著作中找到的。钱穆的著作做到了把朱熹在整个儒学传统中承前启后的主要关系都加以展现。但是，最后无论如何必须坚持，通向朱熹的思想世界没有什么捷径。钱穆关于朱熹的《新学案》，像黄宗羲关于王阳明的《学案》一样，尽管其目的严肃，表现明晰，必然成为一部创造性的设计。但是不管这个设计是怎样老练精致，它终究代替不了亲自阅读朱熹的诗作、书信、注释和哲学文章本身所体验的惊奇和喜悦。有诚心和勇气面对《文集》和《语类》中许多"含义丰富但又暧昧隐晦"的地方，仍然是真正认识朱熹面目的最切近的路径。

除了杜维明以上对《朱子新学案》的评述外，日本学者荒木见悟也撰文对该著给予中肯评价，此不赘述。

第三节 蔡仁厚的宋明理学研究

一、蔡仁厚简介

蔡仁厚（1930—2019），江西雩都人。1970年起历任台湾中国文化大学、东海大学哲学系教授，为新儒家第三代代表人物，师承牟宗三，曾撰写《牟宗三先生学思年谱》，主要从事先秦儒学和宋明理学研究。

蔡仁厚勤于学术，著作等身，主要著作有《家国时代与历史文化》《孔门弟子志行考述》《儒家哲学与文化真理》《王阳明哲学》《宋明理学·北宋篇》《宋明理学·南宋篇》《新儒家的精神方向》《孔孟荀哲学》《熊十力先生学行年表》《中国哲学史大纲》《儒家心性之学论要》《牟宗三先生学思年谱》《哲学史与儒学论评》《王学流衍——江右王门思想研究》等。

二、蔡仁厚的《王阳明哲学》

蔡仁厚所著《王阳明哲学》,于1974年由台北三民书局出版。全书共分十章,对王阳明的生平思想进行了综合研究。第一章主要探讨了王阳明思想的演变和发展问题。第二章主要探讨了阳明学的基本义旨,如良知之天理与感应、致良知与逆觉体证、格致诚正与心意知物、"事""物"两指与成己成物等。第三章主要探讨了阳明的知行合一思想,如知行合一说的宗旨、学行合一与知行合一、致良知中的知行合一等。第四章主要探讨了良知与知识问题,如德性之知与闻见之知、良知之坎陷与统摄知识、良知坎陷后之重现与圆成等。第五章主要探讨了良知与中和寂感问题,如求未发之中与观未发气象、致中和与慎独、良知之体用与中和寂感等。第六章主要探讨了工夫指点的意义,如克己与为己之心、静坐与光景、居敬、穷理和尽性、集义和致良知等。第七章主要探讨了四句教与天泉证道问题,如对四句教的释义、"四有"与"四无"之会通等。第八章主要探讨了心即理的意蕴和境界问题。第九章主要探讨了阳明的亲民哲学及其事功。第十章主要探讨了王阳明的人格与风格。

另外,该著还附录了王阳明学行年表和日本的阳明学及其特色等,对于研究阳明学很有裨益。

三、蔡仁厚的《宋明理学·北宋篇》《宋明理学·南宋篇》

蔡仁厚所著《宋明理学·北宋篇》1977年由台湾学生书局出版。

《宋明理学·北宋篇》共分十八章,以理学人物为主题,探讨了北宋时期理学代表人物的思想。在第一章至第三章主要探讨了周敦颐的思想,如周敦颐对于道体的妙悟、圣道工夫之入路、太极图说的形上思想等;第四至第七章主要探讨了张载的思想,如《西铭》开示的义理、《正蒙》的天道论、

《正蒙》的性论、《正蒙》的心论；第八章至第十二章主要探讨了程颢的思想，如《二程遗书》之鉴别与程颢的义理纲维、程颢对天道与天理的体悟、圆顿化境之一本思想、"生之谓性"新义和程颢的识仁与定性思想；第十三章至第十七章主要探讨了程颐的思想，如程颐义理的转向与理气说、程颐对性与情的理解、程颐的气禀与才性思想、程颐的心与中和问题以及居敬与格物穷理思想；最后一章探讨了关学与洛学的有关问题和洛学南传的线索。

蔡仁厚所著《宋明理学·南宋篇》，于1980年由台湾学生书局出版。

《宋明理学·南宋篇》共分八章对南宋理学进行了研究。在第一章至第二章主要探讨了湖湘学，如南宋胡氏家学的状况、胡宏对湖湘学统的开启以及胡宏的天道论和心性论等思想；第三章至第五章主要探讨了理学集大成者朱熹的思想，如朱熹与李侗之关系、朱熹对中和问题的参究、朱熹的"仁说"、朱熹的心性情思想和理气论等；第六章至第七章主要探讨的是陆九渊的心学思想和朱陆异同问题，如陆九渊的心学纲维、朱陆鹅湖之会、朱陆思想之异同、陆九渊与禅学之关系等；最后一章主要探讨了朱陆门人及其后学，如朱熹后学蔡元定、黄榦、陈淳、真德秀、魏了翁、黄震、王应麟、文天祥等人的思想，陆九渊后学杨简、袁燮、舒璘、沈焕、傅梦泉与槐堂诸子等人的思想。

第四节　刘述先的朱子学研究

一、刘述先简介

刘述先（1934—2016），江西吉安人，1949年经广州到台湾，先读中学，后入台湾大学哲学系学习，师从方东美，与傅伟勋、成中英、孙智燊并称"方门四大弟子"。曾任台湾东海大学副教授、美国南伊利诺大学哲学教授、香港中文大学哲学系讲座教授等。

其主要著作有《中国哲学与现代化》《朱子哲学思想的发展与完成》《儒

家思想开拓的尝试》《全球伦理与宗教对话》《论儒家哲学的三个大时代》等。

刘述先是学贯中西的学者，有着深厚的中西哲学底蕴与修养。此外，刘述先亦颇受熊十力弟子唐君毅、牟宗三、徐复观等当代新儒家的影响。但他既不认为自己是新儒家，也不反对别人说他是新儒家。

二、刘述先的《朱子哲学思想的发展与完成》

刘述先所著《朱子哲学思想的发展与完成》于1982年由台湾学生书局出版。全书分三部十章，探讨了朱熹思想的发展。第一部是关于朱熹哲学思想的发展问题，包括第一章至第四章，第一章主要探讨了朱熹早年的教育环境与思想发展转变历程；第二章主要探讨了朱熹从学李侗的经过；第三章主要探讨了朱熹参悟中和问题所经历的曲折；第四章主要探讨了朱熹对于仁的理解与有关仁说的论辩。第二部是关于朱熹哲学思想的完成问题，包括第五章和第六章，第五章主要探讨了朱熹的心性情思想；第六章主要探讨了朱熹理气二元不离不杂的形上学思想。第三部是关于朱熹的历史地位及其思想的现代意义，包括第七章至第十章，第七章主要探讨了朱熹与现实政治以及功利态度的对立；第八章主要探讨了道统的建立与朱熹在中国思想史上的地位；第九章主要探讨了阳明之学与朱熹之学；第十章主要探讨了朱熹哲学思想的现代意义。另外还附有朱子年谱要略、朱子的师承、朱子的学派及影响、论阳明哲学的朱子思想渊源等。

台湾华梵大学哲学系杜保瑞于《哲学与文化》2004年第8期撰文《书评：刘述先〈朱子哲学思想的发展与完成〉》，对该著给予评价分析，现部分摘录如下：

> 刘教授在本书第一部的写作中对于涵养察识以及格物致知说的讨论极为详实且有结论，亦即是以涵养为小学功夫，以格物致知为大学功夫，以此为朱熹论学之次第之说之定论。此说若非刘教授的细心搜罗，此义当难以水清鱼现。至于此涵养说与五峰察识说、明道识仁说之种种辩议，

则刘教授基本上就是以牟宗三先生的义理格局为诠释主轴,此一主轴当然也贯串本书第二部讨论心性情说及理气说的架构中。

……………

至于刘教授析理朱熹哲学而使用着"功夫论、本体论、存有论、宇宙论、人性论"等概念来讨论朱学时皆清楚明白,极有助于后学了解这些概念在中国哲学问题理解上的使用意义,事实上,如何使用基本概念是决定哲学问题如何理解的根本,一旦基本概念使用纯熟,则析解一家哲学体系的基石可谓已经备齐,自更能系统圆融地推演一家哲学理论的体系性面貌。不过刘教授并不是以哲学基本问题的架构来介绍朱学,而是以朱熹自己的概念及主张及论题及敌论学派为架构来解析他的思想脉络。由于刘教授引述之资料多面且完备,以及对材料的判读清楚且不偏颇,致使作者反而从中见到朱熹思想的全面广懋、论理精微及伟大之实。

刘教授第三部文中指出朱熹在现实上绝对是没有机会为世所用,因此将全幅力气花在学术上,反而得有清议之统。此说作者甚为同意,这既是刘教授对于朱熹自我理解的说明,也是对于所有中国知识分子的现实与理想的了解,更是具有现代意义的儒家信徒之自处之卓见。

刘教授对于朱熹处理儒佛的问题多予肯定,此一肯定主要落在朱熹固有吸收佛家优点,但论理所据之价值意识决然是儒家的,不能以若干名相形式之雷同而混淆二家,并且朱熹为儒佛严分之虚实公私之辨即是儒者决然必须立足的立场。这些叙述作者都极为同意。刘教授同意朱熹对佛教的理解粗浅,仅有一价值立场上的直觉,虽然可能是时人中涉猎佛书最多的儒者,仍极不足,此义作者亦完全同意。问题即在,既然是如此粗浅的理解程度,则大约宋儒是不可能做出可以和佛家匹敌的心性论、宇宙论了,因此所提出的儒佛检别之标准也只能是局限于儒者观点下的分疏了。因为站在佛教的理论立场上,不论朱熹是如何吸收佛教义理形式或分判两家之说,都只是隔靴搔痒的陈述而已,即便是刘教授于第八章第五节所提出的三项标准,佛教学者亦将完全不能同意,关键即在整个世界观的认知有重大差异,从而所有概念使用有根本歧异,因此每个命题的陈述都无法当下接受,由此即见中国哲学的现代化诠释工程尚且有漫长的道路要走。

对于朱陆之辨,刘教授详实例举朱陆二人在功夫方法上、在太极图说上的辩论往复,并对其二人互斥为禅之说斥为陋习,此说作者甚为赞同。儒者之互斥为禅通常不仅显出对于彼此的误解,更显出对佛禅之不解。作者认为,陆之斥朱为禅多为对朱之哲学术语系统的广泛消纳道佛之事实而有所攻之,所谓阴用老佛者之批评,此诚象山自己语意不清之病,刘教授已为朱熹澄清。至于朱之斥陆为禅者当然也是因为陆之用语近禅而攻之,刘教授亦以为这就是朱熹错了,有禅家用语就斥之为禅当然是错了,这点作者完全同意刘教授对朱熹的批评,但是作者却打算从另一个角度来认识朱熹的提法。朱熹眼中之禅即是一虚妄不实的系统,即是一以意气私心为用的立场,即是一未经格物穷理且未做平日涵养的功夫的人的一时警凛即以之为天道流行者,此举朱熹当然要斥之为妄、为私、为假,朱熹眼中既不通无极太极、又不肯实作穷理、又总是误解自己苦心分疏的种种哲学概念的陆象山其人,其不为如禅之空疏而为何。所以朱熹斥陆为禅还有行径上的人格断语,陆之斥朱为禅则是理论角度的问题。

一般以为象山之功夫实有得力而朱熹之功夫不臻高明者,即举朱熹亦有对自己用心不甚得力的反省之例而证说,而视朱熹的本体功夫尚有不足。作者恰恰认为,朱熹是真能常惺惺于思己过的真君子,恰恰符合了先立其大者的精神,从刘教授详列的朱熹与当道的来往与自处之进退之种种事迹看来,朱熹岂不正时时刻刻在立大本、在提起良知、在格物穷理之中建立大儒的社会历史道德形象。就此而言,刘教授接受站在象山立场所看的朱熹最高一点不透、把握不牢之牟宗三先生之说,作者即不甚同意,作者认为,朱熹恐怕都是看人说话,而不是就理言义,就理言义言,朱熹亦有直透天命之上下贯彻语,只是与他人论辩时有始终不许人们提出本体功夫的说法,此一不许则恐多是就着此人之行径而不许的,刘教授对象山"在不该自信处自信,乃不免发为一种粗恶之气"之说即此，此即是作者认为朱熹之真有所实见者。

朱熹哲学体系庞大，处理问题过多，一般读者自行进入其《朱子语类》及《朱子文集》两大套著作时，实难以厘清眉目，至于依据一般哲学史著作中的简介，则又对朱熹思想挂一漏万，既难见全貌，亦难断对错，或许可以知道朱熹思想的结论，但是绝对难以了解朱熹哲学的思路。是以刘述先教授之本书确实是近二十年来介绍朱子思想最好的基本读物及入门书，特别是对于哲学系的师生而言。本书之内容，援引朱熹文本为数最多，亦不惮辛劳反复罗列并解析朱熹各种前后不一甚或表面矛盾之文本，并予以明确的疏解，使朱熹之学不因任何先在的研究立场而受曲解，亦详引朱熹思想前后发展历程中之种种言说，使朱熹思路之出现、转折与收敛之事实一一呈现，确实为研究朱熹哲学思想的最好的基本教材以及入门书……

第五节　罗光、徐复观、余英时、唐君毅等其他诸家的理学研究

一、罗光及其《中国哲学思想史》

罗光（1911—2004），湖南衡阳人，别名焯炤。罗马传信大学哲学博士、神学博士，罗马拉德朗大学法学博士。曾任台湾辅仁大学校长、船山学会会长、哲学会驻会常务理事。2004年病逝于台北荣民医院。

罗光擅长哲学研究，在中国哲学史领域颇有建树，兼涉传记文学。著有《理论哲学》《实践哲学》《儒家形上学》《中国哲学的展望》《中国哲学思想史》《生命哲学》《罗光全书》《中国哲学大纲》等。

罗光的《中国哲学思想史》由台湾学生书局于20世纪七八十年代出版，

共九册，其中宋代篇和元明篇，以思想家为主线，探讨了宋明时期的理学发展状况。

二、韦政通及其《中国思想史》

韦政通（1927—2018），江苏镇江人，早年赴台，在劳思光、牟宗三影响下开启其求学与治学生涯，在中国哲学、思想、文化等领域，潜心钻研，著作等身。其代表作有《传统的透视》《中国哲学思想批判》《中国文化与现代生活》《中国哲学辞典》《中国思想史》《儒家与现代中国》《中国十九世纪思想史》等。

韦政通的《中国思想史》分上下两册，由台北大林出版社1979年出版上册，1980年出版下册。宋明理学的研究主要在下册，且占了极大的篇幅。作者以思想家为中心，用平实的笔法勾勒其思想，然后进行分析评论，尽管可能深刻性不足，但不纠缠于难解的学术问题，利于人们较好地理解宋明理学发展的脉络。

三、徐复观及其《中国思想史论集》《中国思想史论集续编》

徐复观（1903—1982），湖北浠水人，原名秉常，字佛观。1928年东渡日本留学，不久考入日本士官学校。1931年九一八事变后，因秘密从事抗日活动被遣送回国。曾在国民党军队任团长、军参谋长、师管区司令，后任蒋介石侍从室机要秘书，并被授予少将军衔，是蒋介石十四位核心幕僚之一。随蒋介石败退到台湾后，开始淡出政治圈，转向学术界和教育界，先后任台湾省立农学院、台湾东海大学、香港新亚研究所教授。20世纪50年代起，他与唐君毅、牟宗三等学者一起推动儒学现代化研究，被称为第二代新儒家领军人物。1949年他在香港创办的政治学术理论刊物《民主评论》，成为20世纪五六十年代港台地区现代新儒家的主要舆论阵地。1982年4月在台湾病逝，骨灰于1987年由亲属遵其遗嘱移回湖北故里安葬。

徐复观勤于著述，代表著作有《学术与政治之间》《中国人性论史·先秦篇》《两汉思想史》《中国思想史论集》《中国思想史论集续编》《公孙龙子讲疏》《周官成立之时代及其思想性格》《中国经学史的基础》《中国艺术精神》《中国文学论集》等。

徐复观的《中国思想史论集》于1959年由东海大学出版,1968年由台湾学生书局再版;《中国思想史论集续编》于1982年由台湾时报文化出版事业公司出版。

在《中国思想史论集》及《中国思想史论集续编》中,徐复观致力于儒家传统和现代民主理念的嫁接问题研究,涵盖中国经学、史学、哲学诸领域。他通过对中国文化作"现代的阐释",阐扬蕴含其中的中国人文精神,是宋明理学思想研究的一种较新的写作范式。

四、劳思光及其《新编中国哲学史》

劳思光(1927—2012),原名荣玮,号韦斋,学贯中西,尤其长于中国哲学史及现当代西方哲学研究。1946—1949年在北京大学哲学系学习,1952年于台湾大学哲学系毕业,1955—1985年任珠海学院、香港中文大学崇基学院讲师、教授,1985—1989年任香港中文大学文化研究所高级研究员,后任台湾清华大学、政治大学、东吴大学客座教授,香港中文大学哲学系访问教授等。主要著作有《康德知识论要义》《哲学浅说》《新编中国哲学史》等。

劳思光的《新编中国哲学史》全书三卷四册于1981年由台湾三民书局出版,广西师范大学出版社于2005年再版。

《新编中国哲学史》关于宋明理学部分,主要分布在第三卷。第三卷分上下两册,在第一章主要探讨了唐末思想的趋势和新儒学的酝酿问题,如道教内丹派的兴盛,佛教禅宗之发展以及韩愈、李翱对儒学复兴的尝试等;第二章主要探讨了宋明儒学的总体状况,如宋明儒学的分派、宋明儒学兴起的历史环境和面对的哲学难题等;第三章主要探讨了理学发展初期的重要代表人物,如周敦颐、邵雍、张载等人的生平著作和学说思想主旨;第四章主要探讨了理学发展中期理学思想理论的建立和演变问题,如二程学说、程门弟子的分派、朱熹的生平著作和学说要旨以及湖湘学派、事功学派和朱陆之争等问题;第五章主要探讨了理学发展后期心学发展问题,如陆九渊和王阳明的思想以及王门弟子的分派等;第六、七章主要探讨了明末清初的哲学思想,如阳明后学引发的哲学问题,东林学派的调和理论,刘宗周的学说要旨,黄宗羲、顾炎武、王夫之的哲学思想和颜李学派等。

第八章

多元文化视角下的仁智之见：20世纪亚洲和欧美国家的宋明理学研究

20世纪末,学术界在论及儒学在21世纪的命运和发展时,不止一位学者说21世纪将是儒学文化的世纪。学者的预言是否会成为现实,验证尚需时日,但有一点是可以充分肯定的,那就是21世纪儒学在国际社会的传播会更广泛,影响会更深远,从20世纪宋明理学的研究以及新世纪初儒学研究的繁荣和儒学的影响力可见端倪。

在日本,研究宋明理学的历史已有八百年左右的时间。江户时代(即德川时代,1603—1867),关于宋明理学的研究以及有关理学著作的出版发行已很盛行。1924年,九州大学文学部开设中国哲学史讲座,当时的主讲人楠本正继教授是宇野哲人博士的高徒。从那时起,九州大学就成了宋明理学研究的中心之一。

1945年以前,日本研究宋明理学,像研究西洋哲学那样,把其内容划分为认识论、存在论(即本体论)等进行研究。第二次世界大战以后,社会状况剧变,学术界的研究情况也随之变化。在批判战前按照国策的研究态度以及主观的"精神主义"的基础上,重新展开了对中国思想的研究,特别是在宋明理学研究方面取得了较大成绩。

20世纪欧美国家也开始注意并逐渐重视对中国传统思想文化的研究工作。20世纪上半叶,在欧美地区,关于中国的传统思想文化研究,被定义为汉学研究,主要以法国为核心,北美的中国文化研究在这一时期依然处于落后状态。当第二次世界大战结束,世界政治格局进入冷战时期后,随之兴起的中国学研究才真正使美国的中国哲学研究日渐走上发展道路。汉学和中国学主要以中国为研究对象,但两者又有着明显的区别。汉学兴起早,主要研究中国的传统思想文化，尤以先秦思想文化为重，这与早期欧洲哲学家所放言的中国有宗教而无哲学特别是先秦之后无哲学的认识有密切关系，也正是这一短视限制了中国哲学在欧美地区的传播和发展。而中国学则是冷战初期的重要产物，第二次世界大战后，以美苏为首的两大阵营开始了冷战，作为以苏联为首的社会主义阵营中的重要一员，中国和欧美的关系几乎陷于隔绝状态，特别是和美国的关系。这一历史原因造成了中美文化交流的极大障碍。但由于中国的国际地位和世界影响力日益提高，美国认识到研究中国的极端重要性，所以尽管因两大阵营的对立阻碍了中美的文化交流，但美国出于国家利益的考虑，冷战开始后就不断加强对中国的研究，并且不断突破了传统汉学研究的范围，更注重对中国近现代政治经济社会的研究，从而形成了中国学。美国中国学的研究队伍既包括了美国本土学者，也包括这一时期滞留美国的中国学者，其中中国学者发挥着很大的作用，对于中国文化和哲学在美国的传播起到了重要的促进作用，特别是20世纪60年代以后，中国学者凭借其在美国学术界的地位和影响，促成了美国中国学研究方式和范围的转向。与此同时，中国哲学研究也随之进入快速发展时期。美国著名学者、"中国通"费正清在1964年美国历史协会年会上作了题为《70年代的任务》的演讲，把美国在亚洲的失败与挫折归结为不了解亚洲，并提出必须加强对亚洲特别是中国的研究，不但要研究现实的政治经济社会与文化，同时也要加强中国古代历史思想文化的研究。[1] 费正清作为20世纪著名的中国研究专家，"毕生致力于东亚尤其是中国研究，致力于发展美国的中国学，推动世界的中国学建设，留下了丰富的学术遗产"[2]。除了费正清之外，像列文森、史华慈等都被认为是美国著名的中国思想研究专家。当然，对于中国哲学研究贡献最大的应该说是陈荣捷和狄百瑞，陈荣捷重于朱子学研究，狄百瑞重于阳明学研究，二人是美国20世纪中期以后宋明理学研究的双翼。狄百瑞一生主编和写作了20多部中国研究方面的著作，是哥伦比亚大学新儒学讨论班的创

---

[1] 崔玉军：《陈荣捷与美国的中国哲学研究》，社会科学文献出版社，2010，第96页。
[2] 陶文钊：《费正清与美国的中国学》，《历史研究》1999年第1期。

办者，他和陈荣捷、武兹生等编译的《中国传统之本源》，于1960年由哥伦比亚大学出版社出版，该书是西方出版的第一本介绍中国思想文化文献的巨著，全书近千页，将中国历史分为五个部分，其中第四部分就是关于儒学复兴的先驱、宋代儒学的复兴和理学、心学问题。该书的出版受到了美国中国哲学研究界的高度评价，并多次再版。

在推动美国新儒学研究中，华人学者更是作出了突出贡献，如张君劢于1957年、1962年出版的《新儒家思想史》一、二卷，是美国中国哲学研究中第一部系统论述新儒学思想发展的巨著，充分肯定了儒学特别是新儒学的价值，为美国的新儒学研究和"中国哲学走向世界作出了不可抹煞的贡献"[1]。华人学者杜维明尽管在研究时着力于王阳明思想研究，但其中也涉及了王阳明思想与朱熹思想的渊源问题，为当时美国朱子学研究提供了新思维、新路径。正是由于学者们的积极努力，促成了"廿载孤鸣沙漠中，而今理学忽然红"（陈荣捷1977年诗句）的局面。

第一节 日本的宋明理学研究

一、20世纪日本的宋明理学研究概述

在日本，研究宋明理学的历史已有八百年左右的时间。江户时代（即德川时代，1603—1867），关于宋明理学的研究以及有关理学著作的出版发行已很盛行了，这一时期主要刊本的出版包括《延平答问》（1646年）、《伊洛渊源录》（1649年）、《传习录》（1650年）、《朱子语类大全》（1668年）、《击壤集》（1669年）、《二程全书》（1671年）、《周张全书》（1675年）、《朱子文集》（1711年）等。明治维新以后，随着学界对宋明理学研究的不断深入，在中国文化和中国思想史研究方面产生了不同的流派，宋明理学大致为其中"汉

---

[1] 方克立：《现代新儒学与中国现代化》，天津人民出版社，1997，第129页。

学派"的研究对象。

1924年，九州大学文学部开设中国哲学史讲座，当时的主讲人楠本正继是宇野哲人博士的高徒。从那时起，九州大学就成了宋明理学研究的中心之一。宋明理学研究的代表人物冈田武彦、荒木见悟、佐藤仁史等都是与九州大学有关系的。他们一面著书立说，一面继续编纂宋明理学有关的索引集，不断编写出版《朱子语类》《周张全书》《击壤集》，直至《北溪先生字义详讲》等有关的文献。

1945年以前，日本研究宋明理学，像研究西洋哲学那样，把其内容划分为认识论、存在论（即本体论）等进行研究，并且取得了不错的成绩，代表作如高濑武次郎《日本之阳明学》《阳明学新论》、井上哲次郎《日本阳明学派之哲学》《日本朱子学派之哲学》、宇野哲人《二程子之哲学》、安冈正笃《王阳明研究》、秋月胤继《元明时代的儒教》、后藤俊瑞《朱子之实践哲学》、诸桥辙次《儒学之目的与宋儒庆历至庆元百六十年间之活动》。

第二次世界大战以后，日本社会状况剧变，学术界的研究情况也随之变化。在批判战前按照国策的研究态度以及主观的"精神主义"的基础上，重新展开了对中国思想的研究。从那时以来，除了原有的哲学流派的研究以外，又产生了几个新的流派，如所谓的"思想史的研究"，它的立场在于超越儒教、佛教、道教的区别，研究贯通时代的思想潮流；用马克思主义的观点研究中国思想史，即中国革命的成功，推动了在日本开始用马克思主义的观点研究中国思想史；所谓"新解释学的研究"，特点在于把重点放在对象本身的理解。

20世纪下半叶，日本在宋明理学研究方面取得了显著成绩，如今井宇三郎《宋代易学之研究》、楠本正继《宋明时代儒学思想之研究》、荒木见悟《佛教与儒教》、市川安司《程伊川哲学之研究》、阿部吉雄《日本朱子学与朝鲜》、岛田虔次《朱子学与阳明学》、麓保孝《北宋时期儒学的发展》、西顺藏《中国思想论集》、冈田武彦《宋明哲学序说》、沟口雄三《中国前近代思想之曲折与展开》等。

具体来讲，日本在战后关于阳明学的著作有岛田虔次《中国近代思维的挫折》《王阳明集》、久须本文雄《王阳明的禅的思想研究》、冈田武彦《王阳明与明末儒学》、山下龙二《阳明学研究——成立篇》《阳明学研究——展开篇》、荒木见悟《明代思想研究——明代的儒佛交流》、山本命《明朝儒学之伦理学研究》等。另外，还有关于译注方面的书籍，如近藤唐信的《传习录》、山本正一的《传习录》、沟口雄三的《传习录》、冈田武彦的《王阳明文集》、岛田虔次的《王阳明集》。传记研究方面的，如谷光隆的《王阳明》、大西晴隆的《王阳明》等。工具书方面，有《明代儒学者一览》《传习录索引》《增订日本现存明人文集目录》等。

朱子学是日本学术界研究宋明理学的重点。研究朱子学的著作有后藤俊瑞《朱子的伦理思想》、友枝龙太郎《朱子的思想形成》、山田庆儿《朱子的自然学》、山根三芳《朱子伦理思想研究》、大滨晧《朱子的哲学》、市川安司《朱子哲学论考》等。

在研究朱子学方面起着相当大的作用并引起人们注意的，是出版了"朱子学大系"这部具有很大规模的丛书。丛书的主编是诸桥辙次和安冈正笃，编辑委员有阿部吉雄、市川安司、冈田武彦、铃木由次郎、友枝龙太郎、麓保孝以及山井涌等。全书共分十五卷，收集了朱熹等朱子学代表人物的著作以及朱子学的研究成果。

关于四书学的研究，有佐野公治的《四书学史的研究》；关于朱子的传记研究，有佐藤仁的《朱子——易老学难成》；在文献索引方面，以山井涌为中心的东京大学朱子研究会编纂了《朱子文集固有名词索引》，该书系大型索引，以《四部丛刊》影印明嘉靖本《晦庵先生朱文公文集》为底本，将文集中的固有名词分为六大类，经过几代人的共同努力，前后跨越十七年终于完成，是迄今为止最详尽的朱子文集索引。

1945—1980年，日本学界关于宋明理学著作的索引工作亦比较出色，出版了如后藤俊瑞编《朱子四书集注索引》《朱子四书或问索引》，今井宇三郎、山井涌编《宋学研究文献目录》，山井涌编《元明清思想研究文献目录》，九州大学中国哲学研究室编《二程遗书索引》《二程外书粹言索引》《传习录索引》，佐藤仁编《朱子语类自一卷至十三卷语句索引》，佐藤仁编《晦庵先生

第八章　多元文化视角下的仁智之见：20世纪亚洲和欧美国家的宋明理学研究　253

朱文公集人名索引》等。

进入1990年代，日本首先在朱子学研究方面出版了两部重头专著：三浦国雄的《朱子、气和身体》与木下铁矢的《朱熹再读——为了理解朱子学的一篇序说》。三浦国雄在此书中所收的朱子研究的论文，几乎都撰于1970年代末至1980年代中期，置身于九州大学与东京大学之外的三浦国雄，始终抱有一种将朱子作为客观研究对象的意识。可以说，该书在日本的朱子学研究史上占有重要的位置。木下铁矢是京都学派的朱子学者，他的《朱熹再读——为了理解朱子学的一篇序说》是具有强烈思辨性的哲学式研究。除了该书之外，木下铁矢还写有《朱子学的位置》，以朱子学为视角，以正史为核心材料，纵论了中国思想史上的"民政官""母权"等诸多问题。田和夫、大岛晃编的《朱子学思维：在中国思想史中的传统与革新》，其中收有山井涌一门关于朱子学研究的一些论文。小岛毅分别于1996年、1999年出版了《礼论在中国近世》与《宋学的形成与展开》，前者是以朱子的礼学及明代的朱王对立为中心，重视地域层面的论著，后者是介绍近世儒教学术史的入门书籍。关于朱子的传记，衣川强撰有《朱熹》。在朱子典籍的译注方面，如田中谦二的《朱子语类外任篇译注》、佐藤仁的《朱子学的基本用语——〈北溪字义〉译解》。这两部译著有两个共同点，前者是《朱子语类·外任篇》的第一个译注本，后者则是日本第一部《北溪字义》的全译本。另外一个共同点，是在翻译的形式上都放弃了传统的训读，完全采用了现代语译。

从以上综述可以看出，在20世纪尤其是下半叶，日本有关宋明理学研究取得了比较丰富的成果，为推动理学的国际化研究作出了一定贡献。

二、荒木见悟的宋明理学研究

荒木见悟（1917—2017），广岛县人，日本著名的中国思想史学者、明代思想史研究名家。毕业于九州大学，获文学博士学位。历任福冈学艺大学小仓分校副教授、北九州大学文学院教授、九州大学中国哲学系主任等职。荒木见悟以明代思想史研究成果驰名于世。他性格严谨，行事一丝不苟，颇有古代理学家风范。主要著作有《佛教与儒教》《佛教和阳明学》《阳明学的开展与佛教》《明代思想研究——明代的儒佛交流》《明清思想论考》等。

荒木见悟一生主要从事明代思想研究，特别是阳明学研究。2005年由中州古籍出版社出版的《佛教与儒教》汉译本，应该是荒木见悟在中国出版的为数不多的具有重要代表性的翻译著作。该著分四章，前两章主要探讨的是《华严经》和《圆觉经》的哲学思想，后两章主要探讨的是朱子哲学和阳明哲学。在朱子哲学研究中，荒木见悟主要讨论了大慧宗杲的思想和朱熹有关禅的问题之关系、天与心、所当然与所以然、本然之性与气质之性、四端说、未发与已发、持敬、格物致知、豁然贯通等；在阳明哲学研究中，荒木见悟主要讨论了阳明思想中的知行合一说、致良知说和无善无恶说。此外，书中对《华严经》《圆觉经》、朱子、王阳明的哲学以"本来性"与"现实性"两种概念来探求其逻辑的构造，把包摄儒佛二教的哲学母体作为"本来性"来把握，不把儒佛二教作为完全异质的东西加以对待。

值得一提的是，荒木见悟于1998年在复旦大学作的学术报告《心学与理学》，是他五十多年来从事理学研究的心得之一。荒木见悟对理学核心问题心学、理学概念的由来、历史的演变、两者的异同等，作了条分缕析的论述，论证精微，见解独到。荒木见悟认为，宋代禅的心学实质是超越世俗的规矩及法度，不受任何束缚。理学则与此相反，承认一切存在所具有的定理，根据实理判断是非可否，这就要把无制约的心加以条理化，正是在这一点上与禅的心学相对立。理的权威上升就抑制心灵开放的能动性。陆象山不满足于禅的心学无内容的空虚，又反对理学的刻板规格化，他无限地依赖活力，给心以支配日常实理操作的权力。这就是他的"心即理"。荒木见悟把这种新的立场放置在禅的心学与程朱理学的中间地位，禅的心学、儒家的心学以及儒家的理学三者鼎足而立又互相纠葛，从而产生了明代的心学。陈献章发现了心归于自然，而王阳明则创造了具有强韧的弹力和高度的自律性的心学——良知说。

荒木见悟研究宋明理学的特色在于他把朱子学、阳明学的思维结构与佛教特别是与禅宗思想联系起来，进行比较研究，并作出了概括性评价。可以说，这一研究成果大大扩展了明代思想研究的领域。

三、岛田虔次的宋明理学研究

岛田虔次（1917—2000），日本著名的中国古代哲学和古代史研究专家。1941年毕业于京都帝国大学文学部，此后一直从事中国思想文化研究，并致力于中日友好。

岛田虔次在研究中国传统思想文化中，侧重于阳明学研究。其1949年出版的著作《中国近代思维的挫折》，是战后第一本研究阳明学的著作。岛田虔次认为，明代背后潜藏着一往直前的、向上的、庶民性的热情，这是一种激烈的能量，就是它使明初的朱子学发展为阳明学，使阳明学展开出现了泰州学派，终于产生了李卓吾。阳明左派的合理主义、肯定欲望以及自我意识等，是庶民性热情的体现，也就是具有近代性的近代精神。李卓吾发展了这种精神，他任性地嬉笑怒骂，体现了这种精神，应看作时代英雄。岛田虔次还主张应当强调其特异而不应当强调他的局限。在反对山下龙二"卓吾没有提出建设性的新秩序的原理"的论断时，岛田虔次指出李卓吾说的"穿衣吃饭即是人伦物理"是有重要意义的。

日本学者在总结日本研究中国近古思想的成果时，对岛田虔次所著《中国近代思维的挫折》给予了高度评价，认为该书"解析了明代后期的王阳明—泰州学派—李贽的思想及其行动，揭示了近代思维的萌芽。它不只是对思维构造进行了逻辑性的分析，而且把驱使他们的思想和行动的'热情（原动力）'作为思想来叙述。这是以前的宋明理学思想研究中根本没有的一个很大的特色。它不仅影响了研究中国哲学的人们，而且也影响了中国史学家，特别是对中国社会思想史关心的人们"，还说"现在，研究宋明思想或者考虑社会、政治思想时以《中国近代思维的挫折》，考虑哲学史时以《佛教与儒教》，作为最基本的遗产而被广泛利用"。[1]

---

[1] 吉田公平、市来津由彦：《日本宋明理学研究情况概述》，《中州学刊》1985年第3期。

另外，岛田虔次还于1967年出版了《朱子学与阳明学》，重点论述了由朱子学向阳明学、由阳明学向泰州学派过渡发展的过程。该著设想以"内省主义"的观点来论述朱子学、阳明学的历史，即性理学的历史。按照传统的一般说法，阳明学被看作陆王学，就是被看作陆象山学问的单纯继承，以及被看作与朱子学相对立的形而上学。但岛田虔次排除这样的观点，证明阳明学是在朱子学基础上发展起来的。很显然，岛田虔次的意图在于把阳明学划入儒教的内在世界，以此来论述儒学史的演变。

四、楠本正继、冈田武彦、酒井忠夫等人的宋明理学研究

楠本正继的《宋明时代儒学思想之研究》，于1962年由东京广池学园出版社出版，是楠本正继长期研究的结晶。他在明学部分首先分析了陆象山的心学，指出其倾向就是从"浑一的且具体的、现实的，各人感觉自己心脏的跳动那样，作为活力能感觉的方面来观察心，在这样的意义里，心与理是相即的"，他认为这也就等于找到了把握阳明的"心"的方法了。不过他也看到了陆象山认为"充塞宇宙的只是一理"，因而陆的"心即理"与王的"心即理"是有区别的。实际上陆象山把握心的方法与王阳明不同，是具有宇宙论性质的，是从理下降来把握心，而王阳明则是从具体的心出发去把握理。楠本正继认为，陆象山的思想未被其门人所继承，而至王阳明其心学本质才得以发挥。

楠本正继对于王龙溪作了很好的分析。他说龙溪是可以看作"阳明门下第一等人物"，"中江藤树最先接触了王龙溪的思想，而成为日本阳明学的鼻祖"，如果先接触了念庵、双江又将如何？即他强调太虚思想使中江藤树冲破格套走向阳明学。书中也暗示了龙溪与卓吾的关系，他说李卓吾为佛教所吸引，但通过王龙溪仍留在阳明思想范围内。即不了解王龙溪无以评价李卓吾。

冈田武彦（1908—2004），日本著名的中国哲学史家和儒学家。著有《胡五峰论》《王阳明与明末儒学》《宋明哲学序说》等。其《王阳明与明末儒学》把王阳明的后继者们分为三派，即现成派（左派）、归寂派（右派）和修证

派（正统派）。王龙溪、王心斋都包括在现成派之中，这派主张"良知现成，当下即是"，把心的自然发露看为本体的显现，排斥渐修，力主顿悟。归寂派是以聂双江、罗念庵为中心，主张良知有虚寂的体和感发的用之别，应先立体然后致用，把主静说看为致良知的本质，力主归虚静的本体。因此冈田武彦认为这派有脱离心学接近宋代性学倾向。修证派的中心人物是邹东廓、欧阳南野，强调良知就是道德法则，就是天理，体现了本体即工夫、工夫即本体的致良知的本旨。冈田武彦认为，他们指出天理与性的重要性，强调工夫即本体，有接近朱子学倾向。冈田武彦在书中指出现成派所以盛极一时，是由于归寂派与修证派难于适合王学发展方向和时代潮流。属于现成派的有罗近溪、周海门、耿天台、何心隐以及李卓吾，而李卓吾与何心隐是现成派中的气骨派。冈田武彦认为，由于聂双江等接近宋学，致使归寂派处于孤立状态。而修证派主要势力在江右，出现不少硕学大儒。

酒井忠夫的《朱子与道教》，从六个方面探讨了朱子学与道教的关系：一是朱子生活的时代，二是朱子的道教观，三是《阴符经》与参同，四是朱子的道教批判，五是朱子的鬼神论，六是朱子与善书。作者认为朱熹生活的时代，虽然全真教等新道教的准备在进行，而且已经出现了《太微仙君功过格》《太上感应篇》等道教著述，但朱熹似乎并未与之发生何种关系，朱熹思想上所反映出的道教，是北宋已经有的传统道教，其思想支柱是老庄道家思想，以及围绕道教的民间信仰。

酒井忠夫认为，中国的知识分子与道教的关系的变化，在历史上大致经历了三个阶段。从汉到唐是三教交互影响，三教鼎立。中唐到宋元则站在儒学立场上批判佛道二教。明朝由于朱元璋三教论影响，提倡三教归儒。宋儒集大成者朱熹，是站在宋儒立场上的，但他批判道家思想的同时，并未忘记吸取道家思想中的"精华"部分，尤其在他学术思想成熟期更是如此。因为他对自己的信仰充满了信心。

另外，山下龙二、山井涌等对于宋明理学的研究也有自己独到的见解，不再赘述。

第二节　美国的宋明理学研究

一、20世纪下半叶美国的宋明理学研究

回溯20世纪，无论是汉学研究，还是中国学研究，都对儒学在世界的传播作出了积极贡献。20世纪初，海外汉学以欧洲为中心，法国、荷兰、英国、德国都设有大学汉学讲席。在当时的大学体系中，汉学属于东方学的一个分支。第二次世界大战后，世界格局发生了重大变化，美国开始了它的全球称霸计划，并调整在远东的发展战略，地区性研究随之迅速发展。1949年新中国成立后，美国加紧了对中国研究的步伐，美国的中国学研究随之兴起。中国学研究也带动了对中国哲学的研究，而且在研究内容上相比二战以前更加广泛和深入。

第二次世界大战后，美国的许多大学开设了有关中国学的课程。同时，美国也出现了兴建中国研究机构的热潮，不仅涌现出一批专门的研究机构，而且全国性协调机构、资料中心以及海外培训服务机构等也相继建立。如"中文资料和研究辅助服务中心"和"中文研究资料中心"的建立，使美国的中国学得以在短时期内积累起数量丰富的中文研究资料。另外，1959年6月19日至21日，在费正清、鲍大可等美国中国学家的倡议和美国政府、福特基金会的支持下，美国学术团体理事会和社会科学研究理事会在纽约大学古德尔会议厅召开会议，讨论如何加强现代中国问题研究，会议通过并确定建立"当代中国研究联合委员会"。这次会议标志着美国中国学研究进入了前所未有的迅速发展阶段。同时，美国政府和各种基金会也积极支持中国学研究。

除了政府的推动外，美国的各个学术机构组织召开的各种学术讨论会在推动宋明理学研究方面也作出了积极贡献。其中比较重要的一个就是中国思想学术会议，它是亚洲研究协会在1951年成立的中国思想委员会不定期召开的学术会议。它召开的五次中国学术思想会议对中国儒学讨论比较多，使美

国学者对宋明理学研究越来越重视。每次会议学者们提交的论文都会结集出版，这就为宋明理学在美国的广泛传播提供了良好的契机。

另一个促进宋明理学发展的重要会议是东西方哲学家会议。陈荣捷先后五次参加会议，成中英、梅贻宝、方东美、唐君毅、刘述先等也都积极参加，极大地促进了中美学者的交流。东西方哲学家会议上提交的论文均被结集出版，会议还有常设会刊《东西方哲学》，这些都为学者研究宋明理学提供了便利条件。

美国学会联合会下属的中国文明研究会1966年6月在伊利诺伊州乾培因城召开明代思想讨论会，1970年9月在意大利的哥摩湖附近举行"十七世纪中国思想"学术讨论会。尤其是1982年由陈荣捷筹备、在美国夏威夷召开的国际朱熹学讨论会在国际上影响甚大，19位华裔学者出席了会议，与会者提交的论文也被结集为《朱熹与新儒学》出版。会后大陆与港台地区学者间的交流与合作不断增加，中国大陆与美国等地的新儒学研究迅速发展起来。

1975年，华裔学者成中英创建国际中国哲学会，为中西学者讨论中国哲学问题建立了平台。学会从1983年开始，每两年召开一次会议，曾先后在加拿大、德国、韩国、中国、瑞典和澳大利亚等地召开，使国际中国哲学会发展成为一个具有国际影响的学术组织。国际中国哲学会的会刊《中国哲学季刊》是专门刊登中国哲学研究论文的国际专业学术期刊，为海外研究中国哲学的学者提供了交流媒介。

除这些学术会议之外，由陈荣捷和狄百瑞于20世纪60年代在哥伦比亚大学创办的新儒学研讨班，也一直开班至1991年。两位学者的研究兴趣都在儒学，陈荣捷主要集中于宋明理学，狄百瑞则致力于儒学与新儒学的现代建构，他们合作共同指导新儒学研讨班，培养了一批优秀的中国哲学学者，有力地推动了宋明理学在美国的传播。

华裔学者陈荣捷是最先在学术会议上呼吁美国学术界注重对宋明理学研究的，而且他本人也不遗余力地宣传、出席举办各种讨论会议，发表相关的论文，出版著作，尤其是晚年着力于朱子的研究，使得美国20世纪70年代以后出现空前的宋明理学研究热。其他华裔学者如杜维明、余英时、成中英、刘述先等人不少是在中国的港台地区接受本科和研究生教育阶段的教育，受到钱穆、方东美、唐君毅、牟宗三、徐复观等这些现代新儒家代表人物的教授和影响，然后又到美国攻读博士学位，毕业后曾留在美国大学执教。他们能够用英语流利地阐明儒学思想，又由于对美国文化、社会、精神生活有一定的了解，所以他们的著作更能为西方学者所接受。这些既有中国传统思想文化底蕴，又有西方文化知识背景和严密的西方哲学思维的学者，理所当然地成为包括宋明理学在内的中国哲学在美国发展的主力军。

同时，由于杜维明等华裔学者在英文著作中的介绍和与推崇，钱穆、方东美、唐君毅、牟宗三、徐复观这些港台新儒家代表人物及其思想、著作在美国学术界的知名度越来越大，客观上也促使一部分对中国哲学感兴趣的美国学者关注和研究宋明理学。

美国本土学者对宋明理学研究最着力的当数狄百瑞。他在接触中国文化不久，即对明代思想家黄宗羲发生兴趣，通过对黄宗羲的研究，他发现其民主主义和自由主义思想发源于北宋以后发展起来的理学，从此就不遗余力地致力于宋明理学的研究，相关著作也颇多。此外，狄百瑞还曾多次主持新儒学学术会议，并在各种基金会的支持下，邀请美、中、日、英、加等国学者召开会议研讨宋明儒学。其他美国本土学者如柯雄文、墨了刻、安乐哲、南乐山、郝大维等对新儒学也表现出极大兴趣，他们的研究一般不受中国传统文化的束缚和干扰，纯粹从学者的视角审视和研究儒学与新儒学，从而为宋明理学研究提供了有意义的启示。

美国中国学界在20世纪80年代以后出现了一大批新一代青年学者，如艾文贺、万白安、白诗朗、华霭仁等，他们受现代新兴学科和新研究方法的影响较深，所以在学术研究上能推陈出新，表现出多元化的思维和研究方式。

从以上论述可以看出，从20世纪70年代开始，美国逐渐成为大陆和港台之后发展、丰富中国哲学的第三块基地。美国本土学者与华裔学者对中国哲学的研究兴趣有增无减，研究成果颇为显著。加利福尼亚大学教授、美籍华裔学者吴森曾在1980年纽约出版的《今日东方哲学》中明确地把美国列为中国大陆、港台之外中国哲学生长的又一处主要园地。美国的中国哲学研究在

第八章 多元文化视角下的仁智之见：20世纪亚洲和欧美国家的宋明理学研究

20世纪的后20年达到高峰。

美国学者对宋明理学研究贡献卓著的首推陈荣捷，他首先在美国学术会议上呼吁学者关注宋明理学。在20世纪60年代至90年代初期，他通过各种方式努力推广宋明理学，同时他自己对此方面的研究也是成果卓著。他翻译了朱熹和吕祖谦选编的《近思录》、王阳明的《传习录》、陈淳的《北溪字义》等宋明理学经典，以及其他中国哲学经典如《老子》《六祖坛经》等。为了方便读者，他不只是翻译，更是把与所译之书可能相关而又必要的知识，以及能增进读者对经典全面了解的东西，都详细备注。他晚年出版了八本研究朱子的著作，其中于1988年出版的《朱子新探索》，书中涉及朱子生平、思想及其所关联的人物、事迹等，发掘了大量以往不被注意的新材料，多为我国及日韩学者历来所未论及，大大细化和深化了朱子学研究的课题，同时也带动了美国其他学者对宋明理学的研究。陈荣捷译著的《中国哲学资料书》把中国哲学史上重要的思想家和经典的文献全部网罗进去，其中包括宋明理学的周敦颐、邵雍、张载、程颢、程颐、陆象山、朱熹等七位重要思想家，书中用了近200页介绍他们。该书从出版以来，先后再版五次，是西方学者研究中国哲学和中国思想的最主要的参考资料之一。此外杜维明、张君劢、秦家懿等都对宋明理学颇有研究，是活跃在美国宋明理学研究领域的代表。杜维明1976年出版的《行动中的儒家思想——王阳明的青年时期》一书，是他的毕业论文。该书主要考察了王阳明的学术传记，重点是王阳明的生活与社会环境的关系。张君劢也曾多次在英文期刊上发表有关宋明新儒学尤其是王阳明的论文，他出版的《十六世纪心学家王阳明》一书讨论了王阳明的生平、其主要哲学思想、阳明学先驱和后学、王阳明在新儒学思想发展中的地位等。另外，他的《新儒家思想史》，也是"美国第一本系统论述宋明600多年中国新儒学思想发展之作"。秦家懿的学术生涯就是从研究王阳明开始的。1972年她出版了《王阳明哲学书信选》，所选书信内容多是王阳明对人性、义理等儒家思想的思考。她的另一本著作《获得智慧：王阳明之道》按照年代顺序讲述了王阳明的学思历程，对其思想的多个方面进行了考察。

美国本土学者对宋明理学的研究也相当深入和有见地，而且成果显著。

由美国学者狄百瑞主编、陈荣捷等人参与翻译的《中国传统资源》是西方出版的第一本全面介绍中国重要思想文献的著作,将中国历史分成五个部分,并把其中最重要的思想家的论述选译成英语。该书出版后立刻受到美国学界的欢迎,三年之内就再版四次。另外,狄百瑞个人还著有《道学与心学》《明代思想中的个人主义》《心学与道统》《中国的自由传统》《东亚文明:五个阶段的对话》,以及《明夷待访录》英译本等,这些学术研究"可以说就是重新论述和评价宋明理学"。

20世纪80年代后美国本土涌现的一批后起之秀的研究也值得注意。从斯坦福大学博士毕业的艾文贺是这一批年轻学者的代表人物之一,他专注于研究儒学与新儒学,著有《儒家传统中的伦理学:孟子和王阳明思想》。1993年,艾文贺的《儒家道德自我修养》出版,书中他选取了孔、孟、荀、朱、王和戴(震)六家,考察了儒学自先秦经宋明到明清时期的发展历程。

以上这些成果使20世纪50年代以来美国研究中国哲学的领域内出现了蓬勃发展的新局面。这将使美国人更深刻地了解和理解中国的古典思想文化传统和渊源,同时美国学者对宋明理学研究的新视角和独特的方法也值得国内学者学习和借鉴。[1]

二、陈荣捷及其对美国朱子学研究的贡献

(一)陈荣捷简介

陈荣捷(1901—1994),著名的美籍华裔学者,美国宋明理学研究的开拓者。生于广东开平。1916年春,赴香港拔萃书院学习,同年秋考入岭南学堂,1917年入岭南中学。1919年五四运动爆发,迅速波及南方诸省,少年陈荣捷积极投身学生运动,成为广州学生联合会的学生领袖之一。1920年秋入岭南学院(即后来的岭南大学)文科,四年后毕业并获文学学士学位。1924年赴美国留学,进入哈佛大学英语系学习。1925年秋转入哲学系,主修东方哲学。

---

[1] 董俊娜:《20世纪50年代以后美国对宋明理学的研究》,《当代学术论坛》2011年第7期。

陈荣捷研究中国哲学由此起步。1929年春以《庄子哲学》的毕业论文获得哈佛大学哲学博士学位，同年秋天，应岭南大学邀请回母校任教职。1937年起正式担任夏威夷大学教授，主讲中国哲学和中国文明课程。1939年与摩尔、辛克莱尔等年轻学者发起创设第一次东西方哲学家会议。太平洋战争爆发后，夏威夷大学暂时关闭，陈荣捷于1942年到达特茅斯学院任中国哲学教授直到1966年退休。退休后又到查坦姆学院任教，直到1982年完全退休。1994年在美国匹兹堡家中逝世，享年93岁。

（二）陈荣捷对美国朱子学研究的贡献

陈荣捷以向世界传播中国哲学、弘扬中国传统文化为己任，毕生致力于中国哲学著作的翻译、推介和研究，先后出版了英译佛教的《坛经》、儒家的《传习录》《近思录》、道家的《道德经》等，并为《大英百科全书》撰写中国哲学概要和诸家思想传记文章，被当时欧美学术界特别是汉学界誉为将东方哲学思想文化最为完备地介绍给西方的中国大儒。特别值得一提的是，陈荣捷积10多年之功编纂翻译的《中国哲学资料书》达到了非常高的水准，对英文世界的中国哲学的传播和学习影响巨大。

20世纪60年代之后，陈荣捷的主要精力开始转向宋明理学研究，特别是对理学代表人物朱熹的研究用力最多，取得的成果也最为丰硕。1980年代后，陈荣捷的朱熹研究达到学术顶峰，在撰写发表大量学术研究论文的同时，还出版了《朱子门人》《朱学论集》《新儒学词释：〈北溪字义〉》《朱熹的生活和思想》《朱子新探索》《朱子新研究》《朱熹》《近思录详注集评》等重要朱子学研究著作。

《朱学论集》和《朱子门人》两部著作出版于1982年，标志着陈荣捷朱子学研究进入了高峰期。《朱学论集》收录了陈荣捷有关朱子的研究论文如《朱熹集新儒学之大成》《论朱子之〈仁说〉》《新儒家范型：论程朱之异》《朱子之〈近思录〉》《朱陆通讯详述》《元代之朱子学》《欧美之朱子学》等专门研究朱子学的学术文章15篇，陈来评价该书"立论高屋建瓴，分析深刻，资料丰富，对推进朱熹思想的理解，甚有助益"。《朱子门人》一书则是对朱子门人的考订之作，该书对明朝戴铣（著有《朱子实纪》）以来有关记述朱子门人的文献进行了全面梳理，包括朱子门人的人数、地理关系、社会背景以及学术贡献等，作了详细挖掘和深入考订，从人数上得出朱子门人有467人，如果加上未及门而私淑者，共有弟子488人；从地理分布上，以福建、浙江为最。陈荣捷甚至还考订出朱门弟子入学盛况，如弟子成群结队而来，父子兄弟同事朱子，有入师门六七次者，亦有从游四五十年者等。此外，陈荣捷还详加分析了朱门弟子的学术成就，并点出其所存瑕疵，研究之深之细，令人叹服！该书被誉为"朱门弟子辞典"[1]，充分彰显了陈荣捷朱子学研究的深厚功力。

《朱学论集》与《朱子门人》出版后，陈荣捷笔耕不辍，时隔四年，以85岁高龄于1986年完成了朱子学研究巨著《朱子新探索》，并于1988年以中英文两版出版。全书分126节，是一部专门研究朱子的大部头著作，所论涉及朱子生平思想以及与其所关联的人物事迹等。对于撰写该著的原因，陈荣捷在该书序言中指出主要有六条，如解答学生询问、解决历代未决之悬案、学术好奇之心、欲言学者之未言等，陈先生说："予敢言学者所未言，又敢以'新'字名篇，非谓有所发现，只欲彰其密，显其微，提倡激动，扩大研究朱子之范围而已。"陈荣捷的朱子学研究于此达到巅峰。

陈荣捷不但积极从事著述和文献翻译以宣传中国哲学和宋明理学，而且积极组织学术会议，参加各种学术活动，努力推动宋明理学的研究，如1936年9月，陈荣捷以访问教授身份进入夏威夷大学东方研究所供职。夏威夷大学是20世纪早期最重要的东西方文化交流的桥梁，20年代就开设了中国语言文学和中国史课程，30年代开设中国哲学课程，成为美国第一所开设中国哲学课程的大学。陈荣捷看准时机，反复协商论证，最后经多方努力和紧张筹备，于1938年夏季正式促成夏威夷大学哲学系的建立。哲学系的成立意义非常，为以后美国的中国哲学研究奠定了组织基础。以此为基地，自1939年起，直到陈荣捷逝世，夏威夷大学承办了六次东西方哲学家会议，为美国和世界的中国哲学研究提供了可靠的交流平台。陈荣捷先后五次参加会议，并在会

---

[1] 崔玉军：《陈荣捷与美国的中国哲学研究》，社会科学文献出版社，2010，第278页。

议上报告长篇论文。他的论文以宋明理学研究为重点,特别是对朱熹哲学思想的研究,赢得了与会者的好评,在英语世界最大限度地宣扬了以朱熹思想为代表的新儒学思想,从而为朱熹思想在西方学界赢得了应有的尊重。

陈荣捷自幼启蒙于儒家文化,长期的研究探讨,使得这一文化特质深深根植于其心灵最深处。陈荣捷推崇儒家思想中的"仁",从而也使其达到了仁者的境界,真正成为一个仁者。尽管长期生活于异质文化笼罩下的美国,但他始终保持着一个儒者的风范,始终牵念着大洋彼岸的故土。1977年,陈荣捷有感赋诗一首,诗中隐含了他对故乡的深切怀念:"廿载孤鸣沙漠中,而今理学忽然红。义国恩荣固可重,故乡苦乐恨难同。"一个游子对祖国母亲的思念之情跃然纸上,感人肺腑。

改革开放后,中美之间的文化交流迅速发展,中国人到美国留学、访问、讲学、参加会议日益增多,美国学者也得以自由到中国造访、考察与交流。借助于这一宽松的政治文化环境,陈荣捷多次回到大陆考察访问:1979年是他在新中国成立后第一次回国探亲;1981年赴杭州参加宋明理学会议;1983年到福建、江西、湖南等地考察朱子遗迹;1987年两度回国,参加曲阜国际儒学讨论会和厦门朱子会议;1990年在武夷山参加纪念朱熹诞辰860周年国际学术会议。这些使陈荣捷更加了解大陆,了解大陆传统文化研究和朱子学研究所取得的成果,同时也使更多的大陆学人有了面对面认识、了解陈荣捷及其朱子学研究成就的机会,从而进一步推动了大陆朱子学研究。

陈荣捷从1936年重返夏威夷,到1994年仙逝,在海外奔波半个多世纪,倾其大半生精力,为中国传统文化和朱子学在英语世界的传播奔走呼号,为中西方学术与文化交流竭尽心力。陈来评价其为"20世纪后半期欧美学术界公认的中国哲学权威,英语世界中国哲学研究的领袖",同时更是"国际汉学界新儒学与朱熹研究的泰斗"。崔玉军评价其为"中国哲学在美国的一面旗帜"。美国哥伦比亚大学教授华蔼仁赞其为"中国传统哲学的活典范","在将儒家传统传到西方中起了关键作用"。以上诸种评价,足以证明陈荣捷对20世纪美国朱子学研究以及中美之间的文化交流所作出的卓越贡献。

三、张君劢与宋明理学研究

(一) 张君劢简介

张君劢(1887—1969),江苏宝山(今属上海)人,原名嘉森,号立斋。近现代著名学者,被部分学者认为是早期新儒家的代表之一。

张君劢6岁入私塾启蒙,光绪年间考中秀才。

1906年,张君劢考入日本早稻田大学学习法律与政治学。留日期间结识了梁启超,并参与发起梁启超主持的政闻社。

1910年,张君劢于早稻田大学毕业,获政治学学士学位。回国应试,取得殿试资格,次年经殿试被授予翰林院庶吉士。为暂避袁世凯的迫害,在梁启超的安排下,张君劢于1913年赴德国入柏林大学攻读政治学博士学位。1915年回国,任上海《时事新报》总编辑。不久,赴北京任段祺瑞内阁国际政务评议会书记长和冯国璋总统府秘书长。

1918年,张君劢等6人随梁启超去欧洲考察,之后留在德国学习哲学。后来曾参与创办政治大学、学海书院和民族文化书院,任北京大学和燕京大学教授,是1923年"人生观论战"的发起人和后来《文化宣言》的发起人。

1934年,张君劢与张东荪等人组织成立中国国家社会党,任中央总务委员兼总秘书。抗日战争时期任国民参政会参政员。与黄炎培等人组织中国民主同盟,历任常委。

1949年3月25日,张君劢移居澳门,其间李宗仁曾邀请他出任行政院长,他辞谢不就。同年11月5日,应印度教育部的邀请,赴印度讲学。1952年他转赴美国。1958年,他和唐君毅、牟宗三等联名发表了《中国文化与世界》的长篇宣言,宣告儒学再度活跃于现代中国的思想舞台。1969年病逝于美国,享年82岁。

张君劢一生徘徊于学术与政治之间,在这两个领域里的许多方面,他都产生过有形或无形的影响。作为近现代的著名学者,早期新儒家的代表之一,张君劢提倡复兴儒学,在近现代中国政治史和文化学术史上占有重要地位。

其主要著作有《新儒家思想史》《义理学十讲纲要》《明日之中国文化》《儒家哲学之复兴》《民族复兴之学术基础》等。

（二）张君劢的《新儒家思想史》

张君劢的《新儒家思想史》分上下两册，英文版于1957年、1963年出版，中文版于1986年由台北弘文馆出版社正式出版。河北教育出版社于1996年出版该著，2006年中国人民大学出版社再版。

《新儒家思想史》全书共分三十三章，前六章主要是对儒家思想的产生和发展、理学的基本原理、理学确立的政治文化制度以及理学先驱的思想和佛教对理学影响的探讨，为论述宋代理学发展做了铺垫；第七章至第二十七章主要分析了宋明理学的发展演变和主要思想内容，如周敦颐的宇宙论，二程、朱熹的理学思想，朱熹与陆象山、陈亮的关系，明代王阳明的思想，王学的分歧，东林学派思想，刘蕺山思想以及晚明王夫之、黄宗羲、顾炎武、颜习斋等人的思想问题，几乎全景展示了宋明时期新儒家即理学发展演变的概况。该著最后六章探讨了清代理学思想，此不多论。

《新儒家思想史》是张君劢晚年最重要的学术力作，该书出版后，成为西方汉学家研究中国儒学的必备经典。20世纪50年代，张君劢旅居美国后，发现由于东西方意识形态的差别，特别是冷战思维的影响，西方汉学家对中国传统文化知之甚少，甚至认为中国自先秦哲学之后再无哲学，而只有宗教的存在。这是对中国文化的极大误解，因此，张君劢写作了这部《新儒家思想史》。

张君劢从厘清儒学发展流变入手，通过分析若干重要概念，探讨了佛教思想对中国文化的影响，指出了新儒家在本体论、宇宙观方面所受佛教思想体系的深刻影响，认为儒家正是吸收了佛教思想，从而增强了自身理学体系的逻辑思辨性。同时，他借助于西方哲学方法来梳理儒学发展脉络，并通过深入分析，总结出了中国哲学的独特优势：一是对道德价值的重视，二是强调道器合一，三是关注内心修养，四是注重知行合一。并认为这是中国文化的根本。此书是张君劢在继承中华优秀传统文化、吸纳西方重思辨的哲学思想基础上,以唯心为本对自己新儒家哲学思想的阐释。

四、余英时及其《方以智晚节考》

(一)余英时简介

余英时(1930—2021),祖籍安徽潜山,生于天津。著名历史学者、汉学家。1950—1955年就读于香港新亚书院及新亚研究所,师从钱穆。1956—1961年就读于哈佛大学,获博士学位。曾任密歇根大学、哈佛大学、耶鲁大学教授,香港新亚书院院长,香港中文大学副校长等职。2006年11月,余英时获得美国国会图书馆颁发的素有"人文诺贝尔奖"之称的克鲁格人文与社会科学终身成就奖。

余英时对儒家思想及中国道统文化的现代诠释自成一体。他的中英文著述多达数十种,如《近代文明的新趋势》《方以智晚节考》《论戴震与章学诚:清代中期学术思想史研究》《中国知识阶层史论:古代篇》《从价值系统看中国文化的现代意义》《中国近世宗教伦理与商人精神》《士与中国文化》《钱穆与现代中国学术》《现代儒学论》《朱熹的历史世界——宋代士大夫政治文化的研究》等。

(二)余英时的《方以智晚节考》

余英时的《方以智晚节考》于1972年由香港新亚研究所出版。

在《方以智晚节考》中,余英时主要从思想史的视角对方以智进行分析,目的是证明明末清初学者在治学上的发展方向。由于尊德性自身的弊端,学者或多或少不得不对考据予以足够的重视,而方以智的考据趋向也正是明末清初学风由尊德性向道问学方向回归的表现,也是探讨明清之际文化人在尊德性和道问学之间的艰难选择。

在该著中,余英时详细论证了方以智的晚年活动,特别着眼于对方以智当为"晚明一遗老"而非"一禅师"的历史定位,希望通过对方以智在明亡后的思想和活动的探讨,揭开当时遗民士大夫精神世界的一角。同时又将明清之交的学术思想置于当时时代变动的大背景下加以审视,梳理和解读了明末清初士大夫阶层的文化价值观念、道德意识、政治信仰以及家族伦理的诸多史料，对于深入研究方以智思想和明清时期的理学思想，都具有重要的参考价值。

五、狄百瑞的王阳明思想研究

（一）狄百瑞简介

狄百瑞（1919—2017），生于美国纽约，1941年毕业于美国哥伦比亚大学，1948年和1953年分别获得该校硕士和博士学位。1949年起在哥伦比亚大学任教，负责东亚研究的本科通识教育课程，并开始主持翻译东方经典的计划。1969—1970年任亚洲研究学会主席，1971—1978年出任哥伦比亚大学副校长，其间推动东亚图书馆的翻新及扩充工程，建立了人文研究中心。1978—1986年任美国学术团体理事会主席。

狄百瑞的研究兴趣是东亚的宗教和思想传统，尤其是中国、日本和韩国的儒学。他把新儒学研究引入美国，提倡一种对亚洲在通识和核心课程中的位置的全新构想。狄百瑞是一位著作等身的学者，是哥伦比亚大学儒家传统研究的创始人之一。他的著作主要有《道学与心学》《心法》《中国的自由传统》《为己之学》《东亚文明——五个阶段的对话》《朱熹新儒学的精神性》《儒家的困境》等。

（二）狄百瑞的王阳明研究

关于狄百瑞对王阳明的研究，由周炽成教授指导的华南师范大学2007届研究生陈婕所提交的硕士论文《狄百瑞的王阳明研究管窥》，可以说较为深入地探讨了狄百瑞的王阳明研究。

在狄百瑞眼中，王阳明作为中国明代最重要的思想家，担当着三种角色：道统的传承者、为己之学的干将和道德教师。狄百瑞认为，王阳明和程颐、朱熹等人一样，也是道统的传承人。针对有些人怀疑王阳明是否为儒学正统的问题，甚至有些人可能在学术的持续重要性上反对王阳明的观点，狄百瑞认为，"阳明为道所作的诠释究竟还是用了正统而流行的话语"，他所讲的依然是"道统"和"新民"。而道学与心学都强调心的自主,认为个人可以得道。狄百瑞确立了心与个人在新儒家道统传承过程中的重要地位,他更多地看到的是朱熹和王阳明之间的相似点和联系,这样有利于理顺思想史上的一些问题,利于减少关于新儒学内容的无谓争论。特别是他将具有使社会和他人更新的道德式英雄人物列入道德的传承人,有利于从整个文化脉络、从人的角度去理解和把握儒家思想及其精神面貌。

狄百瑞认为,程朱理学和陆王心学的分歧是在16世纪产生的,王阳明的心学其实就是继承了程朱学派心学的传统。他所讨论的宋代新儒家中的带有自由精神的观念如道统、为己之学、自得等一直从朱熹传下来,是朱熹和程颐给了为己之学的优先地位,同时也留给了后来的王阳明和焦竑,并将新儒家学说中的一些中心主题向前推进了一步。狄百瑞还指出,王阳明对从程朱学说中所传承而来的圣人之学的近乎革命的观点,可以看作是为己之学的新解。在其笔下,王阳明的"心"在道统的传承中具有非常重要的作用,是王阳明的良知说将圣人观主观化和内在化,将圣人之学转化为学为圣人,从而为普通人能在更大程度上参与新儒家理想的实践开辟了道路。

此外,狄百瑞还把王阳明看作道德教师,认为其具有传道者的那种使命感和社会革新者的热情,王阳明及其弟子们努力推动的普遍讲学活动是其为己之学的现实维度的展开,也是新儒学对社会负担的最主要责任。这一认识凸显了狄百瑞对王阳明道德实践方面的考察。

狄百瑞在其《中国的自由传统》一书中曾说过,其研究中国哲学史采用的是"观念史"的方法。这种方法使得狄百瑞能够很有效地描述诸如自得、自任等概念的思想谱系,但也使得狄百瑞忽略了时代社会经济的变化及其对思想史的可能影响。狄百瑞注重对文本的分析,但他对王阳明学术的解释则是比较粗糙的,比如,在他的笔下我们看不到王阳明是怎样历经百死千难后提出致良知的,看不到为何王阳明要对心作新的解释以及为何要倡导愚夫愚妇可以学而为圣人等。

尽管狄百瑞对王阳明思想进行了深度揭示,但仍然有其不足之处。作为一个具有浓厚西方文化背景的学者,能在中国思想史研究上取得如此成就,已经十分难能可贵了。他的研究对于厘清中国宋明思想史上的一些问题，对于我们如何看待我们的文化传统都是具有积极的启发和借鉴意义的。

六、田浩及其宋明理学研究

（一）田浩简介

田浩，1944年7月生于美国佛罗里达州的克里斯由。他本科学习美国史和欧洲史，研究生时转向中国史研究。1976年取得哈佛大学东亚语言与历史学博士学位。毕业后，他进入亚利桑那州立大学历史系，主要从事宋元思想史研究。主要著作有《功利主义儒家——陈亮对朱熹的挑战》《朱熹的思维世界》《儒学话语与朱子说的主流化》等。

（二）田浩的《功利主义儒家——陈亮对朱熹的挑战》

田浩的《功利主义儒家——陈亮对朱熹的挑战》一书，出版于1982年。1997年，作为海外中国研究丛书，该著由江苏人民出版社出版，姜长苏翻译。

该著第一章主要探讨了儒学两极化及其在宋代思想中的演进问题；第二章主要讨论了陈亮的思想与性格的发展问题；第三章主要探讨了争论过程中的性格因素及二者关系；第四章主要探讨了政治中的道德问题，如陈亮的功利主义事功伦理学、朱熹的个人德性与动机伦理学；第五章主要探讨了陈亮相对与内在的道、朱熹基本价值的永恒完善、陈亮的相对主义与某些政治原则的绝对性等；第六章主要探讨了陈亮朱熹之辩问题。

南宋时期，政治与社会危机严重，当时的儒者中间发生了道德伦理和事功伦理之争，显示了儒学发展的新倾向。田浩的《功利主义儒家——陈亮对朱熹的挑战》，在新发现的陈亮作品的支持下，具体探讨了陈亮思想的演变过程，尤其是在宋代的特定历史背景下，参照陈亮、朱熹的具体阅历和性格，展示了陈亮、朱熹的"道德与事功"之辩，从而再现了中国传统思想的丰富性、复杂性和历史性。也正是因为这样，田浩的《功利主义儒家——陈亮对朱熹的挑战》被著名汉学家史华慈推许为自己所读到的"以西方语言叙述宋代儒学思想多种特征的最生动、最易理解的作品之一"。

第三节　海外其他宋明理学研究学者

一、成中英

成中英，祖籍湖北阳新，1935年生于南京，1955年毕业于台湾大学外文系，1958年获华盛顿大学哲学与逻辑学硕士学位，1963年获得哈佛大学哲学博士学位。70年代曾为台湾大学哲学系教授兼主任，1973年在美国檀香山创立国际中国哲学会，1978年主持第一届国际中国哲学会议，致力于促进中西哲学的深入交流，是《中国哲学季刊》的创立者和主编。自1983年起，执教于美国夏威夷大学哲学系。作为美籍华人学者，他被认为是第三代新儒家的代表人物之一。

成中英的主要研究领域为中西哲学比较、儒家哲学及本体诠释学。发表学术论文近百篇。主要学术著作有《中国哲学与中国文化》《中国文化的现代化与世界化》《合外内之道——儒家哲学论》《从中西互释中挺立——中国哲学与中国文化的新定位》等。

二、秦家懿

秦家懿（1934—2001），祖籍江苏无锡，加拿大著名华裔汉学家。1972年毕业于澳洲国立大学，获哲学博士学位，后应美国哥伦比亚大学的狄百瑞和耶鲁大学的芮沃寿两位教授的邀请，先后在两所大学执教。1978年任教多伦多大学。1990年获选加拿大皇家学院的院士。

秦家懿的研究兴趣主要集中在三个方面：一是基督教的神学，二是儒家的智慧，三是两者间的比较。从着眼于阳明与道教、朱熹与佛道二教的关系开始，她的目光实已放大至整个三教之上。1998年她就任多伦多大学中国思想与文化讲座的首任教授。发表学术论文60余篇。主要著作有《慎思录》《王阳明》等。

四、杜维明

杜维明，祖籍广东南海，1940年生于云南昆明。1945年随家迁到上海，1949年迁往台湾，1961年毕业于台湾东海大学，后赴哈佛大学留学，相继取得硕士、博士学位。先后任教于普林斯顿大学、加州大学伯克利分校，1981年始任哈佛大学中国历史和哲学教授，曾任该校宗教研究委员会主席、东亚语言和文明系主任。1988年，获选美国人文社会科学院院士。1990年借调至美国东西方文化中心担任文化与传播研究所所长。2010年12月，被北京大学聘为人文讲席教授、高等人文研究院院长。

杜维明的研究以中国儒家传统的现代转化为中心，被称为当代新儒家的代表，出版英文著作11部、中文著作16部，发表论文数百篇。

作为现代新儒家学派的新生代学人，杜维明把自己看作"一个五四精神的继承者"，将儒家文化置于世界思潮的背景中来进行研究，直接关切如何使传统文化与中国的现代化问题接轨。

自20世纪80年代以来，他通过借鉴哲学人类学、文化人类学、比较文化学、比较宗教学、知识社会学等跨学科研究的方法，比较多地阐发了儒家思想的现代意义和儒家第三期发展的前景问题，勾画了当代新儒学理论的基本构架，在东亚和西方世界产生了相当大的影响。

附录 20世纪宋明理学研究文献目录

一、期刊

吹万．程伊川累世不缠足·傲·忠·奴才·气识．觉民，1904（8）．

刘光汉．理学字义通释．国粹学报，1905，1（4、8、9、10）．

任憨．理学丛谈．科学一斑，1907（4）．

皕诲．陈确庵集书后．进步，1914，5（6）．

皕诲．刘蕺山先生人谱类记书后．进步，1914，6（5）．

钱嘉淦．明末理学阐微．新中国，1919，1（1）．

刘经庶．杜威之论理学．新教育，1919，1（3）．

两不．程伊川之宇宙观．哲学，1921（4）．

汤澄波．析心学论略．东方杂志，1923，20（6）．

田云程．王安石新法论．学生文艺丛刊，1924（5）．

章炳麟．康成子雍为宋明心学导师说．华国，1925，2（3）．

姚明辉．心学．国学丛刊，1926，3（1）．

袁树滋．王安石定科举法士各占治一经春秋独不与论．学生文艺丛刊，1926，3（9）．

卢冀野．泰州学派源流述略．东南论衡，1926（7）．

梅逸才．"泰州学派"之商榷（通讯）．东南论衡，1926（17）．

卢冀野．再论泰州学派（通讯）．东南论衡，1926（24）．

黄子通．王守仁的哲学．燕京学报，1928（3）．

颂平．王安石之政治经济政策．清华周刊，1929，32（6、7）．

李家启．王安石之政治思想．国立中央大学半月刊，1930，1（10）．

何格恩．陈亮的生平．岭南学报，1931，2（2）．

何格恩.陈亮的生平订正.岭南学报,1932,2(3).
冯友兰.朱熹哲学.清华学报,1932,7(2).
谢扶雅.邵雍先天学新释.岭南学报,1932,2(3).
邹枋.真德秀救荒论纲领.经济学季刊,1932,3(3).
美白.王安石研究.学生文艺丛刊,1932,7(3).
冯友兰.宋明道学中理学心学二派之不同.清华学报,1932,8(1).
刘铭恕.王安石字说源流考.师大月刊,1933(2).
何格恩.叶适在中国哲学史上之位置.岭南学报,1933,2(4).
唐显海.读王安石答司马谏议书书后.学生文艺丛刊,1933,7(4).
陈子怡.宋人理学由回教蜕化而出.师大月刊,1933(6).
黎锦熙.两宋理学两派五家选目并叙例.师大月刊,1933(6).
陶希圣.王安石以前田赋不均及田赋改革.食货,1934(1).
叶乐群.王安石的新法与统制经济.前途,1934,2(11).
苏小坡.王安石新法的面面观.人民评论,1934(49).
洪为法.王安石之执拗.青年界,1934,5(5).
胡国治.王安石经济思想研究.经济学季刊,1935,6(1).
詹寿山.王安石之研究.河南政治,1935,5(8).
王兴瑞.王安石的政治改革与水利政策.食货,1935,2(2).
张君劢.理学对于中华民族之功罪.宇宙,1935,2(1).
谭丕模.李觏,王安石与北宋小地主阶级解放运动.清华周刊,1935,42(11-12).
明夷.王安石新政的估价.政治月刊,1935,3(3).
克凡.评刘宗周年谱.女子月刊,1935,3(4).
张君劢.理学之系统结构之第一步.新民,1935,1(2).
何敬煌.浙江理学学派述略.浙江青年,1935,1(3).
徐振亚.王安石的经学概论初稿.学艺,1935,14(7).
吴锡瑞.王安石的经济政策与其时代背景.学艺,1935,14(7).
何格恩.陈亮之思想.民族,1935,3(8).
何格恩.宋史陈亮传考证及陈亮年谱.民族,1935,3(11).
唐文治.陆桴亭陈确庵江药园盛寒溪先生学派论.国专月刊,1936,3(1).
王毓铨.王安石的改革政策(一).政治经济学报,1936,5(1).
顾怡生.王守仁之精神生活.江苏教育,1936,5(10).

贺学海．王安石保甲法之利弊和唐代兵制．国光杂志，1936（18）．
水草．理学大家周濂溪略述．湖南大学季刊，1936，2（2）．
但植之．晋纪瞻顾荣论易太极为周敦颐太极图说所本考．制言，1936（20）．
但植之．周敦颐通书多采晋人说考．制言，1936（21）．
郑侃燧．王安石（一〇一九——一〇八六）．大众知识，1936，1（3）．
程憬．王守仁的哲学．安大季刊，1936，1（4）．
程方．宋初政治与王安石新法之批判．中国新论，1936，2（7）．
刘英士．王安石之精神生活．江苏教育，1936，5（9）．
容肇祖．何心隐及其思想．辅仁学志，1937，6（1-2）．
王毓铨．王安石的改革政策（二）．政治经济学报，1937，5（2）．
张腾发．王安石变法之史的评价．现代史学，1937，3（2）．
朱谦之、蒋玉麟．宋儒理学对于欧洲文化之影响．现代史学，1937，3（2）．
李兆民．福建理学之渊源．福建文化，1937，4（24）．
郭毓麟．论宋代福建理学．福建文化，1937，4（24）．
李兆民．紫阳理学之我见．福建文化，1937，4（24）．
李兆民．明清福建理学诸家之概况．福建文化，1937，4（24）．
吴泽．宋代经济组织与王安石变法新论．文化批判，1937，4（3）．
张觉人．王安石青苗法之研究．创导，1937，1（3）．
容肇祖．焦竑及其思想．燕京学报，1938（23）．
郭斌龢．抗战精神与南宋理学．国命旬刊，1938（5）．
任鼐．论王安石之新法．砥柱旬刊，1939，8（3）．
冀绍儒．宋代理学变迁史．文化批判，1939，5（4）．
张东荪．不同的逻辑与文化并论中国理学．燕京学报，1939（26）．
冯君培．评福兰阁教授的李贽研究．图书季刊，1940（1）．
阳明先生拔本塞源论．阳明学，1940，1（1）．
方德修．王安石思想体系．文哲，1940，2（2）．
易简．王阳明的人生态度．浙江教育，1940，2（11）．
车载．心观与静观——三评冯著"新理学"．哲学，1940，1（2）．
陈安仁．大政治家王安石之思想．青年中国季刊，1940，1（2）．
朱吉仁．王阳明与苏格拉底学说之研究．阳明学，1940，1（2）．
容肇祖．王守仁的门人黄绾．燕京学报，1940（27）．
叶德禄．宋刊本魏了翁周易集义跋．辅仁文苑，1940（3）．

施学仁. 王阳明教育学说的研究. 县政研究, 1940, 2 (9).
马非百. 关于财政方面的王安石诸新法之研究. 经济学报, 1941, 1 (3).
马非百. 关于财政方面的王安石诸新法之研究（续）. 经济学报, 1941, 2 (1).
朱锦江. 王安石人才教育思想述评. 教育通讯, 1941, 4 (17).
竺可桢. 王阳明先生与大学生的典范. 浙大学生, 1941 (2).
柳邨. 关于冯友兰的"新理学". 求知文丛, 1941 (29).
冯友兰. 新理学答问. 文史杂志, 1941, 1 (8).
剡川野客. 王阳明论. 大陆, 1941, 1 (6).
南溟. 王安石的经纶大略. 更生, 1941, 12 (6、7).
程仰之. 王安石与司马光. 文史杂志, 1942, 2 (1).
张君劢. 理学罪案平反. 世界学生, 1942, 1 (12).
王范之. 论唯理主义与冯友兰先生的"新理学". 时代精神, 1942, 7 (2).
姚显微. 三民主义与史理学. 大路月刊, 1942, 7 (2-3).
罗孔昭. 杨简先圣大训引用大戴礼记补校（戊寅）. 志学月刊, 1942 (4).
王弢. 王安石新法集评与其纠正. 中日文化, 1942, 2 (6-7).
孙雄曾、冯友兰. 讨论——关于新理学. 哲学评论, 1943, 8 (1).
孙次舟. "新理学"之系统来源. 大学, 1943, 2 (6、7、8、9、10、11-12).
冯友兰. 新理学在哲学中之地位及其方法. 哲学评论, 1943, 8 (1、2).
郭垣. 王安石的整理田赋政策. 经济汇报, 1943, 8 (2).
张熙. 王安石之粮食政策. 新福建, 1943, 4 (4-5).
陈家康. 真际与实际——冯友兰先生"新理学"商兑之一. 群众, 1943, 8 (3).
陈家康. 物与理——冯友兰先生"新理学"商兑之二. 群众, 1943, 8 (5).
陈家康. 物与气——冯友兰先生"新理学"商兑之三. 群众, 1943, 8 (6-7).
书隐. 关于新理学. 国讯, 1943 (344).
傅孟真. 理学之地位. 读书通讯, 1943 (61).
李文湘、冯友兰. 关于新理学. 读书通讯, 1943 (63).
王家鸿. 漫谈王安石. 政治生活, 1944, 1 (1).
谷春帆、冯友兰. 新理学讨论. 哲学评论, 1944, 8 (6).
周士观. 评王安石. 交通建设, 1944, 2 (10).
吴芳亭. 王安石新法之梗概. 文友, 1944, 2 (12).
汪啸凡. 宋明理学对两朝民族精神的影响. 新使命, 1944, 1 (2).
余家菊. 理学漫谈. 民宪, 1944, 1 (2、3).

邹珍璞．王安石新经济政策研究．财政评论，1944，11（2）．
王治心．拗相公王安石．大众，1944（23、24）．
钱穆．禅宗与理学．思想与时代，1944（38）．
林志烈．朱晦翁与王阳明．公余生活，1944，2（5）．
李瑞安．王阳明先生传略及其学说．国立廿一中学校刊，1944（7、8）．
杜守素．论"理学"的终结．大学，1944，3（9-10、11-12）．
胡秋原．王阳明——中国第一个民主主义者．民主政治，1945，1（1）．
刘节．明代心学批判．国立中央大学文史哲季刊，1945，3（1）．
郭沫若．王安石（名人评传）．文萃，1945，1（11）．
谢慧霖．论佛儒与理学．志学，1945（19-20）．
张德铭．先哲程伊川．黑石，1945，1（2）．
钱穆．再论禅宗与理学．思想与时代，1945（39）．
钱穆．三论禅宗与理学．思想与时代，1945（40）．
罗根泽．叶适及其他永嘉学派的文学批评．文艺先锋，1945，6（4-5）．
太虚．王阳明与新中国哲学．海潮音，1946，27（1）．
杨荣国．致宋室于倾覆者王安石新法乎？．中国学术，1946，1（1）．
钱穆．濂溪百源横渠之理学．东方杂志，1946，42（10）．
张东荪．士的使命与理学．观察，1946，1（13）．
王恩洋．宋明理学之旨趣与精神．文化先锋，1946，6（14）．
邬伯饶．宋神宗与王安石．文化先锋，1946，6（14）．
陆志韦．记邵雍皇极经世的"天声地音"．燕京学报，1946（31）．
孙次舟．评冯友兰的"新理学"．中国杂志，1947，1（1）．
傅毓衡．王安石土地政策之探讨．地政通讯，1947（17）．
任继愈．理学探源序．世间解，1947（2）．
陈安仁．王守仁的思想方法．文化先锋，1947，6（22）．
牟宗三．王阳明致良知教（上）．历史与文化，1947（3）．
曹汗奇．新理学研谈．哲学评论，1947，10（3）．
贺麟．王安石的心学．思想与时代，1947（41）．
贺麟．王安石的性论．思想与时代，1947（43）．
王韶生、谢兰馟．陈白沙的理学与诗学．文会丛刊，1948（1）．
理学修身与道学修身．道德专刊，1948，3（3）．
钱穆．朱子心学略．学原，1948，2（6）．

蔡尚思．宋明理学相同的缺点．新中华，1948，6（9）．

檀仁梅．王安石的人性论．协大学报，1949（1）．

欧阳琛．王守仁与大礼议．新中华，1949，12（7）．

高羽．张载的学说——兼评张岱年的"张横渠的哲学"一文．北京师范大学学报，1958（2）．

杨荣国．张载的唯物思想．学术研究，1959（10、11）．

国外对周敦颐"太极图说"的研究．哲学研究，1959（3）．

陈学恂．胡瑗的教育思想．杭州大学学报，1959（4）．

华忱之．论顾炎武的"蒋山傭残稿"．四川大学学报（社会科学），1959（5）．

艾治平．全面地历史地评价苏轼——对"苏轼试论"与"几点意见"的意见．学术研究，1959（6）．

北哲．关于张载的哲学思想和政治立场的争论．北京大学学报（人文科学），1961（1）．

华山．程朱理学批判．山东大学学报，1961（2）．

冯友兰．王夫之的唯物主义哲学和辩证法思想．北京大学学报（人文科学），1961（3）．

杨荣国．周敦颐的哲学思想．学术月刊，1961（9）．

邹贤俊．顾炎武的史学．北京师范大学学报（社会科学），1962（1）．

邱椿．顾炎武论学习．北京师范大学学报（社会科学），1962（3）．

华山．从陆象山到王阳明．山东大学学报（历史版），1962（1）．

孔繁．王阳明的主观唯心主义哲学思想．教学与研究，1962（4）．

展葱．关于苏轼的讨论．江汉论坛，1962（4）．

朱伯昆．王夫之论主观和客观．北京大学学报（人文科学），1962（5）．

肖萐父．王夫之哲学思想初探．哲学研究，1962（6）．

钟李．朱熹哲学性质问题的讨论．江汉论坛，1962（6）．

李德永．试论朱熹哲学性质．江汉论坛，1962（7）．

杨向奎．论程颢．学术月刊，1962（8）．

高觉敷．王夫之论人性．学术月刊，1962（9）．

周予同、汤志钧．从顾炎武到章炳麟．学术月刊，1963（12）．

杨向奎．论张载．文史哲，1963（1、2）．

钟兴锦．王夫之对老子哲学的批判是哲学史上两条路线的斗争——读《老子衍》笔记．哲学研究，1963（5）．

陈玉森．程朱理学还是马克思列宁主义——评刘节先生的超阶级的人性论．中山大学学报（哲学、社会科学），1964（1）．

赵俪生．顾炎武《日知录》研究——为纪念顾炎武诞生350周年而作．兰州大学学报（人文科学），1964（1）．

冉昭德．坚持反清斗争的爱国学者顾炎武．历史教学，1964（2）．

马数鸣．方以智的"合二而一"是辩证法吗？——与杨献珍同志商榷．江淮论坛，1964（4）．

张立文．方以智的"合二而一"是形而上学的思想．教学与研究，1964（5）．

姚文仓．方以智的"合二而一"是什么货色？．甘肃师大学报（人文科学），1964（4）．

李定生．不能拿矛盾调和论冒充"光辉思想"——也谈方以智的"合二而一"．学术月刊，1964（9）．

马数鸣．对方以智哲学思想的再探讨——与侯外庐先生商榷．江淮论坛，1965（1、2）．

庆思．李贽反理学、叛"圣道"的斗争．北京师大学报（社会科学版），1973（1）．

傅毓钤．从朱熹的"天理""人欲"之辨看儒家思想的实质．山西师院，1973（创刊号）．

陈逸光．《红楼梦》对程朱理学的批判．厦门大学学报（哲学社会科学版），1974（1）．

王兴亚．李自成起义军对二程的批判．郑州大学学报（社会科学版），1974（1）．

钟明元．我国封建社会后期杰出的法家李贽．中央民族学院学报，1974（1）．

陈本铭．李贽反封建道统的教育思想．福建师大，1974（2）．

黎洪．假道学掩盖不了阴谋家的嘴脸——驳斥朱熹掩盖孔丘阴谋家嘴脸的卑鄙手法．文史哲，1974（2）．

洛阳地区文物管理委员会、开封师范学院历史系联合调查组．程颢程颐的罪行和劳动人民的反程斗争．开封师范学院学报，1974（2）．

王兴亚．王安石和二程的激烈论战．郑州大学学报（哲学社会科学版），1974（2）．

陈明涛、曾祥志．明末清初的法家思想家——王夫之．武汉师院，1974（3）．

张政清、张传湘．王夫之对朱熹唯心主义理学的批判．武汉师院，1974（3）．

刘蔚华．李贽与尊法反儒斗争．破与立，1974（3）．

庆思．尊法反儒的进步思想家李贽．北京师大学报（社会科学版），1974（3）．

叶显恩．略论李贽尊法反儒的思想．中山大学学报（哲学社会科学版），1974（3）．

赵明．王夫之对朱熹理学的批判．东北师大学报（哲学社会科学版），1974（3）．

郑乃臧、唐再兴．试评李贽的《藏书》．江苏师院学报，1974（3）．

中国科学院古脊椎动物与古人类研究所大批判组．"存天理、灭人欲"与"克己复礼"——彻底批判朱熹反动的"天理论"．古脊椎动物与古人类，1974（3）．

历史系福建地方史研究室．戳穿朱熹的画皮．福建师大，1974（3）．

教育研究室．李贽对孔孟反动教育思想的批判．甘肃师大学报（哲学社会科学版），1974（3）．

向封建礼教挑战的无畏战士李贽．陕西师范大学学报（哲学社会科学版），1974（3）．

党石怀．李贽生平斗争事迹片断．陕西师范大学学报（哲学社会科学版），1974（4）．

古叶红．剥去朱熹伪科学的画皮——批判朱熹借螺蚌化石鼓吹灾变论为封建统治辩护的反动实质．古脊椎动物与古人类，1974（4）．

顾兆宏、汤化．从《战国论》看李贽的进步历史观．福建师大，1974（4）．

施议对．南宋时期儒法两家的一场大论战——略论陈亮与朱熹的斗争．福建师大，1974（4）．

吴锡河．评价历史人物必须为现实斗争服务——学习鲁迅在斗争中评论李贽的一点体会．福建师大，1974（4）．

朱彤、世明、石磊、江帆．李贽反封建礼教的斗争．文史哲，1974（4）．

广州市新滘公社凤和大队贫下中农理论学习小组、中山大学历史系一年级工农兵学员．反理学的一面旗帜——读李贽的《童心说》．中山大学学报（哲学社会科学版），1974（4）．

关于李贽的阶级属性问题（讨论会报导）．福建师大，1974（4）．

庆思．李贽的进步教育思想．北京师大学报（社会科学版），1974（5）．

史宏．林彪的"灵脑袋"与王阳明的"心学"．广西师院，1974（5）．

扬江．从林彪和朱熹的咒骂看王安石变法——兼论两宋儒法斗争．革命教育通讯，1974（7）．

思复古朱熹传"理学" 讲事功陈亮斥蠢儒．吉林教育，1974（7-8）．

傅衣凌．从明末社会论李贽思想的时代特点．厦门大学学报（哲学社会科学版），1975（1）．

傅洲文. 从明代后期儒法两条路线斗争看何心隐. 福建师大学报（哲学社会科学版），1975（1）.

傅洲文. 论王艮和所谓"泰州学派". 福建师大学报（哲学社会科学版），1975（1）.

闽佐. 试论李贽思想的阶级属性. 福建师大学报（哲学社会科学版），1975（1）.

戎为今. 论李贽的文艺观——兼论明朝晚期的文艺斗争. 福建师大学报（哲学社会科学版），1975（1）.

榕平. 李贽尊法反儒思想的哲学基础. 福建师大学报（哲学社会科学版），1975（1）.

闽佐. 对李贽所处时代资本主义萌芽问题的探讨. 福建师大学报（哲学社会科学版），1975（1）.

华思理. 评李贽反封建道学的文艺思想. 华中师院学报（哲学社会科学版），1975（1）.

宏明无线电器材厂工人理论小组、哲学系李德义等. 王夫之对宋明儒家思想的批判. 四川大学学报（哲学社会科学版），1975（1）.

李世宁. 李贽对文学复古派的批判. 郑州大学学报（哲学社会科学版），1975（1）.

闵苑. 论李贽的教育思想. 中央民族学院学报，1975（1）.

院大批判组. 变革有理，还是变革有罪？——试论明末李贽与耿定向的大论战. 中央民族学院学报，1975（1）.

石立. 司马光顽固集团的一条乏走狗——邵雍. 开封师院学报（社会科学版），1975（1）.

石众志. 陈亮与朱熹的"王霸义利"之辩——评南宋时期儒法两家的一场大论战. 浙江师院，1975（1）.

西安机务段工厂车间理论小组、陕西师大中文系三年级三班四组. 李贽传. 陕西师大学报（哲学社会科学版），1975（1）.

肖任武. 评明清之际三大进步思想家王夫之、黄宗羲、顾炎武. 文史哲，1975（1）.

谢佐助. 试谈李贽同封建礼教的斗争. 厦门大学学报（哲学社会科学版），1975（1）.

历史系七二级工农兵学员. 李贽的战斗精神. 厦门大学学报（哲学社会科学版），1975（1）.

五一〇三四部队、河北大学《四书评》研究小组．一部具有重要意义的法家著作——读李贽的《四书评》．河北大学学报（哲学社会科学版），1975（1）．

《陈亮诗文选注》小组．试论陈亮．浙江师院，1975（2）．

广州氮肥厂电气车间工人理论组、广东师院中文系三年级四班学员．陈亮和朱熹的论战．广东师院学报（哲学社会科学版），1975（2）．

李万钧．一反千年骂曹逆流——李贽是怎样评点《三国演义》的．福建师大学报（哲学社会科学版），1975（2）．

理平．李贽的反儒思想．福建师大学报（哲学社会科学版），1975（2）．

三明纺织厂工人理论小组、中文系73级李贽研究小组．略谈李贽阶级属性的几个问题——兼论晚明时期的儒法斗争．福建师大学报（哲学社会科学版），1975（2）．

郑泽彬．试论李贽的哲学思想．福建师大学报（哲学社会科学版），1975（2）．

南开大学化学系理论研究小组．王夫之的物质观及其历史地位．化学通报，1975（2）．

尚丁午．王夫之的唯物主义认识论．郑州大学学报（哲学社会科学版），1975（3）．

殷光熹．李贽在云南维护国家统一、民族团结的思想和事迹．思想战线，1975（3）．

余怀彦．让历史为现实的阶级斗争路线斗争服务——读李贽的《藏书》、《续藏书》．贵阳师院学报，1975（3）．

赵馥洁．王阳明的"价值"与蒋介石的"根本"．陕西师大学报（哲学社会科学版），1975（3）．

陈隆高．李贽对儒家反动教育思想的批判．青海民族学院，1975（4）．

黎文．试论李贽的唯物主义哲学思想．武汉大学学报（哲学社会科学版），1975（4）．

史喆．王夫之的朴素辩证法．郑州大学学报（哲学社会科学版），1975（4）．

政史系历史7301班批判组．《水浒》是程朱理学文艺形式的再现．山西师院，1975（4）．

黄秉泽．《儒林外史》对程朱理学的批判．安徽师范大学学报（哲学社会科学版），1976（4）．

《陈亮著作选》注释小组．陈亮对朱熹投降主义哲学的批判．破与立，1975（5）．

师平．《水浒》宣扬的"替天行道"与宋明理学．北京师范大学学报（社会科学版），1975（5）．

哲学系大批判组. 宋江——程朱理学的黑样板. 武汉大学学报（哲学社会科学版）, 1975（5）.

龚平、冯华. 程朱理学的泛滥与《水浒》的出笼. 辽宁大学学报（哲学社会科学版）, 1975（6）.

杨凤麟、王冶. 朱熹的"理学"是维护封建等级制度的反动哲学. 辽宁大学学报（哲学社会科学版）, 1975（6）.

河南辉县百泉公社大批判组. 邵雍及其"安乐窝"批判. 文物, 1976（5）.

张岂之. 王夫之是法家吗？——中国思想史考察的一个侧面. 西北大学学报（哲学社会科学版）, 1977（1）.

徐规、梦江. 陈亮永嘉之行及其与永嘉事功学派的关系. 杭州大学学报（哲学社会科学版）, 1977（2）.

冯憬远. 王夫之对颠倒主、客观关系的唯心主义谬论的批判. 郑州大学学报（哲学社会科学版）, 1977（3）.

张岂之. 王夫之对《道德经》的批判和改造——中国哲学史党性原则的探讨. 西北大学学报（哲学社会科学版）, 1977（3）.

王文才. 重论李贽. 四川师范学院学报（社会科学版）, 1977（4）.

贵州大学历史系科研组. 评李贽的《忠义水浒传叙》. 思想战线, 1977（6）.

许玉琢. 论李贽与《水浒传》. 吉林师大学报（哲学社会科学版）, 1977（5-6）.

张立文. 朱熹唯心主义认识论批判. 西北大学学报（哲学社会科学版）, 1978（1）.

常国武. 朱熹小议. 南京师大学报（社会科学版）, 1978（2）.

包遵信. 叶适哲学思想的评价问题——从《习学记言》的出版谈起. 社会科学战线, 1978（3）.

刘乃昌. 辛弃疾与陈亮的鹅湖之会. 山东师院学报（社会科学版）, 1978（4）.

郭厚安. 论李贽的所谓"尊法反儒"思想——对广东某教授主观唯心主义的批判. 西北师大学报（社会科学版）, 1979（1）.

李茂肃. 李贽的文艺思想. 山东师院学报（社会科学版）, 1979（1）.

张显清. 论王阳明鼓吹蒙昧主义的反动性. 山东师院学报（社会科学版）, 1979（1）.

殷光熹. 简谈程颐的文道观与宋代学派之间的分歧. 昆明师院学报, 1979（1）.

胡义成. 邵雍和"一分为二". 人文杂志, 1979（2）.

姜法曾. 关于朱熹哲学思想的评价问题. 文史哲, 1979（2）.

姜国柱. 张载的二元论及其唯心主义的归宿. 社会科学辑刊, 1979（2）.

金隆德. 方以智"合二而一"论评议. 江淮论坛, 1979（2）.

冒怀辛. 方以智的哲学思想探讨. 江淮论坛, 1979（2）.

刘宏章. 批判封建君主专制制度的战斗檄文——读黄宗羲的《明夷待访录》. 黑龙江大学学报（哲学社会科学版）, 1979（2）.

刘乃昌. 试谈有关苏轼评价的几个问题. 开封师院学报（社会科学版）, 1979（2）.

吕景琳. 王阳明心学的产生及其特点. 河北大学学报（哲学社会科学版）, 1979（2）.

钟兴锦. "四人帮"世界观的核心和宋明理学. 江汉论坛, 1979（2）.

钟兴锦. 从宋明理学看"四人邦". 武汉水利电力学院学报, 1979（2）.

南石. 战斗的文学思想家李贽. 文学评论, 1979（3）.

肖萐父. 略论王夫之的矛盾观中的"分一为二"与"合二以一". 江汉论坛, 1979（3）.

熊月之. 论黄宗羲、唐甄反对封建专制主义的民主思想. 上海师范大学学报（哲学社会科学版）, 1979（3）.

陈正夫、何植靖. 儒、佛、道的融合与程朱理学. 江西大学学报（哲学社会科学版）, 1979（4）.

崔文印. 李贽《四书评》真伪辨. 文物, 1979（4）.

卢育三、王成竹. 陈亮哲学的基本倾向是唯物主义, 还是唯心主义？. 河北大学学报（哲学社会科学版）, 1979（4）.

赵吉惠. 重评方以智的"合二而一"哲学. 社会科学, 1979（4）.

陈克明. 论周敦颐的哲学思想. 社会科学辑刊, 1979（5）.

潘富恩、施昌东. 论方以智的朴素辩证法宇宙观. 学术月刊, 1979（5）.

杨向奎. 唯物主义思想家王夫之. 文史哲, 1979（6）.

张立文. 论朱熹的"一分为二"和他的形而上学观. 哲学研究, 1979（6）.

赵宗正. 论颜元的认识论. 哲学研究, 1979（8）.

邱汉生. 朱熹"格物致知论"小议. 历史教学, 1979（9）.

沈善洪、王凤贤. 王阳明思想评述. 浙江学刊, 1980（1）.

杨向奎. 《明夷待访录》作者黄宗羲. 史学月刊, 1980（1）.

袁伯诚. 评顾炎武的《文章繁简》兼论古代文风. 固原师专学报（社会科学版）, 1980（1）.

张建业．明代思想家李贽在山西．山西师院学报（社会科学版），1980（1）．

周善才．试论张载对辩证法思想的历史贡献．复旦学报（社会科学版），1980（1）．

李殿魁．邵雍及其击壤集．世界华学季刊，1980（1）．

张岂之．论黄宗羲的《明夷待访录》．人文杂志，1980（2）．

赵继颜．范仲淹的政治思想．山东师院学报（哲学社会科学版），1980（2）．

陈国宁．大知识实践与中华道统精神之振兴．世界华学季刊，1980（3）．

伯昂．声讨封建专制主义的檄文——介绍黄宗羲的《原君》．教学与进修，1980（4）．

崔文印．《四书评》不是李贽著作的考证．哲学研究，1980（4）．

林海权．李贽的世系及先世改姓探原．福建师大学报（哲学社会科学版），1980（4）．

刘宏章．陈亮的"人才学"．求是学刊，1980（4）．

罗友松、萧林来．黄宗羲藏书考．华东师范大学学报（哲学社会科学版），1980（4）．

李开金．试论朱熹的比兴说．武汉大学学报（哲学社会科学版），1980（5）．

夷门．关于陈亮上《中兴五论》的年代．河南师大学报，1980（5）．

胡啸．论黄宗羲民主启蒙思想及其源流．复旦学报（社会科学版），1980（6）．

陆树仑．李贽族属考．朔方，1980（8）．

牟宗三．道之"作用的表象"．中国文化月刊，1980（9）．

冯友兰．程颢、程颐．哲学研究，1980（10、11）．

郭因．从苏轼的性格谈来．读书，1980（11）．

蔡仁厚．朱子学的纲脉与朝鲜前期之朱子学．鹅湖月刊，1980（11）．

曾昭旭．船山之易学．中国文化月刊，1980（12）．

罗光．明朝初叶哲学思想——薛瑄．哲学与文化，1980（12）．

陈正夫．朱熹哲学思想研究．江西社会科学，1981（1）．

王朝俊、尹星凡．罗钦顺的哲学思想．江西社会科学，1981（1）．

王肇亨．评李贽的《童心说》．零陵师专学报，1981（1）．

姚崇实．天下至文　出自真心——读李贽《童心说》和《杂说》．承德师专学报，1981（1）．

朱士嘉．顾炎武整理研究地方志的成就．文献，1981（1）．

蔡仁厚．朱子学的新反省与新评价．哲学年刊，1981（1）．

罗光．明朝初叶哲学思想——河东学派吕柟，吴与弼．哲学与文化，1981（1）．
罗光．明朝初叶哲学思想——黄宗羲．哲学与文化，1981（2）．
龚道运．元儒金履祥之朱子学．国立编译馆馆刊，1981（2）．
陈铭．宋明理学讨论会的论点简介．浙江学刊，1981（2）．
深泽助雄．日本学术界有关宋明理学研究概况．浙江学刊，1981（2）．
潘富恩、施昌东．论朱熹．浙江学刊，1981（2）．
方祖猷．评王艮的哲学思想．浙江学刊，1981（2）．
顾启、姜光斗．黄宗羲和他的《原君》．赣南师范学院学报，1981（2）．
立哲．宋明理学专题讨论会情况简述．哲学研究，1981（2）．
王欣生．我国古代教育革新家——胡瑗．安徽教育，1981（2）．
张岂之．关于二程的《易》学思想及其他．西北大学学报（哲学社会科学版），1981（2）．
赵继颜．范仲淹的经济思想．齐鲁学刊，1981（2）．
周德丰．张载朴素辩证法的思想．天津师院学报（社会科学版），1981（2）．
黎汤匡．朱熹的"一旦豁然贯通"和禅宗的"顿悟"是一回事吗？——从理学和佛学在认识论上的差异谈起．上饶师专学报（社会科学版），1981（2-3）．
柯兆利．王阳明哲学思想研究．学习与思考，1981（3）．
刘象彬．程颢程颐的天理观试析．中州学刊，1981（3）．
张立文．试论朱熹关于动静、变化的学说．浙江学刊，1981（3）．
陈国钧．朱熹理学与儒、佛、道的关系．江西师院学报（哲学社会科学版），1981（4）．
戴凤举．李贽与他的物质利益观．赣江经济，1981（4）．
姜法曾、唐凯麟．王夫之伦理思想评述．求索，1981（4）．
姜广辉．反理学的思想家颜元．学习与思考，1981（4）．
李德芳．论"龙场谪居"对王守仁思想发展的作用．贵州社会科学，1981（4）．
邹永贤．评朱熹的两一思想．厦门大学学报（哲学社会科学版），1981（4）．
林营明．试析论朱子对恶的看法．鹅湖月刊，1981（4）．
张永俊．读程明道"定性书"略论．台湾大学哲学评论，1981（4）．
何佑森．近三百年朱子学的反对学派．幼狮学志，1981（4）．
陈荣捷．元代之朱子学．中华文化复兴月刊，1981（4）．
王朝俊、尹星凡．罗钦顺哲学思想的历史背景和地位．江西社会科学，1981（4）．
陈正夫、何植靖．程朱理学与封建专制主义．学术月刊，1981（5）．

姜广辉．颜元的人性理论．贵州社会科学，1981（5）．

王冶、赵德志．论朱熹对张载气的学说的汲取和利用．辽宁大学学报（哲学社会科学版），1981（5）．

徐中玉．论苏轼的"自是一家"说．学术月刊，1981（5）．

蔡仁厚．新儒家的批判性与战斗性．鹅湖月刊，1981（5）．

罗光．颜元的哲学思想．哲学与文化，1981（5）．

陈晓岱．论王守仁哲学的本来含义．江西社会科学，1981（5-6）．

陈祖武．顾炎武研究中的几个问题．学习与思考，1981（6）．

陈荣捷．论朱子之仁说．哲学与文化，1981（6）．

罗光．王夫之的认识论．哲学与文化，1981（8）．

乐寿明．佛教的理事说与朱熹的理气观．哲学研究，1981（9）．

张岱年．论宋明理学的基本性质．哲学研究，1981（9）．

蒙培元．论罗钦顺的哲学思想．哲学研究，1981（9）．

蔡仁厚．关于宋明儒学之分系问题．鹅湖月刊，1981（10）．

朱仲名．河南省哲学学会讨论宋明理学．国内哲学动态，1981（10）．

王开府．张横渠的天道思想．国文学报，1981（10）．

谷方．全国宋明理学讨论会在杭州举行．哲学研究，1981（11）．

罗桂成．周邵二子之阴阳五行观．史学汇刊，1981（11）．

潘家森．全国首次宋明理学讨论会纪要．国内哲学动态，1981（12）．

方东美．宋明清新儒家哲学．哲学与文化，1981（11、12）．

成中英．朱熹哲学中的方法、知识和真理观．鹅湖月刊，1981（12）．

刘秋木．阳明哲学在道德教育上的启示．花莲师专学报，1981（12）．

柳存仁．王阳明与佛道二教．清华学报，1981，13（1-2）．

陈荣捷．朱子固穷．书目季刊，1981，15（2）．

陈荣捷．早期明代之程朱学派．中国文化月刊，1981（17）．

刘文起．戴东原对宋儒的评论（一、二）．孔孟月刊，1981，19（9、10）．

梅贻宝．中国哲学之社会、伦理与精神价值基础．中国文化月刊，1981（26）．

王孺松．朱子伦理思想研究．师大学报，1981（26）．

陈忠成．从格物穷理与志道强礼之分野看朱子与船山在若干修为见解上之异同．孔孟学报，1981（41）．

陈永昊．顾炎武治学——纪念杰出的爱国学者顾炎武逝世三百周年．嘉兴师专学报，1982（1）．

何乃川．论李侗的理学思想及其对朱熹的影响．厦门大学学报（哲学社会科学版），1982（1）．

华国学．战后日本朱子学撮要——宋明理学研究新成就之一．延边大学学报（社会科学版），1982（1）．

李洪淳．程朱理学在日本和朝鲜——其传播和影响的比较之一．延边大学学报（社会科学版），1982（1）．

张建业．明代进步思想家李贽在河北．河北师范大学学报（哲学社会科学版），1982（1）．

黄霖．《水浒全传》李贽评也属伪托．江汉论坛，1982（1）．

蒋志雄．"以自然之为美"——李贽文艺思想评述．学习与思考，1982（1）．

赖永海．王夫之辩证法思想的"细胞"——阴阳对立统一．求索，1982（1）．

刘德仁．杰出的回族思想家李贽．西南民族学院学报（哲学社会科学版），1982（1）．

刘文英．评朱熹的"豁然贯通"说．社会科学，1982（1）．

潘富恩、施昌东．论吕祖谦．浙江学刊，1982（1）．

王曾惠、贺培材．程颢、程颐洛阳史迹调查记．中州学刊，1982（1）．

夏瑰琦、来可泓．略谈王阳明的"良知说"．杭州师院学报（社会科学版），1982（1）．

林继平．横渠思想初探．东方杂志，1982（1）．

仓修良、夏瑰琦．李贽史学思想简论．杭州师院学报（社会科学版），1982（2）．

陈俊民．关学序说．陕西师大学报（哲学社会科学版），1982（2）．

傅同钦．李贽．历史教学，1982（2）．

陈生玺．黄宗羲．历史教学，1982（2）．

丁宝兰．评程朱理学的神学特色．社会科学战线，1982（2）．

华国学．战后日本阳明学撮要——宋明理学研究新成就之二．外国问题研究，1982（2）．

怀冥．略谈黄宗羲的《原君》．嘉兴师专学报，1982（2）．

黄健荣．试论黄宗羲的民主主义思想．广西师范学院学报（哲学社会科学版），1982（2）．

黄绍云．黄宗羲的教育思想——兼评《明夷待访录》．绍兴师专学报（社会科学版），1982（2）．

黄征．李贽吃肉，也饮酒．社会科学战线，1982（2）．

姜国柱．张载的哲学思想．学习与思考，1982（2）．

焦克明．陆九渊哲学本体论的性质．江西社会科学，1982（2）．

赖永海．王夫之辩证法网上的纽结．求索，1982（2）．

李才远．王夫之评朱熹的"格物致知"说．西南师范学院学报（哲学社会科学版），1982（2）．

卢连章．程颢程颐哲学思想异同论．中州学刊，1982（2）．

钱耕森、赵海琦．论王夫之理欲观．学术月刊，1982（2）．

屈志清．论张载哲学思想的内在矛盾及其与程朱理学的关系．中山大学学报（哲学社会科学版），1982（2）．

孙官生．李贽"非孔反儒"辨．思想战线，1982（2）．

问春、周仁．黄宗羲与《原君》．名作欣赏，1982（2）．

吴文翰．黄宗羲的法律思想．西北师大学报（社会科学版），1982（2）．

张建业．论李贽的民主思想及其社会基础．福建论坛，1982（2）．

张立文．论宋明理学的基本特点．社会科学辑刊，1982（2）．

张载"仇必和而解"命题新评．国内哲学动态，1982（2）．

邢元玠．中国的正统道统思想概述．健行学报，1982（2）．

钱穆．读周濂溪通书随札．故宫季刊，1982（2）．

徐复观．程朱异同初稿：平铺地人文世界与贯通地人文世界．大陆杂志，1982（2）．

陈正荣．戴东原性理之学．中华文化复兴月刊，1982（2）．

顾道馨．顾炎武．历史教学，1982（3）．

贾顺先．论朱熹哲学思想的二重性．社会科学研究，1982（3）．

李景文．浅析朱熹的辩证法．辽宁大学学报（哲学社会科学版），1982（3）．

李甡平．宋明理学在日本的传播和演变．哲学研究，1982（3）．

刘雨涛．关于朱熹哲学的几个问题．社会科学研究，1982（3）．

孙官生．李贽教育思想浅谈．云南教育，1982（3）．

孙明章、高令印．闽学略论．厦门大学学报（哲学社会科学版），1982（3）．

徐远和．略论二程的理欲观．中州学刊，1982（3）．

杨刚．论苏轼——纪念苏轼逝世八百五十年．福建师大学报（哲学社会科学版），1982（3）．

尹星凡．罗钦顺与朱熹的"理一分殊"辨．江西大学学报（社会科学版），1982（3）．

张立文. 论陆九渊的"格致"学说. 江西社会科学, 1982（3）.

张孟伦. 顾炎武《日知录》中的"四权"史观. 兰州大学学报（社会科学版）, 1982（3）.

张申. 关于朱熹天理人欲之辨的几个问题. 东北师大学报（哲学社会科学版）, 1982（3）.

刘述先. 朱子建立道统的理据问题之省察. 新亚学术集刊, 1982（3）.

秦家懿. 朱子与佛教. 新亚学术集刊, 1982（3）.

蔡仁厚. 南宋理学三大系. 新亚学术集刊, 1982（3）.

劳思光. 王门功夫问题之争议及儒学精神之特色. 新亚学术集刊, 1982（3）.

陈荣捷. 宋明理学中的"太极"观念. 思与言, 1982（3）.

曾春海. 朱子德性修养论中的"格物致知"教. 哲学与文化, 1982（3）.

陈俊民. 张载关学主题论——兼论其对中国哲学宇宙论发展的贡献. 陕西师大学报（哲学社会科学版）, 1982（4）.

丁毓良. 笛卡儿的"以太"、"旋涡"说与张载的"太虚即气"说. 陕西师大学报（哲学社会科学版）, 1982（4）.

陈铭. 宋明理学与明清小说的程式化和教训化. 浙江学刊, 1982（4）.

段景莲. 周敦颐"无极"、"太极"辩. 河北大学学报（哲学社会科学版）, 1982（4）.

贾顺先. 儒释道的融合和宋明理学的产生. 四川大学学报（哲学社会科学版）, 1982（4）.

赖永海. 王夫之辩证法思想的总画面. 求索, 1982（4）.

李德芳. 王阳明"知行合一"说的渊源及其影响. 贵阳师院学报（社会科学版）, 1982（4）.

李茂肃. 黄宗羲和《柳敬亭传》. 山东师大学报（哲学社会科学版）, 1982（4）.

李志林. 对朱熹认识论的几点分析. 江汉论坛, 1982（5）.

冒怀辛. 朱熹学派在福建的流传及影响. 江淮论坛, 1982（4）.

邱汉生. 朱熹的理学思想——天理论与性论. 社会科学辑刊, 1982（4）.

田文军. 周敦颐哲学的辩证思维及其局限. 中南民族学院学报（哲学社会科学版）, 1982（4）.

杨金鑫. 王夫之论性与习. 湖南师院学报（哲学社会科学版）, 1982（4）.

朱继武. 从张载到王夫之——宋明哲学唯物主义的发展逻辑与王夫之哲学特色试探. 湘潭大学社会科学学报, 1982（4）.

朱永新. 二程心理思想研究. 心理学报, 1982 (4).

徐复观. 朱元晦的最后. 鹅湖月刊, 1982 (4).

曾昭旭. 艰贞自励的王船山. 鹅湖月刊, 1982 (4).

冯天瑜. 王夫之创见三题. 武汉师范学院学报（哲学社会科学版）, 1982 (5).

李申. 王夫之论鬼神. 求索, 1982 (5).

李申. 王夫之怎样理解庄子哲学的基本精神. 齐鲁学刊, 1982 (5).

鲁林. 略论张载哲学的两个问题. 人文杂志, 1982 (5).

饶建国. 试论王夫之理欲观的启蒙性质. 武汉大学学报（社会科学版）, 1982 (5).

肖汉明. 王夫之矛盾观中的几个问题. 武汉大学学报（社会科学版）, 1982 (5).

杨柳桥. 从《易传》和《老子》两大哲学体系看宋明理学的"理气之辩". 天津师大学报, 1982 (5).

张静贤. 论王阳明的伦理思想. 学习与探索, 1982 (5).

张永俊. 二程先生"辟佛说"合议. 台湾大学哲学论评, 1982 (5).

黄懿梅. 戴东原哲学之评析. 台湾大学哲学论评, 1982 (5).

高令印. 台湾学术界研究宋明理学的概况. 福建论坛, 1982 (6).

姜广辉. 试论张载的"天人合一"思想. 人文杂志, 1982 (6).

李德永. 王夫之论"太极"（对有无问题的理论总结）. 武汉大学学报（社会科学版）, 1982 (6).

邱汉生. 论朱熹"会归一理"的历史哲学. 哲学研究, 1982 (6).

赵继颜. 范仲淹的修养与从政. 齐鲁学刊, 1982 (6).

蒙培元. 薛瑄哲学思想与程朱理学的演变. 晋阳学刊, 1982 (6).

林继平. 认识周濂溪的思想. 东方杂志, 1982 (6).

罗光. 朱熹的形上结构论. 哲学与文化, 1982 (6).

曾乐山. 试论王守仁的泛神论. 学术月刊, 1982 (8).

张义德. 正确对待朱熹. 读书, 1982 (8).

姜国柱. "关学"与"洛学". 哲学研究, 1982 (9).

赵吉惠. 宋明理学核心的"理"到底由谁首先提出?. 哲学研究, 1982 (9).

周国良、邓成宙. 略论周濂溪的哲学思想. 鹅湖月刊, 1982 (9).

夏甄陶. 王夫之的认识论思想述评. 哲学研究, 1982 (10).

郭清寰. 张横渠的人性论. 中国国学, 1982 (10).

王开府. 张横渠的心学. 国文学报, 1982 (11).

陈郁夫．陈白沙学述．国文学报，1982（11）．

高明．朱子的礼学．辅仁学志，1982（11）．

赵文秀．周濂溪的道学研究．台北商专学报，1982（19）．

沈宗瑞．中国之道统哲学与现代传承．中央月刊，1982，14（6）．

孙方琴．王阳明"知行合一"与"致良知"之研究．孔孟月刊，1982，20（5）．

周力行．唯道论．孔孟月刊，1982，20（7）．

董金裕．理学的名义与范畴．孔孟月刊，1982，20（9）．

陈炽彬．程颢识仁篇研析．孔孟月刊，1982，21（1）．

徐贵瑛．从"士思其教，民思其惠"浅谈朱熹的政治思想．孔孟月刊，1982，21（2）．

蒋秋华．论张载的气．孔孟月刊，1982，21（3）．

陈荣捷．中国哲学之理论与实际：特论人本主义．中国文化月刊，1982（30）．

蔡仁厚．天理人欲之疏通去碍．中国文化月刊，1982（30）．

陈荣捷．中国哲学史话（上、下）．中国文化月刊，1982（32、33）．

施议对．论陈亮及其《龙川词》．厦门大学学报（哲学社会科学版），1982（增刊）．

顾毓琇．理与气．华学月刊，1982（126）．

陈荣捷．朱子之宗教实践．华学月刊，1982（127）．

赵雅博．朱熹的哲学思想．华学月刊，1982（131）．

王煜．被忽略的朱子两三事．华学月刊，1982（131）．

张鹤琴．日本儒学的阳明学派．今日中国，1982（140）．

狄百瑞．新儒学思想中的个人主义．大学杂志，1982（155）．

陈敦伟．试论康有为信仰陆王心学的原因．宁波师专学报（社会科学版），1983（1）．

陈师旅．漫议苏轼寓惠时的佛老思想．惠阳师专学报（哲学社会科学版），1983（1）．

樊凡．全国第二次苏轼学术讨论会观点综述．武汉大学学报（社会科学版），1983（1）．

方良．浅谈叶适．九江师专学报，1983（1）．

高振铎、张玉彬．顾炎武论世风．史学集刊，1983（1）．

何浩堃．略论王阳明心学的崛起及其对程朱理学的否定．广东民族学院学报（哲学社会科学版），1983（1）．

李洵．论顾炎武在"郡县"等七篇政治论文中提出的社会问题．史学集刊，

1983（1）.

刘兴邦. 略论朱熹的理气观. 湘潭大学社会科学学报, 1983（1）.

孙国珍. 谈程朱理学中的人性论问题. 内蒙古师大学报（哲学社会科学版）, 1983（1）.

萧萐父. 王夫之的认识辩证法. 哲学研究, 1983（1）.

肖景阳. 张载"仇必和而解"辨析. 广东民族学院学报（哲学社会科学版）, 1983（1）.

尹协理. 陆九渊认识论和修养方法的特点. 江西社会科学, 1983（1）.

袁雪祥. 黄宗羲《明夷待访录》和卢梭《社会契约论》比较. 杭州师院学报（社会科学版）, 1983（1）.

张锦池. 李贽的"童心"说和曹雪芹的《红楼梦》. 红楼梦学刊, 1983（1）.

张立文. 论周敦颐的阴阳、五行学说. 齐鲁学刊, 1983（1）.

张仲良. 全国苏轼研究会第二次学术讨论会综述. 江汉论坛, 1983（1）.

蔡四桂. 论王夫之的"诚". 中山大学学报（哲学社会科学版）, 1983（2）.

陈祖武. 顾炎武哲学思想剖析. 社会科学战线, 1983（2）.

啜大鹏. 试论颜元的认识论. 北京师院学报（社会科学版）, 1983（2）.

郜润科. 谈王夫之的意境说——王夫之美学思想初探. 山西师院学报（社会科学版）, 1983（2）.

姜国柱. 张载的辨证法思想研究. 暨南学报（哲学社会科学）, 1983（2）.

金春峰. 论二程唯心主义哲学思想的理性主义实质. 中州学刊, 1983（2）.

李锦全. 论王夫之历史观的内在矛盾. 中山大学学报（哲学社会科学版）, 1983（2）.

李五湖. 王夫之的"理"论. 中山大学学报（哲学社会科学版）, 1983（2）.

李晓东. 关学的范围及特点. 西北大学学报（哲学社会科学版）, 1983（2）.

刘文英. 王夫之对中国古代意识论的贡献. 兰州大学学报（社会科学版）, 1983（2）.

马序. 朱熹"理一分殊"辨析. 社会科学战线, 1983（2）.

束际成. 罗钦顺心、理、格物、致知之辨. 江西大学学报（社会科学版）, 1983（2）.

王士伟. 儒学正宗别宗之异同及其和张载哲学思想的关系辨析. 人文杂志, 1983（2）.

夏瑰琦. 略论王艮的哲学思想. 杭州大学学报（哲学社会科学版）, 1983（2）.

朱则杰．黄宗羲与浙派诗．浙江师范学院学报（社会科学版），1983（2）．

董健桥．"关学"讨论综述．人文杂志，1983（2）．

波然．王夫之对儒学唯心主义的批判．北京师院学报（社会科学版），1983（3）．

曹德本．评张载的认识论．社会科学战线，1983（3）．

华山．黄宗羲哲学中的心、气问题．东岳论丛，1983（3）．

刘建国．也谈李贽《四书评》的真伪问题．贵州社会科学，1983（3）．

刘仲宇．程颐《易》学著作辨讹．上海师范学院学报（社会科学版），1983（3）．

赵秉理．论王夫之朴素的唯物辩证法思想．青海社会科学，1983（3）．

宁大年．爱国豪情 淋漓奔放——试论陈亮的词．承德师专学报，1983（3-4）．

挺锋．浅谈顾炎武的《复庵记》．承德师专学报，1983（3-4）．

仓修良．黄宗羲和《明儒学案》．杭州大学学报（哲学社会科学版），1983（4）．

陈德．张载哲学思想述评．西北师大学报（社会科学版），1983（4）．

陈曼平、张克．李贽的美学思想．延边大学学报（社会科学版），1983（4）．

陈卫平．王守仁的"破心中贼难"应作何解？．江西社会科学，1983（4）．

黎洪模．试论朱熹哲学的二重性．齐齐哈尔师范学院学报（哲学社会科学版），1983（4）．

蔺恩昌．张载关学与程朱理学的关系及张载关学的继承诸问题．陕西师大学报（哲学社会科学版），1983（4）．

马先义．浑凝调合 平顺自然——《爱国学者顾炎武》简析．山东师大学报（哲学社会科学版），1983（4）．

苗恒泰．朱熹"理一分殊"刍议．内蒙古大学学报（哲学社会科学版），1983（4）．

孙音音．陈亮爱国主义思想的哲学基础．浙江师范学院学报（社会科学版），1983（4）．

叶世昌．关于黄宗羲的工商皆本论．复旦学报（社会科学版），1983（4）．

张岱年．先秦儒学与宋明理学．中州学刊，1983（4）．

邹本顺．试论张载的"两端"说．人文杂志，1983（4）．

董健桥．张载"一、两"学说试评．武汉师范学院学报（哲学社会科学版），1983（5）．

龚振黔．王守仁"知行合一"说新探．贵州社会科学，1983（5）．

谷方．王夫之和儒家思想．中州学刊，1983（5）．

蒋国保．方以智哲学范畴体系刍议．江淮论坛，1983（5）．

刘振中．谈黄宗羲的"工商皆本"思想．学习与研究，1983（5）．

任访秋．桐城派与程朱理学．中州学刊，1983（5）．

宋元强．朱熹再评价．中州学刊，1983（5）．

唐明邦．王夫之论"常"和"变"．齐鲁学刊，1983（5）．

卢广森．二程的崇儒重道思想．中州学刊，1983（6）．

蔡方鹿．试论张栻的哲学思想．社会科学研究，1983（6）．

曹德本．试述张载的认识论．吉林大学社会科学学报，1983（6）．

陈曼平、张克．李贽政治思想异议．求是学刊，1983（6）．

程宜山．试论张载对元气学说史的贡献．人文杂志，1983（6）．

蒙培元．论朱熹理学向王阳明心学的演变．哲学研究，1983（6）．

徐远和．略论二程的泛神论．中州学刊，1983（6）．

张友聚．胡瑗的分科教学．人民教育，1983（6）．

蒋国保．方以智哲学思想研究综述．国内哲学动态，1983（9）．

李少章．关于两篇顾炎武传记的偶识．中学语文，1983（9）．

夏露．苏轼事佛简论．江汉论坛，1983（9）．

蒋国保．方以智的"合二而一"新论．哲学研究，1983（10）．

舒默．王夫之论学与思、博与约的辩证关系．社会科学，1983（11）．

陈战国．略论张载哲学的是非功过．人文杂志，1984（1）．

何乃川、林振礼．朱熹"逃禅归儒"的思想转变．福建论坛（文史哲版），1984（1）．

何汝泉．陈亮的变通思想．浙江学刊，1984（1）．

黄卫平．试析王夫之思想对谭嗣同的影响．船山学报，1984（1）．

朱永新．王夫之心理思想研究．船山学报，1984（1）．

徐荪铭．王夫之论"几"．船山学报，1984（1）．

李邦国．王夫之的"天下惟器"与"日新之化"．黄石师院学报（哲学社会科学版），1984（1）．

舒平．陈亮事功之学的基本特点．浙江学刊，1984（1）．

周桂钿．陈亮宇宙观剖析．浙江学刊，1984（1）．

汪银辉．朱熹理学在徽州的流传与影响．江淮论坛，1984（1）．

徐仪明．二程哲学思想研究的新进展．中州学刊，1984（1）．

袁德金．试论程颢程颐理气说之异同．中州学刊，1984（1）．

孙振青．陆象山的心学．编译馆馆刊，1984（2）．

姜允明．从"心体"的形上意义申论宋明心学中天人合一的理论基础．汉学研究，1984（2）.

白砥民．黄宗羲与朱之瑜．宁波师院学报（社会科学版），1984（2）.

冯契．论王夫之的"成性"说．船山学报，1984（2）.

舒金城．王夫之论"诚"．船山学报，1984（2）.

何满子．元祐蜀洛党争和苏轼的反道学斗争（上）．松辽学刊（社会科学版），1984（2）.

刘兆吉．王守仁的心理学思想．西南师范学院学报（哲学社会科学版），1984（2）.

潘富恩．论吕祖谦的历史哲学．哲学研究，1984（2）.

张立文．论柳宗元对宋明理学的影响．学术论坛，1984（2）.

田中真一．朱子心性论的初步探讨．哲学年刊，1984（3）.

安京．试论程颐的心学理论．中州学刊，1984（3）.

安京．试析陆九渊的思想结构．江西社会科学，1984（3）.

程伯安．赫日自当中——读陈亮《水调歌头·送章德茂大卿使虏》．咸宁师专学报（哲学社会科学版），1984（3）.

冯契．张载的天道观和逻辑思想．陕西师大学报（哲学社会科学版），1984（3）.

龚振黔．试论朱熹的矛盾观．贵州社会科学，1984（3）.

郭齐家．宋明理学道德教育思想散论．北京师范大学学报（社会科学版），1984（3）.

何植靖．何心隐的哲学思想．江西大学学报（哲学社会科学版），1984（3）.

潘知常．陆王心学与明清文艺思潮——明清文艺思潮札记．郑州大学学报（哲学社会科学版），1984（3）.

舒金城．试论周敦颐的动静观．江汉论坛，1984（3）.

孙官生．李贽的妇女观．云南社会科学，1984（3）.

周梦江．吕祖谦致陈亮信考释举例——兼与姜书阁先生商榷．浙江师范学院学报（社会科学版），1984（3）.

周庆义．傅山与顾炎武唱和诗六首释析．运城师专学报，1984（3）.

林安梧．知识与道德之辩证性结构：对朱子学的一些检讨．思与言，1984（4）.

何植靖．何心隐的"叛逆"性格及社会政治思想．江西社会科学，1984（4）.

刘兴邦．王守仁"知行合一"说小析．湘潭大学社会科学学报，1984（4）.

杨逊．试论王阳明的"是非之心"．湘潭大学社会科学学报，1984（4）.

刘宗贤．王阳明"感应之几"剖析．东岳论丛，1984（4）.

裴世俊．由来聚散属篇章——谈黄宗羲的怀友诗．苏州大学学报（哲学社会科学版），1984（4）．

夏露．苏轼历史哲学观探微．社会科学研究，1984（4）．

臧宏．王阳明"良知"范畴论．安徽师大学报（哲学社会科学版），1984（4）．

赵俪生．论顾炎武两大代表著作中的内部结构．史学史研究，1984（4）．

郑谦．陈亮词对传统写法的打破．思想战线，1984（4）．

陈正英．试论邵雍的象数推演逻辑．中州学刊，1984（5）．

陈祖武．黄宗羲、顾炎武合论．贵州社会科学，1984（5）．

崔大华．二程与宋明理学．中州学刊，1984（5）．

罗华庆．略谈黄宗羲"公其非是于学校"的思想．华中师院学报（哲学社会科学版），1984（5）．

钱明．王畿心学思想简论．浙江学刊，1984（5）．

宋绪连．述评王夫之论谢灵运．辽宁大学学报（哲学社会科学版），1984（5）．

林继平．来去自如罗近溪：王门中的特出学者．东方杂志，1984（5）．

刘健芬．从童心说看李贽的美学思想．江汉论坛，1984（6）．

刘仲宇．试论程颐思想的个性特点．求是学刊，1984（6）．

刘宗贤．王阳明心学探微．云南社会科学，1984（6）．

任金丽、韩强．朱熹哲学思想研究综述．国内哲学动态，1984（6）．

王季思．如何评价苏轼．学术研究，1984（6）．

王稼冬．李贽"人人平等"社会观发现新证．福建论坛，1984（6）．

徐少锦．李贽对男尊女卑封建礼教的批判．人文杂志，1984（6）．

张建．从二程评孟子看二程思想．中州学刊，1984（6）．

陈少松．试论王夫之的"神理"说．学术月刊，1984（7）．

黎顺清．王夫之的"自明"与"躬行"．人民教育，1984（7）．

任金丽、韩强．程颢、程颐哲学思想研究综述．国内哲学动态，1984（7）．

张立文．论朱熹的"体"与"用"范畴．学术月刊，1984（7）．

张永俊．杨龟山哲学思想述评．台湾大学哲学论评，1984（7）．

黄懿梅．船山"道大善小，善大性小"说之评析，台湾大学哲学论评，1984（7）．

任金丽、韩强．陆九渊哲学思想研究．国内哲学动态，1984（8）．

赵俪生．顾炎武的家世与早年生活．学术月刊，1984（8）．

任金丽、韩强．王守仁哲学思想研究．哲学动态，1984（9）．

丁祯彦．王夫之"象数相倚"的方法论意义．学术月刊，1984（10）．

任金丽、韩强.周敦颐、邵雍哲学思想研究.国内哲学动态,1984(10).

林继平.魏鹤山之生平学术及其特色.中华文化复兴月刊,1984(11).

金中枢.宋代的经学当代化初探再续(1):种明逸、穆伯长、李挺之、黄景微等的经学.成功大学历史学报,1984(11).

金中枢.宋代的经学当代化初探再续.成功大学历史学报,1984(11).

郭清寰.周濂溪"太极图说".中国国学,1984(12).

谭作人.宋明理学家之感应说.嘉义师专学报,1984(14).

刘述先.论阳明哲学之朱子思想渊源.中国文化研究所学报,1984(15).

林庆彰.晚明经学的复兴运动.书目季刊,1984,18(3).

梁世惠.戴东原性论的基本观念——血气心知:兼论东原诠解孟子性善论的内在意义.孔孟月刊,1984,23(3).

古清美.黄梨洲东林学案与顾泾阳、高景逸原著之比较.孔孟月刊,1984,23(3).

孙振青.程明道的哲学.政治大学学报,1984(50).

刘述先.宋明儒学之特质与其现代意义.中国文化月刊,1984(58).

谢扶雅.宋明理学与西方近代哲学比论.中国文化月刊,1984(62).

陈一峰.阳明言"物"诸义之解析.中国文化月刊,1984(62).

方祖猷.黄宗羲与甬上证人书院.浙江学刊,1985(1).

贺麟.关于知行合一问题——由朱熹、王阳明、王船山、孙中山到《实践论》.求索,1985(1).

黄小榕.简论王夫之对张载哲学的发展.中山大学学报(哲学社会科学版),1985(1).

贾顺先、蔡方鹿.魏了翁与宋代理学.社会科学研究,1985(1).

解成.王夫之"行先知后"说质疑.天津师大学报,1985(1).

沈善洪.黄宗羲的思想与学风.浙江学刊,1985(1).

陶懋炳.李贽史论新探.史学史研究,1985(1).

王启鹏.试论苏轼的寓惠思想.惠阳师专学报(社会科学版),1985(1).

肖庆恕.简论王夫之唯物主义自然观的历史地位.锦州师院学报(哲学社会科学版),1985(1).

徐远和.略论二程的人性论思想.中州学刊,1985(1).

朱永新.二程关于"知"的心理思想.中州学刊,1985(1).

张岱年.释张载哲学中所谓神——再论张载的唯物论.人文杂志,1985(1).

张文生. 李贽"非圣无法"思想分析. 内蒙古师大学报（哲学社会科学版），1985（1）.

周光廓. 评苏轼论圯上老人. 岳阳师专学报，1985（1）.

古清美. 刘蕺山对阳明致良知说之继承与发展. 台大中文学报，1985（1）.

何佑森. 论"形而上"与"形而下"：兼论朱熹与戴东原. 台大中文学报，1985（1）.

白砥民. 试论黄宗羲思想的发展与演变. 宁波师院学报（社会科学版），1985（2）.

楚石. 程朱理学的图解——《歧路灯》评析. 河北学刊，1985（2）.

董国炎. 李贽的文学思想与小说批评. 山西大学学报（哲学社会科学版），1985（2）.

冯契. 论黄宗羲的"工夫所至即是本体"说. 浙江学刊，1985（2）.

季续. 黄宗羲故里考查散记. 宁波师院学报（社会科学版），1985（2）.

王德兴. 浅说黄宗羲的政治法律思想. 宁波师院学报（社会科学版），1985（2）.

王维和. 略论黄宗羲的哲学基本倾向. 宁波师院学报（社会科学版），1985（2）.

祝求是. 甬上"足为吾薪火之寄"——略谈黄宗羲与宁波之关系. 宁波师院学报（社会科学版），1985（2）.

金诤. 论苏轼与理学之争. 学术月刊，1985（2）.

柯大课. 试论老庄及禅宗对苏轼美学思想的影响. 昭乌达蒙族师专学报（哲学社会科学版），1985（2）.

李德芳. 试论王阳明的"心即理"说. 贵州社会科学，1985（2）.

李德芳. 试论王阳明的良知说. 贵州师大学报（社会科学版），1985（2）.

刘建国. 王守仁"心学"体系的内部结构. 长白学刊，1985（2）.

钱明. 黄宗羲与浙东学派学术讨论会述要. 浙江学刊，1985（2）.

孙方明. 吕祖谦史学思想初探. 西南师范学院学报（哲学社会科学版），1985（2）.

孙汝荣. 略论张载. 唐都学刊，1985（2）.

涂文学. 黄宗羲和孟德斯鸠思想异同片论. 江汉论坛，1985（2）.

汪长根、沈建洪. 范仲淹的人才思想. 苏州教育学院学刊，1985（2）.

曾枣庄. 论苏轼对释道态度的前后一致性. 天府新论，1985（2）.

张立文. 周敦颐"无极"、"太极"学说辨析. 求索，1985（2）.

张武. 船山与二程在性即理命题上的基本分歧. 船山学报，1985（2）.

安京. 何心隐考. 江西社会科学, 1985（3）.

韩钟文. 朱熹论陶渊明. 上饶师专学报（社会科学版）, 1985（3）.

吉田公平、市来津由彦. 日本宋明理学研究情况概述. 中州学刊, 1985（3）.

刘玉潭. 胡瑗与"苏湖教法". 渤海学刊, 1985（3）.

潘起造. 商品经济观念与黄宗羲民主启蒙思想. 浙江学刊, 1985（3）.

王承璐. 王守仁学习心理思想初探. 心理学探新, 1985（3）.

王道行. 陆九渊的学习心理思想. 江西教育科研, 1985（3）.

徐仪明. 二程与自然科学. 中州学刊, 1985（3）.

周兆茂. 论王夫之对张载朴素辩证法之继承和发展. 安徽师大学报（哲学社会科学版）, 1985（3）.

张德麟. 程明道的学术渊源. 鹅湖月刊, 1985（3）.

姜允明. 宋明儒学中整体和谐性的形上原理. 哲学年刊, 1985（3）.

陈荣捷. 朱子与世界哲学. 哲学年刊, 1985（3）.

张德麟. 程明道的天道观. 中央大学文学院院刊, 1985（3）.

朝瑞. 唯心主义在李贽反理学斗争中的作用. 江汉大学学报（社会科学版）, 1985（4）.

陈克明. 陈亮与朱熹争论的实质. 云南民族学院学报, 1985（4）.

高令印. 论朱熹集理学之大成. 晋阳学刊, 1985（4）.

韩强. 张载哲学思想研究. 国内哲学动态, 1985（4）.

骆兆平. 黄宗羲和续钞堂藏书. 图书馆杂志, 1985（4）.

倪士毅、徐吉军. 试论陈亮的人才观. 杭州大学学报（哲学社会科学版）, 1985（4）.

潘富恩、徐余庆. 略论二程的教育思想. 中州学刊, 1985（4）.

田浩. 从南宋末期《圈点龙川水心二先生文粹》的《汉论》看陈亮与宋儒道学的关系. 浙江社会科学, 1985（4）.

汪长根、沈建洪. 试论范仲淹的改革观点与人才思想. 苏州大学学报（哲学社会科学版）, 1985（4）.

王俊义. 略论黄宗羲晚年的著述生活. 吉林大学社会科学学报, 1985（4）.

王士博. 评邵雍的《击壤集》. 吉林大学社会科学学报, 1985（4）.

王越. 程朱距墨而颜元宥墨. 暨南学报（哲学社会科学版）, 1985（4）.

杨鑫辉. 李贽心理学思想述评. 江西师范大学学报（哲学社会科学版）, 1985（4）.

姚瀛艇．论二程思想．河南大学学报（社会科学版），1985（4）．

张显清．王守仁的唯心史观．浙江学刊，1985（4）．

赵刚．顾炎武《与黄太冲书》新证．兰州大学学报（社会科学版），1985（4）．

朱义禄．黄宗羲哲学史方法论发微——兼论《明儒学案》．哲学研究，1985（4）．

周梦江．洛学与永嘉学派．中州学刊，1985（5）．

程宜山．关于张载的"德性所知"与"诚明所知"．哲学研究，1985（5）．

冯憬远．二程是怎样把"理"吹上天去的——二程理学唯心主义思维路径辨析．中州学刊，1985（5）．

姜广辉．顾炎武与清初学风的转变．晋阳学刊，1985（5）．

石倬英．朱熹的"理"与黑格尔的"绝对理念"．河北学刊，1985（5）．

赵俪生．顾炎武与张尔岐．东岳论丛，1985（5）．

张德麟．程明道的著作．鹅湖月刊，1985（5）．

林继平．明代理学之前驱：曹月川、薛敬轩、吴康斋哲学诣境的探索．中华文化复兴月刊，1985（5）．

吴兰．论阳明学说对近代学界之影响．南亚学报，1985（5）．

陈来．朱熹理气观的形成和演变．哲学研究，1985（6）．

赵德志．陆九渊哲学体系的逻辑结构．辽宁大学学报（哲学社会科学版），1985（6）．

郑国平、屠承先．王阳明的"知行合一"说新探．浙江学刊，1985（6）．

林安弘．从张载西铭体认天人合一的仁道思想．中华文化复兴月刊，1985（6）．

刘纪璐．论王船山哲学中"历史中之天理"的问题之一——王船山"在天即为理"的天理说．鹅湖月刊，1985（6）．

刘纪璐．论王船山哲学中"历史之天理"的问题之二——自然世界与历史世界之天理．鹅湖月刊，1985（7）．

刘纪璐．论王船山哲学中"历史之天理"的问题之三——历史中之形式天理．鹅湖月刊，1985（8）．

张永俊．读"上蔡语录"所见．台湾大学哲学论评，1985（8）．

刘纪璐．论王船山哲学中"历史之天理"的问题之四——历史中之实质天理．鹅湖月刊，1985（9）．

刘纪璐．论船山哲学中"历史之天理"的问题之五——对船山史观的总检讨．鹅湖月刊，1985（10）．

徐煜昌．胡瑗的教育思想．天津教育，1985（11）．

王开府. 张横渠的道德修养方法. 中华文化复兴月刊, 1985 (11).

周博裕. 陆九渊"心学"之研究(上). 鹅湖月刊, 1985 (11).

周博裕. 陆九渊"心学"之研究(下). 鹅湖月刊, 1985 (12).

包遵信. 康帕内拉和何心隐——文化史比较研究浅谈. 读书, 1985 (12).

林贞羊. 宋代理学浅说. 中国国学, 1985 (13).

金中枢. 宋代的经学当代化初探三续: 贾子明的经学. 珠海学报, 1985 (14).

林继平. 席元山与王阳明的交谊: 阳明"知行合一"说的形成. 东方杂志, 1985, 18 (7).

曾春海. 探象山心学旨要. 哲学论集, 1985 (19).

张德麟. 程明道辨佛的理论根据. 孔孟月刊, 1985, 23 (11).

刘锦贤. 张横渠思想研究. 台湾师范大学国文研究所集刊, 1985 (29).

孙宝琛. 朱子的理气学说. 孔孟学报, 1985 (49).

王煜. 论陆九渊学派. 中国文化月刊, 1985 (68).

周梦江. 叶适与朱熹道学. 温州师专学报(社会科学版), 1986 (1).

曹旭华. 略论王夫之朴素的唯物史观理论体系及其局限. 船山学报, 1986 (1).

钟兴锦. 王夫之关于认识论的整体性思想. 船山学报, 1986 (1).

胡刚、唐泽映. 王夫之论诸葛亮. 船山学报, 1986 (1).

李申. 王夫之论中、和. 船山学报, 1986 (1).

郭润伟. 傅山与陈亮. 山西大学学报(哲学社会科学版), 1986 (1).

何植靖. 试评颜元对程朱人性论的批判. 江西大学学报(哲学社会科学版), 1986 (1).

李端. 王阳明主体能动性原则论. 运城师专学报, 1986 (1).

卢钟锋. 论黄宗羲、全祖望的学术倾向. 史学史研究, 1986 (1).

吴光. 黄宗羲《行朝录》考辨. 史学史研究, 1986 (1).

苏蓝冈. 论李贽哲学思想中的禅学因素. 华侨大学学报(哲学社会科学版), 1986 (1).

王开富. 李贽·袁宏道·钟惺. 重庆师院学报(哲学社会科学版), 1986 (1).

吴光. 梨洲遗著的新汇集——《黄宗羲全集》述略. 探索, 1986 (1).

戴鸿义. 试论黄宗羲的教育思想. 内蒙古民族师院学报(社会科学版), 1986 (2).

关汉华. 王夫之论"微行". 船山学报, 1986 (2).

黄正藩. 顾炎武北上抗清辨析. 苏州大学学报(哲学社会科学版), 1986 (2).

黎昕. 杨时"理一分殊"说的特色及其对朱熹的影响. 福建论坛（文史哲版），1986（2）.

马定保. 档案材料与顾炎武治学. 档案，1986（2）.

钮福铭. 颜元性论中的辩证法思维. 社会科学，1986（2）.

叶玉殿. 二程的"德性之知"与"闻见之知". 中州学刊，1986（2）.

张立文. 论宋明理学逻辑结构的演化. 青海社会科学，1986（2）.

周志文. 论李贽的"道理不行，闻见不立". 幼狮学志，1986（2）.

古清美. 刘蕺山对周濂溪诚体思想的阐发及其慎独之学. 幼狮学志，1986（2）.

汪惠敏. 宋代之义理易学. 辅仁国文学报，1986（2）.

陈添丁. 阳明学说精要之探讨（上、下）. 革命思想，1986（2、3）.

步近智. 刘宗周的思想矛盾和"慎独""敬诚"之说. 浙江学刊，1986（3）.

陈增辉. 何心隐的教育实践. 江西师范大学学报（哲学社会科学版），1986（3）.

戴鸿义、金元山. 黄宗羲民主思想述评. 吉林师院学报（哲学社会科学版），1986（3）.

黄缙. 评朱熹宇宙观的基本范畴、基本骨架和内在矛盾. 赣南师范学院学报（哲学社会科学版），1986（3）.

柯兆利. 宋明理学惰性臆说. 厦门大学学报（哲学社会科学版），1986（3）.

潘富恩、徐余庆. 论二程的变革理论和对熙宁新政的态度. 学术月刊，1986（3）.

韦齐发. 黄宗羲教育思想初探. 福建师范大学学报（哲学社会科学版），1986（3）.

谢海深. 试谈陈亮的人才思想. 延安大学学报（社会科学版），1986（3）.

尹协理. 顾炎武与五台山. 五台山研究，1986（3）.

张核胜. 宋明理学"格物致知"认识论对自然科学的消极影响. 西藏民族学院学报（社会科学版），1986（3）.

赵轶峰. 黄宗羲思想三议——读《留书》札记. 东北师大学报（哲学社会科学版），1986（3）.

衷尔钜. 论高攀龙与刘宗周哲学思想之异同. 中州学刊，1986（3）.

朱永龄. 陆九渊伦理思想管见. 赣南师范学院学报（哲学社会科学版），1986（3）.

陈章锡. 王船山《诗广传》论礼诗乐. 鹅湖月刊，1986（3）.

杨祖汉. 程伊川的才性论. 鹅湖月刊，1986（3）.

蔡保兴. 试论苏轼三教合一的思想. 淮北煤师院学报（社会科学版），1986（4）.

陈世昭．浅谈王夫之的唯物论和辩证法思想．湖北大学学报（哲学社会科学版），1986（4）．

顾文祖．群彦毕至　自由探讨——国际黄宗羲学术讨论会侧记．宁波师院学报（社会科学版），1986（4）．

华哲尔．中国心学思想史研究的新成果——李之鉴《陆九渊哲学思想研究》略评．河南师大学报（哲学社会科学版），1986（4）．

刘春建．王夫之哲学体系的奠基作——《周易外传》发微．齐鲁学刊，1986（4）．

刘蕴梅．论张栻哲学的特点．四川大学学报（哲学社会科学版），1986（4）．

潘富恩、徐余庆．记二程对佛、道的批判和汲取——兼论对鬼神说的批判和让步．浙江学刊，1986（4）．

沈善洪、王凤贤．评二程溶天理论、修养论为一体的伦理学说．孔子研究，1986（4）．

王开文．道家思想与苏轼．丽水师专学报，1986（4）．

吴震．试析朱熹哲学中"心""性""理"的关系．中州学刊，1986（4）．

吴震．王艮与王畿合论．浙江学刊，1986（4）．

陈来．朱熹哲学体系及其形成和发展．文献，1986（4）．

张立文．论宋明理学逻辑结构的演化（续）．青海社会科学，1986（4）．

朱忠明．二程的真知与常知、积累与贯通．中州学刊，1986（5）．

任访秋．论鲁迅反程朱派理学思想——为鲁迅先生逝世五十周年纪念而作．河南大学学报（哲学社会科学版），1986（5）．

田文军．何心隐新论．武汉大学学报（社会科学版），1986（5）．

张践．"四句教"是王阳明心学的纲领．齐鲁学刊，1986（5）．

陈振风．戴震的思想．台南家专学报，1986（5）．

陈来．朱熹哲学的"心统性情"说．浙江学刊，1986（6）．

解成．试论颜元思想的理学性质．晋阳学刊，1986（6）．

刘宗贤．试论王阳明的人性思想．东岳论丛，1986（6）．

苗春德．程颢程颐的教育思想和教育实践．河南大学学报（哲学社会科学版），1986（6）．

彭胜云．评李贽的文艺美学思想．四川师大学报（社会科学版），1986（6）．

邓鸿光．李贽对历史人物的价值认识．江汉论坛，1986（7）．

黎昕．台湾朱熹研究．国内哲学动态，1986（8）．

徐惠珍．张横渠"化气成性"之工夫及其终极境界．鹅湖月刊，1986（8）．

陈淑珍."天下之法"与"一家之法"——黄宗羲法律思想评述.法学,1986(9).

张永俊.比论二程子理学思想之分歧——兼论杨龟山及谢上蔡之思想发展.台湾大学哲学论评,1986(9).

李禹阶.朱熹对湖湘学说的批判继承.哲学研究,1986(10).

蒙培元.从王畿看良知说的演变.哲学研究,1986(10).

陈其泰.一部具有开拓意义的理学发展史——读《宋明理学史》上卷.哲学研究,1986(11).

蔡仁厚.王阳明"大学问"思想析论.鹅湖月刊,1986(11).

蒋义斌.朱熹排佛与参悟中和的经过.史学汇刊,1986(14).

蔡宗阳.读"近思录"札记.实践学报,1986(17).

白砥民.黄宗羲的思想结构和思想方法探索.宁波师院学报(社会科学版),1986(增刊).

斯迈、桂兴沅.黄宗羲反对君主专制思想的再评价——《明夷待访录》论纲之一.宁波师院学报(社会科学版),1986(增刊).

蔡尚思.黄宗羲学术思想的独特地位——纪念他逝世二百九十周年.宁波师院学报(社会科学版),1986(增刊).

桂心仪.黄宗羲论学校.宁波师院学报(社会科学版),1986(增刊).

徐正、蔡明.吕留良与黄宗羲交游始末.宁波师院学报(社会科学版),1986(增刊).

戴瑞坤.王阳明学说思想之发展及其评价.逢甲学报,1986(19).

曾春海.朱陆心性论比观.东方杂志,1986,19(12).

黄培钰.朱子之太极与圣多玛斯之上帝.哲学论集,1986(20).

曾春海.陆象山与禅初探.哲学论集,1986(20).

林保淳.论习斋所存之学.孔孟月刊,1986,24(5).

冯炳奎.鸢飞鱼跃的陈白沙——把人类的心体活生生的拿出来.孔孟月刊,1986,24(7).

侯家驹.程明道论公与私.孔孟月刊,1986,24(7).

郑锭坚.从程颢"识仁篇"略论道德实践之本体与功夫.孔孟月刊,1986,24(9).

林保淳.释船山的"继善成性".孔孟月刊,1986,24(11).

韩子峰.程颐的"性即理"说.孔孟月刊,1986,24(12).

高莉芬.论颜习斋先生之存学,孔孟月刊,1986,25(4).

蔡仁厚.朱子心性之学综述.东海学报,1986(27).

谢扶雅. 朱陆异同与康德流派. 中国文化月刊，1986（80）.

林安梧. 王船山的人性概念. 中国文化月刊，1986（86）.

蔡仲德. 从李贽说到音乐的主体性. 音乐研究，1987（1）.

冯正刚. 从张载到王夫之——兼论宋明"气化论"发展的脉络. 船山学报，1987（1）.

李建国、童国成. 王夫之思想的启蒙性质. 船山学报，1987（1）.

李行之. 论李贽、王船山思想异同. 船山学报，1987（1）.

张立文. 从张载到王夫之的"聚散"学说. 船山学报，1987（1）.

黄进德. 从《前赤壁赋》看苏轼与佛学. 扬州师院学报（社会科学版），1987（1）.

李禹阶. 朱熹"太极"、"天地之心"、"仁"范畴同异辨. 重庆师院学报（哲学社会科学版），1987（1）.

卢连章. 程颐天理史观辨析. 中州学刊，1987（1）.

潘富恩、徐余庆. 论二程的人才观. 兰州大学学报（社会科学版），1987（1）.

潘富恩、徐余庆. 论二程的刑治与教化思想. 复旦学报（社会科学版），1987（1）.

国际黄宗羲学术讨论会发言摘登. 浙江学刊，1987（1）.

张岱年. 黄梨洲与中国古代的民主思想——在国际黄宗羲学术讨论会开幕式上的报告. 浙江学刊，1987（1）.

沈善洪、钱明. 从王阳明到黄宗羲. 浙江学刊，1987（1）.

佐野公治. 日本的黄宗羲研究概况. 浙江学刊，1987（1）.

沈善洪. 黄宗羲的时代和他的思想渊源——在国际黄宗羲学术讨论会闭幕式上的报告. 浙江学刊，1987（1）.

谭邦君. 浅评王艮的"淮南格物"说. 江西大学学报（哲学社会科学版），1987（1）.

夏露. 论苏轼与理学. 河北学刊，1987（1）.

卢子震. 颜元思想辨析. 河北学刊，1987（1）.

夏乃儒. 黄宗羲与中国近代思维方式的萌芽. 上海师范大学学报（哲学社会科学版），1987（1）.

姚瀛艇. 论黄宗羲对张载的疏证. 史学月刊，1987（1）.

周赵顺. 略论黄宗羲《明夷待访录》的民主思想. 铁道师院学报（社会科学版），1987（1）.

蔡尚思. 黄宗羲反君权思想的历史地位. 文史哲，1987（2）.

车离. 重评朱熹的认识论. 求是学刊，1987（2）.

陈世昭．试论王夫之的唯物主义的认识论．湖北大学学报（哲学社会科学版），1987（2）．

陈炎成．陆九渊教育思想特色初探．上饶师专学报（社会科学版），1987（2）．

村濑裕也．王夫之的"人为"、"义内"思想．船山学报，1987（2）．

李明友．傅山与李贽．晋阳学刊，1987（2）．

李禹阶．朱熹青少年时代对佛教思想的继承与扬弃．西南师范大学学报（哲学社会科学版），1987（2）．

李禹阶．朱熹在思想主题上对程颐的发展．重庆师院学报（哲学社会科学版），1987（2）．

卢钟锋．论《宋元学案》《明儒学案》的理学史观点．孔子研究，1987（2）．

吴光．黄宗羲与清代学术．孔子研究，1987（2）．

吕美生．桐城派与程朱理学．安徽省委党校学报，1987（2）．

罗国杰．陆九渊伦理思想新探．中国人民大学学报，1987（2）．

骆浪萍．黄宗羲经济思想之我见．杭州大学学报（哲学社会科学版），1987（2）．

钮福铭．陆九渊哲学思想属性之我见．社会科学，1987（2）．

汤孔仁．析《明夷待访录》的"明夷"——兼评黄宗羲的民主思想．船山学报，1987（2）．

唐宇元．论明初曹端的理学及其历史意义．河北学刊，1987（2）．

万里．二程政治思想浅探．湘潭师范学院•社会科学学报，1987（2）．

徐志锐、尹焕森．邵雍在数学上的伟大贡献．社会科学战线，1987（2）．

叶征洛．贾宝玉——李贽学说的投影．红楼梦学刊，1987（2）．

朱义禄．黄宗羲刘宗周思想比较初探．浙江学刊，1987（2）．

朱永新、燕国材．陆九渊心理思想研究．锦州师院学报（哲学社会科学版），1987（2）．

蔡方鹿．二苏论"道"及蜀学学风．社会科学研究，1987（3）．

方祖猷．论黄宗羲的文学思想．浙江学刊，1987（3）．

高娟、冯斌．论颜元儒学中的墨学特征．河北学刊，1987（3）．

李庆皋．苏轼思想"大杂烩"论辨．辽宁师范大学学报（社会科学版），1987（3）．

马全智．略论程颢程颐建立理学体系的逻辑方法．河南大学学报（哲学社会科学版），1987（3）．

乔根锁．关于王守仁哲学思维特征的几点思考．西藏民族学院学报（社会科学版），1987（3）．

邵钰. 胡瑗与湖学. 浙江师范大学学报（哲学社会科学版），1987（3）.

张立文. 略论朱熹道的思想. 中州学刊，1987（3）.

张梦孝. 朱熹"即物穷理"的方法论思想. 探索与争鸣，1987（3）.

赵永忠. 论张载"民胞物与"的泛爱思想. 道德与文明，1987（3）.

陈一峰. 圣人之所以为圣人. 鹅湖月刊，1987（3）.

张克伟. 王门四句教评议（上、下）. 哲学与文化，1987（3、4）.

李之鉴. 从二程对王安石的批判看理学的政治倾向. 中州学刊，1987（4）.

蔡克骄. 王夫之的"治统"和"道统". 衡阳师专学报（社会科学版），1987（4）.

陈有期. 宋明理学大师与衡州书院. 衡阳师专学报（社会科学版），1987（4）.

段景莲. 浅论王夫之对"气"范畴的新规定. 晋阳学刊，1987（4）.

傅庠. 石介尚贤思想略说. 山东师大学报（社会科学版），1987（4）.

李志林. 试论张载对元气论自然观的贡献. 上海社会科学院学术季刊，1987（4）.

刘复生. 邵雍思想与老庄哲学. 中国道教，1987（4）.

裴成发. 顾炎武与清代校勘学. 晋图学刊，1987（4）.

乔卫平. 二程对佛性说的吸收与批判. 中州学刊，1987（4）.

王凌. 冯梦龙与李贽. 福建论坛（文史哲版），1987（4）.

夏瑰琦. 论黄宗羲的唯心主义哲学思想——兼析黄、王哲学的关系. 哲学研究，1987（4）.

赵耀堂. 论宋初作家石介. 聊城师范学院学报（哲学社会科学版），1987（4）.

诸焕灿. 王阳明心学的思想解放作用. 贵州文史丛刊，1987（4）.

林久络. 定性书试论. 哲学年刊，1987（4）.

郭淑云. 颜元对宋明理学的批判及其特点. 东北师大学报（哲学社会科学版），1987（5）.

胡继坤. "从中西文化比较看宋明理学"的讨论综述. 武汉大学学报（社会科学版），1987（5）.

李锦全. 论黄宗羲民主启蒙思想的历史地位. 求索，1987（5）.

钱宪民. 王艮的"明哲保身"论. 复旦学报（社会科学版），1987（5）.

陶清. 试论方以智哲学的最高范畴. 江淮论坛，1987（5）.

王才忠. 从《藏书》看李贽的历史观. 湖北大学学报（哲学社会科学版），1987（5）.

王国炎. 苏轼哲学为什么长期被埋没. 江西社会科学，1987（5）.

闻路. 新的起点　新的高度——读《二程思想研究文集》. 中州学刊，1987（5）.

徐苏铭．论黄宗羲治学方法的创造性特点．求索，1987（5）．

杨国荣．黄宗羲与王学．中州学刊，1987（5）．

孙效智．论朱陆异同与会通．哲学与文化，1987（5）．

程宜山．王守仁心学要义解析．浙江学刊，1987（6）．

龙腾．魏了翁"从学朱熹甚久"说质疑．读书，1987（6）．

唐凯麟．论黄宗羲的伦理思想．湖南师范大学社会科学学报，1987（6）．

吴旭霞．论陈亮的人才观．江西社会科学，1987（6）．

林安梧．王船山人性史哲学之研究——人性史哲学之建立．鹅湖月刊，1987（6）．

黎建球．朱子理形论．哲学与文化，1987（6）．

木旸．宋明理学的再认识．读书，1987（8）．

吴有能．朱陆鹅湖之会唱和三诗新释．鹅湖月刊，1987（9）．

陈郁夫．白沙学近禅非禅论．教学与研究，1987（9）．

陈荣捷．心与理的统一：陆象山（上、下）．中华文化复兴月刊，1987（9、10）．

李德永．从王阳明到李贽．湖北社会科学，1987（10）．

向旰．中兴关学的吕柟．理论导刊，1987（10）．

孙宝琛．阳明心学探微．中华文化复兴月刊，1987（11）．

周国良．诚体与太极——周濂溪思想研究（一）．鹅湖月刊，1987（11）．

周国良．诚体与太极——周濂溪思想研究（二）．鹅湖月刊，1987（12）．

赵雅博．明天理、灭人欲探微．中国国学，1987（15）．

胡楚生．王船山"老庄申韩论"发微．文史学报，1987（17）．

温世乔．王阳明"知行合一""心即理"说浅诠．台南师专学报，1987（20下）．

张淑娥．黄宗羲之学术思想述要．台南师专学报，1987（20下）．

李尚鲜．"正蒙"哲学思想之研究——正蒙的天道论．哲学论集，1987（21）．

简淑慧．周敦颐主静说之研究．孔孟月刊，1987，25（7）．

黄丽香．张载之礼学．孔孟月刊，1987，25（7）．

陈郁夫．王船山对禅佛的辟评．师大学报，1987（32）．

吕凯．朱熹和性理学．中华学苑，1987（35）．

邝芷人．即体是用——阳明学说的检讨．中国文化月刊，1987（87）．

林安梧．王船山人性史哲学的核心论题（上、下）．中国文化月刊，1987（87、88）．

邝芷人．即用见体的原理．中国文化月刊，1987（88）．

王煜. 阅刘子全书札记（上、下）. 中国文化月刊, 1987（92、93）.

方蕙玲. 朱子的认知哲学. 中国文化月刊, 1987（95）.

方蕙玲. 陆象山的认知哲学. 中国文化月刊, 1987（97）.

陈平. 陆王"心学"的道德修养论. 道德与文明, 1988（1）.

陈祖武. 黄宗羲东渡日本史事考. 浙江学刊, 1988（1）.

成中英. 李退溪的"四端七情"说与孟子、朱熹思想. 学术月刊, 1988（1）.

方尔加. 王阳明的早期思想研究. 贵州文史丛刊, 1988（1）.

高令印. 闽学和闽学的发展阶段及派别. 福建论坛（文史哲版）, 1988（1）.

贾顺先. 论宋明理学的二重性. 四川大学学报（哲学社会科学版）, 1988（1）.

刘润忠. 论王夫之"乾坤并建"易学理论及其哲学意义. 北京大学学报（哲学社会科学版）, 1988（1）.

刘仲宇. 道教影响下的朱熹. 中州学刊, 1988（1）.

罗国杰. 李贽伦理思想新探. 社会科学战线, 1988（1）.

倪健民. 论宋明"理学"法律观. 法学杂志, 1988（1）.

苏德凯. 程颐的《易传》. 周易研究, 1988（1）.

肖北婴. 李贽学术讨论会综述. 华侨大学学报（哲学社会科学版）, 1988（1）.

杨杰、胡曼云. 恪守程朱理学思想的左宗棠. 河南大学学报（哲学社会科学版）, 1988（1）.

伊恩·麦穆伦. 评晚明对王阳明的批评：以王夫之为例. 船山学报, 1988（1）.

喻宝善. 王夫之心理思想初探. 衡阳师专学报（社会科学版）, 1988（1）.

杨祖汉. "无限心"的概念之形成. 鹅湖学志, 1988（1）.

蔡仁厚. 荀子与朱子. 鹅湖学志, 1988（1）.

徐远和. 略论洛学的闽学化. 中州学刊, 1988（2）.

А.И.科布泽夫. 王阳明与道家哲学. 哲学译丛, 1988（2）.

陈正夫. 朱熹哲学思想的基本范畴和逻辑结构. 江西社会科学, 1988（2）.

程梦林. 黄宗羲的爱国思想初探. 浙江师范大学学报（社会科学版）, 1988（2）.

顾义生. 略论顾炎武的修辞观. 徐州师范学院学报（哲学社会科学版）, 1988（2）.

黄吉棠. 论宋明理学促进中医学的发展. 新中医, 1988（2）.

唐兆梅. 简论曾国藩与程朱理学. 江汉论坛, 1988（2）.

雷应生. 黄宗羲政治思想问题异议. 华南师范大学学报（社会科学版）, 1988（2）.

黎启全．简析李贽的文学创作论．贵州大学学报（社会科学版），1988（2）．

李守钰．试析毕达哥拉斯学派与邵雍学说的不同命运．北京社会科学，1988（2）．

刘宗贤．陆九渊哲学中的"道"及"心"、"道"关系．齐鲁学刊，1988（2）．

卢育三．从"体用兼全"看颜元的哲学体系．天津师大学报（社会科学版），1988（2）．

蔡方鹿．张栻与宋代理学．船山学报，1988（2）．

罗锡冬．王夫之对"物极则反"之新见．船山学报，1988（2）．

潘运告．再谈儒家正统的阴影——评王夫之对李贽的否定．船山学报，1988（2）．

曾钊新．论王夫之人性理论中的真理颗粒．船山学报，1988（2）．

杨逊．论王守仁的"无极之旨"——兼谈宋明思想家的"无极观"．船山学报，1988（2）．

乔卫平．也谈船山与二程在"性即理"命题上的基本分歧——兼与张武同志商榷．船山学报，1988（2）．

王泽应．王夫之人性论基本范畴辨析．船山学报，1988（2）．

赵庆麟．王夫之的兴观群怨说．船山学报，1988（2）．

夏镇平．周敦颐《太极图说》与朱熹《太极图说解》辨异．孔子研究，1988（2）．

李明友、渠玉九．论黄宗羲的经世致用思想．孔子研究，1988（2）．

杨国荣．李贽——王学向异端的演变．江淮论坛，1988（2）．

张文潜．论陈亮词的风格——兼述对"微言"二字的看法．福建师范大学学报（哲学社会科学版），1988（2）．

张侠生．孔子的"兴、观、群、怨"及王夫之的四情．河南财经学院学报，1988（2）．

周国良．诚体与太极——周濂溪思想研究（三）．鹅湖月刊，1988（2）．

杨祖汉．论王阳明的圣人观．鹅湖学志，1988（2）．

蔡仁厚．陆王一系人性论之省察．鹅湖学志，1988（2）．

李瑞全．朱子道德学形态之重检．鹅湖学志，1988（2）．

陈乃臣．宋明理学的源流、发展与思想概述．教育研究，1988（2）．

陈延斌．略论陆九渊哲学思想的积极因素——兼评它在中国哲学史上的地位．徐州师范学院学报（哲学社会科学版），1988（3）．

程一凡．顾炎武的私利观．文史哲，1988（3）．

耿成鹏．程颐易学方法论．河南师范大学学报（哲学社会科学版），1988（3）．

黄广琴．朱熹的理学与道家、道教的关系．湘潭大学学报（社会科学版），1988

(3).

蒋建华. 朱熹理、性、情、欲的逻辑联系及理欲之辩的理论实质. 学术界, 1988（3）.

李锦全. 论李贽入世与出世思想的矛盾统一. 江汉论坛, 1988（3）.

李振纲. 李贽新观念三题与传统文化的断裂. 河北大学学报（哲学社会科学版）, 1988（3）.

刘宗贤. 试论王阳明的心学体系结构. 河南大学学报（哲学社会科学版）, 1988（3）.

龙光沛. 从孙应鳌《琐言》探其对王阳明心学之继承与发展. 贵州师大学报（社会科学版）, 1988（3）.

孙明章. 自主意识的新觉醒——略论李贽思想的时代色彩. 厦门大学学报（哲学社会科学版）, 1988（3）.

孙以楷. 论二程人性学说的历史地位. 安徽大学学报（哲学社会科学版）, 1988（3）.

陶清. 试论二程建构"天理"范畴的思维构架及其哲学意义. 阜阳师范学院学报（社会科学版）, 1988（3）.

陶跃生. 鹅湖之会对朱熹和二陆的影响. 江西教育学院学报, 1988（3）.

王国炎. 苏轼认识论述评. 江西大学学报（哲学社会科学版）, 1988（3）.

张建仁. 论陆九渊的教育思想. 江西社会科学, 1988（3）.

周群华. 张栻与王闿运——蜀湘学术文化交流与书院教育. 社会科学研究, 1988（3）.

林安梧. 象山心学义理规模下的"本体诠释学". 鹅湖月刊, 1988（3）.

周国良. 诚体与太极——周濂溪思想研究（四）. 鹅湖月刊, 1988（4）.

柳忠林. 王阳明知行合一说新解. 山东大学学报（哲学社会科学版）, 1988（4）.

鲍博. 简论刘宗周的心性思想. 孔子研究, 1988（4）.

毕诚. 王守仁的经学教育思想. 北京师范大学学报（社会科学版）, 1988（4）.

蔡尚思. 朱熹思想的来源、核心和评价. 哲学研究, 1988（4）.

陈谷嘉. 论张栻本体论的逻辑结构体系——兼论湖湘学派理学思想的特色. 孔子研究, 1988（4）.

陈澍. 从司马承祯、王玄览看唐代道教对宋明理学的影响. 宗教学研究, 1988（4）.

高康. 洛学与传统文化学术讨论会综述. 中州学刊, 1988（4）.

张岱年．正确评价二程洛学．中州学刊，1988（4）．

梅溪．论二程的"道"范畴——兼论二程哲学体系结构特征．青海社会科学，1988（4）．

苏双碧．李贽思想新探．山东社会科学，1988（4）．

唐凯林．海外研究苏轼简介．黄冈师专学报，1988（4）．

王越．对北宋道（理）学家程颐的剖析．暨南学报（哲学社会科学），1988（4）．

杨国荣．晚明王学演变的一个环节——论刘宗周对"意"的考察．浙江学刊，1988（4）．

周庆义．薛瑄对朱熹理学的发展．晋阳学刊，1988（4）．

林其泉．李贽是怎么评朱熹的．国文天地，1988，4（1）．

曾春海．北宋理学家：河南二程先生．中原文献，1988（4）．

毕诚．王阳明对理学德育思想的变革．湖北大学学报（哲学社会科学版），1988（5）．

陈德述．论清初思想家对王阳明心学的改造．社会科学研究，1988（5）．

董平．王阳明主体哲学论要．浙江学刊，1988（5）．

张恒寿．也谈二程思想的异同．中州学刊，1988（5）．

公木．述伊洛之源流　辨二程之异同——读《二程学谱》．中州学刊，1988（5）．

路闻．学派研究的新成果——读《洛学源流》．中州学刊，1988（5）．

任觉五．朱熹、王阳明学说之异同．文史杂志，1988（5）．

徐洪兴．胡瑗论．中州学刊，1988（5）．

杨金鑫．"鹅湖之会"新述——兼论吕祖谦的哲学思想．湖南师范大学社会科学学报，1988（5）．

张君谅．李贽历史观浅议．历史教学问题，1988（5）．

姜国柱、朱葵菊．颜元的人性思想探索．社会科学，1988（6）．

冯憬远．二程的心性修养论．郑州大学学报（哲学社会科学版），1988（6）．

高秀昌．洛学与传统文化学术讨论会纪要．哲学研究，1988（6）．

嵩峰．范仲淹、王安石、张居正变法异同论．山东社会科学，1988（6）．

黄保万．朱熹格物致知论与文化结构——从物理系统看朱熹格物致知论的合理性．福建论坛（文史哲版），1988（6）．

林嘉书．李贽悲剧的启示．中国建设，1988（6）．

马全智．略论朱熹建立理学体系的逻辑方法．河南大学学报（哲学社会科学版），1988（6）．

毛丽．试论陈亮的经济思想．上饶师专学报（社会科学版），1988（6）．
余光贵．二程与明清之际的实学思想．中州学刊，1988（6）．
衷尔钜．试探二程对明代气一元论的影响．中州学刊，1988（6）．
钮福铭．陆九渊的认识论的心学特征．社会科学辑刊，1988（6）．
冯耀明．朱熹对儒佛之判分．汉学研究，1988，6（2）．
林安梧．船山对传统史观的批判．鹅湖月刊，1988（6）．
牟宗三．宋明理学演讲录（一）．鹅湖月刊，1988（6）．
牟宗三．宋明理学演讲录（二）．鹅湖月刊，1988（7）．
陶国璋．宋代儒学由形上性体义转化至心即理之义理发展．鹅湖月刊，1988（7）．
衷尔钜．罗钦顺开端明代气学．哲学研究，1988（8）．
牟宗三．宋明理学演讲录（三）．鹅湖月刊，1988（8）．
牟宗三．宋明理学演讲录（四）．鹅湖月刊，1988（9）．
施炎平．张载"性"、"气"范畴刍议．学术月刊，1988（9）．
曾锦坤．佛教对宋明理学的影响．狮子吼，1988（9、10）．
潘富恩．评《洛学源流》．哲学研究，1988（11）．
姚文放．李贽美学思想的近代倾向．学术月刊，1988（11）．
周绍贤．宋明理学家所传之道及所讲之理．哲学与文化，1988（11）．
李锦全．从洛学与关学的比较看二程思想的地位．哲学研究，1988（12）．
冯玉辉．王夫之伦理思想的积极因素．船山学报，1988（增刊）．
刘兴邦．从船山对李贽的批判看其价值取向．船山学报，1988（增刊）．
肖起来．刍议王夫之关于人的受动性和能动性．船山学报，1988（增刊）．
叶玉殿．二程格物穷理说中的两种"知"．成都电讯工程学院学报，1988（增刊2）．
罗联络．明道"识仁篇""定性书"释义．中国国学，1988（16）．
郭振武．朱子"道心人心之辨"的研究．中国国学，1988（16）．
王开府．宋明儒学的基本关怀及其再开展．国文学报，1988（17）．
曾春海．陆象山心学流传脉络初探．辅仁学志，1988（17）．
陈植森．"正志"、"务义"、"造命"——王夫之伦理思想中的积极因素．船山学报，1988（增刊）．
黄汉青．王船山天道论研究．台中商专学报，1988（20）．
董金裕．程朱学派的形成及其与孔子思想的关系．东方杂志，1988，21（8）．
金承炫．元代"北许南吴"的性理思想．哲学论集，1988（22）．
曾春海．陆象山之心学流传脉络（上、下）．东方杂志，1988，22（2、3）．

古清美. 罗念庵与阳明学. 书目季刊, 1988, 22（3）.

廉永英. 朱子学之体与用. 孔孟月刊, 1988, 26（6）.

朱美莲. 阳明之格物说. 孔孟月刊, 1988, 26（12）.

张经科. 张载西铭述义. 孔孟月刊, 1988, 26（12）.

黄金榔. 大程论仁. 孔孟月刊, 1988, 26（12）.

赖雅静. 张载论知. 孔孟月刊, 1988, 27（2）.

胡健财. 张载论性. 孔孟月刊, 1988, 27（3）.

叶淳媛. 略论王阳明的四句教. 孔孟月刊, 1988, 27（3）.

张立文. 朱子学之自然哲学. 孔孟月刊, 1988, 27（4）.

孙效智. 论朱王异同. 孔孟学报, 1988（55）.

邓中坚. 晦庵朱文公学术思想探微. 革命思想, 1988, 65（6）.

庄雅棠. 阳明"知行合一"说中"行"的概念. 中国文化月刊, 1988（101）.

蔡仁厚. 王阳明"致良知"的意指. 中国文化月刊, 1988（110）.

曾春海. 象山心学旨要. 江西文献, 1988（131-132）.

王桂岩. 穷理修身以正德：王阳明传习录对后世的影响. 国魂, 1988（512）.

高令印. 闽学的传播衍变及其在中国思想文化史上的地位和作用. 厦门大学学报（哲学社会科学版）, 1989（1）.

潘富恩、徐余庆. 论石介. 文史哲, 1989（1）.

陈增辉. 何心隐伦理思想试评. 上海大学学报（社会科学版）, 1989（1）.

董根洪. 陆九渊哲学和贝克莱哲学的区别. 江西大学学报（社会科学版）, 1989（1）.

戢斗勇. 二程的"以易胜佛"与儒学的突变. 江西社会科学, 1989（1）.

黎昕. 从《四书集注》看朱熹对杨时理学思想的批判和继承. 福建论坛（文史哲版）, 1989（1）.

李宝臣. 论王夫之的治统道统观. 北京社会科学, 1989（1）.

李洪淳. 程朱理学伦理思想在朝鲜的传播与影响. 东疆学刊（哲学社会科学版）, 1989（1-2）.

李耀建. 王夫之与现代阐释学、接受美学. 湘潭师范学院学报（社会科学版）, 1989（1）.

潘富恩、徐余庆. 论石介. 文史哲, 1989（1）.

谭邦君. 王艮哲学是"王学异端"论. 江西大学学报（社会科学版）, 1989（1）.

汤晓青.《童心说》与李贽的文学思想. 民族文学研究, 1989（1）.

陶跃生. 陈亮、辛弃疾鹅湖之会. 上饶师专学报（社会科学版），1989（1）.

王国轩. 二程与《四书集注》研究. 中州学刊，1989（1）.

詹石窗. 论朱熹对道教的影响. 福建师范大学学报（哲学社会科学版），1989（1）.

张申. 刘宗周"慎独之说"浅议. 常州工业技术学院学报（社会科学版），1989（1）.

朱雁冰. 莱布尼茨和朱熹. 四川外语学院学报，1989（1）.

蔡方鹿. 朱熹和张栻关于仁的讨论. 江西社会科学，1989（2）.

程禹文. 胡瑗及其苏湖教学法述论. 北京师范学院学报（社会科学版），1989（2）.

傅振照. 刘宗周小考. 浙江学刊，1989（2）.

郝润华. 顾炎武与清代考据学. 西北师大学报（社会科学版），1989（2）.

李申. 邵雍的《皇极经世书》. 周易研究，1989（2）.

李用存. 论李贽的文艺思想. 上海海运学院学报，1989（2）.

李之鉴. 程颢程颐哲学异同论. 河南师范大学学报（哲学社会科学版），1989（2）.

卢兴基. 明末清初的社会动乱与顾炎武的文学思想. 中国文学研究，1989（2）.

孟铸群. 李贽与佛教. 西南民族学院学报（哲学社会科学版），1989（2）.

牛梦琪. 吕祖谦的教育思想. 驻马店师专学报，1989（2）.

沈善洪、钱明. 论王阳明早期思想性格的形成. 杭州大学学报（哲学社会科学版），1989（2）.

辛锡. 刘宗周学术讨论会述要. 浙江学刊，1989（2）.

许怀林. 陆九渊家族及其家规述评. 江西师范大学学报（哲学社会科学版），1989（2）.

袁征. 北宋改革派教育家胡瑗. 河北学刊，1989（2）.

方尔加. 论王阳明的"知行合一"说. 宝鸡师院学报（哲学社会科学版），1989（3）.

高令印. 由闽学到退溪学. 福建学刊，1989（3）.

葛荣晋. 李贽的价值观. 中州学刊，1989（3）.

金祖孟. 论邵雍的"天圆而地方". 自然科学史研究，1989（3）.

李炳泉. 吕祖谦的史学思想. 烟台师范学院学报（哲学社会科学版），1989（3）.

林恒森. 论王守仁良知说的形成. 贵州教育学院学报（社会科学版），1989（3）.

林乐昌．王阳明主体致良知实践思想新探．陕西师大学报（哲学社会科学版），1989（3）．

刘宗贤．近年来陆王心学研究的新进展．哲学动态，1989（3）．

王才忠．论李贽的启蒙思想．福建论坛（文史哲版），1989（3）．

王玲玲．王阳明"心之本体"的伦理意义．江西教育学院学报，1989（3）．

王兴亚．黄宗羲人才思想述论．黄淮学刊（社会科学版），1989（3）．

魏德东．陈亮的义利观．晋阳学刊，1989（3）．

严健羽．王廷相对唯物主义认识论的重大贡献．社会科学，1989（3）．

张惠民．论苏轼文化人格的独立性．汕头大学学报（人文科学版），1989（3）．

张孟才．黄宗羲和《明夷待访录》．文史杂志，1989（3）．

张晓松．论陈亮的历史观．上饶师专学报（社会科学版），1989（3）．

赵汝泳．顾炎武在山西小议．山西师大学报（社会科学版），1989（3）．

张亨．张载"太虚即气"疏释．台大中文学报．1989（3）．

古清美．罗念庵的理学．台大中文学报，1989（3）．

郑吉雄．阳明学说的三点特质及其在学术史上的意义．台大中文学报，1989（3）．

杨洪波、姬虹．顾炎武论"世风"——读《日知录》卷十三．清华大学学报（哲学社会科学版），1989（3-4）．

范景田、常存库．宋明理学对中医基本理论的影响．中医药学报，1989（4）．

方尔加．王阳明的"知行合一说"．浙江学刊，1989（4）．

冯契．王阳明在中国哲学史上的地位．浙江学刊，1989（4）．

黄宣民．关于王阳明的研究和评价．浙江学刊，1989（4）．

李志林．王阳明论"理是一个过程"．浙江学刊，1989（4）．

滕复．伟大的启蒙思想家王阳明——首次阳明学国际研讨会述评．浙江学刊，1989（4）．

郑学礼．王阳明思想与佛法．浙江学刊，1989（4）．

高建立．论程颢程颐宇宙观之差异．黄淮学刊（社会科学版），1989（4）．

黄宝华．禅宗与苏轼．上海师范大学学报（哲学社会科学版），1989（4）．

李甦平．朱熹"理"范畴在日本的嬗变及其与日本现代化的关联．中国人民大学学报，1989（4）．

刘建国、张连良．略论李贽的寺院生活及佛学思想．长白学刊，1989（4）．

刘尚恒．新见明末刘宗周残稿及其边事疏佚文三件．文献，1989（4）．

刘兴邦．论李贽亦佛亦儒非佛非儒的双重价值取向．湘潭大学学报（社会科学版),1989(4).

马灿云.二程研究的新成果——读《程颢程颐理学思想研究》.孔子研究,1989(4).

马汉亭."语录讲义之押韵者"辨——宋·邵雍《伊川击壤集》初论.南都学坛(社会科学版),1989(4).

邵显侠.论张载的"知礼成性"说.哲学研究,1989(4).

宋德宣.论康熙与朱熹理学观的异同.湖南师范大学社会科学学报,1989(4).

田杰.胡瑗的教育思想.陕西师大学报(哲学社会科学版),1989(4).

王路平.王阳明心学与萨特存在主义的比较.贵州社会科学,1989(4).

杨金鑫.程朱理学与书院.怀化师专社会科学学报,1989(4).

张岂之、董英哲.宋明理学与自然科学.人文杂志,1989(4).

张学智.论王阳明思想的逻辑展开.北京大学学报(哲学社会科学版),1989(4).

赵士林.从陆九渊到王守仁——论"心学"的彻底确立.孔子研究,1989(4).

朱伟.从《正蒙》看张载"元气论"与自然科学之关系.湖州师专学报(哲学社会科学版),1989(4).

王瑞明.朱熹天理论的时代特色.华中师范大学学报(人文社会科学版),1989(5).

蔡丹红.贝克莱、王阳明认识论的主要差异.学术交流,1989(5).

李存山."先识造化"与"先识仁"——从关学与洛学的异同看中国传统哲学的特质及其转型.人文杂志,1989(5).

力涛.王廷相认识论范畴体系.社会科学,1989(5).

衷尔钜.黄道周与刘宗周哲学思想比较.社会科学,1989(5).

刘宗贤.试论二程哲学的不同风格.文史哲,1989(5).

田文军.朱熹理欲观评析述要.武汉大学学报(社会科学版),1989(5).

王健.简论朱熹理气思想的认识论构架.哲学研究,1989(5).

邬国平.论黄宗羲的文学观.复旦学报(社会科学版),1989(5).

吴雪涛.苏轼认识论初探.河北学刊,1989(5).

仪平策.宋明之际的理学与美学.理论学刊,1989(5).

衷尔钜.黄道周与刘宗周哲学思想比较.社会科学,1989(5).

刘伏海.民主主义与民本主义的区别——黄宗羲与卢梭的契约论比较.湖南师范大学社会科学学报,1989(5).

仓修良．黄宗羲和清代浙东史学．东南文化，1989（6）．

金林祥．试论黄宗羲教育活动和教育思想的历史影响．教育评论，1989（6）．

卢兴基．论顾炎武的学术思想．社会科学研究，1989（6）．

潘立勇．朱熹"文从道出"说新探．社会科学辑刊，1989（6）．

张兵．顾炎武诗歌理论初探．西北师大学报（社会科学版），1989（6）．

黄进兴．理学、考据学与政治：以《大学》改本的发展为例证．中央研究院历史语言研究所集刊，1989，60（4）．

杨宗礼．薛瑄对朱熹哲学最高范畴"理"的改造．运城师专学报，1990（1）．

周庆义．薛文清是开明代心学于王阳明之前吗．运城师专学报，1990（1）．

戴鸿义．黄宗羲的"工商皆本"思想浅析．松辽学刊（社会科学版），1990（1）．

方如金．论陈亮的哲学历史观．浙江师范大学学报（社会科学版），1990（1）．

郭厚安．略论王守仁"心学"的历史地位．西北师大学报（社会科学版），1990（1）．

姜国柱．二程的认识论及其历史贡献．社会科学辑刊，1990（1）．

李必胜．李贽史学思想新探．安徽史学，1990（1）．

李焕诚．王夫之思维认识观浅论．河北师范大学学报（社会科学版），1990（1）．

林其泉．试论李贽思想对日本的影响．长沙水电师院学报（社会科学版），1990（1）．

刘康德．二程思想的全新审视——读《程颢程颐理学思想研究》．学术月刊，1990（1）．

刘述先．由朱熹易说检讨其思想之特质、影响与局限．周易研究，1990（1）．

孟广林．黄宗羲法治观辨析．贵州师范大学学报（社会科学版），1990（1）．

王金兴．朱熹的"理"和马勒伯朗士的"上帝"之比较．佛山大学佛山师专学报（社会科学版），1990（1）．

王路平．王阳明与萨特的哲学本体论之比较．贵州大学学报（社会科学版），1990（1）．

王在堂．纪念一代"心学"宗师——王阳明逝世460周年．绍兴师专学报，1990（1）．

王泽应．王夫之的志论．衡阳师专学报（社会科学版），1990（1）．

王兆鹏．以清为灵——范仲淹的人格与风格．湖北大学学报（哲学社会科学版），1990（1）．

自在．李贽对社会心理的洞察．上饶师专学报（社会科学版），1990（1）．

胡正之．内圣乎？外王乎？——牟宗三先生论横渠辩．问学集，1990（1）．

白敦仁．顾炎武及其诗．成都大学学报（社会科学版），1990（2）．

张立文．朱陆无极太极之辩——周敦颐《太极图》与《太极图说》的矛盾．中国文化，1990（2）．

邓广铭．朱陈论辨中陈亮王霸义利观的确解．北京大学学报（哲学社会科学版），1990（2）．

李禹阶．论朱熹对儒家伦理思想的再造．重庆师院学报（哲学社会科学版），1990（2）．

刘运龙．论黄宗羲的法律思想．山西大学学报（哲学社会科学版），1990（2）．

宁新昌．从道德无意识看张载的"无意为善"．渭南师专学报（综合版），1990（2）．

屠承先．黄宗羲哲学思想的内在矛盾及其根由．浙江学刊，1990（2）．

魏宗禹．古代三晋学者对理学的历史贡献．晋阳学刊，1990（2）．

赵士林．确立天本体——孔子·孟子·程颐·朱熹．北京社会科学，1990（2）．

赵毅．黄宗羲·卢梭不同时代的民主巨人．民主与科学，1990（2）．

朱永新．试论朱熹的心理思想．齐齐哈尔师范学院学报（哲学社会科学版），1990（2）．

张慧芳．朱子的理气观．静宜人文学报，1990（2）．

陈宝良．"学穷本原，行追先哲"——刘宗周画像．福建论坛（文史哲版），1990（3）．

陈谷嘉．论张栻以"性"为本体的道德学说．求索，1990（3）．

陈来．王阳明哲学的心物论．哲学研究，1990（3）．

丁为祥．王阳明"知行合一"三指．人文杂志，1990（3）．

方如金．论陈亮的军事思想．军事历史研究，1990（3）．

李俊英．略论黄宗羲政治思想的历史地位．安庆师范学院学报（社会科学版），1990（3）．

林德安．评二程"灭私欲、明天理"的伦理价值．河南大学学报（哲学社会科学版），1990（3）．

刘石．苏轼与佛教三辨．北京师范大学学报（社科版），1990（3）．

马序．王夫之一多二重化的人性论和认识论．齐鲁学刊，1990（3）．

任朝第．评苏轼初仕凤翔的思想和政绩．宝鸡师院学报（哲学社会科学版），1990（3）．

司徒琳．不同世界间的共同基点——通过黄宗羲与威廉·詹姆斯，比较明清新儒学与美国实用主义．复旦学报（社会科学版），1990（3）．

吴乃恭．略论王夫之的范畴和思维方式．孔子研究，1990（3）．

徐洪兴．孙复论．孔子研究，1990（3）．

肖钢．论朱熹对王安石新法新学的批判继承．河北学刊，1990（3）．

辛继才．王夫之辩证法思想探析．解放军外国语学院学报，1990（3）．

杨布生．陆九渊与书院教育．抚州师专学报，1990（3）．

朱永龄．陆九渊人才思想探析．抚州师专学报，1990（3）．

杨国荣．个体之志与普遍之理：王学的内在主题——论王阳明对意志与理智关系的考察及其理论意蕴．齐鲁学刊，1990（3）．

杨仁忠．略论二程"援引佛学改造儒学"的思想．河南师范大学学报（哲学社会科学版），1990（3）．

张兵．试论顾炎武诗歌的艺术成就．西北师大学报（社会科学版），1990（3）．

张世英．萨特的"虚无"和王阳明的"人心"．社会科学战线，1990（3）．

赵向东．略论黄宗羲的史学思想．兰州大学学报（社会科学版），1990（3）．

郑兴发．李贽、冯梦龙论文学的"教"．求是学刊，1990（3）．

陈熙远．黄梨洲对阳明"心体无善无恶"说的疏解与其在思想史上的意涵．鹅湖月刊，1990（3）．

丁为祥．王阳明"知行合一"的静态考察与动态把握．陕西师大学报（哲学社会科学版），1990（4）．

方克立、郑家栋．论现代新儒学对传统儒学的继承、开新及其理论困限．社会科学战线，1990（4）．

潘玲．吕祖谦论学习方法．黑龙江高教研究，1990（4）．

吴德义．论孙复思想的贡献及其时代意义．晋阳学刊，1990（4）．

向世陵．张栻论天人合一的主体实现．孔子研究，1990（4）．

张兵．深挚淳厚　雄浑悲壮——读顾炎武《海上》组诗．固原师专学报，1990（4）．

赵炳耀．论苏轼崇尚的容忍．殷都学刊，1990（4）．

朱光甫．论王夫之与郑观应道器观的异同．湘潭大学学报（社会科学版），1990（4）．

王泽应．王夫之的不朽论．衡阳师专学报（社会科学版），1990（4）．

陶国璋．王阳明哲学的体系性分析．鹅湖学志，1990（4）．

李明辉．朱子的伦理学可归入自律伦理学吗？．鹅湖学志，1990（4）．

李瑞全．敬答李明辉先生对"朱子道德学形态之重检"之批评．鹅湖学志，1990（4）．

黄尚信．黄梨洲思想渊源探索——明代王学对黄梨洲思想的影响．新竹师院学报，1990（4）．

祝平次．"性即理－心即理"与"理学－心学"——略论两对判分程朱、陆王学说的概称的使用．中国文学研究，1990（4）．

周全华．从理学到心学——读日本学者高桥进先生的《朱子与王阳明》．上饶师专学报（社会科学版），1990（4-5）．

黎昕．朱熹理欲观评析．福建论坛（文史哲版），1990（5）．

李宗桂．理想的道德与道德的理想——从牟宗三《道德的理想主义》说开去．天府新论，1990（5）．

屠承先．王阳明方法论思想初探．学术论坛，1990（5）．

王廷元．论王夫之的理欲观．社会科学辑刊，1990（5）．

杨国荣．王畿与王学的衍化．中州学刊，1990（5）．

张凡．李贽和他的散文艺术．北京师范学院学报（社会科学版），1990（5）．

蔡方鹿．朱熹哲学之心论及其与陆九渊心学的区别．天府新论，1990（6）．

冯溪屏．朱熹的"触类可通"方法辨析．玉溪师专学报（社会科学版），1990（6）．

蒙培元．从心性论看朱熹哲学的历史地位．福建论坛（文史哲版），1990（6）．

彭宇．寻求超越的苦痛灵魂——苏轼．齐齐哈尔师范学院学报（哲学社会科学版），1990（6）．

张世英．朱熹和柏拉图、黑格尔．北京大学学报（哲学社会科学版），1990（6）．

杨国荣．从现成良知说看王学的衍化．哲学与文化，1990（7）．

李贵荣．试论颜习斋思想之转变．台南家专学报，1990（9）．

刘广华．阳明哲学辩证研究．哲学与文化，1990（10）．

林志钦．王龙溪四无说释义．鹅湖月刊，1990（10）．

陈郁夫．"濂溪学"的价值与缺陷．教学与研究，1990（12）．

陈郁夫．"濂溪学"对后世的影响．国文学报，1990（19）．

林安梧．论刘蕺山哲学中"善之意向性"——以《答董标心意十问》为核心的疏解与展开．编译馆馆刊，1990，19（1）．

金仕起．略论吴与弼思想特质的形成——吴与弼弃举业事件考．史绎，1990（21）．

郭亚佩. 罗整庵与朱子思想的距离——对梨洲"学案"的反驳及检讨. 史绎, 1990（21）.

曾锦坤. 王阳明之"良知"新探. 铭传学报, 1990（27）.

王裕芳. 宋代理学之始祖——周濂溪. 丘海季刊, 1990（28）.

董平. 王阳明"四句教"意蕴发微. 孔孟月刊, 1990, 28（5）.

张立文. 朱陆无极太极之辩：兼论周敦颐"太极图"与"太极图说"的矛盾. 孔孟月刊, 1990, 28（5）.

黄顺益. 颜习斋对儒学的反省与批判. 孔孟月刊, 1990, 28（7）.

王裕芳. 程明道学术思想之管窥. 丘海季刊, 1990（29）.

杨国荣. 从良知的二重性看王学的深层内涵. 孔孟月刊, 1990, 29（3）.

张永俊. 宋儒之道统观及其文化意识. 台湾大学文史哲学报, 1990（38）.

刘述先. "理一分殊"的现代解释. 当代, 1990（55）.

董金裕. 杨简的心学及其评价. 政治大学学报, 1990（61）.

朱汉民. 胡五峰的圣人观. 中国文化月刊, 1990（123）.

王泽应. 论王夫之关于人的本质学说. 中国文化月刊, 1990（124）.

张节末. 王夫之"由用以得体"命题的方法论意义. 中国文化月刊, 1990（128）.

张怀承. 蕺山心论及其对传统心学的总结. 中国文化月刊, 1990（128）.

陈松柏. 江右陈明水先生良知学之阐释. 中国文化月刊, 1990（134）.

孟繁举. 异端思想家李卓吾. 书和人, 1990（649）.

蔡方鹿. 气与宋明理学. 重庆师院学报（哲学社会科学版）, 1991（1）.

陈敦伟. 黄宗羲论气. 宁波师院学报（社会科学版）, 1991（1）.

陈来. 王阳明哲学的理解与诠释. 哲学研究, 1991（1）.

陈辽. 理学与宋元明清小说. 徐州师范学院学报（哲学社会科学版）, 1991（1）.

杜卫. 从李贽到金圣叹：市民性的浪漫戏曲美学思潮. 西北师大学报（社会科学版）, 1991（1）.

葛荣晋. 朱熹理学体系中的实学思想. 福建论坛（文史哲版）, 1991（1）.

解光宇. 略论程颢人性学说的地位. 安徽教育学院学报, 1991（1）.

阚乃虎、华素华. 论苏轼的性格特质. 安徽农师院学报（社会科学版）, 1991（1）.

李孟才. 顾炎武与德州友人的交往. 德州师专学报（哲学社会科学版）, 1991（1）.

李之鉴. 谈陆九渊、朱熹"尊德性"与"道问学"之辩——兼论红与专. 河南师范大学学报（哲学社会科学版）, 1991（1）.

刘瑞琳．试论王守仁的"知行合一"重在其"行"．烟台师范学院学报（哲学社会科学版），1991（1）．

罗冬阳．李贽"至人之治"思想述评．东北师大学报（哲学社会科学版），1991（1）．

商聚德．朱熹"格物致知"论析评．河北大学学报（哲学社会科学版），1991（1）．

王祖莉．李贽教育哲学思想初探．山东师大学报（社会科学版），1991（1）．

伍辉．黄宗羲民主启蒙思想的历史地位．衡阳师专学报（社会科学版），1991（1）．

杨钊．顾炎武《昌平山水记》、《京东考古录》评介．北京社会科学，1991（1）．

袁征．陆九渊顿悟教学法初探．广东社会科学，1991（1）．

张如安．黄宗羲东渡日本史实新考．宁波师院学报（社会科学版），1991（1）．

衷尔钜．从洛学到闽学——综论杨时、罗从彦、李侗哲学思想及其历史作用．中州学刊，1991（1）．

钟彩钧．二程心性说析论．中国文哲研究集刊，1991（1）．

刘述先．朱熹的思想究竟是一元论或是二元论？．中国文哲研究集刊，1991（1）．

李洪淳．论退溪对程朱理学的理论贡献．延边大学学报（哲学社会科学版），1991（2）．

陈俊民．论吕大临易学思想及关学与洛学之关系（上）．浙江学刊，1991（2）．

范小西．略论王夫之的知行观．郑州轻工业学院学报，1991（2）．

方同义．略论儒家伦理本体论的内在矛盾和王阳明良知说的本质特征．浙江师范大学学报（社会科学版），1991（2）．

傅云龙．评朱熹的"道心"说．孔子研究，1991（2）．

姜国柱．朱熹思想的当今价值．天府新论，1991（2）．

刘兴邦．论李贽价值观的理论特色．湘潭大学学报（社会科学版），1991（2）．

施丁．顾炎武的史学成就．史学史研究，1991（2）．

王凤贤．评刘宗周对理学传统观念的修正．孔子研究，1991（2）．

王育济．论二程的"天理人欲之辨"．山东大学学报（哲学社会科学版），1991（2）．

王泽应．论王夫之伦理思想的基本特征．衡阳师专学报（社会科学版），1991（2）．

萧平汉．王夫之辟佛论．衡阳师专学报（社会科学版），1991（2）．

朱汉民．宋明理学和古代书院．贵州教育学院学报（社会科学版），1991（2）．

严书翔．从程朱学派的"异端之学"看理学与释道的关系．学术研究，1991（2）．

林美惠．论朱子伦理主义中的唯美原则（上）．鹅湖月刊，1991（2）．

周景勋．谈朱熹的生命哲学．哲学与文化，1991（2-3）．

石晓枫．朱王"格物致知"说的比较与评价．哲学与文化，1991（2-3）．

张永俊．明末大儒刘宗周的生命价值观．哲学与文化，1991（2-3）．

林美惠．论朱子伦理主义中的唯美原则（下）．鹅湖月刊，1991（3）．

陈俊民．宋明"三教合一"思潮中的"心性"旨趣．河北学刊，1991（3）．

陈俊民．论吕大临易学思想及关学与洛学之关系（下）．浙江学刊，1991（3）．

陈正夫．论朱熹对儒学的继承和创新．江西师范大学学报（哲学社会科学版），1991（3）．

李景林．二程心性论之异同与儒学精神．中州学刊，1991（3）．

刘瑞琳．试析王守仁的"心"．山东社会科学，1991（3）．

马涛．论薛瑄与明代的关学．孔子研究，1991（3）．

潘立勇．朱熹、黑格尔哲学、艺术本体论比较．天津社会科学，1991（3）．

孙长军．李贽的禅心与童心．信阳师范学院学报（哲学社会科学版），1991（3）．

王磊．厚重·刚劲·务实——张载伦理思想与地缘伦理学．宝鸡师院学报（哲学社会科学版），1991（3）．

王士伟．关学学派特征简论．宝鸡师院学报（哲学社会科学版），1991（3）．

吴乃恭．邵雍象数学新探．吉林大学社会科学学报，1991（3）．

张艳红．朱熹与《老子》哲学思想的比较．河南财经学院学报，1991（3）

周德昌．程颢、程颐德育思想论略．华南师范大学学报（社会科学版），1991（3）．

高明泉．苏轼思想的三个时期．固原师专学报，1991（3）．

蔡方鹿．朱熹"心统性情"说新论．孔子研究，1991（4）．

陈志明．明中叶学者的儒释之辨——以王守仁、罗钦顺为例．孔子研究，1991（4）．

董平．论刘宗周心学的理论构成．孔子研究，1991（4）．

杜国景．文化交结点上的情感分蘖——读陈亮的诗兼谈少数民族诗歌的价值取向．民族文学，1991（4）．

郭齐勇．儒学现代化进程的整体反思——评郑家栋《现代新儒学概论》．哲学动态，1991（4）．

李存山．试析程朱理学的泛道德论思想．人文杂志，1991（4）．

李海荣．张载"仇必和而解"命题方法论实质新解．汉中师院学报（哲学社会科学版），1991（4）．

林子秋．简论王艮和泰州学派．盐城师专学报（社会科学版），1991（4）．

孙炳元．王艮哲学思想两重性的历史探索．盐城师专学报（社会科学版），1991（4）．

税海模．论郭沫若与王阳明的"直觉"认同．贵州社会科学，1991（4）．

田文棠．论张载"天人合一"的文化认知结构特征．宝鸡师院学报（哲学社会科学版），1991（4）．

张岱年．张载哲学的理论贡献．宝鸡师院学报（哲学社会科学版），1991（4）．

王国炎、王能昌．试论苏轼的朴素辩证法思想．河北师范大学学报（社会科学版），1991（4）．

王宇可．从"五次上书"看陈亮政论散文的特色．成都大学学报（社会科学版），1991（4）．

刘晓林．王夫之"意境说"的再认识．衡阳师专学报（社会科学版），1991（4）．

李玫芳．朱熹参究中和问题之探讨．警专学报，1991（4）．

阿部吉雄．日本、朝鲜及中国理学的开展（上）．鹅湖月刊，1991（4）．

阿部吉雄．日本、朝鲜及中国理学的开展（下）．鹅湖月刊，1991（5）．

董平．吕祖谦思想论略．浙江学刊，1991（5）．

方光华．张载在批判佛学中建立的哲学体系论析．中州学刊，1991（5）．

姜广辉．陆学的立世精神．河北学刊，1991（5）．

马序．论王守仁的心物二重化世界观．齐鲁学刊，1991（5）．

王俊华．试论佛道对苏轼的影响．求是学刊，1991（5）．

杨在原、陈方．论王阳明心学的特色．史学月刊，1991（5）．

衷尔钜．论陈确及其哲学思想．甘肃社会科学，1991（5）．

郝润华．从《日知录》一书看顾炎武的政治思想．甘肃理论学刊，1991（6）．

李明友．理学的主题与二程的经学．浙江学刊，1991（6）．

罗炽．方以智的道家观．湖北大学学报（哲学社会科学版），1991（6）．

潘富恩．简评《一代学者宗师（张栻及其哲学）》．天府新论，1991（6）．

王凤贤．吕祖谦思想的心学倾向．学术月刊，1991（6）．

王伟民．陆王心学异同辨．北京大学学报（哲学社会科学版），1991（6）．

王煜．评潘富恩、徐余庆《程颢、程颐理学思想研究》．复旦学报（社会科学版），1991（6）．

杨志恒．李贽美学思想片论．福建论坛（文史哲版），1991（6）．

汤勤福．朱熹与黑格尔历史哲学的比较研究（上）．上饶师专学报（社会科学版），1991（6）．

王财贵．王龙溪良知四无说析论．鹅湖学志，1991（6）．

张世英．尼采与李贽．二十一世纪，1991（6）．

熊琬．明代理学与禅．国文天地，1991，7（2）．

林安梧．实践之异化与形上的保存——对于宋代理学与心学的一个哲学解析．联合文学，1991，7（8）．

沈善洪、何隽．王学研究的新贡献——读《王学通论——从王阳明到熊十力》．哲学动态，1991（8）．

吴汝钧．宋明儒学研究（一）：周濂溪《通书》的注释（上）．鹅湖月刊，1991（8）．

张怀承．船山论理简析．哲学与文化，1991（9）．

莫诒谋．从《西铭》看新儒家人的地位．哲学年刊，1991（9）．

张克伟．论浙中王门学者张元忭之思想内涵与学术倾向．哲学与文化，1991（10）．

曾昭旭．论儒家工夫论的转向——从王阳明到王夫之．鹅湖月刊，1991（11）．

陈荣捷．朱子的创新．哲学与文化，1991（12）．

蔡方鹿．首届张栻学术讨论会综述．哲学研究，1991（12）．

林明德．阳明学说暨其理念之省思．国防管理学院学报，1991，12（2）．

张永俊．从北宋理学之思想脉络略论程朱理学之"方法"．台湾大学哲学论评，1991（14）．

谌湛．横渠先生"变化气质"说——由现实至理想之路．光武学报，1991（16）．

池胜昌．试论李贽"不以孔子之是非为是非"的观念史意义．历史学报，1991（19）．

钟丁茂．阳明学说的基本义理．省体专学报，1991（19）．

简福兴．王阳明心学之传承与流衍．高雄工专学报，1991（21）．

方祖猷．黄宗羲与甬上弟子的学术分歧：兼论蕺山之学的传播和没落．中国文化研究所学报，1991（22）．

林惠胜．试论朱陆异同——以心性论为主．台南师院学报，1991（24）．

顾毓民．方以智的知识学．哲学论集，1991（25）．

尹任圭．戴东原知识学研究．哲学论集，1991（25）．

高志亮．周敦颐之知识学．哲学论集，1991（25）．

庄庆信．陆象山知识学研究．哲学论集，1991（25）．

林丽珊．王阳明知识学研究——学圣的全程理论．哲学论集，1991（25）．
张立文．戴震对自然生命的关怀——天性论．孔孟月刊，1991，29（5）．
蔡方鹿．张栻与岳麓书院．孔孟月刊，1991，29（7）．
黄书光．略论事功派与理学派关于理想人格的构建．孔孟月刊，1991，29（9）．
姜广辉．"观圣、贤气象"与"看孔、颜乐处"．孔孟月刊，1991，29（10）．
张立文．戴震世界图式的建构——天道论．孔孟月刊，1991，29（10）．
陆冠州．论颜习斋之辟佛．孔孟月刊，1991，29（10）．
杨国荣．从王阳明到刘宗周——志知之辩的历史演进．孔孟月刊，1991，29（11）．
蔡介裕．杨龟山学派之考察．孔孟月刊，1991，30（1）．
王裕芳．程伊川学术之蠡测．丘海季刊，1991（30-31）．
黄庆萱．"乾道变化"与"理一分殊"．孔孟学报，1991（62）．
蔡介裕．杨龟山学脉之考察．中国文化月刊，1991（138）．
张怀承．论理范畴在明清之际的演变．中国文化月刊，1991（139）．
黄书光．略论程朱理学的入世特点．中国文化月刊，1991（143）．
冯玉辉．王船山思想的渊源．中国文化月刊，1991（143）．
喻宝善．王夫之的知能教育观．中国文化月刊，1991（143）．
朱汉民．湖湘学派源流及其学术思想特点．中国文化月刊，1991（145）．
朱汉民．朱熹本体论的时空关系．中国文化月刊，1991（146）．
傅云龙．黄宗羲富有开创意义的心性说．孔子研究，1992（1）．
蒋昌和．论王夫之对中国哲学由传统向近代演变之转捩作用．船山学刊，1992（1）．
小川晴久．论王夫之的思想．船山学刊，1992（1）．
张以弛．张栻研究的重要成果——读蔡方鹿《一代学者宗师》．船山学刊，1992（1）．
李明友．吕祖谦的理学思想．浙江大学学报（社会科学版），1992（1）．
潘富恩．论吕祖谦"兼容并蓄"的学术思想．中国哲学史，1992（1）．
潘富恩．吕祖谦与浙东史学．孔子研究，1992（1）．
钱明．王阳明湛甘泉合论．浙江学刊，1992（1）．
孙以楷．朱熹与道家．文史哲，1992（1）．
汤勤福．朱熹与黑格尔历史哲学的比较研究（下）．上饶师专学报（社会科学版），1992（1）．
徐刚．佛道与朱熹自然哲学．上饶师专学报（社会科学版），1992（1）．

王煜. 胡宏、张栻与魏了翁对佛教的批判. 湖南大学社会科学学报, 1992（1）.

徐进. 黄宗羲的民本思想及其对限制专制君主的构想. 文史哲, 1992（1）.

张卫中. 吕祖谦《左传》研究论析. 绍兴师专学报, 1992（1）.

周兆茂. 戴震与程朱理学——兼论戴震哲学思想的形成与发展. 哲学研究, 1992（1）.

朱伯崑. 谈宋明理学中的体用一原观. 中国哲学史, 1992（1）.

枝叶. 纪念王艮逝世450周年学术研讨会简介. 哲学动态, 1992（2）.

蔡东洲. 试论张栻的史学思想. 天府新论, 1992（2）.

蔡方鹿. 张栻思想对现实的借鉴意义. 天府新论, 1992（2）.

龚抗云. 张栻的仁说与道德学说. 天府新论, 1992（2）.

戢斗勇. 张栻与朱熹. 天府新论, 1992（2）.

李绍先、袁能先. 张栻人才思想初探. 天府新论, 1992（2）.

刘蕴梅. 张栻《义利之辨》探析. 天府新论, 1992（2）.

刘章泽. 张栻哲学主题及其辩证思维方法. 天府新论, 1992（2）.

芦钟锋. 张栻与南宋理学. 天府新论, 1992（2）.

卿三祥. 张栻的世系. 天府新论, 1992（2）.

沈治宏. 张栻著述考. 天府新论, 1992（2）.

王子扬. 张栻与南宋四川理学. 天府新论, 1992（2）.

向世陵. 张栻"实"学浅论. 天府新论, 1992（2）.

游彪. 张栻非佛刍议. 天府新论, 1992（2）.

张茂泽. 张栻与宋代蜀学. 天府新论, 1992（2）.

方同义. 陈亮的人才观. 浙江师范大学学报（社会科学版）, 1992（2）.

高令印. 李退溪在理气关系上对朱熹思想的继承和发展. 厦门大学学报（哲学社会科学版）, 1992（2）.

江堤. 重估理学的价值——评《张栻与湖湘学派研究》. 高校图书馆工作, 1992（2）.

康中乾. 论张载"气"范畴的逻辑矛盾——兼论关学衰落的理论根源. 人文杂志, 1992（2）.

刘修明. 李贽的思想历程和价值取向. 复旦学报（社会科学版）, 1992（2）.

刘学智. 《横渠易说》与张载的天人合一思想. 陕西师大报（哲学社会科学版）, 1992（2）.

宁新昌. 试析张载伦理思想. 渭南师专学报（社会科学版）, 1992（2）.

饶国宾．陆九渊的人生哲学及其意义．抚州师专学报，1992（2）．

陶亚舒．首届张栻学术讨论会述要．孔子研究，1992（2）．

吴怀祺．吕祖谦的史学．史学史研究，1992（2）．

徐洪兴．试论范仲淹与北宋理学的兴起．复旦学报（社会科学版），1992（2）．

杨布生．范仲淹掌应天书院及其教育思想考评．云梦学刊，1992（2）．

詹国彬．张载斥佛思想辨析．陕西师大学报（哲学社会科学版），1992（2）．

张弛．阅世走人间　观身卧云岭——论苏轼倾心向禅．社会科学辑刊，1992（2）．

张卫中．吕祖谦《左传》研究论析（续）．绍兴师专学报，1992（2）．

赵刚．顾炎武北游事迹发微．清史研究，1992（2）．

朱耀廷．论黄宗羲的政治倾向和历史地位——读《留书》、《明夷待访录》．北京联合大学学报，1992（2）．

邹志勇．略论儒释道思想对苏轼创作的影响．晋中师专学报，1992（2）．

梅俊道．邵雍的诗歌理论及其诗歌创作．九江师专学报（哲学社会科学版），1992（2-3）．

周忠生、张逸．论陆九渊"做人"教育观的理论价值．九江师专学报（哲学社会科学版），1992（2-3）．

钟彩钧．二程本体论要旨探究．中国文哲集刊，1992（2）．

荒木见悟．阳明学的心学特质．中国文哲研究通讯，1992，2（4）．

杨祖汉．宋明儒学的发展与阳明哲学的特色（上）．鹅湖月刊，1992（2）．

杨祖汉．宋明儒学的发展与阳明哲学的特色（下）．鹅湖月刊，1992（3）．

蔡方鹿．张栻研究简述．哲学动态，1992（3）．

常为群．论苏轼的人生态度及与儒道释的交融．南京师大学报（社会科学版），1992（3）．

丁国顺．从"功夫即本体"的命题看黄宗羲哲学思想的实质．浙江学刊，1992（3）．

干春松．王畿的先天正心之学及其评介．甘肃社会科学，1992（3）．

高建立．朱熹、陆九渊哲学思想辨异．黄淮学刊（社会科学版），1992（3）．

贾贵荣．宋代妇女地位与二程贞节观的产生．山东社会科学，1992（3）．

李景林．王阳明"心外无物"说的内涵及其理论意义．吉林大学社会科学学报，1992（3）．

刘石．苏轼创作中与佛禅有关的几个问题．贵州社会科学，1992（3）．

宁新昌．张载康德伦理思想比较．西藏民族学院学报（社会科学版），1992（3）．

庞万里．《二程集》中《易序》作者考辨．中州学刊，1992（3）．

裴世俊．论黄宗羲和钱谦益的关系．宁夏社会科学，1992（3）．

彭功智．略论苏轼的审美观．河南师范大学学报（哲学社会科学版），1992（3）．

任俊华．周敦颐《太极图》考辨观点论析——驳"非自作论"．辽宁师范大学学报（社会科学版），1992（3）．

孙亚萍、司庸之．由王夫之的"实有"说开去．新疆大学学报（哲学社会科学版），1992（3）．

孙以楷．朱熹与《太极图说》．孔子研究，1992（3）．

田泽滨．顾炎武经济思想简论．苏州大学学报（哲学社会科学版），1992（3）．

汪高鑫．朱熹正统论述评．安徽教育学院学报，1992（3）．

王煜．评马积高《宋明理学与文学》．中国文学研究，1992（3）．

徐建平、郭祖仪．简论叶适的认知与学习心理思想．温州师范学院学报（哲学社会科学版），1992（3）．

杨国荣．论黄宗羲的学术史观．史学月刊，1992（3）．

杨钊．顾炎武与《日知录》．史学集刊，1992（3）．

张兴璠．理想的闪光和现实的投影——论范仲淹的诗．江西师范大学学报（哲学社会科学版），1992（3）．

赵宗正、蔡德贵．范仲淹在宋代学术思想史上的地位．中州学刊，1992（3）．

郑万耕．胡瑗易学管窥．周易研究，1992（3）．

周可真．顾炎武与复社．苏州大学学报（哲学社会科学版），1992（3）．

朱汉民．对终极存在的时空追溯——朱熹哲学本体论新探．求索，1992（3）．

安平．从朱熹与黑格尔哲学的对比看哲学思想体系．辽宁大学学报（哲学社会科学版），1992（4）．

徐联忠．论王夫之的"道器"观．中国青年政治学院学报，1992（4）．

樊德三．李贽"童心说"的美学意义．盐城师专学报（哲学社会科学版），1992（4）．

曹刚．论张载的"德性所知"．湖南师范大学社会科学学报，1992（4）．

高建立．陈亮的实践观及其人生悲剧．黄淮学刊（社会科学版），1992（4）．

何乃川．略论朱熹对老子的评价．厦门大学学报（哲学社会科学版），1992（4）．

季学原．新发现的黄宗羲两篇佚文及其价值．清史研究，1992（4）．

卢兴轩．顾炎武关中行迹考述．历史教学，1992（4）．

马汉亭．"万物有情皆可状"——宋·邵雍《伊川击壤集》二论．南都学坛（社会科学版），1992（4）.

蒙培元．范仲淹的哲学与理学的兴起．北京社会科学，1992（4）.

宁新昌．张载"性"说辨析．渭南师专学报（社会科学版），1992（4）.

潘畅和、李洪淳．程朱理学东渐：朝鲜与日本之比较．延边大学学报（社会科学版），1992（4）.

强昱．读《有无之境——王阳明哲学的精神》．哲学研究，1992（4）.

史美珩．陈亮的兵谋哲理．浙江师范大学学报（社会科学版），1992（4）.

童肇勤、喻斌．屈原与苏轼人生价值观浅探．郧阳师专学报（社会科学版），1992（4）.

王齐洲．《西游记》与宋明理学．天津社会科学，1992（4）.

王世荣．论张载哲学的主体意识．宝鸡师院学报（哲学社会科学版），1992（4）.

吴光．论宋明理学的特质及其现代意义．河北学刊，1992（4）.

毕诚．王阳明关于朱陆学术的评价．福建论坛（文史哲版），1992（5）.

韩强．从传统儒学的心性论到现代新儒学的道德形上学．东岳论丛，1992（5）.

万健．"道味清可挹，文思高若翔"——论范仲淹的文学思想及其创作实践．社会科学研究，1992（5）.

徐仪明．理学家程颢及其诗．河南大学学报（社会科学版），1992（5）.

杨晓光．陆九渊"切己自反，改过迁善"的道德教育．江西教育科研，1992（5）.

张兵．黄宗羲诗歌理论的承传与创新．西北师大学报（社会科学版），1992（5）.

赵吉惠．导读《正蒙》的理想之作——评喻博文新著《正蒙注译》．甘肃社会科学，1992（5）.

赵俪生．试论顾炎武在人文地理学方面的贡献——《天下郡国利病书》精要之所在．社科纵横，1992（5）.

周炽成．是启蒙思想家，还是正统理学家？——王夫之哲学思想评价之我见．福建论坛（文史哲版），1992（5）.

张亨．朱子的志业——建立道统意义之探讨．台大中文学报，1992（5）.

蔡方鹿．魏了翁与宋代蜀学．社会科学研究，1992（6）.

陈晓芬．佛教思想与苏轼的创作理论．文艺理论研究，1992（6）.

巩本栋．填补了中国思想史研究的一个空白——读《吕祖谦评传》．复旦学报（社会科学版），1992（6）.

潘富恩、徐余庆．吕祖谦的实学思想述评．复旦学报（社会科学版），1992（6）.

李明友．黄宗羲论儒学．浙江学刊，1992（6）.

马振铎．王学的罅漏和刘宗周对王学的补救．浙江学刊，1992（6）．

李文．评蔡方鹿《张栻及其哲学》．文史杂志，1992（6）．

赵国斌．王夫之的法哲学及其方法论略．吉林大学社会科学学报，1992（6）．

吕孝龙．异端的悲剧——李贽美学思想论．云南师范大学学报（哲学社会科学版），1992（6）．

林月惠．聂双江"归寂说"之衡定——以王阳明思想为理论判准的说明．嘉义师院学报，1992（6）．

李振纲．李贽人才思想论析．贵州社会科学，1992（7）．

杨国荣．从朱熹到王阳明．哲学与文化，1992（7）．

李烈辉．黄宗羲与档案．浙江档案，1992（8）．

姜广辉．朱熹哲学余论．哲学研究，1992（8）．

林家民．论张横渠之"太虚即气"．鹅湖学志，1992（8）．

钟彩钧．阳明思想中儒道的分际与融通．鹅湖学志，1992（8）．

杨祖汉．陆象山"心学"的义理与王阳明对象山之学的理解．鹅湖学志，1992（8）．

余崇生．陈淳《北溪字义》中"理一分殊"之考察．鹅湖月刊，1992（9）．

张克伟．王阳明谪官龙场与王学系统确立之关系探析．哲学与文化，1992（9）．

张寿安．戴震义理思想的基础及其推展．汉学研究，1992，10（1）．

陶玉璞．试论陈清澜先生眼中的象山学．鹅湖月刊，1992（11）．

张永俊．略述理学之价值根原论．台湾大学哲学论评，1992（15）．

李贵荣．颜习斋之师承与交游．中国国学，1992（20）．

王守益、王慧琴．从现代视觉认知过程观点探讨王阳明的宇宙观．清华学报，1992，22（1）．

王守益、王慧琴．基于现代视觉认知观点检讨关于王阳明天地万物为一体等哲思的批评．清华学报，1992，22（3）．

郑梁生．宋代理学之东传及其发展．中央图书馆馆刊，1992，25（1）．

江淑君．程明道"一本论"工夫历程之探微——以《识仁篇》、《定性书》为中心．孔孟月刊，1992，31（2）．

邓国光．道的本质和承传——辨韩愈的传道观和程朱道统论的分野．孔孟月刊，1992，31（2）．

蔡方鹿．魏了翁的经学思想及其在中国经学史上的地位．孔孟月刊，1992，31（2）．

汤倍祯. 象山"心即理"说浅探. 孔孟月刊, 1992, 31 (4).
刘涤凡. 周濂溪圣道思想发微. 孔孟月刊, 1992, 31 (4).
谈远平. 论圆融统观之意涵及其与阳明哲学之关系. 复兴岗学报, 1992 (48).
冯耀明. 中国知识分子的理念与行止——二程的观点. 当代, 1992 (76).
张怀承. 戴震气化流行的学说及其对传统气论的继承与发展. 中国文化月刊, 1992 (148).
黄甲渊. 朱子、象山对与易传的"太极"与"阴阳"之理解——以朱陆"无极与太极及阴阳"之辩为中心. 中国文化月刊, 1992 (152).
黄甲渊. 朱子"知行"论之实义（上、下）. 中国文化月刊, 1992 (153、154).
李志林. 论浙东学派的豪杰精神. 中国文化月刊, 1992 (154).
姜国柱、朱葵菊. 戴震的认识论及其历史贡献. 中国文化月刊, 1992 (155).
朱汉民. 吴与弼——明代心学的"启明". 中国文化月刊, 1992 (156).
曹安娜. 李贽的美学思想. 临沂师专学报, 1993 (1).
陈建才. 对传统文化的理性反思——读《朱子大传——多维文化视野中的朱熹》. 教育评论, 1993 (1).
陈勇. "理一分殊"在朱熹伦理学体系建构中的核心作用. 孔子研究, 1993 (1).
丁祯彦. 王夫之"体用不二"的方法论意义. 船山学刊, 1993 (1).
方同义. 陈亮义利观辨析——简论陈亮与朱熹道德价值观的分歧. 中国哲学史, 1993 (1).
徐洪兴. 石介论. 中国哲学史, 1993 (1).
高林广. 浅论禅宗美学对苏轼艺术创作的影响. 内蒙古师大学报（哲学社会科学版）, 1993 (1).
韩钟文. 陈亮的教育观初探. 教育评论, 1993 (1).
李经元. 朱熹义利观评述. 晋阳学刊, 1993 (1).
李振纲. 陆九渊与南宋心学. 河北大学学报（哲学社会科学版）, 1993 (1).
立早. 李贽研究国际学术讨论会综述. 福建论坛（文史哲版）, 1993 (1).
鲁乡声. 第七届中国苏轼学术讨论会述评. 文史哲, 1993 (1).
孙长军、杨德贵. 李贽、龚自珍童心思想的多向辨析. 信阳师范学院学报（哲学社会科学版）, 1993 (1).
孙洪邦. 论黄宗羲、王夫之的启蒙思想. 党校学报, 1993 (1).
王世德. 苏轼融合儒道佛的特色. 重庆师院学报（哲学社会科学版）, 1993 (1).

王水照．中国第七届苏轼学术讨论会综述．齐鲁学刊，1993（1）．

邬国平．顾炎武文学思想得失探．辽宁大学学报（哲学社会科学版），1993（1）．

杨胜宽．苏轼与理学家的性情之争——兼论儒家性情观的历史演变．四川大学学报（哲学社会科学版），1993（1）．

姚文放．李贽与莱辛的戏剧本质论之比较．艺术百家，1993（1）．

钟陵．陈亮朱熹的王霸义利论辩与南宋儒学派之争．南京师大学报（社会科学版），1993（1）．

鲍希福．张栻朱熹论心性．中国哲学史，1993（2）．

毕素娟．苏轼和佛教．中国历史博物馆馆刊，1993（2）．

蔡方鹿．王夫之的理学观．船山学刊，1993（2）．

吕锡琛．王夫之对道家伦理思想的扬弃．船山学刊，1993（2）．

蔡方鹿．王守仁、湛若水心学思想之异同及对明代心学的影响．社会科学辑刊，1993（2）．

蔡方鹿．魏了翁集宋代蜀学之大成．文史杂志，1993（2）．

蔡仲德．李贽的音乐美学思想．中国音乐学，1993（2）．

陈汉民、洪尚之．苏轼杭州西湖题刻刍议．杭州师范学院学报，1993（2）．

陈炎成．象山学说的形成流传及影响．江西教育学院学报，1993（2）．

丁为祥．王阳明"无善无恶"辨——兼与陈来同志商榷．孔子研究，1993（2）．

庞万里．《二程集》中《中庸解》作者考辨．中国哲学史，1993（2）．

司业勤、王路平．试析王阳明的"知行合一"说．贵阳师专学报（社会科学版），1993（2）．

王缵叔．论张载对《易》的研求与演绎．宝鸡师院学报（哲学社会科学版），1993（2）．

吴乃恭．程颢程颐的辩证法思想．孔子研究，1993（2）．

杨向奎．王阳明哲学的历史地位．文史哲，1993（2）．

周梦江．吕祖谦、陈亮通讯考述．温州师范学院学报（哲学社会科学版），1993（2）．

李明德．程颢程颐的法律思想．徐州师范学院学报（哲学社会科学版），1993（2）．

陈海钟．王艮"百姓日用之学"的哲学思想特色．江苏社会科学，1993（3）．

董群．论王夫之对佛教的批判．社会科学战线，1993（3）．

黄宗理．无极——周敦颐哲学最高范畴．九江师专学报（哲学社会科学版），

1993（3）.

罗龙炎. 十年间周敦颐研究综述. 九江师专学报（哲学社会科学版），1993（3）.

肖莉. 对周敦颐"圣人"人格的心理学思考. 九江师专学报（哲学社会科学版），1993（3）.

徐声扬. 周敦颐哲学思想管窥. 九江师专学报（哲学社会科学版），1993（3）.

郑彧文. 《通书》——通篇喻教之奇书. 九江师专学报（哲学社会科学版），1993（3）.

周广曾. 周敦颐心理思想浅析. 九江师专学报（哲学社会科学版），1993（3）.

周忠生. 道统渊源　疏理践行——周敦颐教育想探微. 九江师专学报（哲学社会科学版），1993（3）.

姬朝武. 程颢程颐理学中道德教育心理思想浅析. 洛阳师专学报（社会科学版），1993（3）.

李才栋. 周敦颐与濂溪书院. 江西教育学院学报，1993（3）.

李存山. 罗钦顺的儒释之辨——兼论其与关学和洛学的关系. 中州学刊，1993（3）.

林永锐. 吕祖谦的《东莱博议》评说. 海南大学学报（社会科学版），1993（3）.

敏泽. 简论李贽的思想及其杰出的历史性贡献. 暨南学报（哲学社会科学版），1993（3）.

潘富恩. 开拓宋明理学研究的新领域——评蔡方鹿著《魏了翁评传》. 中国哲学史，1993（3）.

王凯. 陈亮义利观剖析. 求是学刊，1993（3）.

王凯. 张载伦理思想体系探析. 学术交流，1993（3）.

武舟. 新的视觉和新的结论——评《宋明理学与文学》. 长沙水电师院社会科学学报，1993（3）.

徐定宝. 黄宗羲诗学观初探. 苏州大学学报（哲学社会科学版），1993（3）.

张全明. 论朱熹对王安石及其变法的评价. 晋阳学刊，1993（3）.

张义德. 如何评价叶适的"中庸"、"致中和"思想. 孔子研究，1993（3）.

陈柏华. 从《明夷待访录》之命题看《周易》对黄宗羲的影响. 江苏社会科学，1993（4）.

高建立、李之鉴. 试论程朱理学由伪学到正宗的转变. 信阳师范学院学报（哲学社会科学版），1993（4）.

胡昭曦、张茂泽. 宋代蜀学刍论. 四川大学学报（哲学社会科学版），1993（4）.

姜广辉．朱熹心性哲学的范畴定位．孔子研究，1993（4）．

李明德．略论程朱理学中的人治思想．孔子研究，1993（4）．

李明友．黄宗羲的"心理合一"说．孔子研究，1993（4）．

林乐昌．张载关学与三秦文化的哲理化．陕西师大学报（哲学社会科学版），1993（4）．

卢兴轩．论李贽的历史功绩．陕西师大学报（哲学社会科学版），1993（4）．

苏双碧．李贽和思想解放．天津社会科学，1993（4）．

孙兰廷．从"密州诗"看苏轼的儒家思想．语文学刊，1993（4）．

杨胜宽．佛道思想与苏轼仕途生涯．西南民族学院学报（哲学社会科学版），1993（4）．

周晓光．宋元明清时期的新安理学．中国典籍与文化，1993（4）．

朱绍侯．李贽对孔子的真实态度——读《焚书》、《续焚书》札记．史学月刊，1993（4）．

方同义．历史化的道德和道德化的历史——陈亮、朱熹历史哲学比较．学术月刊，1993（5）．

高炳生．黄宗羲启蒙思想再评价．北京大学学报（哲学社会科学版），1993（5）．

惠吉兴．陆九渊心学特征探究．江西社会科学，1993（5）．

黎昕．论闽学对佛学思想的扬弃．福建论坛（文史哲版），1993（5）．

梁希哲、姜建明．李贽与16世纪前后的中国社会．吉林大学社会科学学报，1993（5）．

马涛．李贽与儒学．河北学刊，1993（5）．

魏义霞．王阳明主客体关系探微——兼论主客体关系探讨的条件与时代．齐齐哈尔师范学院学报（哲学社会科学版），1993（5）．

徐儒宗．王阳明的中庸思想．浙江学刊，1993（5）．

徐仪明．张载的天论与气论．复旦学报（社会科学版），1993（5）．

杨泽波．从义利之辨到理欲之争——论宋明理学"去欲主义"的产生．复旦学报（社会科学版），1993（5）．

于化民．罗钦顺对理学的发展及与王守仁的论争．学海，1993（5）．

张兵．黄宗羲的唐宋诗理论与清初诗坛的宗唐和宗宋．西北师大学报（社会科学版），1993（5）．

任俊华、彭丽瑶．《爱莲说》——周敦颐欲隐未能的苦吟．湖湘论坛，1993（6）．

向世山．评蔡方鹿所著《魏了翁评传》．社会科学研究，1993（6）．

张立文．宋代理学研究的新成果——读《魏了翁评传》．浙江学刊，1993（6）．

罗义俊．从王阳明到黄梨洲．中国文化，1993（8）．

张学智．论刘宗周的"意"．哲学研究，1993（9）．

曹邑平．再论应重视"互动"背后的挑战——向方克立先生质疑和请教．晋东南师专学报，1994（1）．

吕明方．儒道佛与中医学．医古文知识，1994（1）．

周月亮．异端也在传统中——祭童心大侠李卓吾．河北学刊，1994（2）．

蔡方鹿．二程的理想人格和价值取向及其对后世的影响．天府新论，1994（3）．

黄宣民．清初的早期启蒙思潮．河北学刊，1994（3）．

蔡方鹿．程颢程颐的思维方式及其对传统思维方式的影响．甘肃社会科学，1994（4）．

阎现章．试述曹端及其人才观．晋阳学刊，1994（4）．

叶世昌．从龚自珍的经济思想说起．学术月刊，1994（4）．

葛荣晋、屈桂英．戴震哲学思想新论．甘肃社会科学，1994（5）．

吴汝钧．宋明儒学研究（二）周濂溪的诚的形而上学与工夫论．鹅湖月刊，1994（11）．

屠承先．论朱熹哲学在王夫之哲学形成过程中的历史作用．甘肃社会科学，1995（1）．

度正、钟明立．周敦颐年谱．九江师专学报（哲学社会科学版），1995（2）．

宋伟民．周敦颐的社会政治思想浅析．九江师专学报（哲学社会科学版），1995（2）．

詹八言．读《濂溪志·周敦颐年谱》书后．九江师专学报（哲学社会科学版），1995（2）．

周乔建．周敦颐的主静说及其审美情趣．九江师专学报（哲学社会科学版），1995（2）．

李锦全．李贽思想非"离经叛道"说．河北学刊，1995（2）．

林丹．先秦儒家与道家"天人合一"思想论片．龙岩师专学报（社会科学版），1995（2）．

沈清华．张栻教育哲学的心性论．江西教育科研，1995（2）．

章权才．胡安国《春秋传》研究．学术研究，1995（2）．

蔡方鹿．二程哲学的异同变化及其对陆王心学的影响．河北学刊，1995（3）．

徐佩印．浅论朱熹对人才理论的卓著贡献．江西电力职工大学学报，1995（3）．

王勇. 周敦颐对儒学的主要贡献. 江西教育学院学报, 1995（4）.

陈水根. 论周敦颐美学思想. 江西教育学院学报, 1995（5）.

何明栋. 试论佛教对朱熹的影响. 江西教育学院学报, 1995（5）.

胡青. 宋元之际江西理学界和会朱陆之思潮. 江西教育学院学报, 1995（5）.

赖功欧. 朱熹哲学的自然主义思想基础. 江西教育学院学报, 1995（5）.

乐文华. 从《诗集传》看朱熹的婚恋观念. 江西教育学院学报, 1995（5）.

王炯尧. 陈文蔚对朱熹教育思想的继承和发展. 江西教育学院学报, 1995（5）.

虞文霞. 朱熹教育改革思想初探. 江西教育学院学报, 1995（5）.

梅焕庭. 论朱熹哲学体系诸范畴的理论价值. 学术研究, 1995（5）.

王俊才. 试论孙奇逢的理学思想. 河北学刊, 1995（5）.

李玉梅. 从诠释学的理论重估朱熹的道德史观. 学术研究, 1995（6）.

楼毅生. 论黄宗羲的史学思想及其影响. 河北学刊, 1995（6）.

叶蓬. 陈白沙"为学"思想研究. 学术研究, 1995（6）.

陈寒鸣. 论王阳明心学与封建政治——从政治文化视角对阳明心学的透视. 河北学刊, 1996（1）.

林殷. 程朱理学对中医学"节欲养生观"的影响. 医学与哲学, 1996（1）.

宁新昌、宁强. 周敦颐——宋明理学本体论的开创者. 渭南师专学报（社会科学版）, 1996（1）.

谢桃坊. 论魏了翁词. 天府新论, 1996（1）.

张岱年. 理学的历史意义. 学术研究, 1996（1）.

张和增. 儒家伦理思想的现代价值. 学术研究, 1996（1）.

朱伯崑. 莫向人前浪分雪 世间真伪有谁知——纪念"亚圣"朱熹诞辰865周年. 重庆师专学报（社会科学版）, 1996（1）.

程潮. 王阳明心学在牟宗三哲学体系中的地位. 嘉应大学学报（社会科学版）, 1996（3）.

刘墨. "后儒家的挑战"——杜维明的新儒学著作. 中国图书评论, 1996（3）.

薛世平. 柏拉图与王船山教育思想比较研究. 福建师大福清分校学报, 1996（3）.

杨达荣. 朱熹的天理人欲辨析. 甘肃社会科学, 1996（3）.

宁新昌. 张载哲学的"有"及其意义. 渭南师专学报（社会科学版）, 1996（4）.

龚抗云. 论张载的道德教育思想. 河北学刊, 1996（4）.

陈寒鸣. 试论王守仁对儒学的革新. 河北学刊, 1996（5）.

屠承先. 王阳明的本体功夫理论. 甘肃社会科学, 1996（5）.

汪从飞．在经典文本的解释背后——略论晚明遗老的释经．甘肃社会科学，1996（6）．

何隽．叶适与朱熹道统观异同论．学术月刊，1996（8）．

吴雁南．王阳明与近世中国．学术研究，1996（11）．

陈寒鸣．宋儒孟子观述论．中国哲学史，1997（1）．

陈媛．冯友兰新理学对传统儒学的发挥．天津党校学刊，1997（1）．

陈增辉．二程民本思想简论．河北学刊，1997（1）．

程潮．现代第三、四代新儒家的宋学观．开封大学学报，1997（1）．

葛荣晋．程朱的格物说与中国古典科学的发展．开封大学学报，1997（1）．

姜国柱．论中国宋学的天理之学．开封大学学报，1997（1）．

刘鄂培．宋明理学对中国现代哲学之影响．开封大学学报，1997（1）．

刘象彬．朱子学何以能对东亚文明有巨大的影响？．开封大学学报，1997（1）．

孙现璋、丁同民、左怀选．浅谈宋学对宋代法制的影响及其借鉴意义．开封大学学报，1997（1）．

杨翰卿．冯友兰新理学与程朱理学．开封大学学报，1997（1）．

衷尔钜．在广阔领域研究宋学．开封大学学报，1997（1）．

韩先梅．戴震论道德和道德教育．江淮论坛，1997（1）．

黄海德．道学文化与中华文明．中华文化论坛，1997（1）．

解光宇．儒家性情学说历程及其终结——戴震人性学说在终结中的作用．学术界，1997（1）．

李才栋．甬上四先生及其后学与书院教育．江西教育学院学报，1997（1）．

李培超．现代新儒学"返本开新"思想论评．船山学刊，1997（1）．

李太平．宋明理学德育思想特点探析．学校党建与思想教育，1997（1）．

李亚宁．儒学道德哲学的特质及其意义．四川大学学报（哲学社会科学版），1997（1）．

吴景山．顾炎武诗歌的创作理论与实践．兰州大学学报（社会科学版），1997（1）．

徐洪兴．思潮的观点：北宋理学再认识．中国哲学史，1997（1）．

苑明晨．传统文化中儒学的发展及地位．周口师专学报（社会科学版），1997（1）．

张永泉．回应新儒学的挑战．中国现代文学研究丛刊，1997（1）．

周晋．唐宋学术转折与道学文化的兴起——略述包弼德教授的程颐研究．中州学刊，1997（1）.

周春宇．禅宗哲学与唐宋心境美学．青海社会科学，1997（1）.

周桂钿．论王夫之辩证法思想——兼论中国哲学的特点．甘肃社会科学，1997（1）.

周兆茂．略论戴震的治学态度与方法．江淮论坛，1997（1）.

周兆茂．朱熹与戴震．徽州师专学报（哲学社会科学版），1997（1）.

许艳文．略论王学左派对汤显祖思想及戏曲《牡丹亭》创作的影响．长沙大学学报（哲学社会科学版），1997（1）.

陈鹏．理：形式本体与道德本体——新理学与程朱理学的一种比较．中国哲学史，1997（2）.

董平．试论范仲淹的教育思想及实践活动（上）．西安教育学院学报，1997（2）.

郭真义．混沌的新儒学——韩愈思想小议．嘉应大学学报（社会科学），1997（2）.

钱耕森．王阳明"龙场悟道"新论．嘉应大学学报（社会科学），1997（2）.

郝明工．陆氏心学之学统考辨．新东方，1997（2）.

李作勋．儒佛交融与朱熹心性论的形成．贵州社会科学，1997（2）.

路德斌、赵杰．论程、朱天理、人欲之辨的合理内核及其价值嬗变．东岳论丛，1997（2）.

罗玉舟．从《岁寒堂诗话》看两宋之际理学文学观的演进．四川师范大学学报（社会科学版），1997（2）.

束景南、李军．活水源头辨文心——评吴长庚先生的《朱熹文学思想论》．上饶师专学报，1997（2）.

徐刚．朱熹行政管理思想简论．管理与效益，1997（2）.

曾亦．戴震对宋明新儒学的误读及其思想的时代意义——兼对心之诸能力的阐发．孔子研究，1997（2）.

曾亦．论阳明心学中的"未发之中"概念．复旦学报（社会科学版），1997（2）.

赵山林．王阳明与戏曲．中国典籍与文化，1997（2）.

衷尔钜．王源、程廷祚对颜李学派哲学思想的阐发．甘肃社会科学，1997（2）.

陈居渊．论晚清儒学的"汉宋兼采"．孔子研究，1997（3）.

王承丹．孔子·是非·假道学——李贽思想散点论析．孔子研究，1997（3）.

董平．试论范仲淹的教育思想及实践活动（下）．西安教育学院学报，1997（3）.

冯辉．儒学·新儒学·现代新儒学．哈尔滨师专学报（社会科学版），1997（3）.

郝明工．南宋经学略说．重庆师院学报（哲学社会科学版），1997（3）.

兰宗荣. 罗从彦从学于杨时的时间辨误. 南平师专学报（社会科学版），1997（3）.

李耀仙.《伪古文尚书》与宋明理学. 中华文化论坛，1997（3）.

李振纲. 论王阳明道学革新及其历史地位. 中国哲学史，1997（3）.

路新生. 重评王学学风——兼与余英时先生商榷. 天津社会科学，1997（3）.

马茂军. 北宋理学诗派诗文创作述论. 新疆师范大学学报（哲学社会科学版），1997（3）.

祁润兴、李继胜. 论宋明理学和传统儒学的逻辑终结——现代新儒学思潮的历史反思与学术批评. 内蒙古大学学报（人文社会科学版），1997（3）.

王瑶. 宋明理学家的文化心态. 北方论丛，1997（3）.

王英志. 性灵说的渊源与性灵派的背景. 湖北大学学报（哲学社会科学版），1997（3）.

王育济. 理学对传统儒学的变革及其意义. 山东大学学报（哲学社会科学版），1997（3）.

徐洪兴. 北宋理学思潮散论. 浙江社会科学，1997（3）.

许苏民. 评"魏晋风度"与"宋明气象". 开放时代，1997（3）.

叶岗. 原始儒学的两大基本结构. 绍兴文理学院学报（哲学社会科学版），1997（3）.

张家成、李班. 论宋明理学的道德修养途径与方法. 浙江大学学报（社会科学版），1997（3）.

张学强. 宋明理学德育思想的评价与反思. 教育理论与实践，1997（3）.

赵冰波. 理学在越南的传播. 学习论坛，1997（3）.

陈寒鸣、杨菊芹. 乾嘉汉学家的经学思维方式及其政治意义. 中国社会科学院研究生院学报，1997（4）.

陈声柏. 阳明学与朱子学关系新探. 兰州学刊，1997（4）.

董根洪. 论黄宗羲实学和朱舜水实学的区别. 孔子研究，1997（4）.

端木蕻良. 王夫之与曹雪芹. 文艺理论与批评，1997（4）

姜国柱. 论胡宏的哲学思想. 甘肃社会科学，1997（4）.

史革新. 倭仁与晚清理学. 中州学刊，1997（4）.

文必方. 论程朱"主敬"的工夫和境界. 嘉应大学学报（社会科学），1997（4）.

徐岱、霍存福. 论戴震对宋明理学关于"意见之理"的批判. 中央检察官管理学院学报，1997（4）.

许梦瀛、孙顺霖．嵩阳书院理学教育窥探．河南师范大学学报（哲学社会科学版），1997（4）．

杨达荣．再论"天理""人欲"．江西社会科学，1997（4）．

朱岚．儒家内圣外王之学论要．齐鲁学刊，1997（4）．

金庭希．袁宏道性灵说研究——兼与李贽比较．中国人民大学学报，1997（5）．

石世奇．论王阳明的经济思想．经济科学，1997（5）．

覃召文．白沙诗教与岭南诗学传统．广州师院学报（社会科学版），1997（5）．

章继光．陈献章诗论探微．广州师院学报（社会科学版），1997（5）．

许龙．朱熹新儒家诗学思想的情性观．嘉应大学学报（社会科学），1997（5）．

周梦江．叶适与朱熹．杭州师范学院学报，1997（5）．

粟品孝．视野·方法·智识——评《程颢程颐与中国文化》．天府新论，1997（6）．

王宪明．《红楼梦》中的朱子学．昌潍师专学报（社会科学版），1997（6）．

岳天雷、曹铁圈．王廷相人生哲学简论．学习论坛，1997（6）．

李传印．略论宋明理学家的理想人格设计．江汉论坛，1997（8）．

罗义俊．续牟宗三时代：新儒学的继承与开展——第四届当代新儒学学术会议侧记．学术月刊，1997（9）．

宋志明．陈献章的道德范畴理论．学术研究，1997（11）．

关童．论寻乐顺化与周敦颐的道学知行观．孔子研究，1998（1）．

李锦全．朱熹理学的历史命运与陈献章的思想关系．齐鲁学刊，1998（1）．

刘再华．袁宏道与儒佛道文化．湘潭师范学院学报（社会科学版），1998（1）．

彭永捷．"理一分殊"新释——兼论朱子对"理"的本体地位的论证．中国人民大学学报，1998（1）．

任振镐．性理学在韩国的传入与发展．扬州大学学报（人文社会科学版），1998（1）．

沈艳．理学经世路线与曾国藩的理学经世．湖北大学学报（哲学社会科学版），1998（1）．

王公伟．宋明理学的先驱——石介．烟台师范学院学报（哲学社会科学版），1998（1）．

张茂泽．心性的意义——评蔡方鹿著《宋明理学心性论》．中华文化论坛，1998（1）．

邹自振．陆王心学与晚明文学．抚州师专学报（社会科学版），1998（1）．

陈国灿．论陈亮的学术风格．安徽大学学报（哲学社会科学版），1998（2）．

陈国灿．南宋浙东事功学派学术思想渊源探析．孔子研究，1998（2）．

李锦全．从孔、孟到程、朱——兼论儒学发展历程中的双重价值效应．孔子研究，1998（2）．

龙文茂．禅宗的无著智慧及其对宋明儒家的影响．孔子研究，1998（2）．

吴光．一部系统研究宋明心学的力作——简评刘宗贤著《陆王心学研究》．孔子研究，1998（2）．

陈赟．王学形成及其衍化的历史思考——读张祥浩《王守仁评传》．江苏社会科学，1998（2）．

程潮．现代新儒家的宋学观．嘉应大学学报（哲学社会科学），1998（2）．

费凌婕．浅析"心外无物""心外无理"．邢台师范高专学报，1998（2）．

徐惠琪．二程天理世界之证成与佛学之关系．邢台师范高专学报，1998（2）．

郭齐．朱熹从道谦学禅补证．人文杂志，1998（2）．

姜国柱．读《陆王心学研究》．中国哲学史，1998（2）．

李军．论龙川词的艺术特色．甘肃广播电视大学学报，1998（2）．

李承贵．理欲关系的历史嬗变．南昌大学学报（哲学社会科学版），1998（2）．

刘兴邦．论理学向心学的转向．求索，1998（2）．

宁新昌．周敦颐的人生境界论探微．北京社会科学，1998（2）．

孙玉杰．论王廷相的气本论思想．学习论坛，1998（2）．

王佃利、白如祥．独具特色的心学研究——《陆王心学研究》评价．聊城师范学院学报（哲学社会科学版），1998（2）．

肖永明．试论戴震道德修养论的启蒙特色．西北大学学报（哲学社会科学版），1998（2）．

许苏民．戴震哲学对重建现代人文精神的启迪．福建论坛（文史哲版），1998（2）．

张惠芝、崔凡芝．试析宋明理学中诚学对关羽忠义形象的影响．中国历史博物馆馆刊，1998（2）．

张立文．阳明学的和合精神与未来社会．中国哲学史，1998（2）．

赵秉忠．略论理学名臣汤斌．辽宁大学学报（哲学社会科学版），1998（2）．

郑春慧．颜李学派劳动教育思想初探．河北师范大学学报（教育科学版），1998（2）．

钟明奇．论李渔"道学"与"风流"合而为一的情爱理想及其文化选择．明清小说研究，1998（2）．

朱义禄. 读《戴震哲学新探》. 中国哲学史, 1998 (2).

孔令宏. 道家、道教与宋明理学的关系研究述要. 河北学刊, 1998 (3).

采臣. 小议儒学三期发展——读《儒学第三期发展的前景问题》. 津图学刊, 1998 (3).

蔡方鹿. 中韩程朱思想国际学术研讨会综述. 中华文化论坛, 1998 (3).

郝明工. 苏氏蜀学之经学考察. 成都大学学报(社会科学版), 1998 (3).

金科. 世纪之交的儒学研究——读方克立先生的《现代新儒学与中国现代化》. 学术界, 1998 (3).

孔义龙. 论王守仁的音乐教育观. 交响, 1998 (3).

匡钊. 道学——一种文化应战. 甘肃社会科学, 1998 (3).

廖文婷. "盖天盖地"与"蕴藉风流"——浅析袁宏道与袁枚"性灵"之不同. 上海大学学报(社会科学版), 1998 (3).

刘兴邦. 陈白沙心学价值取向及思想特色. 湘潭大学学报(哲学社会科学版), 1998 (3).

王宜峨. 略述陈抟道教思想及其影响. 北京图书馆馆刊, 1998 (3).

叶九如. 明代笑话寓言对道学的批判. 电大教学, 1998 (3).

余光贵. 四川理学及其特点. 四川大学学报(哲学社会科学版), 1998 (3).

赵岚、立仁. 程颐人生境界理论探析. 渭南师专学报(社会科学版), 1998 (3).

赵武倩. 南宋陆学及其启示. 山西师大学报(社会科学版), 1998 (3).

赵克平. 王守仁"致良知"教学思想浅析. 宝鸡文理学院学报(人文社会科学版), 1998 (3).

朱光华. 浅谈世纪之交的朱子研究. 福建图书馆学刊, 1998 (3).

殷迈. 儒学"内圣外王"到心性之学的转变, 山西师大学报(社会科学版), 1998 (4).

赵士孝、刘怀惠. 戴震和程朱理学在理气观上的对峙. 黄山学刊(哲学社会科学版), 1998 (4).

河妊和. 论儒、佛、道的融合及对宋代美学的影响. 理论学刊, 1998 (4).

步近智、张安奇. 概论明清实学思潮及其现实意义. 开封大学学报, 1998 (4).

曹东、试论严羽诗论与南宋理学的关系. 洛阳师专学报(社会科学版), 1998 (4).

陈留成、杜建成. 明初理学之冠——曹端. 东方艺术, 1998 (4).

胡可先. 禅机与理性融合的人生境界——周敦颐《爱莲说》发微. 电大教学,

1998（4）.

江雪莲．宋明道学义利理欲之辨的实质．华南师范大学学报（社会科学版），1998（4）.

李春青．论涵泳——兼谈道学与宋代诗学的内在联系．河北学刊，1998（4）.

刘辛．论陈白沙心学"似禅非禅"的佛教文化取向．求索，1998（4）.

史革新．理学与晚清社会．北京师范大学学报（社会科学版），1998（4）.

王朔柏．戴震的理欲观．安徽大学学报（哲学社会科学版），1998（4）.

张立文．论朱熹哲学的时代精神——《朱熹评传》前言．文史哲，1998（4）.

张旭曙．朱熹的平淡美理想．安徽师大学报（哲学社会科学版），1998（4）.

赵磊、上官霞云．颜元教育经济学思想浅探．临沂师专学报，1998（4）.

赵乃章．论日本近世独立儒学朱子学之祖藤原惺窝的哲学思想．辽宁大学学报（哲学社会科学版），1998（4）.

衷尔钜．理学"衣钵海外传"的欧阳玄——一位久被忽略的朱子学高丽传宗师．孔子研究，1998（4）.

周光庆．戴震《孟子》解释方法论．孔子研究，1998（4）.

邹自振．陆王心学对晚明文学的影响．福州大学学报（社会科学版），1998（4）.

陈祖武．蕺山南学与夏峰北学．中国社会科学院研究生院学报，1998（5）.

崔大华．新理学的理论品格．中州学刊，1998（5）.

谭兵．从价值体系看董仲舒与李贽思想之异同．河北学刊，1998（5）.

王佃利．《陆王心学研究》简评．东岳论丛，1998（5）.

章权才．宋初经学的守旧与开新．广东社会科学，1998（5）.

朱汉民．宋代学术思想特征简论．求索，1998（6）.

吴松．学术关怀与事功关怀——略论叶适的文化批判及其超越．思想战线，1998（7）.

潘富恩、东方朔．本体与存在的阐释——杨国荣教授《心学之思》评价．学术月刊，1998（9）.

黄高宪．试论李贽晚年三教归儒的哲学理想．理论学习月刊，1998（11）.

李存山．"新气学"辨正——与张立文先生商榷．学术月刊，1998（12）.

河和．理学美学的内涵及其特点．首都师范大学学报（社会科学版），1999（1）.

高玉林．从政治伦理到经济伦理——论传统伦理道德的现代化．中州学刊，1999（1）.

郭齐家．儒家的教育思想传统及其现代价值．邢台职业技术学院学报，1999（1）.

李振纲．论蕺山之学的定性与定位．河北大学学报（哲学社会科学版），1999（1）．

卢子震．论道学之名的形成及其含义的发展．河北大学学报（哲学社会科学版），1999（1）．

路德斌．实学·儒学·现代化——从实学的产生看儒学的活力和命运．宁夏党校学报，1999（1）．

施民、彭绪铭．试论理学与赣南的书院教育．赣南师范学院学报（哲学社会科学版），1999（1）．

王勤．以理性面目出现的非理性现象——浅析程朱理学"存天理灭人欲"的非理性特点．江淮论坛，1999（1）．

肖永明．明清之际人性自私说的启蒙意义．湖南大学学报（社会科学版），1999（1）．

许艳文．略论王学左派对汤显祖思想及创作的影响．中国文学研究，1999（1）．

杨建犹．试析朱熹的师德观．吉安师专学报（哲学社会科学），1999（1）．

杨渭生．范仲淹与宋学之勃兴．浙江大学学报（社会科学版），1999（1）．

杨小光．陆九渊治荆及其思考．江西教育学院学报（社会科学），1999（1）．

曾召南．佛、道兼融的王畿理学．宗教学研究，1999（1）．

张秀红、沈进．试述王夫之的教育方法论．教育科学，1999（1）．

赵维国．论心学思潮与冯梦龙的情教思想．华东师范大学学报（哲学社会科学版），1999（1）．

朱汉民．论宋学兴起的文化背景．湖南大学学报（社会科学版），1999（1）．

陈丽、李馥明．宋代理学官学化原因探析．洛阳大学学报，1999（1）．

每文．戴震《与某书》研读．黄山高等专科学校学报，1999（2）．

于维杰．《周易》与宋明理学．福州师专学报（社会科学版），1999（2）．

曹继英．简评胡瑗"苏湖教法"．枣庄师专学报，1999（2）．

陈来．道德的生态观——宋明儒学仁说的生态面向及其现代诠释．中国哲学史，1999（2）．

解光宇．鹅湖之会：心学与理学分野．孔子研究，1999（2）．

瞿林东．两宋史学批评的成就．河北学刊，1999（2）．

凌云．学风嬗变中的戴震．安徽教育学院学报（哲学社会科学版），1999（2）．

刘兴邦．白沙的道德精神及对岭南文化的影响．五邑大学学报（社会科学版），1999（2）．

娄立志．试论儒文化的基本特征．济宁师专学报，1999（2）．

汪凤炎．从心理学角度析理学中的理欲辩．心理科学，1999（2）．

王琦珍．也谈陆王心学对明代中后期文学的影响．抚州师专学报（社会科学版），1999（2）．

王树民．江藩的学术思想及汉学与宋学之争．河北师范大学学报（社会科学版），1999（2）．

肖永明．试论明清之际的人性平等观．唐都学刊，1999（2）．

徐书业、韦玉娟．戴震教育思想研究．广西教育学院学报，1999（2）．

徐孝先．李贽和他的"童心说"．沈阳教育学院学报，1999（2）．

杨玉华．从朱熹论"兴"看其文学观念．钦州师范高等专科学校学报，1999（2）．

张立文．论"大礼议"与朱熹王阳明思想的冲突．南昌大学学报（人文社会科学版），1999（2）．

赵俊、成兆文．道德家的理想国——宋明道学内在追求刍议．兰州大学学报（社会科学版），1999（2）．

蔡报文．倾斜的高峰——朱熹文艺思想论纲．珠海教育学院学报（综合版），1999（3）．

段江丽．理学与《三言》、《二拍》中的道德说教．湖南师范大学社会科学学报，1999（3）．

韩强．儒学的三大转折——从传统儒学到现代新儒学．中国哲学史，1999（3）．

黄建民．论阳湖派对桐城派的修正和发展．江苏广播电视大学学报，1999（3）．

林莉．关于王夫之人性论的几点认识．安徽农业大学学报（社会科学版），1999（3）．

任天成．宋明道学中的"圣人"观念．北方论丛，1999（3）．

汪学群．王夫之治易的思想历程．孔子研究，1999（3）．

仵志勇．浅析王艮和泰州学派的教育思想．中国文化研究，1999（3）．

新元．朱熹哲学性质的若干思考．延边大学学报（社会科学版），1999（3）．

杨翰卿．论我国宋代儒学文化对东亚模式的影响．学习论坛，1999（3）．

亦清、立群．宋元道德修养论初探．怀化师专学报，1999（3）．

赵卫东．心学研究的新突破——读《陆王心学研究》．江苏教育学院学报（社会科学版），1999（3）．

周月亮．自力更生——阳明学的秘密与魅力．保定师专学报，1999（3）．

邓新华．王夫之"读者以情自得"的诗歌接受理论．华中师范大学学报（人文社会科学版），1999（4）．

丁为祥．王阳明宇宙观的双重性及其意义．武汉大学学报（哲学社会科学版），1999（4）．

费凌婕．王守仁"心学"初探．邢台师范高专学报，1999（4）．

郭齐家．儒家的教育思想传统与未来教育．山西师大学报（社会科学版），1999（4）．

金仁权、海涛．理学与东北亚文化．延边大学学报（社会科学版），1999（4）．

李锦全．历史的轨迹 时代的展望——从儒学发展进程看儒学的前景．中国哲学史，1999（4）．

李宜春．儒学在朝鲜的发展及其特点．河南师范大学学报（哲学社会科学版），1999（4）．

刘万里．论阳明心学的诗性品格．嘉应大学学报（哲学社会科学），1999（4）．

刘振东、吴海勇．从悔过观看佛教文化对宋明理学的影响．孔子研究，1999（4）．

宁新昌．宋明新儒学要干什么？——写在《本体与境界——论新儒学的精神》一书出版之后．玉林师专学报（哲学社会科学），1999（4）．

覃正爱．论王夫之哲学的朴素唯物辩证法特征．江汉论坛，1999（4）．

王英志．崇理学与反理学及汉学——康乾江南思想文化概略之一．苏州大学学报（哲学社会科学版），1999（4）．

温孟孚．理学的发展与"三言"中的人欲观．佳木斯大学社会科学学报，1999（4）．

吴根友．戴震伦理学中的自由思想申论．武汉大学学报（哲学社会科学版），1999（4）．

吴根友．分理与自由——戴震伦理学片论．哲学研究，1999（4）．

吴雁南．王阳明与儒学复兴运动——纪念王氏"龙场悟道"490周年．贵州文史丛刊，1999（4）．

夏传才．元代经学的社会历史背景和程朱之学的发展．贵州文史丛刊，1999（4）．

肖永明．论李颙与颜元体用思想之差异．广西大学学报（哲学社会科学版），1999（4）．

许总．明清之际文学观念的思想内涵．海南大学学报（社会科学版），1999（4）．

张春莉．顾炎武、王夫之政治思想之异同．东南大学学报（社会科学版），1999（4）．

张践．张载的实学思想与宗教观．北方工业大学学报，1999（4）．

张秀红．论王夫之的教育哲学．华东师范大学学报（教育科学版），1999（4）．
周可真．顾炎武的公私观．中国社会科学院研究生院学报，1999（4）．
朱松美．略论理学禁欲主义思想的形成及其负面影响．齐鲁学刊，1999（4）．
黄南珊．以理为宗 以实为式——论翁方纲的理性美学观．人文杂志，1999（5）．
孙兴彻．从"理一分殊"到"气一分殊"的逻辑管窥．南京师大学报（社会科学版），1999（5）．
韩相美．论中韩气学家对佛教的哲学批判——以张载和徐敬德为中心．齐鲁学刊，1999（5）．
黄南珊、李倩．情感的雅化、理化和寓象化——论王夫之理性主义的诗道性情论．华中师范大学学报（人文社会科学版），1999（5）．
向世陵．性学传承与胡、张之间．求索，1999（5）．
许总．论宋明理学的性质及其演变．中州学刊，1999（5）．
薛富兴．理气之争——程朱理学悲剧命运的个案透视．贵州社会科学，1999（5）．
羊枣．中国哲学中的"理""欲"之辩及其影响．曲靖师专学报，1999（5）．
杨开达．论明代云南理学家兰茂的思想．云南师范大学学报（哲学社会科学版），1999（5）．
黄云明．宋明纲常思想简论．社会科学战线，1999（6）．
梁宗华．董仲舒新儒学体系与道家黄老学．齐鲁学刊，1999（6）．
徐刚．朱熹环境伦理思想简论．自然辩证法研究，1999（6）．
许总．理学演化与宋金元文学思潮变迁．求索，1999（6）．
朱恒夫．宋明理学与小说表现手法．江海学刊，1999（6）．
汤勤福．朱熹史学思想在宋代史学上的地位．学术月刊，1999（7）．
周可真．论顾炎武的思维方法——兼论宋明理学到清代朴学的历史转变．哲学研究，1999（8）．
张艳清．程朱理学与道家、道教关系研究概述．哲学动态，1999（9）．
陈二林．拓宽中国哲学研究的佳作——读《性理与岐黄》．学术月刊，1999（10）．
陈会林．理学经济伦理论纲．理论月刊，1999（10-11）．
王晓华、钱丽欣．颜元实学教育思想及其现代意义．教育研究，1999（12）．
张民权．王夫之《诗经叶韵辨》述评．语言研究，2000（1）．
陶水平．王夫之"兴观群怨"说的美学阐释．南昌大学学报（人文社会科学版），2000（2）．
汪学群．王夫之易学中的实有思想与清初务实学风．周易研究，2000（3）．

魏中林、谢遂联．二十世纪的王夫之诗学理论研究．文艺理论研究，2000（3）．

李琳．论道家"天人合一"思想的现实意义．湖北商业高等专科学校学报，2000（4）．

吴乃恭．论王夫之"乾坤并建"的宇宙生成发展说．孔子研究，2000（4）．

崔海峰．王夫之诗学中的"兴会"说．文艺研究，2000（5）．

王记录．论易学对王夫之史学思想的影响．河南师范大学学报（哲学社会科学版），2000（5）．

张晶．论王夫之诗歌美学中的"神理"说．文艺研究，2000（5）．

二、图书

张立文．朱熹思想研究．中国社会科学出版社，1981．

戴瑞坤．阳明学说对日本之影响．中国文化大学出版部，1981．

姜国柱．张载的哲学思想．辽宁人民出版社，1982．

杨天石．朱熹及其哲学．中华书局，1982．

张锡勤、霍方雷．陆王心学初探．黑龙江人民出版社，1982．

李季平．王夫之与读通鉴论．山东教育出版社，1982．

刘述先．朱子哲学思想的发展与完成．台湾学生书局，1982．

宇野哲人．中国近世儒学史．中国文化大学出版部，1982．

方东美．新儒家哲学十八讲．黎明文化事业公司，1983．

范寿康．朱子及其哲学．中华书局，1983．

林继平．陆象山研究．台湾商务印书馆，1983．

钟彩钧．王阳明思想之进展．文史哲出版社，1983．

陈正夫、何植靖．朱熹评传．江西人民出版社，1984．

侯外庐、邱汉生、张岂之．宋明理学史（上卷）．人民出版社，1984．

贾丰臻．中国理学史．上海书店，1984．

蒙培元．理学的演变．福建人民出版社，1984．

潘富恩、徐余庆．吕祖谦思想初探．浙江人民出版社，1984．

李国钧．王船山教育思想初探．人民教育出版社，1984．

陈荣捷．王阳明与禅．台湾学生书局，1984．

张立文．宋明理学研究．中国人民大学出版社，1985．

李之鉴．陆九渊哲学思想研究．河南人民出版社，1985．

河南省社会科学院哲学研究所中州学刊编辑部．二程思想研究文集．河南人民出版社，1986．

陈俊民．张载哲学思想及关学学派．人民出版社，1986．

岛田虔次．朱子学与阳明学．陕西师范大学出版社，1986．

李日章．程颢·程颐，东大图书公司，1986．

钱穆．朱子新学案，巴蜀书社，1986．

孙振青．宋明道学．千华出版公司，1986．

杨金鑫．朱熹与岳麓书院．华东师范大学出版社，1986．

侯外庐、邱汉生、张岂之．宋明理学史（下卷）．人民出版社，1987．

贾顺先．宋明理学新探．四川人民出版社，1987．

刘象彬．二程理学基本范畴研究．河南大学出版社，1987．

石训，等．北宋哲学史．河南人民出版社，1987．

黄秀玑．张载．东大图书公司，1987．

吴光．黄宗羲论．浙江古籍出版社，1987．

萧汉明．船山易学研究．华夏出版社，1987．

徐远和．洛学源流．齐鲁书社，1987．

陈来．朱熹哲学研究．中国社会科学出版社，1988．

戴瑞坤．阳明学汉学研究论集．台湾学生书局，1988．

卢连章．二程学谱．中州古籍出版社，1988．

潘富恩、徐余庆．程颢程颐理学思想研究．复旦大学出版社，1988．

蒙培元．理学范畴系统．人民出版社，1989．

程宜山．张载哲学的系统分析．学林出版社，1989．

陈来．朱子书信编年考证．上海人民出版社，1989．

邓艾民．朱熹王守仁哲学研究．华东师范大学出版社，1989．

方尔加．王阳明心学研究．湖南教育出版社，1989．

刘春建．王夫之学行系年．中州古籍出版社，1989．

武夷山朱熹研究中心．朱熹与中国文化．学林出版社，1989．

朱建民．张载思想研究．文津出版社，1989．

褚柏思．理学与心学．柏雪文化事业公司，1990．

郑吉雄．王阳明：躬行实践的儒者．幼狮文化事业公司，1990．

蔡仁厚．儒家心性之学论要．文津出版社，1990．

李秀雄．朱熹与李退溪诗比较研究．北京大学出版社，1991．

蔡方鹿．一代学者宗师．巴蜀书社，1991.
陈谷嘉．张栻与湖湘学派研究．湖南教育出版社，1991.
陈来．有无之境——王阳明哲学的精神．人民出版社，1991.
朱汉民．湖湘学派与岳麓书院．教育科学出版社，1991.
陈来．宋明理学．辽宁教育出版社，1991.
程鹰、张红均．二程故里志．河南大学出版社，1992.
石训，等．中国宋代哲学．河南人民出版社，1992.
张立文．走向心学之路——陆象山思想的足迹．中华书局，1992.
赵士林．心学与美学．中国社会科学出版社，1992.
李开．戴震评传．南京大学出版社，1992.
潘富恩、徐余庆．吕祖谦评传．南京大学出版社，1992.
庞万里．二程哲学体系．北京航空航天大学出版社，1992.
陕西哲学学会．气化之道——张载哲学新论，陕西人民教育出版社，1992.
束景南．朱子大传．福建教育出版社，1992.
陈谷嘉、朱汉民．湖湘学派源流．湖南教育出版社，1992.
郝万章．程颢与大程书院．中州古籍出版社，1993.
萧萐父．船山哲学引论．江西人民出版社，1993.
姜广辉．理学与中国文化．上海人民出版社，1994.
梁绍辉．周敦颐评传．南京大学出版社，1994.
吴雁南．心学与中国社会．中央民族学院出版社，1994.
周忠生．道学宗师周敦颐．百花洲文艺出版社，1994.
李明友．一本万殊——黄宗羲的哲学与哲学史观．人民出版社，1994.
徐梵澄．陆王学述——一系精神哲学．上海远东出版社，1994.
祝平次．朱子学与明初理学的发展．台湾学生书局，1994.
祝瑞开．宋明思想和中华文明．学林出版社，1995.
胡自逢．程伊川易学述评．文史哲出版社，1995.
徐定宝．黄宗羲年谱．华东师范大学出版社，1995.
吕思勉．理学纲要．东方出版社，1996.
村濑裕也．戴震的哲学——唯物主义与道德价值．山东人民出版社，1996.
蔡方鹿．程颢程颐与中国文化．贵州人民出版社，1996.
陈钟凡．两宋思想述评．东方出版社，1996.
董平、刘宏章．陈亮评传．南京大学出版社，1996.

方如金、方同义、陈国灿．陈亮与南宋浙东学派研究．人民出版社，1996.
龚杰．张载评传．南京大学出版社，1996.
郭齐家、顾春．陆九渊教育思想研究．江西教育出版社，1996.
嵇文甫．晚明思想史论．东方出版社，1996.
潘富恩．程颢　程颐评传——倡明道学　观理识仁．广西教育出版社，1996.
田浩．朱熹的思维世界．允晨文化公司，1996.
吴宣德．江右王学与明中后期江西教育发展．江西教育出版社，1996.
徐洪兴．思想的转型——理学发生过程研究．上海人民出版社，1996.
冯达文．宋明新儒学略论．广东人民出版社，1997.
姜广辉．走出理学——清代思想发展的内在理路．辽宁教育出版社，1997.
余敦康．内圣外王的贯通——北宋易学的现代阐释．学林出版社，1997.
周诗永、胡正耀、李怀珍．周敦颐传．漓江出版社，1997.
东方朔．刘蕺山哲学研究．上海人民出版社，1997.
陈代湘．圣心苦雨——朱熹传．北京燕山出版社，1997.
刘宗贤．陆王心学研究．山东人民出版社，1997.
申笑梅、张立真．独树一帜——戴震与乾嘉学派．辽宁人民出版社，1997.
田浩．功利主义儒家——陈亮对朱熹的挑战．江苏人民出版社，1997.
吴光、季学原、诸焕灿．黄梨洲三百年祭．当代中国出版社，1997.
杨国荣．心学之思——王阳明哲学的阐释．生活·读书·新知三联书店，1997.
张祥浩．王守仁评传．南京大学出版社，1997.
赵士林．心灵学问——王阳明心学．云南人民出版社，1997.
衷尔钜．王夫之．吉林文史出版社，1997.
周兆茂．戴震哲学新探．安徽人民出版社，1997.
张立文．朱熹评传．南京大学出版社，1998.
卢广森、卢连章．洛学及其中州后学．河南大学出版社，1999.
祁润兴．陆九渊评传．南京大学出版社，1998.
粟品孝．朱熹与宋代蜀学．高等教育出版社，1998.
胡适．戴东原的哲学．安徽教育出版社，1999.
牟宗三．心体与性体．上海古籍出版社，1999.
潘立勇．朱子理学美学．东方出版社，1999.
王心田．陆九渊知军著作研究．武汉大学出版社，1999.
周天令．朱子道德哲学研究．文津出版社，1999.

卢仁淑．朱子家礼与韩国之礼学．人民文学出版社，2000.
冈田武彦．王阳明与明末儒学．上海古籍出版社，2000.
葛瑞汉．中国的两位哲学家：二程兄弟的新儒学．大象出版社，2000.
曹国庆．旷世大儒——黄宗羲．河北人民出版社，2000.
陈来．朱子哲学研究．华东师范大学出版社，2000.
丁为祥．虚气相即——张载哲学体系及其定位．人民出版社，2000.
方彦寿．朱熹书院与门人考．华东师范大学出版社，2000.
方志远．旷世大儒——王阳明．河北人民出版社，2000.
葛荣晋、赵馥洁、赵吉惠．张载关学与实学．西安地图出版社，2000.
郭齐．朱熹传．四川大学出版社，2000.
胡发贵．王夫之与中国文化．贵州人民出版社，2000.
莫砺锋．朱熹文学研究．南京大学出版社，2000.
汤勤福．朱熹的史学思想．齐鲁书社，2000.
吴光．阳明学研究．上海古籍出版社，2000.
徐洪兴．旷世大儒——二程．河北人民出版社，2000.
许苏民．戴震与中国文化．贵州人民出版社，2000.
朱汉民．宋明理学通论．湖南教育出版社，2000.
朱谦之．日本的朱子学．人民出版社，2000.
朱谦之．日本的古学及阳明学．人民出版社，2000.
左东岭．王学与中晚明士人心态．人民文学出版社，2000.

后记

我学习宋明理学大概始于大学三年级,当时已得知大学毕业要有毕业论文,而我又非常喜欢李之鉴教授讲授的中国哲学史,所以在准备毕业论文的写作时,曾专门去政治系哲学教研室拜见李老师,请他予以指导。回来时李老师赠送我一本书,是他新出版的学术著作《陆九渊哲学思想研究》。得到李老师的赠书我非常激动,随即把李老师中国哲学史课程结束时我有感而写的一首小诗题于书的扉页:

    大学两载春复秋,之鉴吾师情最厚。
    呕心沥血育百徒,茹苦含辛授九周。
    千言难诉我敬仰,万语安尽众离愁。
    于今高师辞别去,怅对明月惜未休。

尽管于今看来小诗很幼稚,但却能够表达当时我对李老师的崇敬之情。李之鉴教授因系里教学工作安排,只给我们上了两个月的课,时间虽短,但给同学们留下的印象非常深刻,他铿锵有力的语调、风趣幽默的表达、广征博引的讲解、深入浅出的分析,至今犹在眼前浮现,在耳畔回响。

大学毕业至今已历34个春秋,可谓弹指一挥间,其间我曾去看望过李老师,但毕竟工作、家庭事情繁多,所以,常侍在侧,实难做到,不免愧心。

1989年大学毕业后,我被分配到商丘师范学院《黄淮学刊》编辑部工作,当时的学报主编是赵长征,人品高洁,才华出众。根据我所学专业,赵主编让我负责哲学政法方面的来稿编辑工作,并给予我很多的指导帮助,至今言犹在耳。遗憾的是，赵主编英年早逝，令人痛惜。

从事学报编辑工作后，开始更多接触中国传统文化方面的学术论文，自己也开始把重点放在学习研究中国传统文化方面。因受李之鉴教授的影响，自然心仪宋明时期的理学与文化。在参加工作的当年，我在李之鉴教授指导下完成的大学毕业论文《论程颢程颐宇宙观之差异》即发表在《黄淮学刊》1989年第4期，这也是我从事学术研究的处女作。以后的学习和研究，大体都没有脱离宋明理学这一方向。

在高校工作，教学与科研，二者缺一不可。由于我大学毕业后就进入学报编辑部工作，审稿压力自然很大。为了能够更好地把握来稿质量，提高自己的编辑水平，我就在学术上努力提升自己。有了毕业论文写作的初步经验，在努力做好编辑工作的同时，我开始着手从事学术研究。研究的方向主要有二：一是宋明理学研究，二是中国传统文化研究。其实后者是包括前者的，之所以将之分别，是因为宋明理学的学习研究大体集中在获得中级职称之后，之前由于年轻和工作性质的缘故，没有固定的方向，涉猎的面儿相对宽泛，有"东一榔头西一斧头"之嫌。随着不断学习，我走上了集中学习研究宋明理学的路子，而且至今无悔。

随着学术的日渐积累、视野的不断开阔以及自身价值实现的需要，我开始申报科研项目。起初的项目申报主题是比较杂的，且具有一定的功利性，但随着时日推进，我逐渐把项目申报方向与自己的学术研究方向合轨。2005年我成功申报河南省教育厅人文社科研究项目"程朱理学与佛学之关系研究"，2008年和2010年分别成功申报河南省软科学研究计划项目"宋代书院发展及其当代启示""佛教与两宋理学关系研究"，这些项目都是有关宋明理学的。相当长的一段时间，无论是著作、论文、奖项等，都与研究方向——宋明理学有关，如发表宋明理学研究论文50余篇，出版理学研究著作3部，理学研究成果获得河南省优秀社会科学成果奖一等奖1项、市厅级一等奖3项。但在学习研究的过程中，我总感觉宋明理学的研究还缺些什么，尤其是进入新世纪，总感觉应该对已成过往的20世纪有所总结，以启迪将来，所以便开始着手对20世纪海内外宋明理学的研究状况进行整理，并于2010年以

"百年宋明理学研究史——以20世纪为视域"为题成功获批教育部人文社科研究项目，从而在一定程度上满足了个人在宋明理学学习和研究中的一个心愿。

2007年我获评教授职称，对于高校教师来说，这是非常重要的一关，之后就可以相对轻松地做研究了。2009—2011年是我申报科研项目的丰收期：2009年获批河南省哲学社会科学规划项目；2010年获批教育部人文社科研究项目；2011年获批国家哲学社会科学基金项目（"佛道与宋代儒学内部结构调整研究"），该项目也是我校获批的第一个国家社科基金项目，实现了我校国家社科基金项目零的突破，并以优秀等级结项。

我于2010年获批的教育部项目"百年宋明理学研究史——以20世纪为视域"于2013年顺利结项，但由于工作岗位的变动，项目结项成果一直没有充足的时间做进一步的整理。2022年，学院历史学专业获批国家级一流本科专业建设点，2023年又被评为河南省B类专业，并且专业实现一本线招生，考虑到专业建设点的需要，我在工作之余，尽量抽出时间对成果进行补充完善，从而完成了这部书稿。

写这段话作为后记，可以说平铺直叙，像流水账，但却真实再现了我出版此书的心路历程。此书的出版尽管与项目结项的时间比较起来显得迟了些，但我却有种恰逢其时的感觉，其中滋味，也许唯我自知。

本书得到了河南大学出版社谌洪波主任和任湘蕊编辑的大力支持，同时也得到了商丘师范学院郭文佳副校长、教务处韩桂玲处长的鼎力相助，在此一并表示感谢！

高建立

2023年12月于静远书斋